Louis Sébastien Mercier, Jahrgang 1740 und einer der meistgelesenen Autoren der Dekade vor der Französischen Revolution, schrieb sein *Tableau de Paris*, diesen Bilderbogen einer Großstadt, am Vorabend dieser großen gesellschaftlichen Umwälzung und wurde damit zum Begründer eines neuen Genres: der voll und ganz dem Authentischen, Nachprüfbaren verpflichteten sozialkritischen literarischen Reportage. Das *Tableau de Paris* umfaßt nicht weniger als 2400 eng bedruckte Seiten, prall gefüllt mit handgreiflichen, unverklärten sozialen Wirklichkeiten, mit nahezu hör- und riechbaren Fakten aus dem Leben der Metropole Paris. Seiner Neugier, dieser Charaktereigenschaft eines echten Sohnes des Aufklärungszeitalters, bleibt auch nichts verborgen. An Merciers Seite streifen wir durch die schlechten, unratbepflasterten Straßen von Paris, werden Zeugen von Verkehrsunfällen, blicken indiskret in geheime Boudoirs, in Modesalons wie in verlauste und verwanzte Hotelzimmer, geraten in wüste Kaschemmen und in Theater, in denen die Polizei herumschnüffelt. Wir machen Bekanntschaft mit korrupten Beamten, reichen Bürgern und Müßiggängern, mit Handwerkern, Arbeitern und mit Bettlern, erfahren das Neueste über die Wasserversorgung der Stadt, über die Zustände am Hof von Versailles und so vieles andere mehr. Aus den mehr als tausend Kapiteln der Amsterdamer Ausgabe von 1788 wurde eine Auswahl getroffen, die das Interessanteste und Amüsanteste dieses Werks vereinigt. Einen zusätzlichen Reiz erhält der vorliegende Band durch die 43 Illustrationen, die der 96 Bildtafeln umfassenden Blattfolge »Tableau de Paris, ou Explication de Différentes Figures...« des Schweizer Malers Balthasar Anton Dunker (1746–1807) entnommen sind und die in ihrem oft drastischen Realismus, ihrem versteckten Sarkasmus so recht das literarische Vorbild ergänzen.

insel taschenbuch 374

Mercier

Mein Bild von Paris

TABLEAU
de

Louis Sébastien Mercier

MEIN BILD VON PARIS

Mit dreiundvierzig Wiedergaben nach zeitgenössischen Kupferstichen
Übertragen und mit einem Nachwort herausgegeben von Jean Villain

INSEL

Die Illustrationen entstammen der 96 Tafeln umfassenden Bildfolge des Schweizer Malers Balthasar Anton Dunker, die 1788 unter dem Titel »Tableau de Paris, ou Explications de Différentes Figures, gravées à L'eau-Forte, pour servir aux différentes Editions du Tableau de Paris par M. Mercier. Yverdon MDCCLXXXVII« erschienen ist. Die Wiedergabe der Illustrationen erfolgte nach dem Exemplar der Forschungsbibliothek Gotha, mit deren freundlicher Genehmigung.

insel taschenbuch 374
Erste Auflage 1979

Vertrieb durch den Suhrkamp Taschenbuch Verlag
Umschlag nach Entwürfen von Willy Fleckhaus
Satz: Otto Gutfreund & Sohn, Darmstadt
Druck: Nomos Verlagsgesellschaft, Baden-Baden
Printed in Germany

2 3 4 5 6 7 – 91 90 89 88 87 86

INHALT

Au dessous de la Riviere
1 le Petit Chastelet
2 S. Julien
3 S. Blaise
4 le Colege de Picardie
5 le Colege S. Michel
6 le C. de Cornouaille
7 S. Yves
8 R. des Noyers
9 R. S. Jacques
10 Ecole de Droit
11 C. de Prele
12 les Carmes
13 S. Nicolas du Chardonet
14 les Bernardins
15 C. de Boncourt
16 le C. des Grassins
17 C. de la Petite Merci
18 la Cour d'Albret
19 le C. des 33
20 le C. des Lombards
21 S. Hilaire
22 C. de Reims
23 C. S. Barbe
24 C. de Montaigu
25 S. Genevieve
26 S. Etienne du Mont
27 S. Etienne des Grés
28 C. des Jesuites
29 C. du Plessis
30 S. Benoit
31 la Sorbonne
32 C. de Cambray
33 C. Royal
34 S. Jean de Latran
35 S. Severin
36 les Jacobins
37 Place de Sorbonne
38 Place S. Michel
39 C. de Maitre Gervais
40 Pl. de l'Estrapade
41 le Pont S. Michel
42 R. de l'hirondelle
43 R. de Savoie
44 R. Christine
45 R. Contrescarpe
46 R. de Nevers et d'Anjou
47 College des 4 Nations
48 les Cordeliers
49 H. de Lautrec
50 H. de Bouillon
51 les Theatins
52 H. de Mailly
53 H. de Belle Isle
54 H. des Mousquetaires
55 Accademie de Dugas
56 H. de Torci
57 H. Dumaine
58 H. d'Humieres
59 H. de Malignon
60 R. Taranne
61 B. aux bois
62 les Cordelieres
63 R. du Sabot
64 la Croix rouge
65 les Filles du Calvaire
66 le Noviciat des Jesuites
67 le Seminaire S. Sulpice
68 R. de Seve
69 H. de Toulouse
70 la Foire S. Germain
71 C. de Bourgogne
72 les Premontrés
73 Eglise et C. S. Come
74 C. de Gramont
75 C. de Boissi
76 S. André des Arts
77 Comedie Françoise
78 R. des 4 Vents
79 H. de Condé
80 R. du Paon
81 la Cour de Rouen
82 les gr. Augustins
83 Quai Conti
84 Q. des 4 Nations
85 Q. des Theatins
86 R. de la Parcheminerie
87 R. S. Severin
88 R. de la Huchette
89 R. de la Parcheminerie
90 R. des Maçons
91 R. de Sorbonne
92 R. des Cordiers
93 R. de S. Thomas
94 R. S. Catherine
95 R. du Cimetiere S. J.
96 les Benedictins Ang.
97 R. Pot de Fer
98 R. du Puit qui parle
99 Place de Fourci
100 le Sem. Anglois
101 le Champs d'Albiac
102 les Nouv. Convertis
103 C. le S. des Vignes
104 la Pitie
105 le Cimetiere de Clam
106 le C. d'Abrenche
107 Puit de l'hermite
108 R. du Petit Moine
109 la Cour des Patriar
110 S. Pelagie
111 S. Medard
112 les Ursulines
113 S. Martin
114 S. Marcel
115 R. de la Reine Blanche
116 S. Hipolite
117 Scipion
118 les Hospitalieres
Seine R.
La Place de Louis XV.
les Capucins
H. des Invalides
les Jacobins
les Incurables
les Carmes Dechaux
le Luxembourg
les Chartreux
le Val de Grace
les Pr. de l'Oratoire
Observatoire
R. Plumet
le Combat des Animaux
la grande R. de Vaugirard
R. de Babilone

PLAN GENERAL
DE
PARIS
1758.
Echelle de 300. Toises
Renvois.
la Cité
1 N. Dame
2 Hotel Dieu
3 Cour du Palais
4 le Marché neuf
6 S. Barthelemi
9 la S. Chapelle
11 la Place Dauphine
au dessus de la R.
1 le Palais Roial
2 Hotel de Toulouse
3 la Pl. des Victoires
4 la Biblioth. du Roi
9 H. du Chancelier
13 le Carousel
14 le Chateau d'eau
15 S. Th. du Louvre
16 S. Germain l'Aux.
19 H. de la Monoie
21 S. Eustache
22 la Comedie Ital.
23 la Cour des mir.
24 S. Jacque de l'hop.
25 S. Leu
26 S. Oportune
27 les SS. Innocens
28 S. Josse
30 le Sepulchre
31 S. Jean
33 S. Gervais
34 H. de Charni
35 H. de Fourci
36 H. d'Aumont
37 H. de Beauvais
38 les gr. Jesuites
39 S. Paul
40 H. de Sulli
42 C. de l'Ave Maria
45 H. de Sens
46 H. S. Paul
48 H. d'Albret
49 H. de le Tellier
50 H. S. Gervais
51 H. Pelletier
52 H. d'Argenson
53 les Hospitali.
54 les Minimes
56 H. de Boucherat
58 les F. du Calvai.
59 H. d'Epernon
60 H. de Salé
61 les Capucins
62 H. de Soubise
66 les Enfans R.
68 les Carmelites
69 S. Nicolas
70 S. Martin des Ch.
71 S. Avoie
73 R. de la Croix
75 Union Chreti.
76 les Filles Dieu
78 la Trinité
79 du Platre
81 les Billettes
85 R. de la Tixeran.
86 R. aux Ours
87 R. des M. Paroles
90 R. du Roule
91 Hop. S. Catherine
92 la R. Betisi
95 Boucheries
120 RUE S. Gilles
121 gr. R. S. Antoine
122 R. des 3 Pavil.
124 R. du Foin.
Isle S. Louis
1 S. Louis
2 R. Poultiere
3 H. de Bretonvilliers
4 R. de Bretonvilliers
5 R. S. Louis
6 R. Regratiere
8 R. des 2 Ponts
9 Q. de Bourbon
10 Q. d'Alencon
11 Q. d'orlean.
12 Q. Balcons
13 le Pont rouge
14 le Pont Marie
99 Pont aux choux
100 P. N. Dame
101 la Pl. aux Veaux
102 le Port S. Paul
103 Petit Arcenal
104 Arcenal
106 la Bastille
107 la B. S. Antoine
108 R. S. Claude
110 le Temple
112 la Porte du Temple
113 R. Charlot
114 R. de Saintonge
117 R. Barbette
118 R. du Parc Roial
la Place Roiale
les Annonciades
les Enfans Trouvés
Hopital General
Moulin de l'hopital
Marché aux chevaux
SEINE
Isle Louvier
la Croix
Hopital S. Louis
R. des Fontaines
R. de Charonne
S. Victor
R. de Seine

Vorwort

Das lebendige Paris werde ich schildern, nicht seine Bauten, Tempel, Monumente, seine Sehenswürdigkeiten; über die haben schon genügend andere geschrieben. Von den öffentlichen und privaten Sitten und Bräuchen werde ich reden, von den Ideen, die die Zeit beherrschen, von der gegenwärtigen geistigen Situation, von allem, was mich an dem bizarren, ewig wechselnden Durcheinander von Verrücktheit und Vernunft fasziniert hat. Und von der überwältigenden Größe, von den ungeheuerlichen Reichtümern und dem skandalösen Luxus dieser Stadt; gewaltig ist die Gier, mit der sie Geld, Menschen und sogar andere Städte in sich hineinsaugt, einschlürft.

Ihre sämtlichen Bevölkerungsklassen durchforschte ich, und um das widerspruchsvolle moralische Profil der gigantischen Kapitale besser zu treffen, scheute ich auch nicht vor den durch Abgründe von jeglichem Überfluß getrennten Schattenseiten des Lebens zurück.

Nicht wenige Bewohner von Paris sind Fremde in ihrer eigenen Stadt: vielleicht wird ihnen dieses Buch etwas zu bieten haben oder ihnen wenigstens das Leben und Treiben um sie herum, das sie aus lauter Gewohnheit schon kaum mehr wahrnehmen, in einem neuen, schärferen Lichte vor Augen führen. Kennen wir doch gemeinhin gerade die Dinge am wenigsten, die wir tagtäglich zu Gesicht bekommen.

Diejenigen aber, die hofften, in diesem Werk eine topographische Beschreibung der Plätze und Straßen oder eine Chronik alter Begebenheiten vorzufinden, werden bitter enttäuscht sein.

Mir ging's nun mal ums pulsierende Leben in all seinen Schattierungen! Außerdem gab bereits Moutard, Leibdrucker und Buchhändler der Königin, mit des Zensors Genehmigung und des Königs Segen ein aus vier Wälzern bestehendes Lexikon heraus, in dem von der Geschichte der Schlösser bis hin zur

Vergangenheit der Kollegien und bis zur hintersten Sackgasse kein Stein vergessen wurde. Falls den Monarchen eines Tages die Laune ankäme, seine Hauptstadt zu verkaufen, könnten ihm, glaube ich, diese Schwarten sehr wohl als Katalog oder als Inventarliste dienen.
Ich für mein Teil schrieb weder Inventar noch Katalog; ich griffelte, was ich sah, und versuchte dabei, soviel Abwechslung als möglich in mein Bild zu bekommen. Und nun ist es da, so wie es meine Augen und mein Verstand nach bestem Wissen und Gewissen zusammengefügt haben.
Es ist lückenhaft. Längst nicht alles, was darin hätte gesagt werden können, wurde gesagt, und längst nicht alles erwähnt, was des Erwähnens wert gewesen wäre. Doch schließlich können es sich nur Verrückte und Böswillige erlauben, schlechthin alles, was sie wissen und vernommen haben, zu Papier zu bringen.
Selbst wenn mir die hundert Münder, die hundert Zungen und die eherne Stimme eines Homer oder Vergil gegeben wären, müßte man mir meine Unfähigkeit, allen Kontrasten dieser großen Stadt gerecht zu werden, nachsehen. Kontraste, die um so mehr ins Auge springen, als sie so dicht beieinander liegen. Wenn einer sagt, man fände hier auf engem Raum ein ganzes Universum, hat er so gut wie nichts gesagt. Man muß es sehen, durchstreifen, prüfen, was es in sich birgt, den Witz und die Dummheit seiner Bewohner studieren, dazu ihre Trägheit und ihr unbesiegliches Geschwätz. Ferner gilt es, die ganze Fülle all der kleinen Moden von heute und gestern in Betracht zu ziehen; sie haben auf eigene Weise Gesetzeskraft, auch wenn sie ewig unvereinbar bleiben mit dem wirklichen Gesetz.

Nehmt an, tausend Personen – eine jede ein aufmerksamer Beobachter – unternähmen ein und dieselbe Reise; jede von ihnen schriebe darüber dennoch ein anderes Buch, und außerdem bliebe für jene, die nach ihnen kämen, mehr als genug Wahres und Interessantes zu sagen übrig.
Ich brandmarkte zahlreiche Mißstände. Heute ist man mehr

denn je dabei, sie zu beseitigen. Sie zu geißeln heißt also, zu ihrem Untergang beizutragen. Einige von ihnen sind, wie ich mit Vergnügen zugebe, sogar schon verschwunden, ehe meine Tinte richtig trocken war; trotzdem glaube ich, daß es verfrüht wäre, das, was ich über sie zu sagen hatte, bereits als gänzlich überholt zu betrachten.
Ungeachtet unserer heißen Wünsche nämlich, es möge sich endlich läutern, was noch barbarisch ist, es möge der Sündflut der Irrungen endlich das Gute, die späte Frucht des Lichtes folgen, steckt diese Stadt noch immer voll der Perfidien und Beschränktheiten einer finsteren Vergangenheit. Sich davon mit einem Schlage zu befreien, vermag sie nicht; die Schlacken haften noch zu fest an ihr.
Ich hielt es für wichtig, für dies Gemälde die Lebenden zum Modell zu nehmen. Zumal sich ja mit früheren Epochen schon genügend andere in aller Ausführlichkeit befaßt haben. Es ging mir um die heutige Generation, um das Gesicht meines eigenen Jahrhunderts, das mir im übrigen entschieden mehr zu sagen hat, als die ungewisse Historie der Phönizier und der Ägypter.
Die Gegenwart, die mich umgibt, fordert ihr Recht, denn ich lebe mitten unter meinesgleichen und nicht unter Spartanern, Römern oder Athenern. Gewiß, auch aus der Antike gäbe es manch schönen Charakterkopf zu konterfeien, doch wozu? Nur seines Seltenheitswertes wegen? Viel näher als er steht mir doch mein Zeitgenosse, mein Landsmann, dessen Wesen bis in die letzte Nuance zu erfassen mir schon deshalb so unermeßlich wichtig ist, weil ich auf ihn angewiesen bin.
Hätte gegen Ende eines jeden Jahrhunderts ein besonnener Schriftsteller all das, was um ihn geschah, gültig erfaßt und genauso geschildert, wie er es selber gesehen, dazu alle Sitten und Gepflogenheiten, dann verfügten wir heute über eine ganze Galerie zwar erstaunlicher, aber zu Vergleichen verlockender Gemälde. Wir fänden in ihnen tausend verschiedene Dinge, von denen wir nichts ahnten, und Moral und Gesetzgebung hätten

davon ihren Nutzen. Doch leider schätzt der Mensch gering, was er vor Augen hat; lieber steigt er in die Tiefen abgestorbener Jahrhunderte, zerbricht sich den Kopf über sinnloses Zeug, über längst erloschene, nie mehr ganz zu klärende Bräuche und verliert sich dabei in einer Flut müßigen, fruchtlosen Geschwätzes.

Ich wage allerdings zu glauben, daß man in hundert Jahren auf mein Bild von Paris zurückkommen wird, und zwar nicht wegen seiner malerischen Qualitäten, sondern vielmehr deshalb, weil dermaleinst eine neue Zeit das Bedürfnis verspürt, das, was ich einst sah, und mag es noch so befremdlich gewesen sein, mit dem zu vergleichen, was dann zu sehen sein wird, um so aus unseren Torheiten und Hoffnungen zu lernen. Denn immer wird für den Schriftsteller, der sich vornimmt, ein paar nützliche Wahrheiten auszusprechen und einige Vorurteile seiner Epoche abzubauen, das oberste Gebot lauten: Lerne es kennen, das Volk, in dem du lebst! Was mich betrifft, so kann ich sagen, daß genau dies der einzige Ruhm ist, den ich für mich angestrebt habe.

Wenn ich auf der Suche nach Stoff für meinen Stift innerhalb der Mauern der Kapitale weit häufiger und häßliches Elend als auf ehrlich erworbenen Wohlstand, viel öfter auf Kummer und Sorgen als auf Glück und die dem Volk von Paris einst zugeschriebenen Lebenslust stieß und wenn dies meinem Bild einen etwas düsteren Anstrich gegeben hat, dann macht nicht mich dafür verantwortlich, sondern die Wirklichkeit. Möge ihre ungeschminkte Wiedergabe den Eifer und das Genie moderner Administrateure entflammen und das tätige Mitgefühl einiger edler Seelen erwecken. Dies ist die süße Hoffnung, ohne die ich noch niemals auch nur eine einzige Zeile verfaßte, und für immer gäbe ich das Schreiben auf, wenn ich sie je verlöre.

Ich weiß, daß Gutes oftmals dem Bösen entsprießt, daß gegen gewisse Mißbräuche kein Kraut gewachsen ist und daß sich eine so volkreiche und korrupte Stadt glücklich schätzen darf, wenn

in ihr nicht nur die Tugenden, sondern immerhin auch die großen Verbrechen rar sind und wenn es in ihr – was noch mehr heißen will –, obschon sie Schauplatz pausenlosen, konzentrierten Aufeinanderprallens heftigster Leidenschaften ist, doch verhältnismäßig friedlich zuzugehen scheint.
Doch wie dem immer sei, ich wiederhole: ich wollte sichten, nicht richten. Das, was ich dabei an Erkenntnissen zu erlangen vermochte, läuft darauf hinaus, daß der Mensch ein der mannigfaltigsten und verblüffendsten Wandlungen fähiges Tier ist und dessen Natur reich genug, ihm sowohl das Leben in Paris wie das Nomadendasein der Wilden in Afrika und Amerika zu gestatten; ferner, daß sich Zweihundert-Meilen-Jagden und Arien der komischen Oper keineswegs gegenseitig ausschließen und daß nicht einmal ein echter Widerspruch besteht zwischen dem, was den Menschen der untersten, und dem, was ihn auf seiner höchsten Entwicklungsstufe ausmacht, da er sowohl da wie dort seine Intelligenz und seine Neigungen dafür einsetzt, seinen Machtbereich zu erweitern. Erst der Ort, der Umstand, die Zeit prägen also das Individuum; daher die unendliche Vielfalt seiner Erscheinungsformen. Wir brauchen uns somit über den ausgesuchten Luxus in den Palästen unserer Crassusse nicht stärker zu verwundern als über die roten und blauen Striemen, welche sich die Wilden auf ihre Glieder tätowieren.
Wenn es – was ich keinen Augenblick bezweifle – stimmt, daß das Glück am häufigsten durch den Vergleich getötet wird, dann muß ich auch gestehen, daß es in Paris fast unmöglich ist, glücklich zu sein; allzusehr sind dort die stolzen Genüsse der Reichen den Blicken des Bedürftigen ausgesetzt. Dieser hat angesichts der ruinösen Verschwendungssucht jener auch allen Grund zur Klage, denn er ist dabei der Leidtragende, steht er doch auf der Leiter zum Glück noch tiefer als der Bauer. In der Tat bedrängt ihn seine Besitzlosigkeit dermaßen, daß er sogar schon vor den Trieben seiner eigenen Natur zittern muß. Erliegt er ihnen dennoch, kommen seine Kinder auf einem Dach-

boden zur Welt. Seine Fähigkeiten bleiben im Ansatz stecken, und seine Tage bleiben lichtlos. Weder Schauspiel noch Künste noch sonstiger schöner Zeitvertreib existieren für ihn, ja, nicht einmal der Anblick des Himmels und der Felder. Hier endlich überbrückt nichts mehr die ungeheure Kluft, die sich auftut zwischen zwei verschiedenen Erscheinungsformen des Lebens, nämlich zwischen turbulentem Vergnügen und schwarzer Verzweiflung.

Und wenn Ihr in geordneten Verhältnissen lebt? Dann wäret Ihr, wo immer es Euch hin verschlüge, glücklich – in Paris dagegen bliebet Ihr selbst dann noch arm! Frönt man doch in der Kapitale gewissen Leidenschaften, die man sonst nirgends kennt. Und außerdem: Der Anblick des Genusses verführt zum Genießen. Das pausenlose Riesentheater rund um Euch herum, in dem jedermann seine Rolle spielt, zwingt auch Euch selber, zum Akteur zu werden. Unrat allenthalben, aufgeputschte Gelüste, Überflüssiges, das zum Bedürfnis wird, zum unabweisbaren, von der öffentlichen Meinung diktierten Zwange, demgegenüber die Verlangen, die uns von Natur gegeben, unendlich viel weniger tyrannisch sind... das alles ist Paris!

Darum entfliehe jeder, der sich vor der Armut fürchtet und vor dem noch Schlimmeren, das ihr auf dem Fuße folgt, nämlich der schrecklichen Erniedrigung, die vom verächtlichen Blick des Reichen ausgeht – darum, so sage ich, entfliehe jeder, der sich davor fürchtet, der Hauptstadt und meide sie für immer!

Unmäßige Größe der Stadt

Politisch gesehen ist Paris zu groß: ein Wasserkopf, an dem der Staatskörper viel zu schwer zu tragen hat. Doch da es heute bereits zu gefährlich wäre, die Geschwulst zu schneiden, wird man sie wohl weiterwachsen lassen müssen. Es gibt Übel, denen, wenn sie einmal Wurzeln geschlagen haben, nicht mehr beizukommen ist.

Überdies sind die großen Städte genau nach dem Geschmack der absolutistischen Regierung. Sie tut alles, um Paris mit Menschen vollzustopfen; die großen Herren lockt sie mit Luxus und Genüssen – die Massen treibt sie in den Pferch wie Lämmer, auf daß es den Schäferhunden leichter falle, die Herde zusammenzuhalten und den Gesetzen Geltung zu verschaffen. Und schließlich ist Paris ein großer Kessel, in dem die Menschheit unter sicherem Verschluß gehalten wird. Dafür sorgen die Argusse an den Stadttoren, durch welche keiner unbemerkt herein- oder hinauskommt. Ihre Schlagbäume aus Tannenholz flößen mehr Respekt ein als Wälle aus Stein, gespickt mit Kanonen, denn alles, was die Stadt zum Leben benötigt, wird hier erst einmal aufgehalten, bis die Steuer bezahlt ist, eine Steuer, die ausschließlich den Armen belastet, der zwar auf alles, was Vergnügen bereitet, nicht aber aufs Essen verzichten kann. Dem König wäre es, wenn er nur wollte, ein leichtes, die Stadt auszuhungern. In ihr hält er seine guten und getreuen Untertanen wie in einem Vogelbauer, und käme ihn eine üble Laune an, könnte er ihnen einfach das Futter entziehen. Bis die Schranken endlich durchbrochen wären, hätten sich dreiviertel der Leute gegenseitig aufgefressen oder wären verhungert.

Doch jedermann muß leben; also lautet hier das oberste Gesetz: Jeder sehe selber zu, wie er sich durchschlage. Ich gebe zwar zu, daß die Stadt in voller Blüte steht, doch sie blüht auf Kosten der gesamten Nation. Alles, was im Umkreis von fünfzig Meilen geerntet und gekeltert wird, wandert in diese Ansammlung

überfüllter, sechsstöckiger Häuser, wird verschlungen von einem Heer von Lakaien, Possenreißern, Abbés und Müßiggängern, die weder dem Staat noch der Gesellschaft etwas einbringen.
Zu den politischen Mißständen, die man hinnehmen muß, solange kein sicheres Mittel gegen sie gefunden ist, zählt die Ausdehnung der Kapitale. Nichts wird die Völkerstämme, die sich auf all diesen Dachböden und in den möblierten Zimmern eingenistet haben, dazu bringen, wieder in ihre Dörfer zurückzukehren. Sie sind mittellos und dazu ausgelaugt, entnervt, haben also nicht einmal Arme, die zu etwas nütze wären! Und kein Mensch weiß, wie es sich verhindern ließe, daß noch mehr von ihrer Sorte hinzuströmen.
Also wird uns die Geschwulst erhalten bleiben, da ihre Entfernung den ganzen Leib in Gefahr brächte. Und im übrigen... aber wir wollen dem, was sonst noch über die Stadt zu sagen ist, über dieses Lieblingskind einer Regierung, deren Haupt, gemessen am Königreich, genauso disproportioniert ist wie die Kapitale, nicht vorgreifen!

Das Antlitz der großen Stadt

Wollt Ihr wissen, wie Paris wirklich aussieht? Dann steigt auf die Türme von Notre-Dame. Von dort gesehen, ist die Stadt rund wie ein Kürbis, und der Stuck, aus dem sie zu zwei Dritteln besteht, was zeigt, daß sie aus Kreidestein errichtet wurde und auf Kreide fußt, ist weiß und schwarz zugleich. Das kommt vom ewigen Rauch, der aus ihren unzähligen Schornsteinen quillt und dem Auge die scharfen Spitzen der Glockentürme verhüllt. – Es ist, als läge das Häusermeer beständig in der Dunstwolke seiner eigenen Transpiration.
Der Fluß, der die Stadt durchquert, zerschneidet sie in zwei

beinahe gleich große Stücke, doch seit einigen Jahren wird stärker nach Norden hin gebaut.

Das Wasser der Seine hat eine leicht abführende Wirkung; der Volksmund sagt, daß es den Schenkeln eines Engels entspringe.

Das Klima ist erholsam und entspannend, die Atmosphäre mild und der kräftige Farbton rar auf den Gesichtern. Als gesundestes Quartier gilt der Faubourg Saint-Jacques, wo die kleinen Leute wohnen; als das ungesundeste wird die Cité angesehen.

Bedauerlich ist nur, daß diese ganze wunderschöne Stadt nicht irgendwo in der Nähe von Tours steht. Sie läge dann nicht nur genau im Mittelpunkt des Königreiches – es käme ihrer Bevölkerung obendrein der strahlende Himmel der Touraine zugute.

Überhaupt sind die Vorteile, welche die Ufer der Loire dieser Stadt zu bieten gehabt hätten, weder mit Reichtum noch mit Arbeit aufzuwiegen.

Die nähere Umgebung von Paris – Natur, die zwar kultiviert, nicht jedoch durch Künsteleien verunstaltet ist – entzückt durch ihre köstliche Vielfalt. Ohne Zahl und einer Hauptstadt würdig sind ihre Gärten, Alleen und Promenaden, und vier Meilen in die Runde reicht diese von der Macht üppigen Reichtums geprägte Zone, in welcher der Landmann, der sie hegt, keineswegs zwangsläufig unglücklich zu sein braucht.

Allerdings muß dabei auch gesagt werden, daß es im Umkreis von acht bis zehn Meilen verboten ist, eine Flinte abzufeuern. Die Privilegien des Königs und die Ländereien der Prinzen haben sämtliche alten Jagdrechte zerstört. Außerdem sind die eigens zu diesem Zweck erlassenen Sonderdekrete von einer Härte, um nicht zu sagen Grausamkeit, die unter den übrigen Gesetzen des Königreiches ihresgleichen sucht. Schon das Abschlachten eines Rehes stempeln sie zu einem Verbrechen, das nur noch die Galeere sühnt. Deshalb stellen die Flurhüter den Wilderern denn auch mit weit mehr Wachsamkeit und Eifer nach als die Gendarmerie den Dieben und Mördern. Manchmal töten die Flurwächter ihre Opfer sogar, und was das schlimmste

an der ganzen Sache ist: Diese Morde bleiben nicht nur ungeahndet, sondern werden – ich wage es kaum auszusprechen – von einem gewissen Prinzen, dem man sonst nachsagt, er sei gütig, sogar belohnt!
Was den Jagdparagraphen anbelangt, sind die Prinzen wahrlich hart und unbarmherzig und haben eine wahre Tyrannenherrschaft errichtet.

Von der Bevölkerung der Hauptstadt

Monsieur de Buffon (eigentlich Comte de Buffon – aber Grafen gibt es ja so viele!) behauptet, daß die Bevölkerung dieser Stadt im Lauf der letzten hundert Jahre um ein Viertel zugenommen habe und daß ihre Fruchtbarkeit zur Erhaltung des gegenwärtigen Standes reichlich genüge. Aus jeder Ehe, meint er, gingen vier Kinder hervor. Man zählt pro Jahr vier- bis fünftausend Trauungen und zwischen achtzehn- und zwanzigtausend Taufen. Auch scheint es, daß die Zahl derer, die ins Leben treten, die der Todesfälle wunderbarerweise ziemlich genau aufwiege, was auf einen Plan des Gleichgewichtes zwischen Leben und Tod schließen ließe.
In normalen Jahren sterben in Paris ungefähr 20000 Personen. Nach demselben Beobachter, der mit einem Toten auf fünfunddreißig Lebende rechnet, ergibt sich daraus eine Gesamtbevölkerung von 700000 Seelen. Jeder strenge Winter erhöht indes diese Sterblichkeitsrate. Im Jahre 1709 stieg sie auf 30000 an, 1740 auf 24000.
Der gleiche Gewährsmann gibt an, daß in Paris mehr Knaben als Mädchen zur Welt kommen, zugleich aber beträchtlich mehr Männer als Frauen sterben. Auf je zehn Lebensjahre des Parisers gerechnet, kommt bei den Pariserinnen eines dazu, was erklärt, weshalb der Volksmund von der Kapitale als dem Para-

dies der Frauen, dem Fegefeuer der Männer und der Hölle der Pferde spricht.
An bestimmten Tagen strömen aus den Toren der Hauptstadt in dichten Kolonnen bis zu 300000 Menschen ins Grüne hinaus, 60000 davon per Karosse oder zu Pferd, angelockt durch eine Lustbarkeit, eine Parade oder ein Fest. Sechs Stunden später verläuft sich alles wieder, löst sich die Menge in ungezählte Einzelwesen auf, von denen ein jedes seine Bleibe, seinen Schlupfwinkel hat, während der Platz, der den Zustrom kaum zu fassen vermochte und dessen Abschrankungen unter dem riesigen Gedränge schreiender Menschenmassen barsten, leer und öde zurückbleibt.
Insbesondere die alljährliche Promande von Longchamp läßt sich – wie immer das Wetter sein mag – kein Pariser entgehen. Dies ist nach altem Brauch der Tag, an dem man seine Equipage, seine Pferde und seine Lakaien zur Schau stellt. Anders als im Salon, braucht man dabei niemandem seine Referenz zu erweisen; auf der Promenade geht es – zur Verwunderung selbst bestens informierter Fremder – eben ziemlich zwanglos zu.
Seit dem Desaster, das sich vor zehn Jahren auf der Place Louis XV ereignete, als anläßlich eines unglückseligen Feuerwerks 1500 Menschen zu Tode gequetscht und getrampelt wurden, achtet man – wie hier gebührend vermerkt werden soll – mit viel Geschick darauf, daß alle öffentlichen Feste exakt und ordentlich verlaufen.
Nur wer sich die unglaubliche, selbst Eingeweihte immer wieder verblüffende Masse der hier lebenden Menschen vergegenwärtigt, wird ohne Erstaunen zur Kenntnis nehmen, daß diese eine Stadt Paris mit all ihren Einkünften, Zehnten und Kopfsteuern sowie mit ihren Taxen und Zöllen, welch letztere ein ganzes Lexikon füllen würden, dem König von Frankreich an die hundert Millionen im Jahr einbringt. Und Jahr für Jahr reproduziert dieser eine Ort dieselbe schwindelerregende Summe, so daß die französischen Könige die Kapitale also mit gutem

Grund als ›unsere gute Stadt Paris‹ bezeichnen. Eine gute Milchkuh ist sie! Noch in den Tagen Ludwigs des Dicken warf Paris nur 1200 Livres ab.

Recht aufmerksam verfolgt der Thron das, was ›die Kröten‹ – so werden die Pariser in der Sprache des Hofes genannt – untereinander zu bereden pflegen. Was sagen die Kröten? fragen sich nicht selten die Prinzen. Und wenn ihnen die Kröten bei öffentlichen Auftritten oder im Theater Beifall spenden, sind sie sehr zufrieden, denn manchmal werden sie auch durch Schweigen bestraft. In der Tat gibt ihnen das Volk durch sein Verhalten zu verstehen, wie man über sie denkt. Sowohl seine Fröhlichkeit wie auch seine Verstimmtheit weiß es sehr deutlich auszudrükken, und man behauptet, die Prinzen mäßen der Art des Empfangs, den ihnen die Hauptstadt jeweils bereite, Bedeutung bei, weil sie dunkel ahnten, daß es den Massen weder an gesundem Menschenverstand noch an Scharfsinn mangele, und auch nicht an Männern, die in der Lage seien, sie selber und ihre Taten richtig zu werten. Just diese Männer sind es, die – man weiß nicht wie – die öffentliche Meinung prägen.

Es gibt Situationen, in denen sich die Polizei die Mühe macht, Kerle mit großen Klappen anzuheuern und in die verschiedenen Stadtteile zu entsenden, auf daß sie dort die andern in Fahrt bringen. Auch finanziert sie an Festtagen allerhand trunkenen Trubel, doch mit zweifelhaftem Erfolg; die unverwechselbaren Merkmale der echten Fröhlichkeit und der wirklichen Zufriedenheit des Volkes lassen sich nicht künstlich erzeugen.

Kleinbürgerinnen

Eine Tochter auf bürgerliche Art zu lieben, das bedeutet, um ihre Hand anzuhalten. Eines Sonntags stellt sich nach dem Vesperläuten ein Bursche bei ihr zu Hause vor und bleibt auf ein Spielchen. Ohne zu murren, verliert er es und bittet schließlich um die Erlaubnis, wiederkommen zu dürfen, was ihm in Gegenwart der Schönen, welche dabei das Näschen rümpft, gewährt wird.

Wenn das Wetter nicht gar zu schlecht ist, lädt er sie am nächsten Sonntag zu einem Spaziergang ein. Zum Freier erklärt, steht ihm das Recht zu, sich mit der Zukünftigen in einem Umkreis von 50 Schritt, gemessen vom jeweiligen Standort ihrer Eltern, frei zu bewegen. Am Rande eines kleinen Wäldchens offenbart er sich der Schönen, was diese mitnichten überrascht.

Der Ehekandidat ist stets gut frisiert und charmanter Laune. Auch das Mädchen gibt sich große Mühe, ein bißchen verliebt zu sein. Zumal es weiß, daß es für sie nur ein Tor zur Freiheit gibt: die Ehe. Ist der Bewerber in der Nähe, redet das ganze Haus mittlerweile nur noch von der makellosen Sittenstrenge, die seit undenklichen Zeiten in der Familie seiner Auserwählten herrsche.

Doch da begibt sich ein kleines Ärgernis. Die Eltern des Jungen haben eine bessere Partie ausfindig gemacht; es kommt zum Bruch. Die Tochter ist pikiert, tröstet sich jedoch schnell. Zum dritten Male passiert ihr das nun schon. Sie beherzigt die Ratschläge ihrer Mutter und beschließt, den Treulosen mit Verachtung zu bestrafen.

Es stellen sich andere vor, aber stets scheitert die Sache am Kontrakt. Dabei geht das Mädchen auf die Einundzwanzig zu; viel Zeit ist nicht mehr zu verlieren, der Vater wird sich bald entscheiden müssen. Weiß er doch, daß Ware, die liegenbleibt, ihren Preis verliert, ganz abgesehen von all dem, was sonst noch passieren könnte.

Das Mädchen fängt an zu schmollen. Der erste, der mit ernsten Absichten kommt, wird gutgeheißen. Binnen drei Wochen ist das Geschäft perfekt. Das Mädchen hat die Genugtuung, sagen zu können, daß sich wenigstens fünf Bewerber um sie bemüht

hätten. Daß sie von vieren sitzengelassen wurde, wird sie für sich behalten.
Nach etlichem Hin und Her einigen sich die Eltern darauf, daß die Schöne noch jung genug sei, ein ganzes Haus mit Sprößlingen zu füllen, und daß man zu tun haben werde, sie alle übers Taufbecken zu halten.
Die Mutter weiß nicht so recht, ob sie sich auf die Hochzeit freuen soll oder nicht. Schon seit geraumer Zeit eifersüchtig auf ihre Tochter, möchte sie diese zwar ganz gern loswerden, zugleich aber unter ihrer Fuchtel behalten, was schließlich dazu führt, daß sie sich an den Schwiegersohn heranmacht, sich bei ihm über den Leichtsinn ihres Kindes beklagt und darüber, daß es leider nicht eine einzige von ihren eigenen guten Eigenschaften mitbekommen habe, was Grund genug sei, die Kleine auch fürderhin keinen Augenblick aus dem wachsamen mütterlichen Auge zu lassen. Sie bietet sich an, den Neuvermählten den Haushalt zu besorgen. Der Schwiegersohn hat – des Lateins nicht mächtig – keine Ahnung von Juvenals einschlägiger Warnung: ›Wenn Ihr wollt, daß in Euerm Hause Frieden herrsche, dann haltet Euch Eure Schwiegermutter vom Leib!‹ Deshalb wundert er sich sehr, wenn zwischen Mutter und Tochter spätestens nach drei Monaten Streit ausbricht. Der Gatte ergreift die Partei seiner Frau, schickt die Schwiegermutter fort und klagt jedem, der es hören will, sein Leid. Die Alte erzählt die Sache auf ihre Weise herum; die Meinungen im Viertel bleiben geteilt. Beim zweiten Kind schließt man wieder Frieden. Zur Erbauung der Nachbarn fließen auf beiden Seiten Tränen, und die Sache geht gut.
Mit zunehmendem Alter verzichtet die Mutter nach und nach auf allzu weitreichende Herrschaftsansprüche. Von nun an macht sie mit ihrer Tochter gemeinsame Sache gegen den Schwiegersohn, den sie weder liebt noch schont. Bei jeder Gelegenheit läßt sie verlauten, wie süß und klug doch ihre Enkel seien und wie sehr sie überhaupt den Großeltern nachschlügen.

Im übrigen muß eine Kleinbürgerin schon einigen Mut und eine gute Portion Anstand im Leibe haben, um nicht die oder jene Kurtisane der Üppigkeit ihres glanzvollen Lebens wegen heimlich zu beneiden. Sich selber als Kokotte aushalten zu lassen wäre ihr zwar ein Greuel, aber manchmal entfährt ihr beim Gedanken an die Freiheit, mit der jene Frauen ihre Liebhaber auszuwählen und zu wechseln pflegen, doch ein Seufzer. Tugend will erkämpft sein. Die Kleinbürgerin, die diesen Kampf wagt und gewinnt, verdient unsere Achtung. Allerdings ist sie auch weit eifersüchtiger als die Frauen anderer Stände auf ihren guten Ruf bedacht.

Junge Gemahlin

Kleon begegnet Damis, umarmt ihn, erstickt ihn dabei fast und gesteht ihm: Ich bin der glücklichste aller Menschen; ich bin einem Mädchen begegnet, das gerade aus der Klosterschule kommt und damit außer mir praktisch noch keinen andern Mann gesehen hat. Sie ist die Sanftheit und die Güte in Person und obendrein das unbefangenste, naivste und bescheidenste Geschöpf der Welt; wenn sie merkt, daß ihre Schönheit Aufsehen erregt, senkt sie verwirrt den Blick. Und wenn sie spricht, errötet sie aufs lieblichste, und diese ihre Schüchternheit entzückt mich um so mehr, als sie – dessen bin ich mir völlig sicher – reinem Zartgefühl und durchaus nicht etwa einem Mittelmaß des Geistes entspringt. Auch hat sie ein gutes Herz; Berichte über die Leiden und Heimsuchungen der Menschheit rühren an ihr Innerstes, und schön ist es, sie über anderer Leute Unglück bittere Tränen vergießen zu sehen! Mit einem Wort: Sie ist die empfindsamste, edelste und liebenswerteste Seele, die man sich denken kann, und obendrein gewillt, nur mir allein zu leben, mir jeden ihrer Atemzüge zu schenken, ihren Pflichten mit hingebender Lust nachzukommen und mich so zum glücklichsten aller Ehemänner zu machen!

Kleon heiratet. Sechs Monate später trifft Kleon denselben Damis aufs neue und – schweigt sich aus über seine Frau. Erst nach und nach erfährt sein Freund, was aus dem Engelskind geworden ist. Kaum war die Ehe vollzogen, schlug die Bescheidenheit der Kleinen in Hochmut, ihre zarte Scheu in Frechheit um, und wenn sie gelegentlich noch errötet, dann höchstens aus verletztem Stolz oder aus Ärger. Weiter vernimmt Damis, daß die beiden bereits in getrennten Zimmern schlafen, daß die Gnädige bei der Marquise, der Baronin und der Frau Präsidentin ein und aus gehe und sich auch schon deren arrogante und überhebliche Lebensweisheiten zu eigen gemacht habe; bedenkenlos macht sie sich lustig über ihren Gatten, fällt bei jeder kleinen Meinungsverschiedenheit über ihn her und wirft ihm Eifersucht, Grobheit und Geiz vor.

Nie verläßt sie ihr Bett vor zwei, drei Uhr nachmittags, und kaum geht sie vor sechs Uhr in der Früh schlafen: Ab fünf Uhr abends ist sie unterwegs. Im Kreise ihrer ziemlich freien Freunde, mit denen sie zu soupieren pflegt, gilt sie als lustig und liebenswürdig, doch wer ihr Liebhaber ist, weiß kein Mensch zu sagen, was insbesondere ihren Mann verdrießt. Fast wünschte er sich, sie hätte einen, denn über ihn könnte er ihr doch wenigstens gewisse, ihrer beider Vermögen betreffende Dinge beibringen. Dinge von kapitaler, alles andere überschattender Dringlichkeit!

Während sie in großen Gesellschaften gelegentlich noch mit ihrem Mann spricht, ihm dabei sogar freundlich zulächelt, läßt sie zu Hause mitunter ganze Wochen verstreichen, ohne ihn auch nur eines Wortes oder Blickes zu würdigen. Nichtsdestotrotz sind sich alle Frauen ihrer Umgebung darüber einig, daß sie mit Anstand zu leben wisse und sich der Mann, der sie sein eigen nenne, glücklich schätzen dürfe.

Friseure

Nichts lag unseren Vorfahren ferner, als ihren Kopf jeden Morgen auf unbestimmte Dauer einem ebenso müßiggängerischen wie geschwätzigen Friseur auszuliefern. Sie schabten sich den Bart, gaben ihren Schnäuzen, dieser Zierde ihrer männlichen Gesichter, den richtigen martialischen Drall, und schon war alles erledigt. Doch dann packte uns vor zwei Jahrhunderten der Wahn, es in der verweichlichenden Weiberkunst der Frisur den Frauen gleichtun zu wollen.

Wo sind sie hin, die Zeiten, da sich ein Mann von echtem Schrot und Korn, wenn er Geld benötigte, den Schnauz abschnitt und ihn seinem Gläubiger an Pfandes Statt daließ? Das galt soviel wie ein Schuldbrief und war so sicher wie die beste Hypothek, was dem Gläubiger manch schlaflose Nacht ersparte, denn es stand außer Frage, daß der Schuldner pünktlich zahlen würde. Gewiß, der lächerliche Brauch, unsere Köpfe, gleichgültig ob jung oder alt, mit ungeheuren künstlichen Mähnen zu bepakken, ja, sie darunter zu begraben, ist passé. Selbst der kahle faltige Greisenschädel braucht sich nicht mehr unter derlei bizarren Gebilden zu verbergen, doch dafür geht heutzutage die Frisierwut um. Nicht ein Stand der Gesellschaft, den sie verschont hätte. Ob Handlungsgehilfe oder Schreiber eines Advokaten, ob Bürobote des Notars oder Hausdiener, ob Koch oder Küchenjunge – jedermann schüttet sich pfundweise Zopfpuder aufs Haupt, toupiert den Schopf, so hoch er kann, und läßt sich Stufenlöckchen brennen. Und allenthalben, sei's beim Krämer an der Ecke, sei's beim geschiegelten und gepflegten Stutzer, stechen einem die Düfte von Ambra und Essenzen in die Nase.

Wieviel Leerlauf das ins Leben der Bürger bringt! Wie viele nutzlos verlorene Stunden das kostet! Wie viele unwiederbringliche Augenblicke eines allzu kurzen Daseins uns diese Friseure und Friseusen stehlen!

Wenn man noch dazu bedenkt, daß das Puder, mit dem sich 200000 Leute ihre Köpfe einstäuben, den Armen zur Nahrung dienen könnte, daß all dies aus den besten Teilen des Getreidekorns gewonnene Mehl, das sich da in der üppigen Perücke des Rechtsverdrehers, in der Tolle des Modegecken und im Haarband des Faulenzers verfängt oder nutzlos auf den Nacken dieser Müßiggänger endet – daß dieses Mehl zehntausend Hungernde satt machen könnte, möchte man ob der absurden Sitte, die sonst zu nichts gut, als dazu, dem Haar die natürliche Farbe zu rauben, vollends verzweifeln! Zwölfhundert wohlbestallte Friseurmeister, im Besitz von Innungsprivilegien, die bis in die Tage Ludwigs des Heiligen zurückreichen, beschäftigen an die 6000 Gesellen. Weitere 2000 gehen dem Beruf, selbst auf die Gefahr hin, dabei reif fürs Tollhaus zu werden, von Tür zu Tür nach. Und noch einmal 6000 Lakaien üben ihn bei ihrer Herrschaft aus. Dazu kommen die Friseusen – und alle ziehen sie sich ihr täglich Brot aus dem Lockenwickler und der Kräuselschere. Mit Kamm und Rasiermesser in der Reisetasche haben unsere frisierenden Kammerdiener Europa überschwemmt: In Rußland wie in Deutschland wimmelt es von ihnen. Flinkhändig hat diese Horde verschlagener, unverschämter und lasterhafter, zumeist aus der Provence und der Gascogne stammender Lügenbolde das Ausland mit einer Korruption überzogen, die ihm bei weitem übler mitspielt, als dies Soldaten mit Feuer und Schwert vermöchten.

Den Barbieren folgten unsere Opernmädchen und Köche auf dem Fuß und unterwarfen die Nachbarvölker unseren Moden und Sitten vollends. So sind sie es denn, die Frankreichs Namen in aller Munde brachten und dabei schreckliche Rache übten für sämtliche uns je zugefügten außenpolitischen Schlappen. Unsere Nachbarn hätten somit einigen Grund, der verderblichen Invasion der Friseure durch ein Bündnis Einhalt zu gebieten und sich Gedanken darüber zu machen, wie vorteilhaft es doch gewesen wäre, wenn sie sich beizeiten zur Wehr gesetzt hätten.

Edelgauner und Spitzbuben

Was ein richtiger Gauner vom Fach sein will, versucht, gleichgültig aus welcher Provinz er stammt, wenigstens einmal im Leben sein Glück in der Hauptstadt, darauf bauend, sein Talent dort wie nirgends sonst entfalten zu können, Streiche von ungeahnter Ergiebigkeit zu vollbringen und mehr Dumme als irgendwo sonst zu finden.

Da studierte Gauner genau wissen, wer leichtgläubig ist und wer nicht, heften sie sich mit Vorliebe jüngeren Leuten an die Fersen, denn im Alter der Leidenschaften und der Vertrauensseligkeit erliegt man verlockenden Einflüsterungen besonders leicht. Auch ist den Herren Hochstaplern bekannt, daß als erstes das Auge betrogen sein will – vom Glanz des Überflusses nämlich und in der Kunst, solchen glaubhaft vorzutäuschen, sind sie denn auch wirklich große Meister.

Aufmerksam darauf bedacht, die Denkweise der verschiedenen Stände aufs genaueste zu erfassen, kennen sie deren Vorurteile und wissen sie zu nutzen; dagegen halten sie sich selber frei von Standesdünkel – je nach den Leuten, mit denen sie gerade zu tun haben, kann man sie so oder so reden hören. Nie widersprechen sie jemandem, stets geben sie sich geschmeidig und voller Geduld und sparen nicht mit Schmeicheleien; sie haben, wie der Volksmund sagt, die goldene Zunge, und oft werden sie vom Volk denn auch viel eher durchschaut als von der guten Gesellschaft.

Ihr ganzes Streben gilt nur einem Ziel: dem Geld. Und den, der welches hat, erkennen sie auf den ersten Blick. Immer sind sie hinter irgendeinem fabelhaften Projekte her, einem Traumgeschäft, das den Einsatz todsicher eins zu hundert lohnen wird, und wortgewaltig, wie sie sind, sprechen sie von Euerm Glück, als wäre es bereits gemacht und stünde auf nicht minder festen Füßen als ihr eigenes.

So nebenbei lassen sie im Gespräch den Namen dieses oder jenes Prominenten fallen. Außerdem kennen sie allerhand die Neugier anstachelnde Anekdoten. Niemals jedoch gehen sie so weit, jemandem Übles nachzureden, ihn zu verleumden, und stets bleiben ihre Scherze frei von Bitterkeit, denn erstens gehören nicht nur die zur Schau getragenen guten Manieren, sondern auch der gute Ton mit zum System ihrer Kriegslisten, und zweitens wollen sie ja nicht irgendwem an die Ehre, sondern ganz bestimmten leichtgläubigen Personen ans Geld.

Der eine mischt sich unter die Spieler, ködert einen von ihnen durch wohlüberlegtes Verlieren, um ihn, sobald er richtig angebissen hat, mit Hilfe kühner und gekonnter Mogelei zu ruinieren. Der andere mietet sich ein schönes Palais und prächtige Karossen, beehrt verschiedene Geschäftsleute mit seinem Besuch, erweist sich als ein guter Zahler und munkelt eines Tages etwas von riesigen Auslandsaufträgen. Ein ausgezeichneter Dreh! Man beeilt sich, dem Manne alle möglichen Waren anzubieten; er geruht sie entgegenzunehmen und verschleudert sie in aller Heimlichkeit. Wenn man ihm dann scließlich die Rechnung präsentieren will, ist er längst über alle Berge.

Die Palme der Hinterhältigkeit gebührt indes dem, der mit Plänen und Projekten hausiert, die, soweit er sich in die Karten schauen läßt, ganz vernünftig aussehen und den maßgebenden Leuten am Ort annehmbar erscheinen. Wie man weiß, besucht er sie von Zeit zu Zeit, und schon leiht ihm der und jener schöne Sümmchen, damit die Sache gut gelinge. Eines Tages schnürt er diskret sein Bündel, schüttelt den Staub von seinen Füßen und verschwindet nach Holland, wo er seinen Namen ändert und seine unter der Maske des wohlhabenden Biedermannes ergaunerte Beute genüßlich verzehrt.

Ein Scheinheiliger ebendieser Sorte, ein Postkassierer, hat vor einigen Jahren die ganze Stadt bestohlen. Seinen Opfern – und wer verlor kein Geld bei jener Affäre! – blieb einzig die Genugtuung, den Kerl am Pranger stehen zu sehen. Kaum aber dem eisernen Halsband entronnen, erwarb er sich in der Umgebung von Lüttich prachtvolle Ländereien und richtete sich auf ihnen als Grandseigneur ein.

Und unlängst erlebte man gar, wie sich ein notorischer Schurke als ein tief in riesigen Geschäften steckender ausländischer Baron ausgab. Er richtete sich in einem Haus mit gutem Namen ein, stellte Schreiber und Gehilfen an, ließ Kaufleute kommen, doch ihre Offerten schienen ihm vorerst wenig zu behagen. Er gab zu verstehen, daß er zwar tatsächlich Stoffe benötige, aber doch bei weitem edlere und kostbarere als das, was man ihm da anbiete.

Am nächsten Tag erschien – wie von ungefähr – der Kammerdiener und Komplice des großen Herrn bei den abgeblitzten Kaufleuten und erzählte Wunderdinge über seinen Brotgeber, sprach vom Kredit, den dieser allenthalben genieße, von seinem gewaltigen Vermögen und seinen ausgedehnten Verbindungen und ließ schließlich durchblicken, daß seine Aufträge schon so manchem Geschäftshaus zu Reichtum verholfen hätten.

Da es nun allerdings recht ungewöhnlich ist, Diener Gutes über ihre Herren berichten zu hören, trug natürlich auch dies gehörig zur Mehrung des Ansehens unseres falschen Barons bei, und man beeilte sich, ihm neue Offerten zu unterbreiten, schleppte das Beste vom Besten herbei und öffnete ihm sogar sämtliche Lager. Er brauchte nur noch auszuwählen.

Und siehe da, nachdem er sich ein bißchen umgesehen hatte, erklärte er sich jetzt plötzlich mit allem einverstanden, weil, wie er sagte, soeben neue Bestellungen bei ihm eingelaufen seien. Freilich könne das Geschäft nur über seine Person abgewickelt werden, da die Auftraggeber weit verstreut im Ausland säßen.

Den Rest besorgten Winkelkrämer und Hehler, die, immer bereit, krumme Geschäfte zu decken und die Spuren des Betruges zu verwischen, den ganzen Warenberg weit unter seinem Preise übernahmen und mit ihm auch die Rolle der bei Gelegenheit erwähnten, in Madrid, Wien, Lissabon, Kopenhagen und in so mancher weiteren stolzen Stadt sitzenden mysteriösen Kundschaft.

Man erwischte ihn. Er wurde ausgepeitscht, gebrandmarkt, während drei aufeinanderfolgenden Tagen an den Pranger gestellt und für neun Jahre auf die Galeeren geschickt. Seinen Kammerdiener zwang man, der Exekution beizuwohnen. Anschließend verbrannte man ihn.

Die meisten dieser listenreichen, mit allen Wassern gewaschenen Gauner mögen klingende Titel und treten mit Vorliebe als Grafen, Marquis', Barone und am häufigsten als Ritter auf. Daher der Brauch, dunkle Existenzen als Ritter vom Gewerbe zu bezeichnen.

Eine Stufe unter dieser Sorte stehen die Spitzbuben, die das, was jene mit der Zunge zu leisten pflegen, von Hand vollbringen. Sie verstehen es, Euch im geeigneten Augenblick von sich abzulenken, Euch auf die eine oder andere Art zu verwirren oder in eine für ihr Vorhaben günstige Lage zu manövrieren. Dann ein geschickter, unauffälliger Griff, und schon seid Ihr Tabaksdose, Uhr und Geldbörse los. Entdeckt Ihr aber, daß man Euch bestohlen hat, könnt Ihr schreien, solang Ihr wollt – den Dieb bringt Ihr damit nicht aus der Fassung. In Eurer unmittelbaren Nähe geblieben, hat er Uhr und Dose längst weitergereicht und fängt jetzt gar an, mit lauter Stimme darüber zu lamentieren, wie gefährlich es doch heutzutage sei, sich in eine Menschenmenge zu wagen.

Hält man aber bei einem dieser seltsamen Vögel Haussuchung ab, kommen wenigstens 56 Uhren, 30 Tabaksdosen und 20 Futterale zum Vorschein, genug jedenfalls, um eine Jahrmarktsbude damit auszustatten. Der Kerl war also ausschließlich auf Wertsachen aus. Das Stehlen von Spitzentüchlein überließ er jenen kleinen Fischen, die es so lange treiben, bis man sie schließlich schnappt und zu Spitzeldiensten preßt. Er war das Oberhaupt einer ganzen Bande, die, ohne je Gewalt anzuwen-

den, die Parkette der Theater und vor allem deren Ausgänge unsicher machte.
Manchmal tut ein Taschendieb so, als hätte er es schrecklich eilig, läuft aus Leibeskräften die Straße entlang, direkt auf Euch zu und Euch in die Arme, und Ihr fangt ihn auf, um nicht am Ende selber zu stürzen. Sofort entschuldigt er sich tausendmal, Ihr erwidert ihm aufs höflichste, und nichts läge Euch ferner als der Gedanke, daß er Euch im Augenblick des Aufpralls blitzschnell die Uhr geklaut haben könnte. Schließlich enteilt er, und auch Ihr macht Euch wieder auf den Weg – noch immer ahnungslos. Wie solltet Ihr ihn auch verdächtigen, wo er doch solch einen ordentlichen Eindruck macht!
Wenn Euch eine Sache von einigem Wert abhanden gekommen ist, wendet Ihr Euch an das Büro der Polizei. Gelegentlich geschehen Wunder, und schon so manche Tabaksdose fand nach einer Zweihundert-Meilen-Reise wieder in die Tasche ihres Eigentümers zurück. Wie? Das ist eine Geschichte für sich, die man nicht jedem auf die Nase binden kann.
Hie und da mag es auch ratsam scheinen, dem Dieb Verhandlungen anzubieten. Man schreibt das betreffende Objekt als ›verloren‹ aus und stellt eine Belohnung in Aussicht. Der ehrliche Finder meldet sich, und Ihr bezahlt, wie es sich gehört.
Ich möchte hier auf eine Broschüre verweisen, deren Titel lautet: ›Pariser Arglist oder Anekdoten über die Kniffe, mit denen die von der Langfingerzunft sowie gewisse hübsche Mädchen die einfachen Leute und die Fremden übers Ohr hauen‹. Darin wird so manche der Listen beschrieben, mit denen die Welt des Verbrechens tagtäglich die Wachsamkeit zu hintergehen versucht. Nun ist es zwar gewiß von Nutzen, die Streiche der Spitzbuben aus dem Dunkel zu ziehen und ins rechte Licht zu rücken, insbesondere dann, wenn solches zu ihrer wirksameren Bekämpfung beizutragen geeignet ist. Doch ebenso wichtig ist, daß durch derlei Schriften den Behörden ein Fingerzeig gegeben wird, damit sie erkennen, auf welch schändliche Art die

Leute ihr Dasein zu fristen beginnen, wenn man sie der Möglichkeiten beraubt, sich ihr Brot auf redliche Weise zu verdienen.

Salzträger

Immer, wenn ich Salzträgern begegne, kommt mir in den Sinn, daß ihnen einst das Privileg zustand, die Körper der toten Könige auf ihren Schultern bis zum nahen Kreuz von St.-Denis zu tragen, und dies, weil sie sich in der Fertigkeit auskannten, Leichen in ihre Teile zu zerlegen, in Wasser zu kochen und schließlich einzusalzen. Das ersetzte – wenn auch auf reichlich grobe Weise – die verlorengegangene und seither nur teilweise wiederentdeckte Kunst des Einbalsamierens.

Solcher Art in Salz legte man auch Philipp den Langen und Philipp von Valois, die als erste eine Ware des täglichen Bedarfs, mit der zu handeln bis dahin jedermann freigestanden hatte, zu besteuern anfingen. Was uns von der Natur geschenkt war, mußten wir fortan von den Königen kaufen.

Dasselbe Minot Salz aber, für das man Euch einen Zwangspreis von 60, ja 61 Livres abverlangt, ist anderswo für ein Livre und zehn Sous zu haben, und soviel ist es denn auch wirklich wert.

Lohnte es sich nicht, hierüber nachzudenken?

Obacht! Obacht!

Obacht, Wagen! An mir vorbei jagen in einer Karosse der dunkelgekleidete Arzt, in einem Kabriolett der Tanzmeister, ihm folgt im wendigen Einachser der Leiter der Fechtschule, während der Prinz sechsspännig und im gestreckten Galopp daher-

prescht, als wäre er auf einer Landpartie. Ein bescheidener Rollstuhl gerät zwischen zwei Karossen und kommt wie durch ein Wunder noch einmal davon. Er transportiert eine Kranke. Benommen, wie sie ist, würde ihr die Fahrt in einer hochrädrigen Kutsche schlecht bekommen. Ein paar junge Leute zu Pferd haben es eilig, auf die Wälle zu gelangen, und schimpfen, weil sie trotz allen Drängelns im Gewimmel steckenbleiben. Die Wagen wie die Berittenen verursachen eine Vielzahl von Unfällen, die aber der Polizei absolut gleichgültig zu sein scheinen.
Ich sah die Katastrophe vom 18. Mai 1770, zu der es nur gekommen ist, weil eine endlose Kolonne von Fahrzeugen der gewaltigen Menge Volkes, das wegen eines unseligen Boulevard-Feuerwerkes zusammengeströmt war, den einzigen Zugang zum Schauplatz versperrte. Zwölf- bis fünfzehnhundert Personen starben teils an Ort und Stelle, teils an den Folgen der in dem schrecklichen Chaos davongetragenen Verletzungen. Beinahe hätte es damals auch mich erwischt. Dreimal hintereinander wurde ich zu Boden geworfen und dabei um ein Haar bei lebendigem Leibe gerädert. Ich habe also gute Gründe, über den barbarischen Luxus der Wagenfahrerei herzuziehen.
Zu bremsen ist das Übel nicht mehr. Man kann dagegen protestieren, soviel man will, die stolzen, bedrohlichen Räder der Reichen werden deswegen kaum weniger hurtig über das vom Blut unglücklicher Verkehrsopfer gefärbte Pflaster fliegen; ungeachtet all dieser qualvollen Tode wird die längst schon fällige Reform weiter auf sich warten lassen, schon weil die Herren von der Verwaltung selber in Karossen fahren und daher kaum geneigt sind, sich ernsthaft mit des Fußvolks Klagen zu befassen.
Da es an Gehsteigen fehlt, sind fast alle Straßen gefährlich, doch ganz besonderen Anlaß, auf der Hut zu sein, hat man dann, wenn ein Mann von einigem Rang erkrankt. In solchen Fällen nämlich breitet man zur Dämpfung des Geratters der Gespanne Mist vor seiner Türe aus.

Im Jahre 1776 wurde Jean-Jacques Rousseau auf dem Wege nach Menil Montant von einer riesigen, der Equipage ihres Herrn vorauslaufenden Dänischen Dogge umgestoßen. Der Eigentümer des Vehikels würdigte den Philosophen keines Blikkes; hilflos blieb dieser liegen, bis sich seiner ein paar Bauern annahmen und ihn, zerschlagen und schwer leidend, wie er war, nach Hause brachten. Als der Herr der Equipage am nächsten Tag erfuhr, wen sein Hund über den Haufen gerannt hatte, schickte er allerdings einen seiner Diener zu Rousseau und ließ nachfragen, ob er etwas für ihn tun könne. »Er möge seinen Köter in Zukunft an die Leine nehmen«, antwortete der Philosoph.

Wenn Ihr einem Kutscher unters Rad kommt, wird auf dem Kommissariat als erstes geklärt, ob es das kleine oder große Rad war, das Euch den Schaden zufügte. Ist doch der Kutscher nur für das kleine verantwortlich, was besagt, daß Ihr Eure Erben um jeglichen Anspruch auf Schadenersatz bringt, wenn es das Pech will, daß Ihr Euren Geist unter dem großen Rad aufgebt. Im übrigen haben Arme, Beine und Schenkel ihren zum voraus festgelegten Tarif. Aber was soll's! Besser ist, gut aufzupassen, sobald »Obacht! Obacht!« geschrien wird. Wenn bloß unsere jungen Phaëthone das Schreien nicht ihren hinten aufsitzenden Lakaien überlassen wollten. Dann käme es weniger oft vor, daß Euch der Herr erst anfährt und sich der Diener hierauf heiser brüllt. Da rette sich, wer kann!

Verpestete Luft

Sobald Luft nicht mehr gesund ist, tötet sie, leider jedoch ist die Gesundheit unter allen Gütern dasjenige, dem der Mensch die geringste Aufmerksamkeit schenkt. Enge, schlecht angelegte Straßen, viel zu hohe Häuser, die der freien Zirkulation der Luft im Wege stehen, Schlächtereien, Fischmärkte, Jauchegräben und Friedhöfe – all dies trägt zum Verderb der Atmosphäre bei, sättigt sie mit schädlichen Partikeln und bewirkt damit, daß die Luft überall dort, wo sie eingeschlossen bleibt, dick und unbekömmlich wird.

Übermäßig hoch gebaute Häuser berauben die Bewohner der unteren Geschosse außerdem des Lichts; selbst wenn die Sonne im Zenit steht, herrscht dort noch ungewisser Dämmerschein.

Die Häuser auf den Brücken wiederum sind nicht nur häßlich, sondern hindern darüber hinaus den Wind daran, die Stadt von einem Ende zum andern zu durchwehen und zusammen mit den Ausdünstungen der Seine auch die auf den Quais zusammenströmende verdorbene Luft hinwegzutragen.

Wenn aber den Bürger an Sonn- und Feiertagen die Lust ankommt, ein bißchen reine Landluft zu atmen, empfängt ihn, kaum hat er die Schranke hinter sich gelassen, der Pesthauch des Mülls und des übrigen Kehrichts, der das Vorfeld der Kapitale rundum eine halbe Meile weit bedeckt. Schade um die schönen Boulevards dort draußen; weil man versäumte, darauf zu achten, daß der Unrat an abgelegenere Stellen geschafft werde, haben sie viel von ihrem Reiz verloren. Zum Leidwesen des Bürgers, der sich dadurch von der Stadtverwaltung auf recht unväterliche Weise sowohl um angemessenen Ausgleich für die Mühen seines Alltags als auch um sein gutes Geld geprellt sieht.

Wie man weiß, tragen Pflanzen dazu bei, die Atmosphäre rein zu halten, ja, sie von allem, was da schädlich ist, zu säubern. Dies ist der Grund, weshalb die alten Griechen und Römer ihre Tempel und ihre öffentlichen Plätze mit hohen Bäumen umgaben. Weshalb sollten wir ihnen hierin nicht nacheifern?

Fast alle Kirchen sind voller Leichengestank; er vertreibt die Leute und hält so manchen fern vom Gottesdienst. Das Ärgernis hat sich weder durch Eingaben der Bürgerschaft und sonstige Reklamationen noch durch Parlamentsdekrete abstellen lassen; Verwesungsdunst vergiftet weiterhin die Frommen. Es sei denn, man nähme, wie manche behaupten, die modrige Kelleratmosphäre, die sich im Inneren solch gewaltiger Gemäuer ohnehin entwickelt, für Totengeruch. Mag sein, daß dem so ist; mir wurde jedenfalls versichert, daß man die Leichen nur bis zur Totenfeier in den Kirchengewölben lasse; in der darauffolgenden Nacht überführe man sie auf die Friedhöfe, ausgenommen jene, denen die seltene Auszeichnung zukomme, an Ort und Stelle eingemauert zu werden. Aber selbst wenn dem so wäre, bleiben die 20000 jährlichen Toten doch in der Stadt, und wenn man dazu noch in Betracht zieht, daß auf dem Cimetière des Innocents seit tausend Jahren beerdigt wird und daß man der Erde nicht einmal die Zeit läßt, die sie braucht, um an den armen sterblichen Resten ihr Werk zu verrichten... man darf gar nicht daran denken. Die Vorstellungen, die sich einem dabei aufdrängen, sind zu scheußlich!

Lassen wir also die Friedhöfe. Um so mehr, als es noch andere Quellen der Luftverpestung gibt. Nehmen wir zum Beispiel den Mief, der in den Häusern herrscht und für deren Bewohner eine Dauerbelästigung darstellt. Er rührt her von den Fäkaliengruben, mit denen ein jedes Gebäude ausgestattet ist. Diese unzähligen Latrinen verbreiten pestilenzialischen Gestank und verseuchen namentlich des Nachts, wenn sie geleert werden, ganze Quartiere, was schon manchen der Unglücklichen, die – vom Elend gezwungen – solch gefährlicher und ekelhafter Arbeit nachgehen, das Leben gekostet hat.

Häufig genug sind diese Gruben schlecht konstruiert und lassen ihren Inhalt in die benachbarten Brunnen sickern. Dies hindert jedoch die Bäcker nicht im geringsten daran, ihr Wasser wie seit eh und je von dort zu holen, obschon sie dadurch unser gebräuchlichstes Nahrungsmittel unvermeidlich zum Träger böser Keime machen.

Auch kommt es vor, daß die Kloakenentleerer die Jauche der

Einfachheit halber im Morgengrauen in den nächsten Abzugsgraben oder Rinnstein kippen, statt sie mühsam aus der Stadt zu schaffen. Langsam fließt dann die abscheuliche Soße die Straßen hinunter auf die Seine zu, an deren verseuchten Ufern dann die Wasserträger ihre Eimer wieder füllen – füllen mit dem Wasser, das die abgehärteten Pariser nun mal trinken müssen, ob sie wollen oder nicht.
Aber noch Unglaublicheres geschieht: Zerstückelte Leichen, gestohlen oder gekauft von jungen, anatomischer Übung bedürftigen Chirurgen, werden oftmals in die Senkgruben geworfen. Kommen dann diese grausigen Reste bei der nächsten Leerung wieder ans Licht, denkt man als erstes an ein finsteres Verbrechen. Die Arbeit der Kloakenreiniger aber, die schon schrecklich genug ist, wird dadurch noch gefahrvoller, macht, die ihr nachgehen, krank, vergiftet, ja tötet sie sogar. O stolze Stadt! Welch ekle Geheimnisse birgst du hinter deinen Mauern!
Aber halten wir den Leser nicht länger mit dem Anblick der fürchterlichen Folgeerscheinungen des Lebens in großen Gesellschaften auf!
Sicherlich werden uns die jüngsten, so verheißungsvollen Experimente zur Ergründung der einzelnen Bestandteile der Luft und deren Zusammenwirken neue, nie geahnte Möglichkeiten eröffnen. In dem Maße, wie die Verwaltung geneigt ist, diese erstaunlichen Entdeckungen (die uns weitere verheißen) zu fördern, werden die großen Städte eine Plage weniger zu ertragen haben.
Undenkbar, daß die Behörden stumpf und gleichgültig an den Wundern der Chemie vorbeigehen werden. Befreit von überkommenen Vorurteilen, scheint sich diese Wissenschaft nun endlich der leidenden Menschheit anzunehmen und ihr die so lange vergeblich gesuchten wahren Arzneien zu bringen.
Gibt es etwas Kostbareres als die Gesundheit der Bürger? Hängt die Kraft künftiger Generationen und damit auch die des Staates nicht letztlich von der Güte gewisser kommunaler

Einrichtungen ab? Wenn diese – auch die besten – nur nicht so schwerfällig und so knapp an Mitteln wären! Doch was will man, Gutes läßt sich eben bei weitem nicht so schnell und leicht vollbringen wie Böses.
Immerhin hat die Regierung inzwischen schon das alte, noch aus den Tagen Heinrichs IV. stammende Senkgruben-Reglement abgeschafft und die Kloakenreiniger veranlaßt, nach neuen, von der Akademie der Wissenschaften gutgeheißenen und durch die Erfahrung bestätigten Methoden vorzugehen. Das neuentwickelte Verfahren ist frei von den Nachteilen des alten. Reinigendes Feuer beseitigt jetzt die üblen Ausdünstungen, und großer Dank gebührt dem illustren Gremium der Gelehrten, die es nicht unter ihrer Würde erachteten, sich auch mit solchen Dingen zu befassen.
Die Forschungen der Chemiker haben die Zahl der Unfälle, die sich beim Leeren der Gräben und der Jauchegruben ereignen, zu senken vermocht. Heute kennt man die Beschaffenheit der so lange verkannten giftigen Dämpfe und weiß auch, wie ihre gefährlichen, ja mörderischen Auswirkungen zu bekämpfen sind. So mehren sich denn die Errungenschaften der Chemie fast Tag für Tag und tragen, großen Nutzen bringend, zum Wohl der Menschheit bei. Und häufiger denn je holen sich die Behörden Rat bei diesen nützlichen Kennern der Naturgesetze.
Gelehrte waren es denn auch, die dafür sorgten, daß dem alten Brauch, die Trinkmilch der Pariser in Kupfertonnen zu transportieren, ein Ende bereitet wurde, und ebenso den kupfernen Waagen, mit denen die Salz-, Tabak- und Früchtehändler zu hantieren gewohnt waren, denn schon die geringste Zersetzung dieses Metalles ist verderblich und führt zu einer schleichenden Untergrabung der Lebenskräfte. Damit, daß man dies dem Volk beibrachte, war es freilich noch lange nicht getan; den Rest galt es von Amtes wegen durchzusetzen.
Den Weinhändlern hat die Polizei auf Empfehlung derselben Chemiker das Benutzen von verbleiten Meßgefäßen und auch

das Auskleiden der Theken mit Blei verboten, denn nur zu leicht ließ sich das Metall von den Getränken, mit denen es immer wieder in Berührung kam, angreifen, was böse Folgen nach sich zog. Zwar gewann der Wein, der durch solche Maße rann, an Süße, aber nur, um sich dabei in Gift zu verwandeln. Doch jetzt ist dieser gefährliche alte Unfug abgestellt, und wie man sieht, prangere ich nicht nur Mißstände an, sondern erwähne auch das Gute.

Jedermann zugänglich wurde der Beruf des Kloakenreinigers – wer hätte das gedacht – erst durch das neue Gesetz. Dagegen bezweifle ich, daß man Menschen, und wären es Verbrecher, durch Gesetze zwingen könnte, täglich in die Gruben hinabzusteigen, die schlechte Luft, die sich dort sammelt, einzuatmen, ihre sämtlichen Sinne stinkendem, alles zersetzendem, die Gesundheit untergrabendem Gifthauch auszusetzen, ihre Gesichter von vorzeitiger Leichenblässe zeichnen zu lassen. Indes, was Tyrannei und Zwang nicht schaffen, vermag – ganz ohne Gewalt – ein bißchen Geld.

Weit kommen die Unglücklichen damit freilich nicht, da sie notwendigerweise der Gewohnheit frönen, das Gift, das sie umbringt, durch fleißigen Gebrauch und sogar Mißbrauch geistiger Getränke zu bekämpfen. Sie müssen sich einfach betäuben, wenn sie den pestilenzialischen Miasmen mit gebührender Kühnheit standhalten wollen, wiewohl gerade diese unumgänglichen Ausgaben für Branntwein schuld daran sind, daß ausgerechnet die Männer, die einer Arbeit nachgehen, welche eigentlich unbezahlbar ist, ein Leben lang dem Elend nie entrinnen. Früher blieben diese Opfer der Gesellschaft, der sie doch so gut gedient hatten, in ihrem vorzeitigen Alter voller Siechtum sich selber überlassen. Das war eine schreiende Ungerechtigkeit, der die Polizei unlängst ein Ende bereitet hat: Heute ist dafür gesorgt, daß den Männern und ihren Familien geholfen werde. Erkranken sie, steht jetzt im Hospital ein Bett für sie bereit; finden sie keine Arbeit mehr, läßt man ihnen Unterstützung zukommen, kurz, wenigstens das, was sie von Tag zu Tag zum Leben benötigen, ist ihnen gesichert. Daß einem Berufsstand, der so tiefer Erniedrigung preisgegeben ist und von dessen Mitgliedern noch der letzte Bürger seinen Blick voller Verachtung abwendet, soviel Aufmerksamkeit gewidmet wird, verdient, mit höchstem Lob vermerkt zu werden. Man sieht, daß gewisse Teile der Verwaltung endlich zu begreifen beginnen, worauf es ankommt, denn muß man nicht von Glück reden, daß sich überhaupt Leute finden, die um einiger Münzen willen derart widerwärtiger Verrichtung nachgehen, und ist man diesen vom Schicksal so wenig Begünstigten solche Genugtuung nicht einfach schuldig?

Möblierte Zimmer

Ein Bojar haust in einer Mansarde des Palais-Royal, ein Moskowiter nistet sich in einem viel zu niedrigen Zwischengeschoß ein und bezahlt dafür einen Phantasiepreis; ein Starost und ein Eidgenosse teilen miteinander ihre Bleibe.

Möblierte Zimmer sind schmutzig. Nichts kränkt einen wehrlosen Ausländer mehr als der Anblick unsauberer Betten, Fenster, durch die alle Winde pfeifen, halbverfaulter Tapeten und mit Müll übersäter Treppen. Im allgemeinen lebt der Pariser im Schmutz; den Bedürfnissen der Reisenden wird dabei viel zuwenig Rechnung getragen, aber merkwürdigerweise kommt dennoch alle Welt hierher. Ein Engländer und ein Holländer, von Haus aus an köstlichste Akkuratesse gewohnt, finden sich unversehens in ein und derselben zugigen Kammer und dem dazugehörigen, von unangenehmen Tierchen wimmelnden Bett, und natürlich verlassen sie eine Stadt, die ihre Sinne derart gröblich beleidigt, auf schnellstem Wege wieder, mit dem Geld, das sie sonst dagelassen hätten.

Ein Gutes haben die möblierten Zimmer freilich: sie schützen vor Gläubigern. Wer möbliert wohnt, dem kann die Gier des Gerichtsvollziehers nichts anhaben, es sei denn, er hätte Wechsel laufen, für die er mit dem Leibe haftet, oder er betreibe ein Geschäft. Sonst aber kann er spazierengehen und sich blicken lassen und, wenn immer nötig, wie weiland Bias sagen: Omnia mecum porto.

In möblierten Zimmern braucht man die Kopfsteuer nicht selber zu bezahlen. Das besorgt der Wohnungsinhaber, der den Betrag auf die Miete aufschlägt. Man muß lediglich seinen Namen in die Register eintragen, worauf diese der Polizei vorgelegt werden. Was die mit ihnen anfängt, ist ihre Sache.

Verhaftungen lassen sich in möblierten Zimmern viel leichter bewerkstelligen als anderswo; sie erregen weniger Aufsehen. Wenn jemand auf Befehl der Regierung festgenommen werden soll, erzählt der Konstabler jedem, der es hören will, es handle sich um einen Dieb, und da der Betreffende ohne festen Wohnsitz ist, glaubt man um so eher, daß er gestohlen habe; bis zum Abend spricht über ihn schon kein Mensch mehr, hat man ihn für immer vergessen.

Es gab Jahre, da in Paris bis zu 100000 Fremde möbliert wohnten; heute sind es beträchtlich weniger. Die Preise der Zimmer sind sehr unterschiedlich. Eine Vier-Zimmer-Wohnung in der Nähe des Luxembourg kann einen leicht das Sechsfache einer ähnlichen Unterkunft beim Palais-Royal kosten.

Auch jene unseligen Kreaturen, die Euch nach dem Theater auf offener Straße ansprechen und Euch bis in die Gassen hinein verfolgen, leben in möblierten Zimmern. Sie bezahlen dafür doppelt soviel wie anständige Frauen und gehen daran fast zugrunde. Doch von ihren traurigen Lebensumständen vermöchten sie nur glückliche Zufälle zu erlösen, und die sind selten.

An Prostituierte zu vermieten ist verboten, obschon ohne sie die Hälfte aller Zimmer leer bliebe. Meist sind die Besitzer dieser schmutzigen Höhlen Friseure oder Weinhändler; sie ziehen aus ihnen viel Geld, das sie sich stets im voraus geben lassen, schikanieren diese beklagenswerten Geschöpfe aber trotzdem und spionieren ihnen obendrein noch nach.

Der Pont-Neuf

Für die Stadt ist der Pont-Neuf das, was für den menschlichen Leib das Herz: Zentrum allen Lebens und aller Bewegung. Wer bestimmte Leute treffen will, seien es Einheimische oder Fremde, braucht nur täglich eine Stunde lang im Gewimmel dieser vielbegangenen Brücke auf und ab zu bummeln, und schon läuft ihm der Gesuchte in die Arme. Auch die Spitzel lauern dort, und wenn sie ihren Mann nicht binnen ein paar Tagen gesichtet haben, wissen sie mit Sicherheit, daß er Paris verlassen hat.
Zwar bietet der Pont-Royal eine schönere Aussicht, doch interessanter geht es auf dem Pont-Neuf zu. Eine seiner Hauptattraktionen ist die Reiterstatue von Heinrich IV., dessen Güte und Volkstümlichkeit die Ausländer nicht weniger Bewunderung zollen als die Pariser.
An einem Festtag heftete sich einst ein Bettler mit großer Zähigkeit an die Ferse eines Passanten und flehte ihn um ein Almosen an. Erst im Namen Sankt Peters, dann im Namen Sankt Josephs, ein paar Schritte weiter im Namen der Jungfrau Maria, hierauf im Namen ihres göttlichen Sohnes und auch in Gottvaters Namen, und schließlich, als sie beim Standbild des guten Königs angelangt waren, sogar in dessen Namen. »In Heinrichs IV. Namen?« fragte da der Verfolgte. »Hier, nimm!« und gab ihm einen goldenen Louis. Einer von denen, die Medaillen aus Gips verkaufen, pflegte sich deren zwei umzuhängen, eine vorn und eine hinten. Die eine zeigte Heinrich IV., die andere Ludwig XIV. »Was kostet der vordere?« »Sechs Francs«, antwortete der Händler. »Und der andere – ist der zum selben Preis zu

haben?« »Beide oder keinen, mein Herr! Verkaufte ich jeden für sich allein, würde ich auf dem anderen sitzenbleiben...«
In der Provinz glaubt man, daß, wer den Pont-Neuf nachts begehe, Gefahr laufe, in den Fluß geworfen zu werden, und man redet von Cartouche und seinen Anschlägen, als ob es diesen berühmten Dieb noch immer gäbe, dabei ist der Pont-Neuf die sicherste Brücke von ganz Paris.
Lebendig geblieben ist auch die Erinnerung an den Prinzen Gaston von Orléans, Bruder Ludwigs XIII., der sich ein Vergnügen daraus machte, den Passanten des Pont-Neuf die Mäntel zu stehlen.
Am Ende der Brücke treiben jene ihre Geschäft, die man als Aufkäufer von Menschenfleisch bezeichnet: die Rekrutenwerber. Die Männer, die sie den Obristen zutreiben, werden von diesen an den König weiterverschachert. Früher verschleppten die Werber junge Leute, deren sie durch Gewalt oder List habhaft wurden, in einen stillen Winkel und preßten ihnen dort die Verpflichtung mit Hilfe von Zwang und Schlägen ab. Inzwischen hat man diesem monströsen Mißbrauch ein Ende bereitet, nicht jedoch den Listen und Betrügereien, mit denen die Kanaille angeworben wird. Die Menschenfänger bedienen sich dabei seltsamer Methoden. So haben sie eine Leibwache aus leichten Mädchen, die sie auf junge Leute mit einem gewissen Hang zur Ausschweifung ansetzen. Weiter verfügen sie über Kneipen, wo sie jene, die den Wein mögen, betrunken machen. Auch tragen sie zur Fastnacht und zu Martini lange Spieße mit sich herum, bestückt bis oben hin mit gebratenen Truthähnen, Hühnern, Wachteln und Häschen, damit die, welche den Verlockungen der Wollust gegenüber standhaft blieben, nun der Verführung durch die Völlerei erlägen.
Die armen Narren, die noch nie in ihrem Leben an einer gutgedeckten Tafel saßen, sind versucht, all das, was ihnen dabei entgangen ist, jetzt nachzuholen, und geben ihre Freiheit für ein bißchen Eintagsglück. Man bringt vor ihren Ohren einen Sack

voll Taler zum Klingen und schreit: »Wer will was davon abhaben? Wer will was davon abhaben?« – und auf diese Weise füllt man die Reihen einer Heldenarmee, dazu bestimmt, den Ruhm des Staates und der Monarchie zu mehren. Am Pont-Neuf kommen diese Helden auf dreißig Livres je Stück zu stehen. Besonders schönen Mannsbildern gibt man auch ein bißchen mehr. Manche Handwerkersöhnchen lassen sich aus Trotz gegen ihre Väter und Mütter anwerben, im Glauben, sie solcherart in große Betrübnis zu stürzen. Mitunter werden sie von ihren Eltern wieder ausgelöst; derselbe Mann, der für zehn Taler eingekauft wurde, kostet dann allerdings beim Rückkauf seine hundert. Die Differenz kassieren der Obrist und die Rekrutierungsoffiziere.

Letztere können den Kopf nicht hoch genug tragen. Schulterklopfend, von oben herab, den Degen zur Seite, machen sie sich an einen gerade des Weges kommenden jungen Burschen heran, nehmen ihn beim Arm, bemühen sich, mit sanfter Stimme zu reden, und laden ihn ein mitzukommen. Der Bursche sträubt sich mit gesenkten Augen, errötet halb vor Furcht und halb vor Scham, ein Anblick, welcher jedem, der zum ersten Male Zeuge einer solchen Szene wird, haftenbleibt. Die mit wehender Flagge, ihrem Feldzeichen, geschmückte Bude der Werber liegt ganz in der Nähe. In ihr gibt, wer willens ist, des Königs Rock anzuziehen, seine Unterschrift...

Lang ist's her, da hielt auf dem Pont-Neuf auch der dicke Thomas, der König der Quacksalber, seine Sprechstunden ab. Hier zur Stillung der Neugier aller, die ihn nicht mehr selber erlebt haben, sein treffendes Konterfei. ›Man erkannte ihn schon von fern an seiner gigantischen Leibesfülle und an der Weite seiner Kleider. Wenn er mit hocherhobenem und einem leuchtenden Federbusch gezierten Haupt auf seinem eisernen Wägelchen stand, sah man nur ihn und – auf gleicher Höhe – Heinrich IV. Seine männliche Stimme dröhnte von einem Brückenende zum andern und darüber hinaus die Seine-Ufer entlang. Das Vertrauen des Publikums in seine Heilkünste war unermeßlich, und in seiner Nähe schien einem selbst der ärgste Zahnschmerz zu vergehen. In nie versiegendem Strome drängten sich stetig neue Massen von Bewunderern an ihn heran und wurden seines Anblicks nimmer müde. Unablässig flehte ihn ein Wald von hochgereckten Händen um seine Mixturen an, dieweil man die Schulmediziner, zutiefst bestürzt und voller Neid ob solchen Erfolges, die Gehsteige entlangfliehen sah. Um aber dem Lob auf diesen großen Mann die Krone aufzusetzen: er starb, ohne die Fakultät anerkannt zu haben.‹

Man erzählt sich, vor fünf Jahren habe ein Engländer gewettet, daß er den Passanten des Pont-Neuf – unter dem Arm einen Beutel mit zwölfhundert Francs und ohne dessen Inhalt aufzubrauchen – während zweier geschlagener Stunden neue Taler zu sechs Livres für vierundzwanzig Sous das Stück anbieten könne. Er ging denn auch wirklich auf der Brücke hin und her und schrie mit lauter Stimme: »Wer will frischgeprägte Sechs-Francs-Taler, das Stück zu vierundzwanzig Sous? Ich lasse sie ab zu diesem Preis!« Mehrere Vorübergehende faßten die Münzen an, betasteten sie, hoben dann aber die Achseln, gingen weiter und sagten sich: »Die sind falsch – die können ja nur falsch sein!« Andere lächelten überlegen, als durchschauten sie den Schwindel, und nahmen sich weder die Mühe anzuhalten noch hinzuschauen. Endlich kaufte eine Frau aus dem Volke drei Stück, lachte dazu, betrachtete sie lange und sprach zu den Gaffern: »Nun gut, drei Vierundzwanzig-Sous-Stücke setze ich dran – aus Neugier.« Das war alles, was der Mann mit dem Beutel im Laufe seines zweistündigen Spazierganges loswurde. Haushoch gewann er seine Wette, weil er den Geist des Volkes genauer studiert oder besser durchschaut hatte als sein Widerpart.

Unter den Füßen der unzähligen Passanten nutzen sich die Steinplatten des Pont-Neuf jeweils binnen weniger Jahre sichtlich ab, am deutlichsten in ihrer Mitte. Sie fangen dann an, derart glatt zu werden, daß man sie erneuern muß.

In der Mitte der Brücke haben die Orangen- und Zitronenhändlerinnen ihre Stände, was einen hübschen Anblick bietet, da diese Früchte ebenso schön anzusehen wie gesund sind.

Boulevards

Als eine durchgehend großzügige, prachtvolle und bequeme Promenade umgürten sie die Stadt nahezu lückenlos. Dazu sind sie sämtlichen Ständen der Bevölkerung geöffnet, unendlich belebt und mit allem versehen, was das Verweilen auf ihnen angenehm und erholsam macht. Man kann sich zu Fuß, zu Pferd oder im Kabriolett auf den Boulevards ergehen, und man darf sie durchaus zum Schönsten unter all dem Schönen rechnen, was Paris zu bieten hat.

Am wenigsten Betrieb herrscht, obschon er der sauberste ist, auf dem südlichen Boulevard: Man kann ihn gar nicht genug preisen. Gesäumt von vier Baumreihen, mißt sein solider (gekiester, teilweise auch gepflasterter) Fahrdamm vierundzwanzig Fuß in der Breite und erstreckt sich in weitem Halbrund über sechs Meilen und dreiundachtzig Klafter. Derart prächtigen und nützlichen Straßenbauten begegnet man einzig in unermeßlich großen und reichen Hauptstädten. Diese Art von Ring oder Gürtel verdient wahrlich Bewunderung, allein er umschließt auch unschöne Dinge wie Armut und Kleinlichkeit.

Tischgänger

Leute, die in auskömmlichem Wohlstand leben, pflegen gemeinhin zwei-, dreimal in der Woche ihre Freunde und Bekannten zu Tisch zu bitten. Einmal eingeladen, seid Ihr es für immer.

In Paris eine Tafel zu führen ist eine kostspielige Angelegenheit; dafür ist es wiederum nur in der Hauptstadt möglich, sein Dasein auch ohne Mittel, Beruf und Talente zu fristen. Zugegeben, besonders vorbildlich sind sie kaum, die Bürger, die sich solcherart durchschlagen, aber schließlich muß doch ein jeder leben, oder etwa nicht? Und wer sollte dem zu essen geben, dessen Magen knurrt, wenn nicht der Reiche?
Achtzehn- bis zwanzigtausend Menschen speisen montags regelmäßig beim Kaufmann, dienstags beim Magistraten und futtern sich so im Laufe der Woche von einer Etage zur anderen durch. Freitags stellen sie sich mit Vorliebe bei den Freunden von Meeresgetier ein, und niemals kommt es vor, daß sie sich in der Speisekarte irrten. Zu ihrer Sorte gehören die angenehmen Plauderer, die Schönredner, die Musiker, Maler, Pfäfflein, manche Ledige und viele andere mehr. Ihre Art zu leben hat sie durch alle Schichten der Gesellschaft geführt und ihnen eine Fülle von Menschenkenntnis eingebracht. Andererseits wissen diese Leute weder was Brot noch was Fleisch kostet; das Auf und Ab der Lebensmittelpreise bleibt ihnen ein Buch mit sieben Siegeln; sie bezahlen lediglich den Wasserträger. Punkt zwei Uhr nachmittags verlassen sie ihr Haus, wohl gepudert und frisiert, und setzen sich an köstliche Tafeln, mit keinem anderen Paß als dem Klatsch vom Vortag und etlichen Histörchen, einem für jedes Haus.
Sie kommen dabei reichlich auf ihre Rechnung, wogegen die schwerfälligen Neulinge aus der Provinz viel zu witzlos sind, an anderer Leute Tisch zu schwelgen, denn nur um den Preis einiger hübscher Worte von allen Schüsseln kosten zu dürfen ist wahrlich eine Kunst. Ihr Abendbrot nehmen sie bei einer alten Frömmlerin, einem Gichtkranken oder einem Pfrundherrn ein, wo sie, wenn auch in etwas anderer Form, nämlich der jeweiligen Denkweise dieser Personen angepaßt, all das zum besten geben, was ihnen tagsüber zu Ohren gekommen ist. So leben sie denn ins blaue hinein, vermögenslos zwar und ohne Rente und

auch ohne einen Finger krumm zu machen, dazu in einem Anzug, der noch nicht bezahlt ist und arg im Rückstand mit ihrer bescheidenen Miete, aber doch in recht passabler Gesellschaft. Um die Konversation in Gang zu halten, genügen ihnen ein gutes Gedächtnis für Namen, eine gewisse Weltgewandtheit, beachtliches Geschick im Benehmen, und heiter und entspannt, wie sie sind, käme niemand auf den Gedanken, daß sie ohne die großzügige Freundlichkeit ihres Gastgebers hungern müßten. Ich möchte sie mit den Vögeln am Himmel vergleichen, die sich ihr Teil von der Ernte nehmen, ohne ihr deshalb spürbaren Abbruch zu tun. Nach meiner Ansicht gibt es für den Reichen denn auch kaum etwas Ehrenhafteres, als die zu speisen, die den Weg zu seinem Tische finden, und von allen Arten, Reichtum zu genießen, ist diese ohne Zweifel für die Mitmenschheit die angenehmste. Zieht doch jeder daraus gleichermaßen seinen Nutzen; da die Reichen ihren Reichtum gern zur Schau stellen, verschaffen sie sich viel Befriedigung, indem sie andere befriedigen. Noch besser wäre freilich, sie führten ihre Tafeln haushälterischer, ohne Raffinesse, Luxus und Stolz, und begnügten sich mit dem Notwendigen, denn das gäbe ihnen die Möglichkeit, öfter noch zu Tisch zu bitten oder die Zahl ihrer Gedecke zu vergrößern.
Lebte ich im Überfluß, wäre es mir eine Lust, ein offenes Haus zu führen, doch meine Tafel bliebe bescheiden, auf einfache Gerichte beschränkt, denn meinen Genuß fände ich darin, eine Vielzahl plaudernder und essender Gäste um mich zu haben.

Wasserträger

In Paris muß man das Wasser kaufen. Öffentliche Brunnen sind rar und werden derart schlecht instand gehalten, daß man auf den Fluß angewiesen ist; nicht ein Bürgerhaus verfügt über genügend eigenes Wasser. An jeder Hand einen vollen Eimer, steigen von früh bis spät 20000 Wasserträger sieben und manchmal mehr Treppen hoch. Ein Gang bringt ihnen sechs Liards oder zwei Sous ein. Wenn der Träger kräftig ist, schafft er bis zu dreißig Lieferungen pro Tag.

Ist der Fluß trübe, trinkt man trübes Wasser. Zwar weiß man nicht recht, was man dabei alles schluckt, doch läßt man sich das Schlucken nicht verdrießen. Jedem, der es nicht gewohnt ist, schlägt das Wasser der Seine auf den Magen. Den Fremden bereitet es fast immer das Ungemach eines kleinen Durchfalls, von dem sie sich jedoch bewahren könnten, wenn sie klug genug wären, jedem Gläschen Wasser einen Löffel guten reinen Essigs beizumengen.

Spitzel

Wäre der Pariser nicht schon von Natur aus so ruhelos, wie man ihm nachsagt, er müßte es aus Vernunftsgründen sein. Auf Schritt und Tritt umgeben ihn Spione. Sobald sich zwei Bürger etwas ins Ohr flüstern, taucht ein dritter auf und umschleicht sie mit gespitzten Ohren. Die Polizei unterhält ein ganzes Regiment von Spitzeln, nur daß jeder, der in diesem Regiment der Neugierigen dient, eine Spezialuniform trägt, dazu noch jeden Tag eine andere, und nichts kann mehr verblüffen als die Fertigkeit, mit der diese Kerle aus einer Haut in die andere schlüpfen. Einer, der am Vormittag noch den Degen trug, legt sich am Abend die Halskrause um. Manchmal gibt er sich als ein friedlicher Paragraphenreiter mit wallender Mähne, manchmal, den Hirschfänger an der Hüfte, als Raufbold. Am nächsten Morgen mimt er, auf ein Stöckchen mit goldenem Knauf gestützt, den tief in seine Kalküle versunkenen Finanzmann; selbst vor den wunderlichsten Verkleidungen schreckt er nicht zurück. Am

selben Tag ist er Sankt-Ludwigs-Ritter, Friseurgehilfe, Prior mit Tonsur und Küchenjunge. Er fühlt sich auf dem Galaball gleichermaßen zu Hause wie in der verrufensten Spielhölle. Bald einen Diamanten am Finger, bald die schmuddligste Perücke weit und breit auf dem Kopf, wechselt er sein Gesicht fast so leicht wie seine Kleider, und manch einer beherrscht die Verwandlungskunst derart vollendet, daß selbst der Schauspieler Préville noch etwas von ihm lernen könnte. Er ist ganz Ohr, ganz Auge und ganz Bein, denn er durchstreift, ich weiß nicht wie, die Gäßchen sämtlicher sechzehn Stadtteile. Gelegentlich, wenn er im Winkel eines Kaffeehauses hockt, könnte man ihn für einen schwerfälligen, traurigen alten Langweiler halten, der vor dem Abendbrot sein Nickerchen macht; in Wahrheit sieht und hört er alles. Ein andermal macht er sich als Redner stark, verreißt als erster kühn das Maul, fordert Euch auf, ebenfalls auszupacken, und deutet, wenn's drauf ankommt, selbst Euer Schweigen, denn ob Ihr mit ihm sprecht oder nicht, er durchschaut Euch doch und macht sich seinen Vers auf das, was Ihr von dieser oder jener Sache denkt. Er und seinesgleichen sind das Allerweltsinstrument, dem nichts in Paris geheim bleibt, und sie bestimmen das Tun und Lassen der Minister in weit stärkerem Maße als sämtliche denkbaren Beweggründe der Vernunft und der hohen Politik.

Spitzelei zerstört alle Bande des Vertrauens und der Freundschaft. Zu plaudern wagt man nur noch über Nichtigkeiten, und das, was die Bürger am Abend in den Kaffeehäusern und Zirkeln bereden, schreibt ihnen die Regierung sozusagen vor. Will sie, daß das Ableben einer bestimmten Person verborgen bleibe, wird man einander die Nachricht von ihrem Tode ins Ohr flüstern und hinzufügen: »Aber bis auf neue Ordre spricht man nicht darüber...« Das Volk hat auf diese Weise jede Beziehung zu den öffentlichen Angelegenheiten und zur Politik verloren, und wenn einen inmitten dieser himmeltraurigen allgemeinen Ignoranz noch etwas zum Lachen bringen könnte, dann höchstens die Borniertheit jener Bourgeois, die immer noch auf ihrer Vorstellung beharren, daß Versailles und Paris in Europa und damit in der ganzen übrigen Welt den Ton angäben. Die Schlacken dieser zutiefst eingefleischten Vorurteile sind aus den obendrein noch durch heilloseste Dummheit deformierten alten Pariser Schädeln einfach nicht auszutreiben. Ein Volk, das nichts anderes zur Lektüre hat als die ›Gazette de France‹, kann eben nicht klüger sein als diese.

Kolporteure

Allem andern voran führen die Spitzel Krieg gegen die Kolporteure, gegen jene Leute also, welche die wenigen guten Bücher vertreiben, die sich in Frankreich noch zu lesen lohnt und die infolgedessen verboten sind.

Man mißhandelt die ambulanten Händler aufs übelste. Von allen Spürhunden der Polizei gehetzt, wissen die Unglücklichen nicht einmal, was sie verkaufen; käme es dem Polizeichef in den Sinn, die Bibel zu verbieten, sie böten unterm Mantel auch die Bibel feil. Wegen belanglosen Broschüren, die man schon am nächsten Tag vergessen wird, bringt man sie in die Bastille und manchmal an den Pranger. Auf diese Art rächen sich die Arrivierten für die kleinen Satiren, zu deren Zielscheiben sie ihr hoher Rang zwangsläufig macht. Noch nie sah man einen Minister, der solcherlei obskure Sticheleien mit Gelassenheit ertragen oder sich selber durch die Lauterkeit seiner Geschäftsführung unangreifbar gemacht hätte. Ebensowenig ward jemals einer gesehen, der bedacht hätte, daß dort, wo der Kritik das Maul gestopft wird, auch alles Lob unglaubwürdig wird. Möchten sie doch erst die Speichelleckerei bestrafen, die sie umgibt, wenn sie sich schon so schrecklich vor den paar handfesten Wahrheiten fürchten, von denen eine jede Schmähschrift einige enthält. Mit Verleumdern weiß das Publikum im übrigen schon selber abzurechnen; noch nie hat es länger als vierzehn Tage gedauert, bis ein ungerechtes Pamphlet allgemeiner Verachtung preisgegeben war. Oftmals sind es gerade die Polizeibeamten selber, die mit den Schriften, die sie eigentlich einziehen sollten, schwunghaften Handel betreiben; sie verteilen sie an ausgewählte Leute und kassieren dabei mehr als ihrer dreißig Kolporteure.

Die Minister, die derart angegriffen werden, lassen sich gegenseitig im Stich; jeder freut sich über die feurigen Kohlen auf des anderen Haupt und leistet dem, was er mit Eifer zu bekämpfen vorgibt, insgeheim sogar noch Vorschub.

Die Geschichte des Briefwechsels zum Beispiel, der den Kanzler Maupéou erst der Lächerlichkeit preisgab und schließlich zu Fall brachte, würde die unsauberen Streiche, mit denen die Ehrgeizigen, die nach Macht und Reichtum dürsten, einander das Bein zu stellen versuchen, wohl in ein recht eigenartiges Licht tauchen.

Über Politik und Geschichte druckt man in Paris nur noch dummes Zeug und Lügen. Was immer die Hauptstadt hierüber hervorbringt – im Ausland erregt es nichts als Mitleid. Auch die übrige Literatur leidet bereits unter diese Enge, und selbst in Büchern, die weiter nichts als unterhalten wollen, macht sich der große Knüppel schon bemerkbar. Am liebsten sähen es wohl manche Leute, wenn aus den Pariser Druckerpressen nur noch Geschäftsaffichen, Heirats- und Todesanzeigen herauskämen. Kalender sind ihnen dagegen schon eine Nummer zu groß und werden von der Inquisition Blatt um Blatt berochen.

Stoße ich auf ein Buch, das mit dem Segen der Obrigkeit erschienen ist, gehe ich, ohne es zu öffnen, jede Wette ein, daß es voll politischer Lügen steckt. Der Herrscher kann zwar verkünden, daß dieses oder jenes Stück Papier tausend Francs wert sei, er ist jedoch außerstande, zu dekretieren, daß diese oder jene falsche Ansicht Wahrheit und daß Wahrheit Irrtum werde. Und so er es trotzdem versucht, kann er doch niemanden zwingen, ihm zu glauben. Die wahrhaft großen Werke der Literatur dagegen, die dem menschlichen Geist zur Ehre gereichen, entstehen weder auf Befehl noch um des Geldes willen. Ihre Schöpfer schenken sie der Menschheit allen Gefahren und allen Tyrannen zum Trotz. Bezahlen müssen dafür einzig die armen Kolporteure, die, ohne selber des Lesens mächtig zu sein, die kostbarsten Schätze des Geistes in Umlauf bringen und nicht ahnen, daß sie damit für ein Stück Brot der Gedankenfreiheit dienen. An ihnen lassen die hohen Herren ihre üble Laune aus, während sie die Autoren meist ungeschoren lassen, denn sie zu attackieren hieße, sich verhaßt zu machen.

Die Nachtbrigade

Seine nächtliche Sicherheit verdankt Paris der Nachtbrigade und zwei-, dreihundert Spitzeln, die unablässig unterwegs sind, nach Verdächtigen spähen und ihnen nachgehen. Ebenfalls nächtlicherweise nimmt die Polizei ihre sämtlichen Verhaftungen vor. Auch die manchenorts angebrachten Laternen haben zur Einschüchterung der Briganten beigetragen, so daß heute die Straßen der Stadt in der Nacht so sicher wie bei Tage sind, von ein paar Zwischenfällen abgesehen, die jedoch in Anbetracht der Masse von Verzweifelten, die nichts mehr zu verlieren haben, als unvermeidlich hingenommen werden müssen.

Früher machten sich die jungen Leute aus guter Familie und die Musketiere ein Vergnügen daraus, die Wachposten der Nachtbrigade zu verprügeln. Man warf Laternen ein, polterte gegen die Türen, spektakelte in verrufenen Kneipen herum, stahl den Leuten das Abendbrot aus dem Ofen, kniff die Hausmädchen in den Hintern und zerriß dem Kommissar das Gewand, bis all dieser Unfug schließlich mit äußerster Strenge verfolgt und abgestellt wurde. Seither steht die Jugend nicht mehr im Verruf, unbezähmbar zu sein, und für Randalierer brächte heute niemand mehr Verständnis auf.

Von all den kleinen Annehmlichkeiten, welche die Hauptstadt zu bieten hat, ist dies gewiß nicht die geringste. Hier haben die reiferen Semester von den Brauseköpfen nichts zu befürchten. Ein Magistrat äußerte einst, er verlange, daß das Pflaster von Paris nicht weniger respektiert werde als das Allerheiligste und das Tabernakel. Recht hatte er! In dieser Hinsicht läßt unsere Zivilisation kaum noch zu wünschen übrig. Raufbolde und Betrunkene können einem nichts mehr anhaben, denn an der nächsten Ecke wacht die starke Hand. Man braucht nur zu rufen, und schon wird einem beigestanden. Jedenfalls fast immer.

Peter der Grausame galt als ein Freund der Gerechtigkeit, wenngleich er sie, einem spanischen Geschichtsschreiber zufolge, auf seine Weise übte. Er liebte es, nachts in den Gassen umherzustreifen. Als er wieder einmal Radau veranstaltete, wurde er von einem Nachtwächter, der ihn für irgendeinen Bürger hielt, aufs kräftigste verdroschen. Der König tötete ihn. Am nächsten Tag begann die Justiz nach dem Mörder zu fahnden. Eine Gevatterin hatte den König erkannt und zeigte ihn an. Da begab sich das Gericht geschlossen zum König und erhob Anklage. Um der Gerechtigkeit ihren Lauf zu lassen, befahl hierauf der König, seinem Standbild aus Stein den Kopf abzuschlagen. Die verstümmelte Statue ist heute noch zu sehen, und zwar an der Straßenecke, wo der Mord begangen wurde.

Während einer ziemlich langen Zeit zitterte ganz Paris vor Cartouche. In unseren Tagen hätte solch ein König der Diebe selbst dann keine Chance mehr, wenn er noch viel kühner und mächtiger wäre. Pausenlos stehen heute Magistrat und Polizei miteinander in Verbindung, halten sich gegenseitig über alles und jedes auf dem laufenden und nehmen so, indem sie die Hälfte aller Anschläge von vornherein vereiteln, der Justiz viel Arbeit ab. Die Berichte, Ermittlungsprotokolle und sonstigen Informationen laufen in einer Zentrale zusammen, die alles, was für die öffentliche Sicherheit von Belang sein könnte, aufhebt.

Man kann sich gar nicht genug vorsehen, besonders dann, wenn der Winter vor der Tür steht. Gewiß läuft die Maschinerie schon ein halbes Jahrhundert lang ganz gut, aber wie jede andere Maschine hat auch sie ihre schwachen Augenblicke, und käme sie zum Stillstand, sähe sich Paris den Schrecknissen einer im Sturm genommenen Stadt ausgesetzt.

Die Nachtbrigade zählt an die fünfzehnhundert Mann. Wer in dieses Korps eintritt, kann darin, ohne sich vor Verletzungen fürchten zu müssen, alt werden. Man ist in dieser Truppe so wohl aufgehoben wie ein Mönch, dem es weder an Speis und Trank noch an guter Verdauung gebricht. Nur muß man sich damit abfinden, daß man statt in der Nacht am Tage schläft.

Manchmal werden die von den Soldaten der Nachtbrigade gefänglich Eingebrachten ohne jeden Grund mißhandelt und auf eine besondere, grausame Weise in Handschellen gelegt. Derlei Mißbräuche sollte man aufs strengste ahnden, und überhaupt müßte dafür gesorgt sein, daß die Hüter der öffentlichen Ordnung keinem Bürger auch nur ein Härchen krümmen und ihn so lange als Respektsperson behandeln, bis das Gericht sein Urteil über ihn gefällt hat, denn sogar wenn alles gegen ihn spricht, könnte es ja sein, daß er unschuldig ist.

Der Polizeileutnant

Ein Polizeileutnant ist heutzutage ein Mann von Bedeutung und Gewicht, obgleich sein Rang dies nicht vermuten ließe. Unter der Hand übt er gewaltigen Einfluß aus; mit dem, was er weiß, vermag er ebensoviel Schaden anzurichten wie Gutes zu stiften, denn in seiner Hand laufen unzählige Fäden zusammen, die er je nach Lust und Laune durcheinanderbringt oder auseinandertrieseln kann. Er schlägt zu oder er errettet; er verbreitet Finsternis oder Licht: seine Machtbefugnisse sind ebenso subtil wie ausgedehnt. Man kennt zwar seine Funktion, aber was man vielleicht nicht weiß, ist, daß er darüber hinaus dem Zugriff der Justiz eine Menge junger Leute aus gutem Haus entzieht, Burschen, die in der Hitze ihrer Leidenschaften Diebstähle, Gaunereien und Gemeinheiten begangen haben; er bewahrt sie davor, öffentlich gebrandmarkt zu werden. Der damit verbundene Schimpf fiele auf die unschuldigen Familien der Übeltäter zurück, und indem er unglücklichen Vätern diese Erniedrigung erspart, vollbringt er einen Akt der Menschlichkeit, denn in solchen Sachen sind unsere Vorurteile noch immer ziemlich ungerecht und grausam. Damit der Sünder dem Scharfrichter nicht in die Hände falle, wird er also eingesperrt oder ins Ausland abgeschoben. Auf diese Art entreißt die Polizei den Tribunalen zwar Schuldige, die eigentlich bestraft werden müßten, doch weil diese damit zugleich auch aus der Öffentlichkeit verschwinden und von ihr so lange ferngehalten werden, bis sie ihre Tat gebüßt und sich gebessert haben, hat die Gesellschaft keinen Grund, sich über derlei Nachsicht aufzuhalten. Man wird höchstens einwerfen, es führe dies dazu, daß man nie andere am Galgen hängen sehe als Angehörige der Plebejerklasse. Je mehr Milde man aber besagten anderen entgegenbringt, um so weniger Aussicht auf Erbarmen hat der Dieb aus der Gosse, der sich weder auf seine Familie noch auf anderweitige Hilfe oder Protektion berufen kann. Ohne viel Federlesens und ohne daß dazu mehr erforderlich wäre als ein einfacher Befehl des Kommissars, macht man jeden Monat drei- bis vierhundert Straßendirnen dingfest. Die einen bringt man nach Bicêtre – zur Heilung; die andern steckt man ins Hospiz – zur Besserung. Die, welche ein bißchen Geld bei der Hand haben, kommen mit einem blauen Auge davon. An einem bestimmten Tag im Monat kann man dann all diese Geschöpfe vor dem Polizeirichter, der einzigen für sie zuständigen Instanz, vorbeiziehen sehn. Die einen erweisen ihm ihre Referenz, die andern beschimpfen ihn, und er murmelt dabei nur immerzu mit Grabesstimme: »Ins Hospiz, ins Hospiz!«

Dieser Teil der Gesetzgebung ist sehr mangelhaft und voller Willkür. Wer ins Gefängnis geht und für wie lange, entscheidet in der Tat allein der Sekretär des Polizeileutnants. Als Ankläger treten im allgemeinen die Leute von der Nachtbrigade auf, und es mutet recht seltsam an, daß die Freiheit einer derart großen Zahl von Menschen nur von einem einzigen Mann abhängen soll. Die Schande, in die sie verstrickt sein mögen, rechtfertigt diese Selbstherrlichkeit keineswegs. Besser wäre es, ordentliche Kriminalgerichte nähmen sich der Sache an, zumal dabei ja immerhin die Freiheit auf dem Spiele steht. Auch kam es schon vor, daß unbescholtene Mädchen, die sich nicht zur Wehr zu setzen trauten, unter diese Unseligen gerieten.

Nicht minder despotisch verfährt der Polizeileutnant mit Spitzeln, die sich etwas haben zuschulden kommen lassen oder deren Berichte sich als falsch erwiesen. Doch diese Groschenjungen sind ein derart mieser und niederträchtiger Haufen, daß man der Behörde, der sie sich verkauft haben, das absolute Recht, mit ihnen nach Belieben umzuspringen, wohl oder übel zugestehen muß.

Keineswegs jedoch gilt dies für jene, die im Namen des Gesetzes festgenommen werden. Möglicherweise ist ihr Vergehen nur geringfügig; denkbar auch, daß sie in der Heerschar der Konstabler, der Spitzel und der Zuträger, denen man aufs Wort zu glauben geneigt ist, einen Feind hatten. Was gehört schon dazu, den Magistrat in die Irre zu führen! Manche Delikte sollte man wirklich genauer abklären, ehe man sie bestraft; doch Bicêtre verschlingt, was da kommt, und viele, die dorthin geraten, kehren verdorbener als zuvor von dort zurück. Entehrt auch in ihren eigenen Augen, stürzen sie sich dann erst recht in die größten Mißhelligkeiten. Ich wiederhole es, in diesem Teil unseres Rechts herrscht ein gräßliches Chaos, beinahe vergleichbar mit der Willkür, mit der man Mittellose aufgreift. Aber man denkt nicht im entferntesten daran, diese unter den Augen der Gerichte groß gewordenen Übelstände, von denen kein Mensch weiß, woher sie kommen und wer sie deckt, endlich abzustellen.

Es gibt Zeiten, da sich die Polizei unglaublichster Nachlässigkeit hingibt und die Zügel erst wieder anzieht, nachdem ein paar aufsehenerregende Verbrechen begangen worden sind. Man vertuscht und verheimlicht sämtliche Skandalaffären und alle Morde, welche die Öffentlichkeit aufschrecken oder auf die Wachsamkeit der für die Sicherheit der Hauptstadt Verantwortlichen ein schlechtes Licht werfen könnten. Selbstmörder werden auf Befehl der Polizei sofort nach ihrer Entdeckung und sobald der Kommissar sein Protokoll abgeschlossen hat, verscharrt, und das nicht ohne guten Grund. Zu schrecklich wäre die Liste, publizierte man sie.

Auch wer auf den Straßen von Paris oder unter einer Liniendroschke sein Leben läßt, wer durch fallende Ziegel oder auf den Bauplätzen zu Tode kommt, wird in aller Stille begraben. Führte man über jeden dieser Unfälle Buch, käme derart Haarsträubendes zutage, daß man diese herrliche Stadt nur noch voller Entsetzen zu betrachten vermöchte. Wer sich dennoch einen Begriff von der Vielzahl der Beklagenswerten machen will, die dem Bauwesen und dem Getriebe einer allzu großen Anhäufung von Menschen zum Opfer fallen, braucht sich nur im Hôtel-Dieu oder im Leichenschauhaus umzutun.

Im übrigen jedoch ist es ein gräßliches und schwieriges Unterfangen, die Vielzahl derer, die dem Hunger ausgeliefert sind, unter der Knute zu halten, dieweil sie mit ansehen müssen, wie die andern im Überflusse schwelgen. Es ist ein undankbares Geschäft, all die ungezählten gespensterhaft blassen, ausgemergelten Elendsgestalten von unseren hellerleuchteten Palästen und Häusern fernzuhalten, während ebendiese Häuser mit Gold, Silber und Diamanten vollgestopft sind. Die Versuchung, sich dieser Schätze zu bemächtigen und so der Not, die tötet, ein Ende zu bereiten, ist für die im Dunkeln Lebenden gar zu heftig. Man kann es verstehen, wenn ihnen ob all dieser Fülle und Verschwendung die Einsicht, daß Stehlen ungerecht und schändlich sei, vielleicht abhanden kommt.

Einer Audienz beim Polizeileutnant beizuwohnen ist höchst lehrreich. Man unterbreitet ihm alle möglichen Klagen und Anliegen, man umdrängt ihn, flüstert ihm etwas ins Ohr, er antwortet mit einer nichtssagenden Floskel; Bittgesuche aus drei verschiedenen Wartezimmern überfluten seinen Tisch, die Hände des Sekretärs oder des Bürodieners, der sie einsammelt, vermögen sie kaum zu halten. Der Pöbel sitzt im hintersten Raum, redet den Polizeigewaltigen zitternd mit Euer Gnaden an und wird sehr auf die Schnelle abgefertigt. Brächte dieser Amtsmann alles, was er weiß, alles, was ihm zu Ohren und unter die Augen kommt, einem Philosophen zur Kenntnis und gewährte er diesem darüber hinaus noch Einblick in gewisse Geheimnisse, über die nur er allein einigermaßen auf dem laufenden ist – es ergäbe sich daraus wahrscheinlich das merkwürdigste und aufschlußreichste aller jemals der Feder eines Denkers entsprungenen Bücher. Unser Philosoph würde damit seine übrigen Brüder im Geiste ganz schön in Erstaunen versetzen. Doch in dieser Hinsicht hält es der Polizeileutnant ähnlich wie der Pater, der dem zum Tode Verurteilten die letzte Beichte abnimmt: Er hört sich alles an und behält's für sich, und über Missetaten, die jeden anderen erschüttern würden, kann er sich bestenfalls nur wundern. Begreiflicherweise glaubt er, der so viele Gaunerstreiche, Schurkereien und Verbrechen, soviel Lasterhaftigkeit und Unsauberes zu sehen bekommen hat, auch nicht mehr so recht an die Rechtschaffenheit und Tugend der anständigen Leute. Sein Mißtrauen verläßt ihn nie, und nichts hält er für unmöglich, doch im Grunde genommen ist er auf diesen Charakterzug angewiesen; kennt er doch die Menschen und das, was sie zu tun imstande sind, von einer ganz besonderen Seite, was ihn schon von Berufs wegen dazu zwingt, dauernd und an allem schwer zu zweifeln.

Tables d'hôte
oder
Der Mittagstisch zu festen Preisen

Die ›Tables d'hôte‹ sind dem Fremden ein Greuel, doch ist er auf sie angewiesen. Man ißt dort inmitten eines Dutzends Unbekannter, und wer höflich oder schüchtern ist, kriegt für sein Geld zuwenig ab.

An des Tisches Mitte, dort also, wo die Schüsseln mit den Hauptgerichten stehen, machen sich die Stammgäste breit; stets sind sie es, die sich dieser wichtigen Plätze bemächtigen. Mit unermüdlichen Kinnladen ausgestattet, fangen sie beim ersten Zeichen an zu schlingen und überlassen dabei die Erörterung der neuesten Klatschgeschichten nur allzugern den anderen. Je schwerfälliger ihre plumpe Zunge beim Reden bleibt, desto flinker wird sie, wenn es darum geht, dem Magen die größten und leckersten Happen zukommen zu lassen. Mit der Gefräßigkeit antiker Fabelwesen fallen sie über die Speisen her und räumen in Minutenschnelle ganze Tafeln auf, so daß man sie darob verfluchen möchte, wie weiland Sancho Pansa seinen hinterlistigen Arzt verfluchte.

Wehe dem, der seine Bissen langsam kaut! Eingeklemmt zwischen diesen Gierschlünden und hurtigen Kormoranen, sieht er sich inmitten des Mahls zum Fasten verdammt. Umsonst fleht er die aufwartenden Kellner um Erbarmen an; bis er endlich an die Reihe kommt, ist alles längst verschlungen. Darin geübt, so-

gar nachdrücklichstes Bitten geflissentlich zu überhören, lassen sich die Bediensteten selbst durch Geschrei und Drohung nicht aus der Fassung bringen. Am besten, man verschafft sich seins auf eigene Faust, denn bei denen etwas durchzusetzen ist unmöglich.

Dieselben ungesitteten Geier aber, welche die gewaltigen Höhlungen ihrer Eingeweide eben noch auf Kosten ihrer Nachbarn vollpackten, verwandeln sich, kaum sind sie endlich satt, in erbarmungslose Schwätzer. Dann erfüllt der Widerhall ihres zotigen Gekläffs die verräucherten Gewölbe der Speisesäle, wobei die Unschicklichkeit ihrer Ausdrucksweise der konfusen Plattheit ihrer Kannegießereien nichts schuldig bleibt. Im übrigen jedoch käme es einem Wunder gleich, verließe man das Lokal, ohne daß einem rohe, ungeschickte Hände ein paar Kleckse aufs Kleid gesetzt hätten.

Sodann gibt es noch die Garküchen, auch Archen Noahs genannt, wo man schon für zweiundzwanzig Sous zu essen kriegt. Sie sind die Stammlokale der weniger Begüterten, die sich nach gehabter Mahlzeit auf der Promenade oder im Theater rühmen, auswärts diniert zu haben, als wäre es eine Schande, für billiges Geld zu speisen, wenn man es anders nicht vermag.

Anatomisches

Immer hat es mich angewidert, wenn in den Kollegien über die Lehre vom Körper ein Professor glaubte, das auslaufende Kolleg mit dem folgenden grausamen Experiment krönen zu müssen. Man nagelt einen lebenden Hund an seinen vier Pfoten fest; man stößt ihm – mag er vor Schmerzen heulen, wie er will – das Skalpell ins Fleisch und wühlt in seinen Eingeweiden, bis der Professor das zuckende Herz in der Hand hält. Muß Wissenschaft mit Grausamkeit einhergehen? Könnten die Studenten ihr bißchen Anatomie nicht auch lernen, ohne sich dabei zu Henkern herabzuwürdigen?

Die Kunst der Winslows ist mit recht abstoßenden Begleiterscheinungen verbunden. Der Anatom, der Leichen benötigt, sieht sich gezwungen, mit dem Abschaum des Volkes in Verbindung zu treten und Totengräber zu bestechen. Nebenbei sei hier gesagt, daß die Totengräber niemals Brennholz für den Winter kaufen; sie halten sich warm mit den Stücken der Särge, die sie vom Friedhof stehlen und zerhacken. Auf die gleiche Weise ersparen sie sich die Ausgaben für Hemden. Die Studenten aber, die kein Geld für den Kauf von Leichen erübrigen können, klettern nachts über die Friedhofsmauern und reißen den erstbesten am Vortag bestatteten Toten aus der Erde. Nachdem sie das Grab geschändet, den Sarg aufgebrochen und den Körper seines Leichentuchs beraubt haben, klappen sie diesen in der Mitte zusammen, stecken ihn in eine Hucke und schleppen ihn zum Anatomen. Nachdem dann der Tote zerschnitten und zergliedert ist, weiß der Anatom nicht, wie er ihn wieder dorthin schaffen soll, woher er kam. Also läßt er die Stücke einzeln verschwinden und schmeißt sie, wie es gerade kommt, bald in den Fluß, bald in Abzugsgräben oder in Senkgruben. Dort vermischt sich menschliches Gebein mit den Knochen der Tiere, die man verzehrt hat, und gar nicht selten kommt es vor, daß man in einem Misthaufen auf die sterblichen Reste von seinesgleichen stößt. Wer immer das Skalpell führt, zieht die Hauptstadt allen andern Örtlichkeiten vor, weil das zum Studium der Anatomie Erforderliche hier überaus leicht zu beschaffen ist. Leichen gibt es in Hülle und Fülle, und billig sind sie auch. Besonders wohlfeil werden sie im Winter; der Chefanatom bezahlt dann für einen Körper zehn bis zwölf Francs und verkauft ihn für einen Louis oder zehn Taler an seine Schüler weiter.

Zwischen den Friedhofsraben und den Jüngern der großen Chirurgen geht ein emsiger Schacher hin und her. Dergestalt, daß, wer eine Gratislektion in Anatomie nehmen will, riskieren muß, seinen am Tag zuvor begrabenen und beweinten Vater, Bruder oder Freund auf der Marmorplatte wiederzufinden.

Wäre die Regierung, da doch der Fortschritt von Medizin und Chirurgie von der Anatomie abhängt, nicht besser beraten, wenn sie den Vertretern der Wissenschaft die Schande solch heimlichen Handels ersparen und so den aus ihm erwachsenden Abscheulichkeiten und Skandalen vorbeugen würde? Wer könnte glauben, daß die Winslows und die Ferreins nach dem Buchstaben des Gesetzes ruchlose, Heiligstes entweihende Grabschänder sind und sich aufs schwerste strafbar machen? Welch ewiger Widerspruch zwischen unseren Gesetzen, unseren Sitten und unseren Gewohnheiten! Ein Mensch der Antike, käme er noch einmal zurück, vermöchte im Hörsaal der Königlichen Akademie, die durch keinerlei Gesetz dazu ermächtigt ist, mit Leichen zu hantieren, nur fassungslos zu staunen. Waren doch den Alten die Toten, die sie voller Respekt den Flammen übergaben, heilig, und wer sich vermaß, Hand an sie zu legen, wurde als unrein geächtet. Was würden sie wohl sagen, sähen sie solch einen gräßlich zerstückelten und verstümmelten Leichnam und um ihn herum all diese jungen Chirurgen mit nackten, blutbeschmierten Armen und unter Scherzen und Gelächter ihren schrecklichen Operationen nachgehen?

Das Hôtel-Dieu weigert sich, Leichen abzugeben. So hilft man sich denn, wie man kann; man stiehlt sie in Clamart, oder man kauft sie in der Salpêtrière und in Bicêtre. Im allgemeinen sind es die Leichen der im Laufe der Behandlung mit starken Medikamenten verstorbenen Opfer der Lustseuche, die man in den öffentlichen Hörsälen seziert.

Während der letzten vierzig Jahre hat die Anatomie keinerlei Fortschritte mehr erzielt und auch keine neuen Erkenntnisse von Gewicht mehr erbracht. Der menschliche Körper ist heute in allen seinen Teilen aufs gründlichste erforscht, und es dürfte schwierig sein, dem, was man über ihn weiß, Neues hinzuzufügen. Dennoch hat die Anatomie bis dahin weiter nichts als Bestandsaufnahmen zu bieten. Zu ergründen bliebe, wie die Maschine funktioniert, was sie zusammenhält, aus welchen Prinzipien die Lebenskräfte erwachsen. Hic labor, hoc opus. Der mechanistische Fleiß der Anatomen sollte seinen Platz jetzt dem ordnenden und prüfenden Genie abtreten, das sich im Drange nach Erkenntnis zwar irren und mancherlei Systeme entwickeln und wieder verwerfen wird, dabei aber vielleicht doch eine Wahrheit, bedeutsam genug, Schlüssel für alle weiteren zu sein, entdecken könnte.

Im Viertel von Saint-Marcel

In diesem Kietz wohnt der ärmlichste, unruhigste und widerborstigste Pöbel von ganz Paris. In einem einzigen Hause des Quartiers von Saint-Honoré ist mehr Geld zu finden als in ganz Saint-Marcel und Saint-Marceau zusammengenommen. In seine weitab vom Getriebe des Zentrums der Kapitale gelegenen Behausungen verkriechen sich: die Gescheiterten, die Verbitterten, Alchimisten, Verrückte, ein paar verblödete Rentner, aber gelegentlich auch Gelehrte, die nichts als ihre Ruhe haben und ihr Dasein abseits von der lärmigen Hektik der guten Viertel verbringen wollen. Hier, am äußersten Ende der Stadt, sind sie vor ungebetenen Gästen sicher. In diese Gegend begibt man sich höchstens aus Neugier; nichts sonst vermöchte einen dorthin zu locken, weder Monumente noch anderes gibt es da zu besichtigen, es sei denn ein Völklein, das mit den übrigen, friedlich an ihren Seine-Ufern siedelnden Parisern nicht das mindeste zu tun hat.

Hier war's, wo man auf dem Sarg von Pâris, dem Diakon, tanzte, und hier aß man auch die Erde von seinem Grab, bis schließlich das Betreten des Friedhofs untersagt wurde: ›Der König hat's Gott verboten nun, an diesem Orte Wunder zu tun ...‹ Die verborgenen Wurzeln all diesen Aufruhrs und der Revolten aber liegen in der finsteren Misere, die hier allenthalben herrscht. Wer in diesen Häusern lebt, kennt keine andere Uhr als den Lauf der Sonne. Gemessen am sonstigen Stand der Lebensart und der Gebräuche sind die Menschen von Saint-Marcel um drei Jahrhunderte zurückgeblieben. Sämtliche Meinungsverschiedenheiten werden in aller Öffentlichkeit ausgetragen, und eine Frau, die etwas an ihrem Manne auszusetzen hat, ficht ihren Strauß auf der Straße aus, zitiert den Angeklagten vor das Tribunal der Gosse, wiegelt die Nachbarn gegen ihn auf, kurz, hängt an die große Glocke, was ihr Kerl da wieder ausgefressen hat. Jeglicher Disput, worum er sich auch drehen mag, endet regelmäßig mit einer gewaltigen Keilerei, doch am Abend schließt man mit zerkratzter Wange wieder Frieden.

Hier verbirgt sich, wer untertauchen muß, in irgendeiner Dachstube und bleibt der Polizei und ihren hundert Argusaugen so unauffindbar wie gewisse winzige Insekten, die selbst unter der schärfsten Lupe kaum wahrzunehmen sind.

Ganze Familien leben zusammengepfercht in einem einzigen Raum, der nichts als vier kahle Wände und Schlafpritschen ohne Gardinen bietet und dessen Küchengerät zwischen den Nachtgeschirren umherrollt. Die Möbel sind, alles in allem, keine zwanzig Taler wert, und alle drei Monate werden ihre Besitzer vor die Tür gesetzt, weil sie die Miete nicht bezahlen konnten, und so bleibt ihnen nichts anderes übrig, als mit ihrem erbärmlichen Hausrat friedlos von einem Loch zum andern zu irren. Schuhe bekommt man in diesen Unterkünften nie zu sehen; auf den Treppen ist stets nur das Geklapper von Holzpantinen zu vernehmen. Die Kinder sind nackt und schlafen kreuz und quer durcheinander.

Am Sonntag überflutet dieses Volk Vaugirard und seine vielen Kneipen, in denen es seine Leiden zu betäuben sucht; das Publikum, das sich zu den berühmten Bettlerbällen drängt, stammt vorwiegend aus Saint-Marcel. Männlein und Weiblein tanzen unbeschuht, drehen sich im Kreise ohne Unterlaß und wirbeln dabei binnen einer Stunde genug Staub auf, um darin zu verschwinden. Der in diesen scheußlich überfüllten Lokalen herrschende Lärm ist kaum auszuhalten; unerträglich auch das konfuse Durcheinander, dazu ein Gestank, der einen krank macht, und genauso widerlich wie alles übrige der Wein, der hier getrunken wird. Dennoch stehen am nächsten Tag die Fässer dutzendweise vor den Buden der Weinhändler. Sonntags säuft man dort eben auf Vorrat für die ganze Woche. In keinem anderen Viertel sind die Menschen wilder, entflammbarer, streitsüchtiger und rebellischer als in diesem, und die Polizei geht denn auch behutsam mit ihnen um und hütet sich, sie zum Äußersten zu treiben, denn dann sind sie zu allem fähig.

Abbés

In Paris wimmelt es von Abbés, tonsurierten Pfäfflein, die weder der Kirche noch dem Staate dienen, ausschließlich dem Müßiggange leben und den Kopf voller Flausen und Frivolitäten haben. Wohl behauptet Robinson Crusoe, daß an so manchem Manne, dessen kräftige Glieder man mit einer Soutane behängte, ein ausgezeichneter Lastträger verlorengegangen sei, doch so kann nur ein Wilder sprechen.

Den Abbé, den man sich in so manch einem vornehmen Hause hält, tituliert man zwar mit Freund, in Wahrheit jedoch ist er weiter nichts als ein den Livrierten vor die Nase gesetzter besserer Dienstbote. Er ist das willfährige Werkzeug der Gnädigen, wohnt ihrer Toilette bei, überwacht den Haushalt und steckt seine Nase nebenbei auch in die Angelegenheiten seines Herrn. So machen sich die Figuren, von denen dreizehn auf ein

Dutzend gehen, mehr oder weniger nützlich, streichen ihren Beschützern für ein paar Jährchen wacker um den Bart, bis man ihnen schließlich eine Pension aussetzt. Das schaffen sie immer, und bis es soweit ist, ziehen sie ihren Nutzen aus der guten Küche und den übrigen kleinen Vorteilen, die das Leben im Hause eines Reichen so mit sich bringt.
Die Kammerjungfer hält sie über alles auf dem laufenden, sie kennen sich sowohl in den Geheimnissen von Monsieur und Madame als auch in denen der Lakaien aus.
Eine Stufe tiefer stehen die Abbés, die sich als Hofmeister verdingen. In Häusern von Rang unterscheidet sich ihre Stellung in nichts von der eines gewöhnlichen Domestiken. Höchstens, wenn ihre Zöglinge gerade dabei sind, springt man ein bißchen pfleglicher mit ihnen um. Haben sie ihr Pensum erledigt, setzt man ihnen eine bescheidene Rente aus oder findet sie sonstwie ab und schickt sie wieder fort. Die Geringschätzung, mit der man ihnen begegnet, führt dazu, daß sie wiederum ihren Schülern gegenüber recht nachlässig sind. Nichts ist unsinniger als die Idee, jemand, der sich für zwölfhundert Francs im Jahr verkaufen muß, könnte der schwierigsten und in ihrem Ausgang ungewissesten aller Aufgaben, nämlich Menschen zu erziehen, gewachsen sein. Auch hir gilt: Nemo dat quod non habet – keiner kann mehr geben, als er hat.
Unter den Abbés gibt es manchen Springinsfeld, der Beffchen und Käppchen abgelegt hat und statt dessen, den Hut unter dem Arm, mit kecker Frisur und weibischem Gehabe, in einem mit Goldknöpfen besetzten Röckchen von preußischem Schnitt daherkommt. Sie füllen Theater und Kaffeehäuser, schmieren belanglose Pamphlete oder giftige Epigramme zusammen, und man fragt sich, was in aller Welt sie noch mit der Kirche zu tun haben, denn als Priester sollte man doch eigentlich nur jene bezeichnen, die wirklich dem Altare dienen. Trotzdem erheben sie den Anspruch, Kleriker zu sein, nur weil sie dann und wann in kirchlichem Gewand auftreten.

Warum duldet man diesen Skandal, der doch der Religion so sehr zum Schaden gereicht? Ich jedenfalls weiß es nicht. Mag als Geistlicher gehen, wer will, mit oder ohne Tonsur!
Noch vor fünfundzwanzig Jahren waren den Abbés gewisse Arten von weltlichem Umgang verboten. Die Kurtisane, die sie dem Kommissar anzeigte, wurde vom ... mit fünfzig Francs belohnt. Diese häßliche, das Laster mit der Niedertracht verknüpfende Schnüffelei ist seither abgestellt worden.

Bischöfe

Immer wenn Bischöfe ihr Hirtenamt im Stich lassen, das ihnen nach dem heiligen Kanon anvertraut, verletzen sie leichthin und ohne Gewissensbisse das Residenzgesetz. Aus ihren Diözesen, wo sie sich wie in der Verbannung fühlen, vertreibt sie die Langeweile. Fast alle zieht es nach Paris, weil sie dort in der Menge untertauchen, ihren Reichtum ungehemmt genießen und jene Freiheit finden können, die ihnen zu Hause, wo sie sich dem Zwang der Schicklichkeit und der Etikette beugen müssen, versagt bleibt.
Man dreht ihnen einen Strick daraus. Aber was nützte aller Überfluß, verschaffte er dem, der darin lebt, nicht das, wonach sein Herz begehrt? Ihr sähet die Bischöfe lieber seßhaft? Dann streicht ihnen die Einkünfte zusammen, bis daß sie wieder so arm sind wie einst die Apostel! Manche werden jetzt fragen: Wie ist es denn überhaupt möglich, daß der Schäfer seine Herde verläßt? Aber dieses Bild hat seinen Sinn schon längst verloren; nichts wird heute weniger ernst genommen als das Amt des Seelenhirten. Der Bannbullen früherer Konzile spottend, scheren sich die bestallten Hüter der Moral den Teufel um Moral und Tugend. Weit lieber geben sie sich den müßigen Wonnen der Hauptstadt hin und verprassen dabei munter das ihnen anver-

traute Scherfchen der Bedürftigen und Armen. Und wenn dem noch etwas hinzuzufügen ist, dann höchstens, daß Begriffe wie Hirte, Tugend oder Scherfchen mittlerweile doch recht altmodisch anmuten. Der Ehrgeiz dessen, der da hat und also will, daß ihm noch mehr gegeben werde, treibt sie zum Hof und in die Ministerien, wo sie allerhand Intrigen spinnen, Verbindungen spielenlassen, der Verwaltung am Zeug herumzupfuschen suchen und nicht ruhen, bis ihre Ränke Früchte tragen. Der Eifer, mit dem sie hinter den Tapetentüren zu Werke gehen, kennt keine Grenzen und ebensowenig der Mut, mit dem sie ausharren inmitten des neuen Babylon, dessen Sündhaftigkeit der jenes anderen, das einst den Zorn der Propheten entflammte, wahrlich in nichts nachsteht. So sind denn Ihro Eminenzen vollauf mit Weltlichem beschäftigt und denken selbst im Traum nicht mehr daran, ihres eigentlichen Amtes zu walten, als Vorbilder der Sittsamkeit durchs Leben zu wandeln und sich dabei jener Art von Nächstenliebe zu befleißigen, die man die apostolische zu nennen pflegt.
Derlei Vorwürfe und noch viel härtere bekommen die Kirchenfürsten indes schon seit dem im 16. Jahrhundert abgehaltenen tridentinischen Konzil zu hören: ›Die Kirche beklagt, daß sie der Anwesenheit derer entbehren muß, die doch ihre Gemahle sein sollen, daß sich von ihnen etliche schlecht benehmen, eher als Diebe, die ihre Taschen im Vorübergehen mit dem Gut der Kirche füllen und darauf das Weite suchen, denn als Väter und Hirten, die bei ihr ausharren, sie nähren, führen und trösten sollten.‹
Wenn da wenigstens die Bischöfe, die sich keinerlei Verstöße gegen das Residenzgesetz zuschulden kommen lassen, etwas taugten! (Es sind freilich nicht sehr viele!) Doch gerade sie machen sich – man kennt das ja – wiederum unerträglich durch ihre strenge Bigotterie, ihre geschäftige Frömmelei und jene kleinliche Borniertheit, die so leicht in blindes, unüberlegtes Eifererertum und in Fanatismus umschlägt, und sind so den Bewohnern

ihrer Diözesen ebenfalls ein Ärgernis. Dagegen zeichnen sich die anderen, die fern von ihrem Amtssitz leben, durch aufgeklärten Sinn und Toleranz aus, so daß ihr Absentismus vielleicht einzig insofern von Übel ist, als er sie dazu verleitet, die Mittel, die ihnen von den Provinzen zufließen, nicht in den Provinzen selber zu verzehren. Von Zeit zu Zeit erlassen sie einen Hirtenbrief, verfaßt von einem ihrer Sekretäre. Stil und Inhalt solcher Schreiben sind von vornherein festgelegt. Das Beste, was Piron je geboten hat, war die Antwort, die er einem Bischof gab, als dieser ihn fragte: »Haben Sie meinen Hirtenbrief schon gelesen?« »Aber gewiß, Hochwürden«, erwiderte Piron, »und Sie?«
Wer den Wandel der Männermode studieren will, braucht sich weder bei den Uniformen der Militärs noch bei den Talaren der Juristen oder der Kostümierung der Finanzleute aufzuhalten; es genügt, wenn er ein paar der vielen im Laufe der Zeiten entstandenen Bischofskonterfeis miteinander vergleicht. Die frühen Bilder zeigen Männer von biblischer Einfachheit, auch spürt man noch, wie schwer sie an der Last des Amtes tragen. Schon bald jedoch verschwinden die Asketengesichter, die langen Bärte und die schlichten Gewänder, und noch etwas später fangen die Kirchenfürsten auf der Leinwand gar zu lächeln an und lassen sich nur noch in geschniegelter Lockenpracht und erlesener Kleidung abschildern. Schaut sie an, unsere Salon-Prälaten, achtet auf ihre rosigen Bäcklein, auf das Purpur ihrer Lippen, auf ihren schmeichelnden Blick; manchmal ist so ein junges Pfäfflein wahrlich beinah schön!

Droschken

Die elenden Gäule, welche diese rollenden Ruinen ziehen, entstammen den Ställen des Königs und waren einst der Stolz der Prinzen von Geblüt, die sie ihr eigen nannten. Was aber ist geworden aus den edlen Rossen von einst, deren Ungeduld sich kaum zügeln und deren Kraft die Staatskarosse leicht dahinfliegen ließ! Vorzeitig ausgemustert und den erbarmungslosesten Antreibern unter die Peitsche geraten, sind sie nicht wiederzuerkennen. Hager und sehnig, naß vom Regen, bedeckt mit Perlen schmutzigen Schweißes und erschöpft, schleppen sie sich täglich achtzehn Stunden über die Chaussee, bald da-, bald dorthin, wie man es gerade wünscht.

Manchmal werden diese häßlichen Gefährte, die so träge ihren Zufallskurs verfolgen, von jungen Liebesleuten zum Asyl erkoren; kaum ist das Mädchen seiner strengen Aufsicht für einen Augenblick entronnen, steigt es flink und unauffällig zu, um endlich für ein Weilchen ungehört und ungesehen mit seinem Schatz zu verweilen.

Dennoch gibt es für den Fremden, der die Kutschen von London, Amsterdam und Brüssel kennt, kaum etwas Empörenderes als diese Droschken und ihre halbtoten Klepper.

Nüchtern sind die Kutscher ziemlich fügsam, gegen Mittag werden sie schon schwierig, abends sind sie ungenießbar und zetteln dauernd Schlägereien an. Der Polizeikommissar aber, vor dem die Sache dann zu enden pflegt, gibt stets dem Kutscher recht. Je mehr dieser getrunken hat, desto ärger schlägt er auf die Pferde ein, und nie fährt er Euch besser, als wenn er völlig blau ist.

Vor etlichen Jahren ging es einmal um irgendeine Reform. An die achtzehnhundert Droschkenlenker kamen überein, mit Mann und Roß und Wagen hinauszuziehen nach Choisy, wo damals der König weilte, um ihm dort eine Bittschrift zu überreichen. Der Hof war sehr erstaunt ob des Anblicks von achtzehnhundert leeren Droschken, die gekommen waren, die untertänigen Wünsche ihrer Besitzer vor die Stufen des Thrones zu bringen, und die nun die Ebene bis zum Horizont bedeckten. Einigermaßen beunruhigend sah es ja aus. Man schickte die Leute mit leeren Händen wieder weg. Die vier Anführer der

Gilde steckte man ins Gefängnis und ihren Hauptsprecher mitsamt Bittschrift und Rede nach Bicêtre, ins Irrenhaus.
Nichts ist alltäglicher als der plötzliche Bruch eines Tragriemens oder eines Rades. Ihr zerschlagt Euch dabei die Nase und brecht Euch den Arm, dafür braucht Ihr die Fahrt nicht zu bezahlen.
Bis Versailles zu fahren ist den Droschkenkutschern verboten, und auch auf Poststraßen dürfen sie nur verkehren, wenn sie die dafür erforderliche Sondergenehmigung bezahlt haben.
Haben sie den Schlagbaum aber erst hinter sich, gilt – Tarif hin oder her – nur noch das, was sie für gut befinden. Die einen sind unglaublich gefällig, die andern werden um so unverschämter; in solchen Fällen ist es dann klüger, sie mit einem Trinkgeld zu beruhigen, als auf seinem Recht zu beharren oder es sich gar selber verschaffen zu wollen. Wie überall ziehen die Redlichen eben auch hier den kürzeren.
Solltet Ihr aber einmal etwas in der Droschke liegenlassen, braucht Ihr im Büro nur seine Nummer anzugeben; im allgemeinen findet sich Verlorenes dann wieder.
Schon aus Gründen der Bequemlichkeit und der Sicherheit wünschte man sich weniger schmutzige, solidere und besser konstruierte Droschken, doch Knappheit und Preis des Futters sowie die beträchtliche Steuer von zwanzig Sous pro Tag, die man für das Recht, auf den Straßen von Paris zu rollen, entrichten muß, machen selbst die dringlichsten Reformen unmöglich.

Tabakskneipen

Die Verteuerung des Weines und verbrecherische Panscherei haben den Pariser gezwungen, sich dem Branntwein zuzuwenden. Das zeigt, wohin es führt, wenn man eine Flasche Wein, die für sich selber bestenfalls drei Sous wert wäre, mit einer Steuer von vier Sous belastet. Die Pariser Lastträgerinnen, die sich von früh bis spät mit ihren schweren Bürden abschleppen und nicht weniger hart schuften als die Männer, halten diesen auch beim Trinken Schritt. Das gefährliche Zeug, das sie sich durch die Kehle jagen, erhitzt zwar ihr Gehirn und verbrennt ihre Eingeweide, doch zugleich schenkt es ihnen, den Wassern des Flusses Lethe gleich, Vergessen; in seinen Fluten ertränken diese Tagelöhner nicht nur ihren Verstand, sondern auch ihre Sorgen. Freilich ruiniert solch tägliche Roßkur auf die Dauer selbst das stärkste Naturell, und besser wär's, man ließe ihnen ihren guten Wein. Sie zögen ihn dem Branntwein vor.

Seitdem dieser schändliche neue Brauch aufgekommen ist, hat die Zahl der Tabakskneipen beträchtlich zugenommen; in allen Teilen der Stadt gibt es schon welche, am stärksten jedoch haben sie in den Vierteln um sich gegriffen, wo der Pöbel heimisch ist. Liederlich verlungert in diesen verräucherten Kaschemmen arbeitsscheues Gesindel den Tag und gießt sich langsam voll mit seinem mörderischen Trank. Sonst nimmt es nichts zu sich als Tabaksqualm, das heißt, es läßt sich von ihm in eine Art Betäubung versetzen, die ihm zwar den Hunger nimmt, aber ebenso auch allen Schneid und alle Kraft. Betrieb ist in diesen stinkenden Schlupfwinkeln des Müßigganges von früh bis spät; einer führt dort immer das große Wort, und auch an Possenreißern fehlt es ihnen nie, und mancher Sohn eines redlichen Handwerkers ging inmitten dieses ungeschlachten Trubels unrettbar vor die Hunde.

Die bemerkenswerteste von allen Tabakskneipen ist die von Saint-Marceau. Dorthin verkriechen sich die verluderten Kreaturen von Pont-Neuf und aus der Umgebung des Louvre und vertrinken tagsüber das bißchen Sündenlohn, das sie den Savoyarden, Handlangern und Gaunern im Lauf der Nacht abknöpften. Da kann man sie denn sitzen sehen, vor sich eine Kanne voller Schnaps, um sie herum in kunterbuntem Durch-

einander Soldaten, Lastträger und Müllkutscher, dieweil die rauchgeschwängerten Gewölbe der Spelunke ohne Unterlaß vom gleichermaßen obszönen wie mißtönigen Konzert ihrer Stimmen widerhallen.
Nicht immer vertragen sich die erhitzten Gemüter. Kommt es zum Streit, ist auch die Keilerei bald da – ohne Dresche keine Ruhe. Geht es dann aber wirklich los, packt der stämmige Wirt die Streithähne kurzerhand beim Kragen, reißt sie vom Tisch und sperrt sie so lange in den Hinterhof, bis sie ihre Differenz unter einem Hagel von Fausthieben ausgetragen haben, worauf Sieger und Besiegter wieder zu ihren Plätzen zurückkehren und, das Glas in der Hand, sowohl Beleidigung wie Schläge schnell vergessen. Daß der Kneipier die Athleten gerade in diese Geheimarena befördert, hat seinen Grund. Setzte er sie einfach auf die Straße, müßte er um seine Zeche bangen, denn wie leicht könnten sie von dort abhauen oder von der Wache geschnappt und vor den Kommissar gebracht werden! Unterdessen aber wimmern in verlassenen Wohnungen Kinder vor Hunger und weinen unter den spitzen Pfeilen des Frostes, der ihre Händchen frieren läßt. Schon allzu abgestumpft ist ihr Vater, als daß ihn ihre Stimme noch erreichen könnte; er versetzt bereits stückweise seinen Hausrat, um sich von neuem in die Trunkenheit zu stürzen. Ach! Wer vermöchte das Leid zu ermessen, das der Branntwein anrichtet! Ich lese, das diesem Gesöff in Amerika ganze Völkerstämme erliegen und daß die nackten Wilden nicht weniger nach dem berauschenden Tranke gieren als der Pöbel von Paris. Welch traurige Duplizität der Fälle! Sollte sie uns nicht nachdenklich machen über die Gesetze, die all diese starken Getränke, die dem Menschen Kraft und Verstand rauben und denen er nur allzuleicht erliegt, in Schutz nehmen?

Das Wasser- und Waldgericht

Diesem Tribunal, auch Kapitanerie genannt, obliegt es, auf die Galeeren zu schicken, wer sich des Mordes an Rehen und Hasen schuldig gemacht hat. Frißt der Hase dem Bauern den Kohl weg, zerstört ihm die Taube die Ernte, dann hat er sich eben dareinzuschicken, daß ihn Hase und Taube arm fressen, und auch den Karpfen im Fluß, der seine Wiese bewässert, rührt er besser nicht an. Tötet er aber einen Hirsch, dann ist sein Leben keinen Pfifferling mehr wert. Dieses abscheulichste und entsetzlichste aller Verbrechen ist freilich derart unerhört, daß es viel seltener als selbst Vatermord begangen wird. Wer würde vermuten, daß als erster der gute, großzügige und edle Heinrich IV. Wilddiebstahl mit dem Tode ahnden ließ?

Die Wasser- und Waldgerichtsbarkeit nimmt in unserem Rechtswesen eine eigenartige Sonderstellung ein, als gäbe es nicht so schon genügend Gesetze, die alles mögliche verbieten. Was man auch tun oder lassen mag, eines von ihnen verletzt man immer!

An den Schlagbäumen

Den Zugang zur Stadt regeln sechsunddreißig Haupt- und vierundzwanzig Nebenschlagbäume. Die meisten von ihnen sind aus Tannenholz, einige wenige aus Eisen, obschon sie, gemessen an dem, was sie einbringen, ebensogut aus schierem Gold sein könnten.

Ist man vor der Sperre angelangt, tritt ein berockter Beamter an die Equipage, reißt jäh den Schlag auf und fragt einen in des Königs Namen, ob man Verbotenes mit sich führe. Von früh bis spät hält der Mann die Augen offen, entfernt sich nie auch nur einen Schritt weit von seinem Posten, ließe keine Maus unkontrolliert durch, und all das für lausige hundert Pistolen im Jahr. Man antworte ihm stets: »Sehen Sie selber nach!« und niemals anders. Darauf kommt der Beamte hoch, schnüffelt aufs inkommodeste herum, steigt schließlich wieder aus und schließt den Schlag. Ob Ihr ihn dabei laut oder leise verwünscht, schert ihn herzlich wenig. Findet er Dinge, die zollpflichtig sind und die Ihr ihm nicht angegeben habt, nimmt er sie zu Protokoll. Die Buße aber, die dann fällig wird, kassiert Herr Nicolas Salzard, der den ganzen Zoll gepachtet hat und für das, was dieser tut, geradestehen muß, so daß man also, verdiente der Zoll eines Tages den Galgen, nur einen einzigen aufzuknüpfen brauchte.

Jedermann muß solch hochnotpeinliche Durchsuchung über sich ergehen lassen; unkontrolliert passieren lediglich die Wagen der Prinzen und der Minister, denn sie sind die einzigen, denen Herr Nicolas Salzard ein bißchen Respekt entgegenbringt. Selbst den großen Steuereinnehmern und den Generalpächtern bleibt die Kontrolle nicht erspart.

Unermeßlich ist die Zahl der Tag für Tag am Schlagbaum vorgebrachten Lügen. Selbst die ehrlichsten Menschen der Welt machen sich einen Spaß daraus, den Zoll zu betrügen, jeder hat sich gegen ihn verschworen, und wer sich rühmt, ihm ein Schnippchen geschlagen zu haben, ist des allgemeinen Beifalls sicher.

Führt Ihr eine dicke Tasche mit, wird der Beamte sie betasten. Desgleichen steckt er seine Nase in sämtliche Pakete. Und an bestimmten Wochentagen ist der Durchlaß während zwei Stunden oder länger von Ochsen blockiert. Da dann das Hauptportal geschlossen wird und nur eine schmale Pforte für die Tiere offenbleibt, habt Ihr keine andere Wahl, als diesen den Vortritt zu lassen. Erst zählt der Beamte die ganze Herde aus, dann kommt, so es Euch recht ist, Ihr an die Reihe. Seid Ihr Händler oder Fabrikant? Dann macht Euch am Zoll auf alles gefaßt! Der Käufer mag noch so sehnlichst Eurer Ware harren, die

Kontrolleure lassen sich Zeit; in aller Ruhe befehlen sie Euch: »Packt all das aus, Ballen für Ballen, auf daß wir sehen, prüfen, wägen und vor allem taxieren können!« Man bezahlt. Man geht in zehn verschiedene Büros und leistet zwanzig Unterschriften für einen einzigen kleinen Packen oder einen Mantelsack. Und habt Ihr Bücher im Gepäck, heißt man Euch einen kleinen Spaziergang zur Heustraße machen, zur Syndikatskammer, damit auch der Bücherei-Inspektor über Eure Lieblingslektüre nicht im ungewissen bleibe. Da könnt Ihr lange aufbegehren, Euch beklagen, behaupten, ja beweisen, daß all dies verrückt und höchster Irrsinn sei, daß man auf diese Art dem Handel Abbruch tue, die nationale Wirtschaft am Aufblühen hindere; bei den Beamten und den Großkopfeten des Zolls stoßt Ihr damit auf taube Ohren. Fast könnte man meinen, Eure Warenballen seien schon beschlagnahmt, ins Eigentum des Fiskus einverleibt und würden Euch einzig aus reiner Großmut wieder ausgehändigt.

Vorsorge

Wenn früher jemandem etwas zustieß, wenn er sich ein Bein brach, ein Glied verstauchte oder verrenkte, mußte man den Verletzten auf einer Leiter, einem Brett oder einem Gitter wegtragen, was seine Leiden bis zur Unerträglichkeit steigerte; doch nun hat man soeben (denn mit vaterländischen Dingen befaßt man sich jetzt ernsthaft) – nun hat man, sage ich, soeben sämtliche Wachstuben mit gepolsterten Tragen und Bahren ausgerüstet, so daß der Transport zum Hospital oder nach Hause künftig weniger schmerzhaft sein wird. Ebenso hält der Kommissar eines jeden Viertels von nun an Bandagen, Kompressen und Mull bereit für die, welche gesund und munter aus dem Hause gehen und mit zerfetztem Arm und zerschmetterten Beinen wieder zurückkommen, denn in Paris einen Tag lang seinen Geschäften nachzugehen ist fast ebenso gefährlich wie die Beteiligung an einem Sturmangriff. So weise diese neue Art der Vorsorge ist, beweist sie andererseits doch nur, daß die Zahl der Unfälle anwächst und daß man lieber zu Notbehelfen greift, als der infernalischen Überfülle von Fahrzeugen zu steuern. Die, welche die Gesetze machen, fahren alle selber in Karossen.

Fallimente

Sie häufen sich dermaßen, daß sie nicht einmal mehr Anstoß erregen. Die Ursache dieser Unordnung liegt darin, daß den Kaufleuten die Schlichtheit, die ihrem Stand einst eigen war, abhanden gekommen ist. Seitdem sie sich dem Luxus und dem Prunk ergeben haben, wollen sie mehr sein, als ihr Beruf hergibt. Überheblich, eitel und leichtsinnig ist der Handelsmann geworden, von Großmannssucht geplagt, und nicht lange ging's, bis sich in seinem Herzen auch die Treulosigkeit zu regen begann. Die alten Kaufherren wußten noch, daß Gelder, die man aus dem Geschäft herausnimmt, auch nichts einbringen können, und sie verfuhren nach dem Grundsatz: ›Gesparter Groschen – gewonnener Groschen.‹

Fallimente sind in unseren Tagen nicht viel anderes mehr als eine Art Spiel: Man erklärt sich als zahlungsunfähig, um sich auf diese Weise zu bereichern. Wer heute zu Vermögen kommen will, geht nicht mehr den langen, mühseligen Weg der Rechtschaffenheit, sondern bringt seine Schäfchen mit zwei, drei Fehlbilanzen ins trockne. Ein Falliment in Höhe von einer Million wirft 250000 Livres netto ab; das ist eine Regel, nach der man gehen kann! Was ist da nur geschehen? Dahin das Vertrauen, das einst die Seele alles Handels war! Die andauernden Zusammenbrüche haben jedermann mißtrauisch werden lassen,

und plötzlich tauchen Schwierigkeiten auf, von denen man sich noch vor hundert Jahren nicht einmal hätte träumen lassen.
Ist ein Falliment publik gemacht, sind bald auch die Wundärzte für zerrüttete Finanzen zur Stelle und wickeln für Euch ab, was es noch abzuwickeln gibt, ohne daß Ihr Eurerseits etwas dazutun müßtet. Die Gläubiger kommen und gehen, haben zu erscheinen, zu unterschreiben, Eide abzulegen und strampeln sich um die Anerkennung ihrer Guthaben ab. Alldieweil der Schuldner in Frieden gelassen wird und nicht einmal sein Haus zu verlassen braucht.
Zu unterscheiden gilt es zwischen Fallimenten und Bankrotten. Bei diesen ist fast immer Schwindel mit im Spiel, während jene aus der Ungunst der Verhältnisse, aus einer falschen Spekulation oder aus allzu großem Wagemut erwachsen können und daher etwas mehr Nachsicht verdienen. Erklärte sich der Kaufmann beizeiten zahlungsunfähig, sobald er sieht, daß seine Kasse leer ist, wäre sein Verhalten loyal, doch meist offenbart er sich nicht eher, als bis er im Graben liegt. So bringt er, selber stürzend, andere zu Fall, und der kleinen Schwindelei folgt zwingend bald die nächstgrößere.
Was uns fehlt, sind klare und genaue Falliments- und Bankrottgesetze. So wie die Dinge liegen, kann gegenwärtig jeder kleine Gauner mit frecher Stirn eine Schurkerei nach der andern begehen, während der Pechvogel nur einen unbedachten Schritt zu tun braucht, um unter der Last der Prozedur zusammenzubrechen. Unter die Räder geraten bloß die kleinen Schuldner. Erließe der Gesetzgeber jedoch Bestimmungen, geeignet, Betrüger zu entmutigen und Unredlichkeit zu belangen, verhülfe er damit mehr als einem Wirtschaftszweig zu neuer Blüte.

Almosensammlerinnen

Um seinen Schäfchen beizubringen, daß Geben seliger denn Nehmen sei, bedient sich der gestrenge Pfarrherr oftmals frommer List. Am Morgen noch zog er von der Kanzel wider die Hoffart vom Leder, verdammte all den kleinen Putz, mit dem die Schönen sich zu schmücken pflegen, in Grund und Boden. Des Abends aber schickt er mit dem Klingelbeutel ein ausgesprochen hübsches Mädchen in die Runde, wohl wissend, daß ein schöngeformter Busen und ein niedliches Geschau den Strom der milden Gaben reicher fließen lasse. Sie ist aufgeputzt, und ein Sträußlein ziert ihre entblößten Brüste mehr, als daß es sie verbergen würde; so stellt sie sich an eine Kirchentür oder an eine Gefängnispforte und erheischt von jedem, der an ihr vorübergeht, mit mildem Lächeln Mitgefühl für die Bedürftigen. Den Widerstrebenden hilft sie mit sanftem Zwange nach; sie stellt sich ihnen in den Weg, läßt ihre verheißungsvolle Stimme klingen, zeigt ihre makellosen Zähne, wirft die unwiderstehliche Beredsamkeit eines nackten Armes, eines flehenden Augenaufschlages in die Waagschale... Wahrlich, da muß man einfach etwas für die Armen tun! Jede einzelne Spende, und sei sie noch so bescheiden, belohnt sie Euch mit einer zierlichen Verbeugung. Der Blick, den Euch die Schöne schenkt, ein Wort des Danks aus ihrem Mund, und schon seid Ihr belohnt für Euern Obolus, noch eh ihn Euch der Himmel gutgeschrieben hat. Kurz darauf geht sie durchs Kirchenschiff; den Weg bahnt ihr, die Hellebarde kräftig auf die Fliesen stoßend, ein Schweizer. Je voller die Kirche, desto eifriger die Kleine. Der hübscheste Mann der Gemeinde leiht ihr dabei die Hand; milde neigt sich die Schöne nach rechts und links und rückt dem trägen Muffel, der sich am liebsten drücken möchte, mit langen Alabasterarmen auf den Leib. Der Geizhals läßt sich erweichen, und von ihrem Charme sind selbst die Blicke der Ministranten am Altar gefesselt. Es ist, als sammelte sie Herzen, wenn sie mit

sie dann so stur auf ihrer mörderischen Routine? Warum sträuben sie dich dann so grimmig gegen alles, was die Heilkunst voranbringen könnte? Warum lassen sie sich dann weiter von ihren tödlichen Doktrinen leiten, warum lassen sie nicht endlich ab von ihren veralteten, abscheulichen Praktiken, da ihnen doch die eigene Erfahrung zeigt, wie ungenügend und gefährlich diese sind? Das liegt daran, daß es für sie bequemer und lukrativer ist, ihren Beruf zur obskuren Geheimlehre zu machen. Ihnen kommt es einzig auf die Menge der Visiten an und darauf, niemandem Rechenschaft zu schulden. Also hüten sie sich, Laien in ihre Karte gucken zu lassen, und verstecken sich im übrigen hinter den abergläubischen Lehren und den barbarischen, dem Wohlergehen des Leibes nicht eben zuträglichen Thesen längst vergangener Zeiten.
Sie haben es durchgesetzt, daß der eine die Rezepte ausschreibt, der andere die Arzneien zurechtmischt, und dem Kranken damit einen denkbar schlechten Dienst erwiesen. Zumal sich die Ärzte weigern, die von ihnen selbst verschriebenen Mittel chemisch zu untersuchen; ohne auch nur die geringste Ahnung von der befremdlichen Zusammensetzung und Wirkung all der Drogen zu haben, die sie da empfehlen, wenden sie diese schrecklichen Gifte, die aus den Budiken der Apotheker kommen, unbekümmert weiter an, so daß also der Kranke letztlich mit zwei Übeln zu ringen hat: mit dem leichtfertigen Rezepteverschreiber und dem skrupellosen Pillendreher. Kurzum, in unseren Tagen ist die Medizin nichts anderes als dreiste, wenn auch anerkannte Scharlatanerie. Wer immer sie praktiziert, spürt ihre Hohlheit, weiß um ihre Ungewißheiten und Konfusionen und wirft sie dennoch nicht zum alten Eisen, denn mit dieser Scharlatanerie ist Geld zu machen!
Selbst in unserem Jahrhundert hat sich die medizinische Fakultät noch nicht befreit vom Aberglauben und den Irrungen finsterer Vorzeit. Während die Physik die unerhörtesten Fortschritte aufzuweisen hat, scheint sich die Heilkunst im un-

durchdringlichen Abrakadabra ihrer veralteten Formeln noch immer wohl zu fühlen und jedes Licht zu scheuen, denn es könnte ja dem Popanz der falschen Gelehrsamkeit, mit dem die Gläubigen gegängelt werden, verderblich sein. Wenn die Ärzte mittlerweile wenigstens darauf verzichtet haben, ein und denselben armen Teufel bis zu zwei dutzendmal zu schröpfen, wie das noch vor dreißig Jahren üblich war, dann ist dies einzig Molière und anderen Dichtern zu verdanken, die diesen aufgeblasenen Betrügern mit den spitzen Pfeilen des Sarkasmus auf die Pelle rückten. Indem man die eine oder andere ihrer mörderischen Praktiken der Lächerlichkeit preisgab, hat man sie vielleicht dazu gezwungen, sich wieder etwas mehr Hippokrates und seiner Weisheit zuzuwenden, der fast keine Rezepturen gab, dafür jedoch die Natur studierte und alles unterließ, was deren Kräfte geschmälert hätte.
Wieviel verdankt die Medizin doch den Empirikern! Während sie sich in Systeme verrennt, verfügen jene seit alters über wohlerprobte Mittel, deren Heilkraft den gelahrten Leerlauf, dessen sich die Fakultät befleißigt, nur beschämen kann. Doktor Messmer hat sie feierlich herausgefordert – doch sie kniffen. Nun müßten sie – sollte man meinen – wenigstens den Anstand haben, über die Versuche ihres Widersachers zu schweigen und zu warten, bis die Zeit das Urteil über sie gesprochen hat. Doch wie dieses auch ausfallen mag, immer werden sie sich vorzuwerfen haben, daß sie entweder zu dumm waren, sich eine nützliche Entdeckung zu eigen zu machen, oder unfähig, deren Haltlosigkeit nachzuweisen. Statt dessen beschränkten sie sich darauf, den Urheber der Entdeckung wild zu schmähen und mit Zorn zu überschütten, und blieben die Rechtfertigung für solche Rage selbst dann noch schuldig, als schon ein jeder nach ihr schrie. Mit einem Wort – sie zogen es vor, ihren Kollegen weiter zu verfolgen, obschon er ihnen doch nur in aller Bescheidenheit gesagt hatte: »Ich sah; laßt uns das Gesehene untersuchen; noch wissen wir nichts – also keine voreiligen Schlüsse; bedenkt, wie

es sich bei anderen Entdeckungen verhalten hat.« Man kann zehn gegen eins wetten, daß der Herr Kollege recht behalten wird, und nicht die Fakultät, und daß es mit dem tierischen Magnetismus tatsächlich seine ganz besondere, erstaunliche Bewandtnis hat. Nach allem, was mir zu Ohren gekommen ist, neige ich jedenfalls dazu, es zu glauben. Sobald ich aber mehr darüber weiß, werde ich darauf zurückkommen, mit größerem Nachdruck noch, sei es in diesem Werke oder anderswo, denn ich erachte es als meine Pflicht, für die Wahrheit einzutreten, wo immer sie mir auch entgegentritt, und sie zu meiner eigenen Angelegenheit zu machen.

Man wird sagen, daß ich mit den Ärzten etwas gröblich umgegangen bin; doch gehen sie nicht minder unfein mit unserer Gesundheit und dem Leben um und richten damit sicher größeres Unheil an!

Sekretäre

Sie sind die Leutchen, denen die großen Herren und die Arrivierten ihren Geist verdanken; einen Geist, der übrigens ziemlich schlecht bezahlt wird, obschon so mancher ohne ihn weder zu handeln noch auch nur zu reden in der Lage wäre.

Ein Oberstaatsanwalt sagte zu seinem Sekretär: »Sorgen Sie, mein Herr, dafür, daß ich dies Jahr länger reden werde; voriges Jahr fand man mich zu kurz; geben Sie mir in Zukunft Argumente für zwei Stunden!« – Der Sekretär schrieb es sich hinter die Ohren und gab ihm fortan für reichliche zwei Stunden Wortgeklingel mit. Das lustigste an der Sache aber ist, daß die auf solche Art Erleuchteten nach und nach allen Ernstes anfangen sich einzubilden, die Reden, die sie doch nur von sich geben, seien ihrem eigenen Geist entsprungen. So hängt fast alles von den Literaten ab. Ihre Feder dient reihum der Rechtsprechung, dem Rechnungshof und dem Minister. Bald kritzeln sie ein Plädoyer zusammen, bald ein Buch über die Ökonomie, anschließend die dazugehörige Gegenschrift, dann ein Memorandum und ein Manifest. Was immer öffentlich verlautbart werden soll, sie schreiben's oder geben ihm den letzten Schliff. Ob im Regierungsapparat, ob im Gehäuse einer Uhr, stets ist es ein Rad aus Kupfer, das den goldenen Zeiger vorwärtstreibt.

Schreiberseelen

Unzählbar sind sie, diese kleinen Schreiber, und nicht teuer; ihre Gehälter bewegen sich zwischen 800, 1000 oder 1500 Livres. Braucht Ihr einen, kommen dreißig. Die Schreiber zu 1200 Livres tragen samtene Röcke und Spitzen. Um ihrer Litzen willen fasten sie. Daher das Sprichwort: ›Gold am Kleid macht hohlen Bauch.‹

Nichts geht ohne Feder und Papier. Ohne Schreiberei und Zahlenwerk kommt heutzutage selbst der kleinste Kaufmann nicht mehr aus. Im hehren Hauptbuch wird der Eingang einer Flasche Wein und eines Kapaunes nicht minder eifrig vermerkt wie der eines ganzen Fasses und einer Herde Ochsen. Was Ihr auch liefert, man quittiert es Euch, und die ganze Kunst dieser Schreiberlinge besteht darin, den Vorgang ins Register einzutragen. Davon abgesehen sind sie völlig unwissend, kennen weiter nichts, leben gedankenlos dahin, und selbst ihr Umgang mit den Zahlen ist einzig eine Frage der Routine.

Auf dem Heimweg aus Ägypten kaufte jemand in Basora eine Mumie. Da die Kiste, in der sie steckte, ziemlich lang war, hielt er es für angebracht, sie statt in seiner eigenen Postkutsche per Frachtwagen transportieren zu lassen. Die Kiste kommt an, die Schreiber am Schlagbaum öffnen sie, finden darin einen schwärzlichen Körper und kommen zum Schluß, daß er einem

Tarif
Posa piana

Menschen gehört haben muß, den man in einem Ofen röstete. In den antiken Bandagen sehen sie die Reste seines angesengten Hemdes, halten alles fest in einem Protokoll, anschließend wird die Mumie ins Leichenhaus geschafft. Niemand im ganzen Büro kennt sich in der Geschichte so weit aus, daß er den Mißgriff, der zu diesen Leutchen wahrlich paßt, verhindern könnte. Kommt der Eigentümer der Mumie, begibt sich geradewegs in das Büro, fordert dort sein rares Stück. Man hört ihn an, wechselt Blicke voller Befremden – er beginnt sich aufzuregen, und schließlich platzt ihm der Kragen. Da nimmt ihn ein Schreiber beiseite und rät ihm flüsternd, sofort zu verschwinden, sonst drohe ihm der Strick. Nun ist es am Kuriositätensammler, befremdet dreinzuschauen. In seinem Bemühen, den ägyptischen Prinzen oder die Prinzessin aus dem Leichenhaus zu befreien und zu verhindern, daß da jemand nach zweitausendjährigem Schlaf im Pyramidengrab unversehens auf einem katholischen Friedhof statt hinter Glas in einem Kabinette ende, bleibt dem Mann schließlich nichts anderes übrig, als sich an den Polizeileutnant zu wenden. Sein Ziel erreicht er, aber erst nach dreitägiger pausenloser Lauferei.

Wie machen sie sich doch wichtig, wie blasen sie sich auf, diese Federfuchser, denen man kaum tausend Taler gibt. Nichts ist lächerlicher als die Art, wie sie ihre Manschetten zurückstreifen, bevor sie ihren Gänsekiel anspitzen und ihn dann mehrfach ausprobieren, als entschiede gerade ihre Feder schon im nächsten Augenblick über das Schicksal der Nation. Dabei geht es nur um das Register. Hätte Vaucanson statt seines mechanischen Flötenspielers einen automatischen Schreiber gebastelt – man wäre ihm zu noch viel größerem Dank verpflichtet! Pünktlich wie die Automaten jedenfalls gehen sie morgens von zu Hause fort zu ihrem Dienst und kommen abends auf den Glockenschlag zurück. Ihre Frauen kennen den Stundenplan und wissen sich genau nach ihm zu richten.

Der Nichtstuer

Dieweil sich der eine abmüht und von früh bis spät an seiner Arbeit sitzt, lebt der andre absolut untätig in den Tag hinein. Er betreibt keine Geschäfte, leistet keinerlei Dienst, befaßt sich überhaupt mit gar nichts, liest nicht einmal. Seine ganze Zeit verrinnt ihm zwischen den Fingern; etwas mit ihr anzufangen, ist er außerstande. Was hat sein Vormittag gebracht? Nichts! Spät erst stieg er aus dem Bett, kleidete sich langsam an, ließ sich dann da und dort ein bißchen blicken; jetzt wartet er auf sein Diner. Das Diner ist erledigt; nun treibt er es so weiter wie davor, und so wie dieser Tag vergeht sein ganzes Leben. Verdient er, daß man ihn als einen Menschen bezeichnet, ihn, der so abseits von aller Menschenwürde vegetiert? ... Aber was sage ich denn da! Schließlich hat er einen ziemlich hohen Rang, eine schöne Frau und zwanzig Diener und damit auch das Recht, mit hohlem Kopf und leerem Herz zu leben.

Mystifikationen

Dieses Wort klingt uns noch neu und ist nur mittels mehrerer Exempel zu erklären. Zu verdanken haben wir es den eigentümlichen Anlagen des kleinen Poinsinet, der zu Paris komische Opern schrieb und aus Versehen im Guadalquivir ertrank. Er war ein Schöngeist, ein geschickter Verseschmied und zudem leichtgläubig wie kein zweiter; neben seinem Talent zeichnete ihn unvorstellbare Weltfremdheit aus. Der Reiz, der von ihm ausging, beruhte auf Kontrasten; er hatte seine guten Stunden, da er Beachtliches von großer Feinheit schuf; auch auf das Epigramm verstand er sich, und zugleich kannte seine Einfalt keine Grenzen. Sein kindliches Vertrauen, das im übrigen von Eitelkeit nicht frei war, wurde bald zum Spielball einer ganzen Schar von mitleidlosen Spöttern. Weil er die Gunst einiger Schauspielerinnen genossen hatte, war er der festen Meinung, alle Frauen lägen ihm zu Füßen. Davon zum Beispiel ging man aus, um ihn zu falschen Stelldicheins zu locken. Auch redete man ihm ein, er wäre unsichtbar. Dann wieder, er habe sich in ein Waschbecken verwandelt. Doch je übler man mit ihm umsprang, desto fester wurde seine Überzeugung, daß man ihm solchen Schimpf nur anzutun wage, weil er tatsächlich unsichtbar geworden sei. Es wird sogar erzählt, wie man ihn einst beschwatzte, sich beim König um das Amt des Ofenschirmes zu bewerben, worauf er während vierzehn Tagen alles tat, um seine Beine an die Hitze der Kaminglut zu gewöhnen. Ein andermal machte man ihn glauben, der Preußenkönig trage sich mit dem Gedanken, ihm die Erziehung seines Sohnes anzuvertrauen, und ließ ihn sich schriftlich verpflichten, jeglicher Religion zu entsagen.

Eines Tages tat man ihm kund, daß der Zarin Huld auf ihn gefallen sei und er infolgedessen von der Petersburger Akademie demnächst zum Vollmitglied erkoren werde. Nur müsse er vordem noch schnell Russisch lernen, denn es könne sich sehr wohl ergeben, daß man ihn an den Hof berufe. Unverzüglich fing er an zu pauken, bis er nach sechs Monaten dahinterkam, daß er die ganze Zeit niederbretonische statt russische Vokabeln gebüffelt hatte.

Einmal machte man ihm weis, bei einem Duell einen Menschen umgebracht zu haben, und zwar noch ehe richtig blankgezogen war, und daß ihm nun der Tod am Galgen drohe. Man wies ihm ein gedrucktes Urteil vor, ein falscher Gemeindediener rief es laut vor seinem Fenster aus, und schon schnitt sich Poinsinet die Haare ab, verkleidete sich als Abbé, suchte unter bitteren Tränen ein Versteck, bis daß ›der König‹, um der Nation den großen Dichter zu erhalten, Gnade walten ließ. Schließlich trieb man das grausame Spiel so weit, ihm einen Bader auf den Hals zu hetzen, damit ihm dieser einen Zahn ausreiße. Vergebens

war da alle Gegenwehr, behauptete der Mann doch, Poinsinet selber habe ihn rufen lassen und ihm dabei streng befohlen, notfalls seinen Widerstand zu brechen.
Auch die Geschichte von dem Zeitgenossen – man pries ihn Poinsinet als großen Reisenden –, dem die Karpfen und die Hechte allerhand ins Ohr geflüstert haben sollen, nahm er für bare Münze. Selbst als er anfing, einiges von dem Schwindel zu durchschauen, hielt er an dem, was übrigblieb, noch fest. Zwar sagte er: »Wohl hat man mich sträflich zum Narren gehalten, aber daß der Hecht aus der Schüssel sprang und dem Reisenden etwas ins Ohr sagte, habe ich dennoch mit eigenen Augen gesehen!«
Obwohl diese Mystifikationen mittlerweile bereits etwas altbacken sind, zehren in Paris noch ganze Tafelrunden von ihnen, sogar recht häufig, denn sie erheitern das Gemüt. Mag es auch unwahrscheinlich klingen – genauso haben sie sich zugetragen, obschon es kaum zu fassen ist, wie ein Mensch solch krassen Widerspruch in seinem Kopf vereinen kann: eine Komödie, so hübsch wie den ›Cercle‹ sowie verschiedene raffinierte Chansons zu dichten und zugleich und immer wieder Leuten auf den Leim zu kriechen, die doch bei weitem nicht so geistreich waren wie er!
Diese boshaften Spaßvögel, die ihre Späße allzuweit getrieben haben, machten sich eine Art Ehre daraus, ihre billigen Siege über des armen Dichters angeborene Einfalt an die große Glocke zu hängen. Doch bedenkt man, welcher Sorte von Taten sie sich dabei stolz und lauthals rühmten, fängt man an, sich zu fragen, ob nicht vielmehr sie selber vergnüglicher Mystifikationen zum Opfer fielen, da sie doch glaubten, derlei Lügen brächten ihnen große Ehre ein! Sah man sie nicht mit lächerlicher Anmaßung sich streiten, ob dieser oder jener aus der Runde – als wäre dies ein Zeichen echter Überlegenheit – dem unglückseligen Dichter übler mitgespielt? Nun, ich selber konnte es erleben, wie einer dieser My-

stifikateure der Mystifikation zum Opfer fiel, just als er mit besonderer Beredsamkeit von seinen Streichen sprach – und ich muß sagen, ich gönnte es ihm!
Ein paar Spötter der feineren, angenehmen Art schmiedeten ein Komplott von spezieller Güte. Es war weder überspannt noch grausam, es zielte lediglich darauf ab, Crébillon den Jüngeren glauben zu machen, er hätte jenen leichten, eleganten, delikaten, gelegentlich auch etwas (doch im richtigen Maße) bissigen Witz verloren, der ihm so vorteilhaft gestanden hat und ihm im Salon soviel Beliebtheit eintrug. Je mehr man selber solches Geistes Kind ist, desto weniger ist man davon überzeugt, es wirklich zu sein. Als nun Crébillon junior sah, wie die Tafelrunde seiner Freunde bei jedem Wort, das er zum besten gab, die Schultern hob, fing er tatsächlich an, sich einzubilden, es sei ihm nichts als Blödsinn aus dem Mund gekommen, obschon er doch brillanter denn je gewesen war. Er ließ sich in den nächsten Sessel fallen und rief zutiefst getroffen aus: »Also ist es doch wahr, meine Freunde, daß ich meinen Witz verloren habe! Ach! Schon seit geraumer Zeit hab ich's geahnt. Aber weshalb nur ließet ihr mich dennoch sprechen? Duldet mich – ich bitt euch –, wie ich bin, denn unmöglich ist mir, mich von euch zu trennen, selbst wenn ich nicht mehr würdig bin, an eurer Unterhaltung teilzuhaben!« Solch rührende Einfalt kann nur aus einer treuherzigen, allen falschen Stolzes baren Seele kommen. Seinen Freunden wurde er dadurch nur um so teurer; sie umarmten ihn und gaben ihm zu verstehen, daß sein Witz noch immer seiner Güte ebenbürtig sei. Wer aber war dieser allzu Leichtgläubige? Ausgerechnet der Autor, der Herz und Verstand der Frauen wie keiner sonst durchschaut hat und sie oftmals lehrte, sich selber zu erkennen!

Domestiken und Lakaien

Diese Heerscharen unnützer Domestiken, die einzig zur Schau gehalten werden, sind unter allen Elementen der Korruption, die eine Stadt heimsuchen können, sicherlich das gefährlichste; je zahlreicher sie werden, desto eher wächst auch die Zahl der Ausschweifungen ins unermeßliche, was früher oder später fast zwangsläufig zu irgendeiner Katastrophe führen muß.

Fast könnten einen die Menschenmassen, welche auf den Quais, den Straßen und den Plätzen herumwimmeln, glauben machen, der Staat stünde in höchster Blüte – wenn diese Menschen nur nicht so erniedrigt wären! Sieht man sie dagegen scharenweise in einem Vorzimmer umherlungern, fragt man sich unwillkürlich, ob dieses überbordende Paris nicht ganze Provinzen entvölkert, nicht weite Teile des Königreiches in leere Wüsteneien verwandelt hat.

Da finden sich im Hause eines gewissen Generalsteuerpächters nicht weniger als achtzig Domestiken in Livree, die Küchenjungen und die Tellerwäscher nicht gerechnet, und außerdem sechs Kammerjungfern für Madame. Zu dieser Dienermeute sind getrost hinzuzurechnen: ein gelernter Gauner, der von früh bis spät zu schmeicheln hat, denn wenn auch Gauner, hat er doch die Seele des Lakaien, sowie fünf oder sechs Speichellekker niederen Ranges, deren Aufgabe darin besteht, der Gnädigen edle Eigenschaften gebühren zu lobpreisen. Im Stall scharren dreißig Pferde mit den Hufen. Ist es da verwunderlich, wenn Monsieur und Madame in ihrem prachtvollen Palais anfangen, Unverschämtheit mit Würde zu verwechseln, und jedermann, der nicht über eine Rente von fünfhunderttausend Livres verfügt, als ›Kanaille‹ zu bezeichnen?

Da sie nur von ergebenen Bewunderern ihres Prunkes und von Domestiken jeder Art umgeben sind, müssen sie ja schließlich dem Wahne verfallen, auch der Rest der Erde sei nach ihrem

Maße zugeschnitten. Wie denn sollte es ein Steuerpächter besser wissen; sind es doch stets die verächtlichen Figuren, die mit Verachtung über alle andern reden!
Geradezu unglaublich ist's, daß noch niemand auf den Gedanken kam, diese Scharen von Lakaien, die man um des unsinnigsten, widerlichsten Luxus' willen der Landwirtschaft entzogen hat und die nichts als Korruption um sich verbreiten, mit einer kräftigen Steuer zu belegen.
Aber was will man, die Finanz hat mit dem Adel einen Pakt geschlossen, und darauf stützt sie heute ihre Macht. Stammt doch die Mitgift fast aller Edelfrauen aus den Steuerpächterkassen. Vergnüglich ist's zu sehen, wie Grafen und Barone, die weiter nichts als einen schönen Namen zu bieten haben, der wohldotierten Tochter des Finanzmannes nachsteigen und wie sich der vor Reichtum fast platzende Finanzmann um ein Mädchen von Rang reißt, es selbst nackt heiraten würde, vorausgesetzt, es stammt aus erstem Haus.
Der Unterschied ist nur, daß das Mädchen mit dem Titel (das in Gefahr stand, den Rest seines Lebens hinter Klostermauern zu verbringen) bitterlich darüber klagt, einen Mann mit fünfhunderttausend Livres Rente heiraten zu müssen, daß es sich einredet, ihm damit eine unermeßliche Gnade zu erweisen, und die Bilder ihrer Ahnen anfleht, über ihre Mesalliance gütigst hinwegzusehen. Wogegen sich der dämliche Gatte nicht wenig darauf einbildet, den verkrachten Eltern seiner Frau von seinem Gelde pumpen zu dürfen, und es sich obendrein als hohe Ehre anrechnet, seiner hochnäsigen Gemahlin ein Vermögen zu Füßen zu legen; ja, seine Willfährigkeit geht so weit, daß er glaubt, tief unter ihr zu stehen. Wie erbärmlich, wie dumm sie doch ist, die Logik der Eitelkeit! Ist es denn möglich, daß die komische Figur des George Dandin umsonst erfunden wurde, daß sie nicht einmal vernunftbegabte Menschen von derlei Verrücktheit zu heilen vermag? Ist es denn zu fassen, daß sie sich dazu hergeben, eine Familie, die weiter nichts als ein paar Vorsilben

ihr eigen nennt, reich zu machen und sich dafür von ihr noch tyrannisieren, verachten zu lassen?
Wenn ein Lakai, der etwas auf sich hält, mit anderen Lakaien zusammentrifft, stellt er sich üblicherweise unter dem Namen seines Herrn vor. Er übernimmt auch dessen Gewohnheiten, Gehaben und Benehmen; er trägt eine goldene Uhr und Spitzen, er gibt sich flegelhaft und anmaßend. Vor den jungen Leuten spielt er sich als Monsieurs Vertrauter auf; wenn diesen der Hafer sticht, ist er sein Zuhälter, und wenn es gilt, Gläubiger abzuwimmeln und seinem Herrn aus der Klemme zu helfen, wird er zum kaltblütigsten Lügner.
Daß die längsten und die unverschämtesten Lakaien die besten sind, ist inzwischen schon zum Sprichwort geworden.
Der ganz vornehme Lakai schließlich trägt wie sein Herr zwei Uhren! Ein Aberwitz, über den sich indes höchstens noch Sonderlinge aufregen.

Von den Modeschöpferinnen

Nichts kommt dem würdigen Ernste gleich, mit dem die Modeschöpferinnen Rüschen, Schleier und künstliche Blumen miteinander kombinieren und dabei deren Wert verhundertfachen. Wer auf diesem Feld Erfindungsgeist beweist, ist seines Ruhmes sicher. Den glücklichen Genies, welche die Vorzüge der Schönheit und der Figur auf immer neue Art hervorzukehren wissen, bringen die Frauen tiefen Respekt und ehrliche Zuneigung entgegen.
Für die Mode gibt man heutzutage mehr als für Speise und Trank und für die Equipage aus. Unglückselig der Ehemann, der im voraus den Preis ihrer wechselnden Launen zu berechnen versucht; um ihren jähen Kaprizen gewachsen zu sein, bedarf er schnell verfügbarer Mittel. Und wehe, er bezahlte diese

Nichtigkeiten minder pünktlich als den Fleischer und den Bäkker; man würde mit dem Finger auf ihn zeigen.

Von Paris aus regieren die profunden Erfinderinnen dieses Tands die Welt. Einmal im Monat reist die berühmte Puppe, das kostbare, nach dem letzten Schrei der Mode zurechtgemachte hölzerne Mannequin, kurz gesagt, das ›inspirierende Muster‹, von Paris nach London, um von dort seine Anmut über ganz Europa auszustreuen. Es wird nordwärts geschickt und in den Süden; es gelangt bis nach Konstantinopel und Petersburg, und ein Faltenwurf, gelegt von französischer Hand, wird alsbald nachgeahmt von allen Nationen, die sich allem, was in der Rue Saint-Honoré als schicklich gilt, gefügig unterwerfen! Gewiß mutet das reichlich verrückt an; aber so ist's nun mal – hier führt mit fester Hand die Gewohnheit das Zepter, sie entscheidet, sie bestimmt, und gegen die Worte ›so sagt man, tut man, denkt man, kleidet man sich‹, gibt es keine Argumente.

Das Modegeschäft ist äußerst weit verzweigt. Dank ihrer fruchtbaren Phantasie verstehen sich einzig die Franzosen darauf, aus den alltäglichsten Dingen immer wieder etwas Neues zu machen, sie immer wieder zu verjüngen. Die benachbarten Nationen mögen sich noch so sehr bemühen, uns das abzuschauen; den Ruhm unseres leichten, sicheren Geschmacks wird uns niemand rauben können. Nicht einmal im Traum wird man es wagen, uns diese eindeutige Überlegenheit streitig zu machen.

Die Putzsucht der Vermögenden hat unzähligen Arbeiterinnen Verdienst gebracht; ärgerlich ist dabei nur, daß die Kleinbürgerin glaubt, was sich die Marquise und die Gräfin leisten können, sei auch gut genug für sie. Um ihre Launen zu befriedigen, muß der arme Gatte Blut und Wasser schwitzen. Nie kommt sie vom Spaziergang ohne eine neue Grille; die Frau des Notars hat dies und jenes angehabt, also wird am nächsten Tag das Diner in der Stadt ausfallen müssen, es sei denn, sie beschaffe sich bis dahin

dasselbe neue Häubchen. Sie besteht darauf, selbst wenn es auf Kosten der Kinder geht, denn wahrlich, sobald ihr Äußeres auf dem Spiele steht, verlieren unsere Frauen glatt den Kopf.
Ich kannte einen Ausländer, der die Geschichte von der Puppe aus der Rue Saint-Honoré nicht glauben wollte. Es war ihm einfach nicht beizubringen, daß sie wirklich regelmäßig nach Norden reist, um den neuesten Kopfputz hinzubringen, dieweil ihre zweite Auflage zur Stiefelspitze von Italien geht, von wo aus sie bis ins Innere des Serails vordringt. Selbst als ich diesen Zweifler in die berühmte Werkstatt führte, wo er sie mit eigenen Augen sehen, sie berühren konnte, sie mit Händen griff, schien er der Sache noch nicht ganz zu trauen, so absolut unglaublich klang sie ihm!
Fügen wir dem bei, was Montesquieu in seinen ›Persischen Briefen‹ sagt: ›Hat sich eine Frau in den Kopf gesetzt, daß sie in einer Gesellschaft mit einem bestimmten Putz erscheinen möchte, so dürfen von dem Augenblick an fünfzig Handwerker nicht mehr schlafen oder sich zum Essen und zum Trinken Zeit nehmen. Sie befiehlt, und sie findet mehr Gehorsam als unser Monarch, weil der Vorteil der mächtigste Monarch auf Erden ist.‹
Ich hatte die Absicht, hiermit ein kleines Handbuch der Mode und ihrer Eigenarten zu schaffen, doch während ich schrieb, hat sich die Sprache der Ateliers bereits wieder verändert, und schon in einem Monat würde kein Mensch mehr begreifen, was ich meinte; ich müßte mich mit Hilfe eines Kommentars verständlich machen. Ich wiederhole: Die Hälfte meines Buches wird veraltet sein, noch ehe man mit seinem Druck beginnt. Drum schnell die nächsten Kapitel, denn festzuhalten gilt's – wenn immer möglich – das Gesicht des Augenblicks! Wie sagte doch Boileau so schön? »Vorbei bereits der Augenblick, in dem ich rede ...«

Architektur

Ich habe eine Frage an die Herren Künstler. Warum immer nur Säulen in der Architektur? Warum immer nur eine Art von Gesimsen? Weshalb diese ewige Wiederholung derselben Entwürfe? Schön, diese Säulen sollen an Baumstämme erinnern, die Gesimse Tragbalken und die Sockelornamente Blumentöpfe voller Pflanzen darstellen; wunderbar! Aber das habe ich nun schon tausendmal gesehen. Könnte man sich nicht endlich etwas Neues einfallen lassen? Ist die Baukunst so beschränkt – oder sind es die Architekten? Muß denn ein jedes Palais irgendeinem andern gleichen? – Hiermit erhebe ich Anklage gegen die Architektur, äußerster Monotonie schuldig zu sein, und tue öffentlich kund, daß ich es satt habe, Säulen, immer nur Säulen, wohin ich auch schaue, Säulen zu erblicken!

Eine Menge hübscher Häuser, von denen keines dem andern gleicht, von denen ein jedes unverwechselbar ist, säumen seit kurzem die Wälle und verschönern die Außenquartiere. Ihre Mannigfaltigkeit zeigt, daß die Baukunst mitunter sehr wohl auf ihre Gewohnheitsregeln verzichten und das Auge bezaubern und überraschen kann.

Ihre eigentlichen Wunder jedoch vollbringen die Pariser Architekten im Innern der Gebäude. Mittels kunstvoll und raffiniert geschnittenen Grundrissen sparen sie Bauland ein, ja, vervielfachen die verfügbare Fläche sogar und wissen das Gewonnene auch auf löblichste Weise mit einem Komfort auszustatten, über den unsere Ahnen, die lediglich lange, viereckige, durch riesige Balkenkreuze abgestützte Säle zu bauen verstanden, nicht schlecht gestaunt hätten. Unsere kleinen Wohnungen von heute sind ausgestattet und zurechtgedrechselt wie saubere, wohlgerundete Schneckenhäuser, und behaglich lebt sich's neuerdings in Räumen, die früher ihrer Düsternis und ihres ungeschickten Schnittes wegen kaum zu nutzen waren. Hätte man vor zweihundert Jahren etwa schon von drehbaren Kaminen, die zwei

verschiedene Zimmer heizen, zu träumen gewagt oder von verborgenen, unsichtbaren Treppen, von den kleinen Geheimkabinetten in Winkeln, wo keiner eines vermuten würde, von falschen Eingängen, welche die wirklichen Ausgänge kaschieren, von Fußböden, die hochgezogen oder herabgelassen werden können, kurz, von diesen ganzen Labyrinthen, in deren Verstecken man sich, geschützt vor den neugierigen Blicken der Dienstboten, seinen Neigungen hingeben kann? Konnte man damals schon ahnen, daß die Baukunst einmal einen Stand erreichen würde, da es genügt, auf einen kleinen Geheimknopf zu drücken, auf daß mit Leichtigkeit ein vier Fuß hoher Spiegel, eine breite Kommode oder ein gewichtiger Schreibschrank von einer vermeintlichen Wand wegschwenken und einen Durchschlupf zum Ankleidezimmer des Nachbarhauses freigeben würde? Einen Durchschlupf, der jedem Auge verborgen bleibt, um den nur die wissen, die er angeht, und der sich also bestens dazu eignet, geheimer Liebe und manchmal auch geheimer Politik zu dienen? Leute, von denen man glaubt, sie hätten sich noch nie gesehen, treffen sich zu festen Stunden, und der Schleier ihres Geheimnisses ist derart dicht, daß ihm weder heißeste Eifersucht noch schärfste Überwachung etwas anzuhaben vermögen.

Die Heilige Kapelle

Nehmen wir die Heilige Kapelle in Augenschein. Gegründet wurde sie vom heiligen Ludwig – als Ersatz für den Betsaal Ludwigs des Dicken. In ihr liegt der ansonsten im Kreise unserer Großen so schlecht weggekommene Nicolas Boileau-Despréaux begraben, und zwar genau unter dem Notenpult, vor dem er einst gesungen.

Das Farbspiel hoher, mit mehr als sechshundertjähriger Glas-

malerei bedeckter Fenster, das schon die königliche Blanche, Geliebte eines schönen Kardinals, entzückte, beschwört den Geist der Kreuzritterzeit und läßt bei den eigenartigen Gebräuchen jener Tage verweilen. Damals geschah's, daß Kaiser Baudoin, um zu Geld zu kommen, mit unendlichem Bedauern die Reliquien seiner Kapelle verpfändete und der allzu fromme Ludwig, König der Franzosen, in der Freude seiner Seele glaubte, ein blendendes Geschäft zu machen, indem er für einen Span vom Wahren Kreuz, für die eiserne Spitze der Lanze, welche zwischen Jesum Christum anbetungswürdige Rippen fuhr, für ein Stück des Schwammes, mit dem ihm Essig dargereicht wurde, für einen Splitter vom Stein des Heiligen Grabes und anderes mehr 2 800 000 Livres von unserm Geld auswarf. Anschließend löste er für fast dieselbe Summe die an die Venezianer verpfändete Dornenkrone aus. Trunken von solch unermeßlicher Glückseligkeit, vereinte er all diese kostbaren Schätze schließlich in einem Reliquienschrein.
In der Nacht zum 10. Mai 1575 wurde – welch große Betrübnis! – von verruchter Hand das Stück vom Wahren Kreuz gestohlen. Wachen zogen vor den Türen auf; jedermann wurde gefilzt; man veranstaltete eine allgemeine Prozession, flehte den Himmel um Rückgabe der Reliquie an. Vergebens, Räuber und Beute waren und blieben unauffindbar. Dafür begann man zu munkeln, in ihrer Geldgier habe die Königinmutter das Heiligtum an die Italiener verkauft, was allerdings unglaubhaft klingt, da gerade diese damals mit Ähnlichem in ganz Europa Handel trieben. Damit das trauernde Volk getröstet werde, wühlte man aus der Truhe einen zweiten Span vom Wahren Kreuz; doch wehe, er kam dem ersten weder an Länge noch Breite noch an Dicke gleich. Man fügte ihn in ein Kruzifix, das dem gestohlenen bis ins letzte glich. Dieses selbe Kruzifix wird den Gläubigen bis heute zur Verehrung dargeboten. In dieser Kirche befindet sich auch das Haupt des heiligen Ludwig. Ursprünglich zählte es zu den Schätzen von Saint-Denis, doch König

Philipp der Schöne erlangte vom Papst die Erlaubnis, den Schädel sowie eine Rippe des heiligen Ludwig nach Paris in die Kapelle zu überführen. Um jedoch die ob dieser Verluste arg bekümmerten Benediktiner nicht zu sehr zu kränken, beließ man ihrem Schatz den Unterkiefer.

Am Knaufe seines Stockes trägt der Kantor der Kapelle ein antikes Haupt von Kaiser Titus. Auf Grund einiger Ähnlichkeiten der Gesichter verwandelte man es in das des heiligen Ludwig. So kommt's, daß Kaiser Titus in der Heiligen Kapelle jeden Tag der Messe beiwohnt, in der einen Hand ein kleines Kreuz, in der anderen eine Dornenkrone. Ob sich der Imperator derlei hätte träumen lassen?

In der Nacht von Gründonnerstag auf Karfreitag stellt man in der Heiligen Kapelle das Stück vom Wahren Kreuz zur Schau. In Massen strömen dann – als Besessene – die Epileptiker herbei, um angesichts des Heiligtums in tausend Krämpfe zu verfallen. Sie geben sich alle Mühe, schneiden Grimassen, heulen und verdienen sich so das Geld, das man ihnen zukommen läßt. Man duldet dieses lächerliche Schauspiel, sei es, weil man im Volk die Hoffnung auf das Wunder, der Besiegung von Krankheiten, die als unheilbar gelten, wachhalten will, sei es, um ihm den Rest von Glauben zu bewahren der ihm noch geblieben ist.

Mehrere dieser angeblich Besessenen, und zwar jene, die genau um Mitternacht losbrüllen, im Augenblicke nämlich, da das Gerät, mit dem der Welterlöser gefoltert wurde, aus der Truhe taucht, genießen in den nächsten Stunden das Vorrecht, sich in öffentlichen Lästerungen zu ergehen; man glaubt, der Teufel selber flüstere sie ihnen ein. Den kühnsten, den unglaublichsten aller Lästerer habe ich im Jahre 1777 gehört. Stellt Euch jede Art von Feinden Jesu und dessen göttlicher Mutter vor; stellt Euch weiter all diese ungläubigen Gottesleugner als einen einzigen Haufen vor und sprechend aus einem Munde. Nun gut! Nicht einmal dieser Haufen hätte es jemals geschafft, auch nur annähernd an die beleidigende, lächerliche Verwegenheit dieses einen Lästerers heranzukommen! Für mich und für die ganze Versammlung war es völlig neu und überaus befremdlich zu hören, wie da ein Mann öffentlich und mit Donnerstimme den Gottestempel herausforderte, dessen Kult verfluchte, Blitze auf sein Haupt beschwor, die gräßlichsten Schmähungen aus sich herauskotzte, um dann zu erleben, daß man diese kraftstrotzenden Blasphemien samt und sonders auf des Teufels Konto setzte. Bebend bekreuzigte sich das Volk, warf sich auf die Knie, berühte mit der Stirn den Boden und sagte: »Satan ist's, der spricht!« Nachdem man ihn dreimal vor den Altar gezerrt (selbst acht Männer vermochten ihn kaum zu halten) wurden seine Lästerungen derart maßlos, derart entsetzlich, daß man ihn schließlich aus der Kirche warf als einen, der dem Höllenreich für alle Zeit verfallen, der Heilung durch das wundertätige Kreuz nicht länger würdig. Und stellt Euch endlich auch noch vor, daß sich dieser unglaubliche nächtliche Spuk vor den Augen einer Ehrenwache abspielte. Und dies in einem Jahrhundert wie dem unsrigen! War er verrückt, war er vom Wahn gepackt, oder war er einfach ein bezahltes Subjekt? Nie ist mir die Rolle dieses Mannes klargeworden. Jene, die dabeigewesen sind und sich seiner hemmungslosen Ausbrüche erinnern, werden zugeben müssen, daß er dabei sehr weit gegangen ist und daß ihnen am nächsten Morgen, beim Aufwachen, wohl nichts befremdlicher vorgekommen sein dürfte, als das, was sie nächtens vernommen hatten. Im folgenden Jahr kamen die besseren Herrschaften zuhauf, um ja nicht die zweite Aufführung der seltsamen, inzwischen durch den ausführlichen Bericht der Dabeigewesenen berühmt gewordenen Komödie zu verpassen. Man harrte des großen Mimen, doch er blieb aus. Die Polizei hatte ihm das Maul gestopft. Infolgedessen mußte auch der Teufel schweigen. Es gab nur subalterne Gliederverrenker, die es weder lohnten gesehen noch gehört zu werden. Kaum daß sie eine kleine Lästerung zustande brachten. Anscheinend hatte der

Teufel seine ganze Rhetorik im Vorjahr verbraucht, wobei man ihm allerdings zugestehen muß, daß sie üppig war. Aber ist es – so frage ich noch einmal – denn zu glauben, daß sich all dies in Paris begab – im Paris des 18. Jahrhunderts? Weshalb? Wie? Wozu? Ich weiß es nicht, und manchem anderen fiele es nicht minder schwer, darauf zu antworten.

Unter den Pfeilern der Hallen

Unter den Pfeilern der Markthallen steht noch immer das Haus, in dem unser Molière zur Welt kam, der Dichter, dessen wir uns rühmen. Indes dominieren dort die langen Reihen der Trödlerbuden, in dren dämmrigen Tiefen, wo Flecken und Farben verschwimmen, mit alten Kleidern gehandelt wird.

Ihr bildet Euch ein, ein schwarzes Gewand erstanden zu haben; bei Tageslicht besehen, ist es grün oder violett und gesprenkelt wie das Fell des Leoparden. Recht unhöflich rempeln Euch die müßig herumlungernden Krämerseelen an, und sobald einer den Anfang gemacht hat, verfolgen Euch mit penetranter Nötigung auch die andern. Die Frau, die Tochter, die Dienstmagd, der Hund, sie alle bellen Euch die Ohren voll, stimmen ein betäubendes Gekreisch an, das Euch, bis Ihr die Pfeiler hinter Euch gelassen habt, begleiten wird. Manchmal packen diese Schelme ehrbare Leute gar beim Arm oder an der Schulter, um sie zu zwingen, wider ihren Willen einzutreten; dies unwürdige Spiel ist ihnen Zeitvertreib. In derlei Fällen sieht man sich gezwungen, sie zu strafen; um ihnen ihre Unverschämtheit heimzuzahlen, schlägt man ein bißchen mit dem Stocke um sich, doch sie bleiben unbelehrbar.

Bei ihnen findet sich alles, was man benötigt, um ein Haus vom Keller bis zum Estrich auszustatten: Betten, Schränke, Stühle, Tische, Schreibkommoden und anderes mehr. Laßt 50000

Menschen unversehens in Paris eintreffen – am nächsten Morgen wird man ihnen 50000 Betten liefern. Die Frauen dieser Trödler – vielleicht sind es auch ihre Schwestern, Tanten oder Basen – halten jeden Monat eine Art von Markt ab. Man bezeichnet ihn als den vom Heiligen Geist, und er findet auf dem Grève-Platz statt. Da es an jenem Tage keine Hinrichtungen gibt, haben sie also Raum genug, dort alles auszubreiten, was Frauen und Kinder zum Anziehen brauchen. Die Kleinbürgerinnen, die Kupplerinnen und auch Frauen, die vom Geiz besessen sind, kaufen dort Häubchen, Kleider, Überröcke, Laken und sogar fertige Schuhe. Dazwischen lauern Spitzel auf Gauner, die hierherkommen, um Taschentücher, Servietten und was sie sonst noch geklaut haben mögen, loszuschlagen. Hier erwischt man sie und gleichermaßen jene, die sonstwie versuchen, hier herumzugaunern, was seltsam genug anmutet, sollte sie doch gerade dieser Ort, wo man die Diebe hängt, zu besonderer Vorsicht mahnen!

Man möchte meinen, daß ganze Provinzen den Markt mit abgelegtem Weiberkram beschicken oder daß sich hier ein Amazonenvolk entkleidet hat. Überallhin verstreut: Röcke, Krinolinen, Hauskleider, haufenweise, wer will, braucht nur zu wählen. Da wechselt die Robe der verblichenen Frau Gerichtspräsident in den Besitz der Kupplerin; dort setzt sich die Näherin die Haube der gräflichen Kammerzofe auf; man kleidet sich auf öffentlichem Platze, und demnächst wird man dort sogar die Unterröcke wechseln.

Die Käuferin weiß nicht, woher das Mieder kommt, um das sie feilscht, und sie zerbricht sich darüber auch nicht den Kopf. Die züchtige Tochter aus armem Haus legt sich unter den Augen ihrer Mutter das Brusttuch um, das beim Tanzen kürzlich noch ein schlüpfriges Mädchen von der Oper trug. Was tut's, fast scheint's, als ob Verkauf und Nachlaßinventar den Stücken ihre Reinheit wiedergäben.

Da sich der ganze Handel unter Frauen abspielt, sind Verschlagenheit und List auf beiden Seiten etwa gleich verteilt. Schon aus weiter Entfernung vernimmt man die herben, schrillen und mißtönigen Stimmen der streitenden Parteien. Noch kurioser aber wird die Szene aus der Nähe. Wenn dies Geschlecht (das in diesem Fall keineswegs das schöne ist) in den Bann von Weiberputz gerät, dann wird der Ausdruck seiner Physiognomie ganz eigen.

Am Abend ist der ganze Lumpenhaufen wie durch Zauberei verschwunden; nicht einmal ein Umhang bleibt zurück, und dennoch wird dies unerschöpfliche Lager mit Sicherheit am nächsten Montag wieder voll sein.

Die kleinen Logen

Sie sind die neueste Frucht der Lockerung der Sitten, ein schamloser Mißbrauch, der Theater und Publikum der Willkür von zwei-, dreihundert verzärtelten Dämchen ausliefert; Dämchen, die den lieben langen Tag nichts tun und dennoch allen anständigen Bürgern, die sinnvolle Erholung suchen, sich die neue Luxuseinrichtung aber nicht leisten können, die Tür vor der Nase zuschlagen.

Außerdem nehmen es die Schauspieler mit dem Lernen neuer Rollen nicht mehr sehr genau, seitdem die kleinen Logen aufgekommen sind und die Theaterkasse schon zum Jahresanfang füllen. Die Trägheit der Mimen stinkt nachgerade schon zum Himmel; Schlamperei und Anarchie stehen im Begriff, die Schauspielkunst in tiefsten Verfall zu stürzen: selbst wenn ein Komödiant die Bühne während geschlagener sechs Monate im Jahr meidet, sind ihm seine siebzehn- oder achtzehntausend Francs doch sicher. Dabei ist es das Publikum der Hauptstadt, das ihn bezahlt und das also seine Anwesenheit mit gutem Recht verlangen dürfte.

Das Mittel, welches da Abhilfe schaffen könnte, ist recht einfach; es wurde vorgeschlagen, einen jeden Schauspieler pro Auftritt zu entlohnen. Solche Haftung mit der eigenen Person würde seiner Begabung förderlich sein: Wettbewerb erwächst aus der Notdurft, und deren beredte Sprache verstehen die Pariser Komödianten noch allemal am besten.

Ein weiterer Grund, sich gegen die kleinen Logen aufzulehnen, liegt darin, daß die Schauspieler entgegen jedem Recht und wider alle Vernunft behaupten, die Einnahmen, die sie aus ihnen zögen, gingen die Verfasser neuer Stücke nicht das geringste an. Außerdem haben die Theaterleute, ohne daß jemand etwas dazu hätte sagen können, angefangen, auch das Parkett in kleine Logen aufzuteilen. Aber wehe, wenn sich das Publikum darüber aufhält, daß die Komdödianten beliebig über den Saal verfügen – gleich fängt irgendeine kleine Konkubine an zu zetern: »Was denn! Will man mich etwa zwingen, eine Komödie vom Anfang bis zum Ende über mich ergehen zu lassen, wo ich doch reich genug bin, mir nur eine Szene anzuhören? Welch eine Tyrannei! Gibt es denn in Frankreich keinen Anstand mehr? Wenn ich schon nicht das Theater zu mir nach Hause holen kann, möchte ich doch wenigstens so frei sein, es zu besuchen, wann es mir gefällt, um sieben Uhr vielleicht, und so kommen, wie es mir paßt, im Morgenrock zum Beispiel, den ich nach dem Aufstehen trage. Auch meinen Hund will ich mitbringen können und meinen Kerzenständer, meinen Nachttopf; von meinem Fauteuil, meinem Schlafstuhl, will ich schließlich etwas haben, will, daß mir in der Loge meine sämtlichen Liebhaber die Ehre erweisen, will gehen können, ehe mich die Langeweile packt. Wer mich so vieler Vorteile zu berauben trachtet, verübt einen Anschlag wider die Freiheit des guten Geschmacks und des Reichtums!«

Als Dämchen nimmt man also mit sich in die kleine Loge seinen Spaniel, sein Kissen, seine Wärmflasche und vor allem einen kleinen Gecken mit Lorgnon, der einen über alles, was da kommt und geht, ins Bild setzt und der auch die Namen der Schauspieler zu nennen weiß. Im übrigen hat die Dame eine kleine verglaste Öffnung in ihrem Fächer, damit sie sehen kann und dabei selber nicht gesehen wird. Das Publikum aber bleibt mit seinem Geld in der Hand vor der Tür, weil die kleinen Logen, die oftmals leer bleiben, jahrweise vermietet werden – zum Schaden der Freunde der Schauspielkunst, die so vom Besuch des Nationaltheaters ausgeschlossen bleiben und sich erbittert ins Gewühl der Boulevards stürzen.

Durch die Schaffung einer zweiten Schauspieltruppe wäre der Kunst, dem Publikum, den Autoren und sogar den Komödianten geholfen. Ganz Paris sehnt sie herbei, verlangt nach ihr, spürt, daß sie notwendig ist. Was aber machen die Behörden? Der Kunst haben die hohen Herren von der Kammer ausrichten lassen: »Nichts da, keinen Schritt weiter!« Dem Publikum bestellten sie: »Gebt euch gefälligst mit dem zufrieden, was man euch zu bieten geruht!« Und die Autoren bekamen zu hören: »Wir werden über euch verfügen, wie wir es für richtig halten!« Und der Kunst, dem Publikum und den Autoren blieb nichts anderes übrig, als sich zu fügen ins bizarre Joch der hohen Herren von der Kammer.

Wie aber kamen diese Herrschaften überhaupt dazu, sich solche Selbstherrlichkeit anzumaßen – und weshalb? Wie begründen sie ihren Anspruch, über Werke des Geistes zu befinden? Wie können sie es wagen, sich der Weiterentwicklung einer Kunst entgegenzustemmen, die zugleich der Würde und der Lust der Nation dient? Was haben ihre Amtsbefugnisse mit dem Entstehen eines Theaterstückes zu tun? Mit welchem Recht sitzen sie über einen Autor zu Gericht? Das weiß kein Mensch; das wissen nicht einmal sie selber! Doch da sie nun einmal verliebt sind in diesen ihren despotischen Machtanspruch, setzen sie ihn auch ohne Rechtsgrundlage durch, und weil, wo Leidenschaft im Spiele ist, nichts auf halber Strecke liegenbleibt, machen sie alles, was das Reich der Prinzen und Prinzessinnen der Kulisse auch nur entfernt betrifft, zu ihrer eigenen Sache, die sie so heiß verteidigen, als stünde ihre Stellung auf dem Spiel. Die Rechte der eigentlichen Väter des Theaters, der Ernährer der Komödianten jedoch, die Rechte der Autoren, sind bis zum heutigen Tag so ungewiß geblieben, so schlecht verankert, so sehr den Launen und der Raffgier preisgegeben, daß sie im Grunde gar nicht existieren!

Anzeigen für gewisse Mittelchen

Das Übel, um das es hier geht – es erwächst aus der Lust und richtet die Menschheit durch ein subtiles und verborgenes Gift zugrunde –, greift derart um sich, daß man aufgehört hat, es als schändlich zu empfinden, und in der Tat reicht schon der Schmerz, den es dem Opfer zufügt. Es scheint, daß uns diese Geißel nicht erst seit der Entdeckung der Neuen Welt verfolgt, daß sie vielmehr schon vordem existierte, wenn auch in anderer Form und von anderen äußeren Anzeichen begleitet. Bei den Hebräern und den Arabern trat sie als Lepra auf. Wenn es stimmt, daß dieses Gift in gleichem Maße, wie es sich verteilt, an Kraft verliert, dann müßte seine Wirkung in Paris, wo es unglaublich weit verbreitet ist, schon längst erloschen sein. Doch schaut Euch um, schaut, wie es auf den Straßen wimmelt von bleichen, eingefallenen Gesichtern, von zerrütteten Gestalten, deren Gesundheit untergraben, zerstört ist! Nun gibt es allerdings noch etwas Schlimmeres als die Krankheit selber: Das ist die Flut all dieser angeblichen Arzneien, die Flut der zerstörerischen Gifte, die man, um dem Übel beizukommen, schluckt und von denen eines schädlicher als das andere ist, obschon sie mit dem Siegel königlichen Privilegs versehen sind!
Das Reich der Scharlatane stützt sich in erster Linie auf die Geschlechtskrankheiten. Von allen Seiten drückt man uns verfüh-

rerische Werbezettel in die Hände; wo man hinhört, ist von Wundermittelchen die Rede, und keiner spart dabei mit schönen Worten. Von Quecksilberkuren spricht dagegen niemand mehr. Quecksilber schluckt Ihr heute unter hübscherer Etikette, hineingemischt in Pillen, Sirupe, Elixiere, Tabletten und Schokoladen. Bald werden wir auch antivenerische Frühstückshörnchen und Eierkuchen haben... Wie viele werden da genasführt, wie viele betrogen! Denn obschon man täglich erlebt, wie solch vermeintliche Spezialmittel, kaum aufgekommen, wieder in Vergessenheit geraten, benutzt man sie doch. Auf öffentlichem Plakat verheißt man Euch ein neuartiges ›sanftes, freundliches, sicheres‹, schnell, friedlich und radikal heilendes Verfahren, und schon gewöhnt sich die leichtfertige Jugend an den Gedanken, daß die sichere Wirkung der Arznei sie feie vor Gefahr. Nur allzuschnell wird sie am eigenen Leib erfahren, wie wenig man der Kraft und Wirksamkeit all dieser zwielichtigen, undurchsichtigen Drogen trauen darf. Wie aber soll man das Falsche vom Echten unterscheiden können, solange die medizinische Fakultät all diesen Wunderrezepturen weiter ihren Segen gibt und sie mit der Garantie des königlichen Gütesiegels ausstattet?

Gesundheitsrat

Noch gibt es ihn nicht, aber sollte man ihn nicht schaffen? Statt der Ärzte jedoch, deren Routine so gefährlich, deren Thesenklauberei so dumm ist, sollten in ihm die Chemiker den Ton angeben, die diese schönen und neuen Entdeckungen machten und uns die Enthüllung des wahren Geheimnisses der Natur verheißen. Dieser Rat hätte in Paris all das zu überprüfen, was den Menschen zur Nahrung dient: das Wasser, den Wein, den Schnaps, das Bier, die Öle, das Getreide, die Gemüse, den

Fisch und anderes mehr. Er würde die perfiden Fälschungen entlarven; wie oft kommt es doch vor, daß der Seefisch einen Stich hat, die Austern verdorben, die Gemüse vom Wurm befallen sind und Krankheiten auslösen, deren Herkunft im ungewissen bleibt. Betraute man Physiker mit der Kontrolle von Lebensmitteln und Getränken, dann würde so manche Epidemie im Keim erstickt. Ärzte ruft man erst, wenn das Unglück schon geschehen ist; weshalb sollte man ihm nicht vorbeugen? Doch Ärzte würden dazu wenig taugen, denn ihnen liegt nichts an gesunden Menschen; sie ziehen ihren Nutzen aus der Krankheit.

Die Karthäuser, die Benediktiner und die Karmeliter, bei denen man die besten Fischgerichte ißt, lassen diese durch einen Bruder überprüfen, der sich in solchen Dingen auskennt. Das ausgehungerte Volk dagegen läßt man kaufen, was die Reichen übriglassen, weil es am Abend essen muß, um am nächsten Tag wieder arbeiten zu können. Hunger und Not verbieten ihm, darauf zu achten, ob die Ware, die auch sonst niemand einer Prüfung unterzieht, noch frisch ist. Warum das? Ist denn fauler Fisch nicht gleichermaßen Konterbande wie ein Pfund Tabak, geschmuggelt aus dem Elsaß?

Schauspieler

Exkommuniziert zu werden, ist der Komödianten Los, und so wird's bleiben, bis König, Parlament und Geistlichkeit geruhen, das Anathema aufzuheben. Doch man weiß ja, wie stark die Macht der Gewohnheit und der Vorurteile ist – oder wenn Euch das besser klingt, wie groß der nationale Wankelmut. Eher werden sich die Theaterleute eines Tages lachend mit dem Bannfluch abgefunden haben, als jemals von ihm freizukommen.

Als Mademoiselle Clairon eine Denkschrift über dieses heiße Eisen schrieb, entzog man ihrem ebenso unternehmungslustigen wie gefürchteten Rechtsbeistand sofort das Anwaltspatent, worauf Tancrèdes Geliebte sich genötigt sah, ihrem Anwalt, der bei dem Versuch, sie mit der Kirche auszusöhnen, ein Königreich verloren hatte, ein anderes zu verschaffen. Noch ganz im Banne seines letzten Falles, ging er alsbald zum Theater, doch auf der Bühne hatte er genausowenig Glück wie vor den Schranken des Gerichtes, und obendrein fiel derselbe Bannfluch, der Mademoiselle Clairon schon getroffen, nun auch auf sein eigenes Haupt. Wenig später hatte sich die Schauspielerin mit dem Publikum in der Wolle. Schauspieler und Schauspielerinnen begehen immer einen großen Fehler, wenn sie mit diesem hohen Souverän schmollen. Wegen irgendeines Garderobenzankes hatte sie bei vollem Saal und offenem Vorhang ihren Auftritt verweigert. Vom Parkett arg mißhandelt, kam sie noch am selben Abend nach Fort l'Évêque, wo sie die Nacht verbringen mußte. Um sich für die unverschämten Pfiffe aus dem Parterre zu rächen und auch um es denen heimzuzahlen, die sie eingekerkert hatten, blieb sie nun vollends der Bühne fern, wohl in der Hoffnung, daß man sie schon am nächsten Tag auf Knien bitten würde, wieder aufzutreten. Doch was geschah? Das Publikum vergaß sie, und ihr kam mangels Übung das Talent abhanden. Von da an verbrachte sie ihre Tage fern von allen Beifallsstürmen und im Dunkeln, statt sie, gehüllt in das Gewand Melpomenes, der sie nicht ohne Anmut diente, im Ruhm des Rampenlichtes zu verleben. Ludwig XIV. duldete bei sich nur Komödianten von schlankem Wuchs und edler Gestalt. Auch dem Nationaltheater, wo Helden der Antike Auferstehung feiern, täte eine strengere Auswahl Not. Sieht man doch unter den Bühnenkünstlern unserer Tage nur zu selten wohlgeformte Menschen; ein Umstand, der nicht eben dazu angetan ist, dem Fremden einen günstigen Eindruck von unserem Ideal der Schönheit zu vermitteln. Wie soll er, wenn er klein-

wüchsige Leute in den Rollen der erhabensten und berühmtesten Gestalten der Menschheitsgeschichte zu sehen bekommt, ein richtiges Bild vom Äußeren unseres Volks gewinnen und nach Hause tragen?
Die Eitelkeit der Komödianten, die zu kurz geraten sind, fördert das Engagement von noch kleineren Komödianten, denn jene bilden sich ein, sie würden im Vergleich zu diesen auf der Rampe größer wirken, und wenn der Wahn, Tragöden stetig weiter zu verkleinern, noch eine Generation lang anhält, dürften wir bald nur noch Liliputaner haben, die im Bestreben, Helden darzustellen, Grotesken spielen werden. Ein Komödiant, der schmächtig oder zart ist, der nur aus blasser, pergamentener Haut und Knochen besteht, mag zwar durchaus mit Geistesgaben gesegnet sein, doch wie er seine schwache Brust auch abmüht, er erntet doch nur Mitleid, und je stolzer er gestikuliert, um so winziger kommt er uns vor. Sein Anblick zieht Melpomenes Majestät ins Lächerliche. Der Palast, in dem er wohnt, die erhabene Sprache, die er spricht, die großen, stürmischen Leidenschaften, die er wiedergeben will, all das geht verloren, wird zerstört. Zu sehr steht er im Gegensatz zu dem, was ihn umgibt, als daß er noch Aug und Ohr zu fesseln vermöchte. Um den tragischen Zwerg zu rechtfertigen, wird man nun vielleicht sagen, daß auch der große Alexander klein und verwachsen war. Zu seiner Lebzeit und in seinem Zelt hätte auch ich ihm, ungeachtet seiner dürftigen Taille und seines schiefen Halses, Bewunderung gezollt, nun aber, da er tot ist, erwarte ich, daß man ihn als einen zeigt, dessen Gestalt, dessen Stirn, dessen Auftritt und Gebärde dem Eroberer gerecht wird, der die Welt mit seinem Namen füllte.
Die Duclos spielte mit in den ›Horaziern‹. Nach ihrer Verwünschungsszene tritt sie, wie man weiß, in höchstem Zorne ab. Dabei geschah's einmal, daß die Künstlerin über die sehr lange Schleppe ihres Kleides stolperte und fiel. Worauf Horaz galant den Hut von seinem Haupte nahm (alle Tragöden trugen da-

mals auf der Bühne einen Hut mit Federbusch; so spielte man in Frankreich ein Jahrhundert lang Corneille und Racine) – ihr mit der anderen Hand vom Boden hochhalf, alsdann mit stolzer Geste wieder seinen Hut aufsetzte, den Degen zog und sie erstach, wie es die Rolle wollte.

Über derlei Albernheiten ist man heute erhaben, doch der Reformen bleiben noch immer genug zu wünschen übrig!

Seitdem sich Fräulein Dumesnil zurückgezogen hat und man Fräulein Sainval – so unglaublich es klingt – in die Verbannung schickte, ist die Tragödie zum groben, schwülstigen, faden Singsang geworden. Die Komödianten minderen Ranges achten nicht genug darauf, daß die Illusion erhalten bleibe. Sie verstoßen oftmals gegen das Kostüm und auch gegen den Sinn der Rolle. Was soll mir beispielsweise die Gefallsucht unserer Bühnenprinzessinnen, die ihre Haare nach der neuesten dummen Mode kräuseln lassen? Wie soll ich da, wo des Friseurs verflixte Hand im Spiele ist, noch Kleopatra, Merope oder Athalie erkennen? Weniger Blendwerk, mehr Realismus! Wie soll man da nicht lachen, wenn Theaterdiener, vermummt im roten Umhang dessen, der im ›Eingebildeten Kranken‹ den Arzt spielte, sowie mit wallender Perücke voller Puder aus der Kulisse steigen und so tun, als wären sie Senatoren aus dem alten Rom, und dabei, um das Maß des Unsinns voll zu machen, sich spreizen wie die jungen Ratsherren unserer Tage? Und die Zuschauer, die stets dieselben häßlichen, angegilbten, oftmals sogar zerrissenen Szenendekorationen vorgesetzt bekommen, die zusehen müssen, wie Skythen und Sarmaten in einem griechischen Palaste spielen und wie sich Zamorra, der Bandit, unter römischem Portale produziert, wie sollten diese Zuschauer da die Komödianten nicht der Raffgier zeihen? Zumal ja letztere so schäbig an der Ausstattung der Stücke sparen, weil sie am Gewinn beteiligt sind! Gäbe es statt einer Bühne deren zwei und spielten sie in stetigem Wettbewerb dieselben Stücke, dann müßten sie sich immer wieder gegenseitig übertreffen, und je härter ihr

Rivalenkampf, desto eher würde dabei das Theater zu seiner einstigen würdevollen Größe zurückfinden.
Allenthalben wird beklagt, daß Frankreichs Schauspielkunst den alten Glanz verloren hat. Kaum mehr als solche zu erkennen ist vor allem die Tragödie. Daher der Vers:

›Keinem mehr entlockt die Bühnenkunst Gefühle,
man bietet uns für unser Geld nur seichte Sachen,
und geht man doch einmal zum Trauerspiele,
muß man selbst dort an manchen Stellen lachen...‹

Gratisvorstellungen

Jedesmal, wenn ein großes Ereignis ins Haus steht, wenn etwa ein Frieden geschlossen oder ein Prinz geboren wird, geben die Schauspieler eine Vorstellung umsonst. Sie beginnt bereits zur Mittagszeit. In den beiden Balkonrängen sitzen dann – so will es ein alter Brauch – die Kohlenträger und die Weiber vom Fischmarkt; die Kohlenträger nehmen auf des Königs Seite Platz, die Fischweiber dort, wo sonst die Königin hingehört. Das Erstaunlichste aber ist, daß dieses Völklein an den schönen Stellen applaudiert, ja sogar, nicht anders als das beste Publikum, Gespür für feine Töne hat. Zwar wurde dies schon oft genug bestritten, doch wer's nicht glaubt, der soll sich davon selber überzeugen: nie kam es vor, daß die Höhepunkte einer Szene ohne Beifall blieben. Hier findet, wer nicht mit Blindheit geschlagen ist, wahre Poesie!
Nach der Vorstellung reichen Melpomene, Thalia und Terpsychore den Lastenträgern, Maurern und Schuhputzerjungen die Hand zum Tanze. Préville und Brizard drehen auf denselben Brettern, wo sonst Athalie und Polyeucte agieren, ihre Runden mit Freudenmädchen. Sogar die Füsiliere halten sich an solchen Tagen zurück, und die Blaue Garde gibt sich populär. Die

Komödianten allerdings beteiligen sich an diesem turbulenten Treiben weniger dem Volk zuliebe als aus Politik; gewisse Abhängigkeiten machen ihnen diese Fron zur Pflicht, doch tun sie so, als wären sie dabei vergnügt, obschon sie sich insgeheim wünschten, von dem Zwang befreit zu sein.

Die Boulevardbühnen folgen ihrem Beispiel. Genauso wie das Nationaltheater geben auch das ›Große Königliche Tanzensemble‹, die ›Komödie der Irrungen‹ und das ›Vergnügliche Varieté‹ ein Schauspiel kostenlos, und sie kündigen es auch genauso an, nämlich mit den Worten: ›Eintritt zu Ehren unseres Königs frei‹ oder: ›Aus Anlaß der Geburt etc. pp.‹. Was wiederum die eigentlichen königlichen Hoftheaterspieler seltsam verdrießt und ärgert, denn nichts fürchten sie mehr als die Gefahr, mit Jahrmarktskünstlern in denselben Topf geworfen zu werden. Eher ließe sich ein Oberstaatsanwalt in einem Atemzuge mit dem Zellenwärter nennen, als daß sie solche Schmach ertrügen. Dies mag daran liegen, daß man in Paris zwischen den Brettern der gewöhnlichen Bühnen und jenen, die sich eines Privilegs erfreuen, streng unterscheiden muß; zwischen denen also, wo Jeannot seine Possen treibt, und den anderen, die den dicken Dezessart zu tragen haben. Nur – dem Volk entgehen derlei Unterschiede. Wer immer sich sein Geld durch Singen, Deklamieren oder Bellen verdient und den Leuten auf solche Weise Spaß bereitet, steht in ihren Augen auf ein und derselben Stufe.

Von der Ehre, um der gnädigen Huld des Hofes willen sein Publikum zum Gratisspiel zu bitten, bleibt einzig der lächerliche Hanswurst ausgeschlossen, der beim Stierkampf auftritt; doch ließe sich durch ein entsprechendes Gesuch vielleicht auch dies noch ändern...

Was der Herr dem Kutscher sagt

Der Kutscher einer Kurtisane ist leicht zu unterscheiden vom Kutscher eines Präsidenten, eines Herzogs oder eines Finanziers; doch wenn Ihr es genau wissen wollt, dann geht nach Schluß der Vorstellung zum Ausgang des Theaters und hört, wohin die Fahrt der oder jener Equipage gehen soll. Achtet genau auf den Befehl, den die Herrschaft dem Lakaien erteilt, oder besser noch, auf das, was dieser an den Kutscher weitergibt. Wer im Marais seine Bleibe hat, der sagt: »Zur Wohnung!«; wer auf der Île de Saint-Louis wohnt, der will ›nach Hause‹; wer aus Saint-Germain gekommen ist, läßt sich ›zum Palais‹ fahren; die aus dem Viertel von Saint-Honoré dagegen sagen kurz und bündig: »Los!« Der Stolz, der hinter diesem einen knappen Worte steckt, den spürt man ohne jeden weiteren Kommentar.

Vor den Portalen der Theater gibt es immer einen Wagenrufer, der mit Stentorstimme schreit: »Die Kutsche des Herrn Marquis! – Die Karosse der Frau Gräfin! – Die Equipage des Herrn Präsidenten!« Sein schreckliches Organ trägt bis zum tiefsten Grund der Kneipen, wo die Lakaien zechen, und bis zur Billardstube hin, in der die Kutscher sich krakeelend streiten. Durch das ganze Viertel hallt sie, diese eine Stimme, übertönt alles, dringt selbst durch den dumpfen Lärm der Menge und der Pferde. Wenn ihr Signal ertönt, dann lassen die Lakaien ihre Humpen stehen und die Kutscher ihren Stock im Stich, greifen nach den Zügeln ihrer Gäule und beeilen sich, die Wagenschläge aufzureißen.

Um seinem Kehlkopf übermenschliche Stärke zu verleihen, entsagt der Wagenausrufer jeden Weingenusses und trinkt ausschließlich Schnaps. Stets ist er heiser, doch gerade dies gibt seiner Stimme jene rauhen, schauerlichen Töne, die an Sturmgeläut gemahnen. Alt wird er freilich nicht bei dem Beruf. Bald steht an seinem Platz ein anderer, der nicht minder Mark und Bein durchdringend brüllt, nicht minder säuft und nicht anders als der Mann, der vor ihm war, am Fusel stirbt.

Von Wucherern und Wucherzinsen

Die Art von Wucherern, die ich hier meine, gibt's nur in Paris, und sie selber halten ihr Geschäft für derart schmutzig, daß sie stets auf Anonymität bedacht sind. Ihre Makler wohnen rund um die Markthallen. Am meisten auf bescheidenen Vorschuß angewiesen sind die Frauen, die, den Korb im Arm, mit Früchten und Gemüsen handeln, aber auch die kleinen Krämer aller andern Sparten. Oftmals brauchen sie einen Taler zu sechs Livres, um sich mit frischen Erbsen, Beeren, Kirschen und Makrelen einzudecken. Ihrem Wunsche kommt der Geldverleiher nach, vorausgesetzt, daß man ihm zum Wochenende sieben Livres und vier Sous zurückerstattet. So bringt ihm denn sein Taler im Jahr an die sechzig Livres ein, das heißt, zehnmal den eigenen Wert. Derart bescheiden sind sie, die Gewinne dieser Halsabschneider, die wochenweise Geld verleihen!
Kaum glaublich, daß gerade reiche Leute ihr Kapital auf diese Art in Umlauf bringen und daß sie ohne alle Skrupel solch hohe Zinsen nehmen! Wie mag es wohl in ihren von der Grausamkeit der Gier verhärteten Herzen aussehen? Man weiß kaum noch, worüber man sich mehr verwundern soll: ob über die extreme Not der kleinen Händler, die nicht einmal imstande sind, sechs Livres aus eigener Kraft aufzubringen, oder über die stabile Blüte solch krasser Wucherei? Allerdings muß man sich dabei fragen, wie viele Leute nach Abzug all ihrer Schulden denn überhaupt noch ein Goldstück in der Tasche hätten. Ich wage zu behaupten, daß ein Drittel von Paris die Probe nicht bestände! Dazu kommt, daß die Wucherer selbst am besten wissen,

weshalb das bare Geld mit jedem Tage knapper wird: die Staatsanleihen schlucken alle freien Mittel und schlucken die Reserven. So kommt's, daß die Wucherer ihr Geld zu jedem Preis verkaufen können. Man kennt das ja: je ärmer einer ist, desto weniger darf er sich mit leeren Händen blicken lassen! Wer hungrig ist, kriegt nirgendwo Kredit, und genauso, wie ihn Wein und Fleisch aus eben diesem Grunde teurer zu stehen kommen als den Prinzen von Geblüt, bezahlt er auch den Taler zu sechs Livres mit unmäßigem Aufpreis. Das erklärt, weshalb es dem Bedürftigen so schwer fällt, jemals aus den Abgründen des Elends herauszukommen; jedesmal, wenn er versucht, sich aufzurappeln, rutscht er von neuem ab, denn aus fünf Sous sechs Livres zu gewinnen, ist bei weitem schwieriger, als aus 10000 Livres eine Million zu machen. Wahrlich, der Anblick des ewigen Kampfes zwischen Not und Überfluß ist schwer zu ertragen!

Nicht immer verlassen sich diese Halsabschneider voll und ganz auf ihre Makler und Agenten. Zwei-, dreimal im Jahr treibt sie die Neugier, die Scharen ihrer ewigen Schuldner, an denen sie sich unentwegt bereichern, selber in Augenschein zu nehmen und sich auf diese Art vom Geschäftsgebaren und der Umsicht ihrer Stellvertreter ein Bild zu machen. Derselbe Mann, der sonst im tressengeschmückten Scharlachkleid daherkommt, in der Hand den Stock mit goldenem Knauf, derselbe Mann, an dessen Fingern Brillanten blitzen, der sonst nur im eigenen Wagen ausfährt, die Schauspielkunst zu schätzen weiß und in besten Kreisen wohlgelitten ist, derselbe Mann läßt sich an bestimmten Tagen den Bart sprießen, holt aus dem Kleiderschrank fadenscheiniges Zeug, stülpt sich die schäbigste Perücke über, färbt sich die Haare, weißt die Augenbrauen und zieht ein Paar geflickte Schuhe an. So ausgerüstet begibt er sich zu einem abgelegenen Haus und dort in einen Raum, der nichts als eine schlechte Tapete, eine Pritsche, drei Stühle und ein Kruzifix zu bieten hat. Dort gibt er 60 Fischweibern, Händlerinnen und Gemüsefrauen Audienz. Dann erklärt er ihnen mit belegter

Stimme: »Meine Lieben, wie ihr seht, bin ich mitnichten reicher als ihr selber; schaut, hier sind meine Möbel, dort das Bett, in dem ich schlafe, wenn ich in Paris bin. Weil ich eurer Gottesfurcht vertraue und guten Glaubens bin, lasse ich euch mein Geld, ohne Unterschriften zu verlangen. Ihr wißt es, und ebenfalls ist euch bekannt, daß ich also vor Gericht den kürzeren zöge. Ich diene euerm Handel. Nur, obzwar ich euch blindes Vertrauen schenke, brauche ich doch meine Sicherheiten. Erklärt darum also hier und jetzt, daß jede für die anderen solidarisch haftet, beschwört es feierlich vor diesem Kreuz, dem Bilde unseres göttlichen Erlösers, beschwört, daß ihr mir keinerlei Verlust bereiten werdet und alles wiederbringt, was ich euch anvertrauen will!« Sämtliche Fischweiber und Obstfrauen erheben die Hand, schwören, daß sie jede, die nicht treulich zahlen wird, erwürgen werden, und sie besiegeln ihre gräßlichen Eide, indem sie immer wieder Kreuze schlagen. Alsdann schreibt sich der raffgierige Heuchler alle Namen auf und gibt jeder einen Taler zu sechs Livres, nicht ohne dabei nochmals zu betonen: »Was mich betrifft, verdiene ich, wenn's drauf ankommt, bei weitem nicht soviel, wie ihr verdienen könnt!« – Dann geht der Haufen auseinander, und nur der Kannibale bleibt zurück, weil er mit seinen beiden Maklern noch das Soll und Haben aufzurechnen hat. Am nächsten Tage aber rollt er mit seiner Equipage wieder durch die Hallen und am Maubert-Platz vorbei. Niemand erkennt ihn. Natürlich nicht, ist's doch ein gänzlich anderer Mann! Er glänzt in seiner alten Pracht, verkehrt nur in den allerbesten Kreisen, wo man ihn, an den Marmorsims eines Kamins gelehnt, oftmals von Barmherzigkeit und Güte plaudern hört. Doch dieweil er sich honorig gibt und niemand seine Redlichkeit in Zweifel zieht – im Gegenteil, man traut ihm sogar Großmut zu! –, saugt und quetscht er, mit Hilfe seiner dunkeln, auf die ganze Stadt verteilten Mittelsmänner und ohne daß es jemand sehen könnte, dem Volke die Kaldaunen aus dem Leib!

Kinder-Entkleiderinnen

Diese ebenso grausame wie absonderliche Form des Diebstahls ist nur denkbar im Häusergewirr einer so unüberwindlichen und dichtbevölkerten Großstadt wie Paris, und selbst dort wieder nur in gewissen, besonders langen und düsteren Straßenzügen.

Die Ausrüstung der Weiber, die sich auf dieses Gewerbe spezialisiert haben, besteht aus einigen Bonbons und Kleidern minderer Sorte; so gewappnet, lauern sie gut angezogenen Kindern auf und berauben sie im Handumdrehen ihres feinen Leinen- und Seidenzeugs und ihrer Silberborten und hängen ihnen dafür irgendwelche schäbigen Fetzen um. Falls sich ein Kind das nicht gefallen läßt, sondern sich mit Tränen und Geschrei dagegen wehrt, übernimmt eine Komplicin die Rolle der scheltenden Gouvernante, und dies sowohl im Ton wie in der Gestik derart überzeugend, daß sie die Vorübergehenden durchaus auf ihrer Seite hat, wenn sie ›dem kleinen Bösewicht‹ eine Tracht Prügel verheißt. Was aber wird der Vater sagen, wenn sein armes Kind hinterher, in unsägliche, viel zu große und obendrein von den Motten zerfressene Lumpen gehüllt, nach Hause kommt? Wie der alte Isaak wird er sagen: »Die Stimme ist Jakobs Stimme, doch sind's nicht seine Kleider...«

Die wiederholten Eingaben zahlreicher Eltern führten dazu, daß dieses Delikt, das man kaum für möglich halten sollte, endlich geahndet wird. Am 8. Juni 1779 bestätigte das Parlament ein Urteil des Stadtgerichtes. Es verurteilte eine Flickschneiderin zur Auspeitschung, Brandmarkung und neunjähriger Haft in der Salpêtrière sowie zum Pranger, und zwar vorn und hinten behängt mit einem Schild: ›Hat Kinder ausgeplündert.‹

Messen

Tagtäglich werden vier- bis fünftausend Messen, das Stück zu fünfzehn Sous, gelesen. Nur die Kapuziner geben sie um drei Sous billiger. Gestiftet wurden sie allesamt von unseren braven Vorfahren, die oft schon um eines Traumes willen Auftrag gaben, das unblutige Opfer sei in ihrem Namen bis in alle Ewigkeit zu zelebrieren. Kein Testament, das ohne Stiftung einer Messe ausgekommen wäre, man hätte den Verblichenen der Ketzerei verdächtigt, und jedem, der diesen Punkt in seinem letzten Willen vergaß, verweigerten die Pfaffen das Begräbnis; an Beweisen hierfür fehlt es wahrlich nicht.

Schaut Euch in einer beliebigen Kirche um: links und rechts und vorn und hinten und im Seitenschiff sind lauter Priester, einer, der die Hostie gerade segnet, ein anderer, der sie hochhält oder ißt oder just das ›Ite missa est‹ ausspricht.

Ein paar Geistliche aus Irland kamen bei Gelegenheit auf die Idee, am selben Tag zwei Messen herzubeten. Daß man in dieser Riesenstadt den Schwindel überhaupt entdeckte, ist nur dem Zufall zu verdanken. Bewogen hatte sie zu dieser Doppelzelebration ihr Doppelappetit.

Im vorigen Jahrhundert gab es an der Kirche des Petit-Saint-Antoine einen Priester, der sich heimlich hatte trauen lassen und zusammen mit seiner Familie in der Nähe des Maubert-Platzes wohnte. Mit derselben Inbrunst, mit der er dem Altare diente, liebte er auch seine Frau. Kurz, er war ein guter Geistlicher, ein guter Ehemann, dazu Vater von fünf Kindern, und um gefährlicher Neugier zu entgehen und dennoch zweierlei und zweifach heißgeliebter Pflicht gerecht zu werden, zog er sich zweimal täglich um. Sein Glück wurde von einem gemeinen Denunzianten zerstört: das Parlament kassierte seine Ehe, ihn selber schickte man auf Lebzeit ins Exil, wobei er noch froh sein konnte, daß man keine härtere Strafe über ihn verhängte.

Dagegen war der Abbé Pellegrin zwar nicht verheiratet, dafür komponierte er beim Messelesen ganze Opern. Da seine Melodien aber von ziemlich kalter Machart waren, hatte hierbei wohl der Teufel seine Hand nicht mit im Spiele. Dennoch machte man darauf ein Verslein:

›Am Morgen ist er Katholik – am Abend ist sein Glaube tot –
das Frühstück nimmt er vom Altar – doch vom Theater holt ers Brot!‹

Ein gewisser Prinz, der den seiner nicht geringen weltlichen Interessen wegen recht bekannten Abbé P... zu seinem Kaplan ernannte, erklärte diesem bei der ersten Audienz, er möge zur Kenntnis nehmen, daß er, der Prinz, niemals zur Messe gehe. »Und ich, mein Herr«, erwiderte der Abbé, »lese niemals welche!«

Die Messe, die man noch vor ein paar Jahren um zwei Uhr nachmittags im ›Heiligen Geist‹ abhielt, hieß allgemein die ›Moschus-Messe‹. Zu ihr begaben sich die trägen Spätaufsteher der gehobenen Kreise in hellen Scharen vor dem zweiten Frühstück. Dem Priester gab man drei Livres, weil er ja solange nüchtern bleiben mußte, und auch die Stuhlvermieterin fuhr gut dabei. Der Erzbischof indes verbot die Messe, mit der Folge, daß man sich seither daran gewöhnt hat, ohne sie zu leben. Wäre er klug gewesen, hätte er die ›Moschus-Messe‹ weiterlaufen lassen.

Seit zehn Jahren gehen die besseren Leute überhaupt nicht mehr zur Messe oder höchstens sonntags, und selbst dann nur, um die Dienerschaft nicht vor den Kopf zu stoßen, was den Lakaien selbstverständlich nicht verborgen bleibt.

Am 3. August 1670 griff ein gewisser François Sarrazin, geboren zu Caen in der Normandie, 22 Jahre alt, ursprünglich Hugenotte, dann Katholik geworden, jedoch noch immer Gegner des Glaubens an die Fleischwerdung Gottes – griff also dieser François Sarrazin in Notre-Dame die Hostie mit gezücktem Degen an, und zwar in dem Moment, da sie der Priester zur

Mutter Gottes hochhob. Indem der Ketzer nun besagte, eben erst geweihte Hostie durchbohren wollte, verletzte er den Geistlichen. Dieser ergriff, an zwei Stellen blutend, die Flucht, doch seine Wunden waren ungefährlich. Augenblicklich wurden alle Messen eingestellt und die Altäre ihres Schmuckes entkleidet. Bis zum Tage ihrer neuen Weihung blieb Notre-Dame geschlossen. Der 5. August war für François Sarrazin der Tag der Buße. Vorn und hinten trug er ein Plakat, auf dem zu lesen stand: ›Kirchenschänder.‹ Man hackte ihm die Faust ab, dann wurde er auf dem Grève-Platz bei lebendigem Leib verbrannt. Er gab weder Zeichen der Reue von sich, noch schien er den Tod zu fürchten. Am 12. tilgte man das Sakrileg in feierlicher allgemeiner Prozession. Auf Befehl von Monsieur de la Reynie, dem Chef der Polizei, mußten an jenem Tage in der ganzen Stadt und auch in ihrer näheren Umgebung alle Krämerbuden geschlossen bleiben. So liest man's in der ›Gazette de France‹ von 1670 auf den Seiten 771 bis 796...

In unserem Jahrhundert ist trotz aller kirchenfeindlichen Schriften und Reden und trotz der großen Zahl von Atheisten – Gott sei Dank – kein Sakrileg dieser Art begangen worden. Selbst das geweihte Wasser blieb ungelästert, und die Gottesdienste ließ man immer ungestört und ebenso die öffentlichen Prozessionen des Jubiläumsjahres, dem Glauben wird – zumindest äußerlich – Respekt gezollt. Allerdings könnte man einwenden, daß der Vorfall an der Abbéviller Schranke ein öffentliches Ärgernis gewesen sei. Doch die Behauptung, das Kreuz auf jener Brücke sei von Frevlerhand verstümmelt worden, steht auf schwachen Füßen. Dieses Kruzifix aus Gips stand ohnehin schon dauernd in Gefahr, von Lastfuhrwerken umgestürzt zu werden, und der Zolleinnehmer von Abbéville, ein kluger, philosophischer Kopf, war sicher nicht der Mann, dem Kreuze mit dem Degen auf den Leib zu rücken. Ruhig und entschlossen ging er in den Tod. Und wenn das Parlament mit seinem Urteilsspruch in die Zeit der Inquisition zurückfiel, dann

einzig, weil es ein paar Jesuiten seinen Glaubenseifer zeigen wollte. Als dann die Reue kam, war es zu spät. In Zukunft wird es, dessen kann man sicher sein, ähnlich strenge Strafen nur noch gegen einen neuen François Sarrazin verhängen, vorausgesetzt, es träte nochmals ein Verrückter dieser Sorte in Erscheinung, was aber äußerst unwahrscheinlich ist.
Wer heute über die Mysterien und das Dogma herzieht, riskiert im schlimmsten Fall, sich lächerlich zu machen und wie ein kleiner Junge, der die Welt noch nicht begriffen hat, dazustehen. Witze über die Messe machen höchstens noch Friseurgehilfen. Soll sie zelebrieren, soll sie hören, wer sie mag, zu reden gibt es nichts mehr über sie!

Die Elstern-Messe

Einem Bourgeois waren mehrere silberne Gabeln abhanden gekommen; er bezichtigte die Magd des Diebstahls, erhob Klage gegen sie und übergab sie der Justiz. Die Justiz henkte sie. Sechs Monate später fanden sich die Gabeln wieder – auf einem Dache zwischen etlichen Ziegeln, wo eine Elster sie verborgen hatte. Wie man weiß, wird dieser Vogel von einem merkwürdigen Instinkt getrieben, Gold- und Silberzeug zu stehlen und zu seinem Nest zu tragen. Für das Seelenheil der unschuldigen Magd ließ man fortan in der Kirche von Saint-Jean-en-Grève einmal jährlich eine Messe lesen. Die Richterseelen hätten ihrer freilich in weit höherem Maße bedurft.
Messen zelebrieren lassen mag ganz gut sein, besser wäre indes, der Untersuchungsrichter nähme es mit der Überprüfung solcher Fälle genauer. Vor allem aber sollte man die Strafe dem Delikt anpassen, denn die übertriebene Strenge des Gesetzes hebt dessen Wirkung gänzlich auf; Dieberei im Haushalt bleibt, obschon sehr weit verbreitet, in unseren Tagen meist unbe-

straft, weil sowohl der Herr als auch der Richter Abscheu vor der unangemessenen Grausamkeit der Sühne empfinden. Nur mit einer milderen, dafür jedoch unvermeidlichen Strafe wäre die Ordnung wirksam wiederherzustellen. Auf zehn Mägde kommen sechs, die stehlen. Keiner aber wagt es, sie des Diebstahls zu bezichtigen – aus Furcht vor dem, was danach kommt. Jagt man sie aus dem Haus, dann stehlen sie beim Nachbar weiter, weil es ihnen zur Gewohnheit geworden ist, dabei ohne Strafe auszugehen. Es ist betrüblich, wenn man sich gezwungen sieht, sein Personal ohne Unterlaß im Auge zu behalten, denn in Paris, das muß man leider sagen, herrscht zwischen Herr und Diener kein Vertrauen mehr. Die Hausfrau hat die Tasche mit jeder Art von Schlüsseln vollgestopft; sie hält den Daumen auf den Wein, den Schnaps, den Zucker, die Makronen, den Ölkrug und das Konfitürenglas. Und manche Gattin eines Staatsanwaltes hält sogar das Brot und auch den der Gefräßigkeit der Schreiber entgangenen Rest der Suppe hinter Schloß und Riegel. Als eine solche Dame einst zu einem Essen in der Stadt geladen war, vergaß sie, ihrer Magd den Schlüssel zum Brotschrank dazulassen. Der dritte Schreiber, den es wenig scherte, daß er darob um seine Stellung kommen könnte, lud den Schrank auf die robusten Schultern eines Lastenträgers, betrat den Speisesaal und sprach mit lauter Stimme: »Hier, Madame, ist der Schrank, es fehlt nur noch der Schlüssel!«

Die Kopfsteuer

Jedermann, der nicht zur Geistlichkeit gehört, bezahlt sie, und als erster Untertan des Königs sogar der Dauphin, was wie ein guter Witz anmutet. Nur Jean-Jacques Rousseau hatte es sich in den Kopf gesetzt, sie zu verweigern, und er machte dabei geltend, daß ihm die Stadtverwaltung, der damals auch die Oper

unterstand, für seinen ›Dorfwahrsager‹ noch 60000 Francs schuldig sei. Schon war man an dem Punkte, in den Estrich, auf dem er wohnte, eine ›Garnison‹ einzuquartieren, als der eben noch im letzten Augenblick gewarnte Steuervogt den Streitfall erst einmal vor das Gericht des Propstes der Kaufmannschaft, der Schöffen und der Quartiersvorsteher brachte. Es trat zusammen und entschied nach Auszählung der Stimmen, dem Verfasser des ›Emile‹ die drei Livres und zwölf Sous – das ist die Summe, die auch eine Dienstmagd zahlt – großmütig zu erlassen. Genauso lief die Sache ab, ich kann's beschwören, war ich doch damals Zeuge sowohl der Drangsalierung, der man Jean-Jacques ausgesetzt, als auch seines zähen Widerstandes. Vergebens suchten seine Frau und seine Freunde die Summe für ihn auszulegen – bei Strafe, ihnen bis zum Jüngsten Tage gram zu sein, verbot er ihnen, sich da einzumischen. Darauf versuchte man, ihm beizubringen, daß die ›Garnison‹ selbst große Dichter, wer sie auch immer seien, nicht im geringsten respektiere. Er gab zurück: »Nun gut, wenn sie sich wirklich meines Raums und meines Bettes bemächtigen, dann setze ich mich unter einen Baum und werde dorten meines Todes harren.« – Er war der Mann, die Drohung wahr zu machen! Glücklicherweise merkte man beizeiten, welch armen und berühmten Mann man da verfolgte. Er durfte schließlich bleiben, wo er war, im fünften Stock, an der Rue Plâtrière, unweit der großen Post.
Diese Steuer, deren Legitimität von ziemlich zweifelhafter Güte ist, beunruhigt die Gemüter mehr als alle Zehnten und die Einfuhrzölle, denn sie trifft jedermann, und jeder muß sich ihr persönlich beugen. Im Vergleich zu den anderen Abgaben bringt sie wenig ein. Für den Bürger ein Grund mehr, sie als demütigend zu empfinden; die laufenden Finanztransaktionen haben allerdings bewirkt, daß sie seit einigen Jahren stetig, wenn auch widerrechtlich anwächst und im Begriffe steht, zu einer schweren und bedrohlichen Last zu werden. Wer will, kann dagegen protestieren; der Propst der Kaufmannschaft ist in dieser

Angelegenheit der Richter und entscheidet über die Gesuche, sofern man sie ihm früh genug zur Kenntnis bringt. Zum Kopfgeld hinzu kommen die Taxe der vier Sous sowie die Steuer für die Bauarbeiten am Palast. Zusammen wiegen die zwei letzteren die erstere fast auf.
Stünde die Finanzwirtschaft der Regierung nicht im Gegensatz zu jeglicher Vernunft und Menschlichkeit, dann würde man sich an den Luxus halten und die Steuern aus den Equipagen, den Palästen, den Lakaien und aus den privaten Gärten in der Stadt ziehen, kurz, dann würde man das Geld bei denen holen, die es haben!
Wer seine Kopfsteuer nicht bezahlt, dem bleibt zivile Pfändung zwar erspart, das heißt, daß man darauf verzichtet, ihm seine Möbel wegzunehmen, um sie auf öffentlichem Platze zu versteigern; dafür droht ihm jedoch der militärische Vollzug. In des Königs der Franzosen Namen schickt ihm der Steuervogt die ›Garnison‹ ins Haus, was bedeutet, daß in seinem Bett Soldaten schlafen und an seinem Herd ihre Suppe kochen werden.
Um sich des Kopfgeldzwangs auf ihre Weise zu entledigen, geben die Schauspieler der Oper alljährlich ein paar Sondervorstellungen. Mit anderen Worten: sie bezahlen in der Affenwährung, mit Hopsern und mit Sprüngen, und kommt dabei ein Überschuß heraus, gehört er ihnen – als Gratifikation.
Die niedrigste Kopfsteuer beträgt 30 Sous, und selbst den letzten, allen Winden offenen Winkel unterm Dach verschont die königliche Einzugsordre nicht. In Indien entrichten, wie man hört, die Armen ihre Steuer in Gestalt von Läusen; sie geben, was sie haben. Auch den Unglückseligen, von denen hier die Rede ist, wäre mit der indischen Methode sehr geholfen.
Unmerkliche Aufschläge haben die Kopfsteuer nach und nach verdoppelt. Auf dieselbe Art erhöhte man die Zwanzigstel und auch was sonst noch so erhoben wird. Und wann geschah dies? Als Herr Necker der Verwaltung vorstand. Nichtsdestoweni-

ger wird ihm nachgesagt, mit Steuern sei er glimpflich umgegangen.
Der Pariser hüte sich davor, die Eintreiber der Kopfsteuer und der Zwanzigstel als ehrenhafte Bürger zu betrachten! Er soll vielmehr in ihnen, so wie es dem Geiste und dem Wort des Evangeliums entspricht, raffgierige Zöllner sehen. Die Kerle mit Verachtung zu bestrafen ist zwar nur eine kleine, wohl aber legitime Rache, denn die Härte, die sie im Amte walten lassen, entspricht oftmals der Härte ihrer Herzen, und überdies sind sie stets bereit, das Wohl der Bürger preiszugeben und sich zum Instrument der Willkür herzugeben. Sie zu respektieren wäre also falsch, denn was sie tun, ist eine Art von Unterdrückung, zumindest aber Machtmißbrauch.
Vernehmt, was Necker selbst dem König sagte: die Kopfgeldsteuer sei ungewissen Ursprungs und außerdem Quelle manchen Ungemachs und vieler Klagen. Er mußte sogar eingestehen, daß sie nicht rechtens sei. Ein Wort, das wahrlich keines Kommentars bedarf!

Nennt sie, wie ihr wollt

Die große Zahl der Kurtisanen, in deren Netzen sich die Jugend von Rang so leicht verfängt und damit den anderen Frauen verlorengeht, hat in Paris eine gewisse Sorte von Weibern hervorgebracht, die sich dem Laster zwar nicht schamlos offen hingeben, aber gewiß auch nicht auf dem strengen Pfad der Tugend wandeln. Obschon weniger abgebrüht als jene andern, beherrschen sie doch die Kunst des verführerischen Augenspiels ganz gut.
Mit Geld erreicht man nichts bei ihnen, wohl aber mit geschmackvollem Schmuck. Gegen die käuflichen Mädchen, ihre Rivalinnen und Feindinnen, ziehen sie ganz fürchterlich vom

Leder, doch gelegentlich, wenn sie beim Spiel verloren haben, jammern sie leise vor sich hin, sie seien ruiniert, so daß man ihnen unter der Hand etwas borgt, auf daß sie mit ihrem Gatten, den sie mehr fürchten als achten, keinen Ärger bekommen. Der Mann, der eine von ihnen haben will, braucht mit ihr lediglich zum Juwelier zu gehen und für das eine oder andere modische Stück aufzukommen, denn Gold kennt nur eine Farbe, und die bleibt immer im Schwange – nur seine Formen wechseln.
Die Sitten erlauben es diesen Frauen, sich auf Bällen, im Kolosseum und im Theater zu zeigen, und niemandem fiele es ein, bei ihrem Anblick zu sagen: »Das ist eine von denen...!« Vielmehr sagt man: »Das ist Madame Soundso, der Monsieur... seinen Arm geliehen hat...«, und wehe dem, der dennoch über sie zu lästern wagte! Die ganze Meute ihrer Busenfreundinnen und darüber hinaus die unendlichen Scharen der Freundinnen dieser Freundinnen geriete darob in flammende Empörung, und wo immer der Lästerer fortan auftauchte, würden Migränen vorgeschützt, geriete er in den Geruch eines Störenfriedes all der kleinen Zusammenkünfte der guten Gesellschaft oder, um das einschlägige Wort hierfür zu gebrauchen, in den Ruf, ein Monster zu sein. Eine Bezeichnung, die es auch mir ratsam erscheinen läßt, dieses Kapitel hiermit schleunigst abzuschließen.

Straßendirnen

Eines muß man ihnen lassen: sie geben sich als das, was sie sind. Wenigstens ein Laster ist ihnen fremd, das der Heuchelei. So richten sie denn auch nicht die Verheerungen an, die oftmals dann entstehen, wenn sich lüsterne Ziererei als wohlanständige Liebe ausgibt. Weit öfter unglückliche Opfer des Elends oder der Gewissenlosigkeit ihrer Erzeuger denn ihrer eigenen Hemmungslosigkeit, empfinden sie sich selber als Erniedrigte, neh-

men sie Schmach und Beleidigungen hin, und da ihnen die Anmut der Schüchternheit längst abhanden gekommen ist, machen sie sich stark mit deren Gegenteil, der Niedertracht. Doch selbst in diesem Abgrund der Verderbtheit gibt es noch Abstufungen. Die eine tut es nicht nur um des Geldes, sondern auch um des Vergnügens willen, die andere ist bereits bis zur Geschlechtslosigkeit verroht und merkt nicht einmal mehr, wie lächerlich sie wirkt. Wir wollen hier weder die Ohren der Keuschheit noch die Augen der Unschuld durch die Schilderung von Szenen der Ausschweifung und der Liederlichkeit beleidigen, und mit Schweigen werden wir auch die Lotterlaunen, die Geilheiten und überhaupt die lockeren Sitten der 150000 Pariser Junggesellen übergehen. Lassen wir es bei der Feststellung bewenden, daß ihnen 30000 Prostituierte – so viele sind es – zu Gebote stehen.
Ihr Treiben hat mit kräftigem Pinselstrich und in heftigen Farben bereits ein anderer, ein Mann von Genie, geschildert: Herr Restif de la Bretonne, und sosehr dieses Gemälde, das er in seinem ›Verderbten Bauern‹ entworfen hat, den Betrachter abstößt, so wahr ist es leider dennoch. Genug davon! Hüten wir uns, empfindsame Seelen zu erschrecken. Die heimlichen Gebrechen der Menschheit sind nicht für aller Augen bestimmt. Begnügen wir uns mit der Feststellung, daß dieses Überhandnehmen der öffentlichen Mädchen der Verwilderung der Sitten nur zu sehr Vorschub leistet und die jungen Leute dazu verleitet hat, sich selbst gegenüber den ehrbarsten Damen ein Maß an Freiheiten herauszunehmen, das die Liebe ausgerechnet in unserem höflichen Jahrhundert zu einer recht ungeschliffenen Angelegenheit hat werden lassen.
Von der raffinierten Galanterie unserer Vorväter haben wir uns bereits so weit entfernt, daß es uns selbst im Gespräch mit Frauen, die wir aufs höchste verehren, mehr und mehr an Zartgefühl gebricht. Statt seiner beherrschen schlüpfrige Witze, Zweideutigkeiten und Skandalgeschichten unsere Rede. Es wäre an der

Zeit, diesen schlechten Ton zu korrigieren, wobei die Reform allerdings von den Frauen selber in die Hand genommen werden sollte. An ihnen läge es, die Ungehörigkeiten, die sie, bei Strafe als prüde zu gelten, über sich ergehen lassen müssen, nicht länger zu dulden.

Auf jeden Fall aber geht der Skandal um die öffentlichen Dirnen der Hauptstadt zu weit. Soviel Geringschätzung der guten Sitten, solch offene Verachtung allen Anstands ist von Übel und verletzt entschieden das Empfinden der ehrbaren Bürger. Wie soll da ein nicht eben auf Rosen gebetteter, aber ehrlich bemühter Familienvater noch seiner Tochter Arglosigkeit und Unschuld beschützen können, wenn ihr just in den Jahren der erwachenden Leidenschaften und dazu direkt vor der elterlichen Haustür eine elegant gekleidete Dirne vormacht, wie man Männer angelt, dabei mit dem Glanze ihrer zügellosen Lasterhaftigkeit paradiert und sich obendrein vom Gesetz beschützt weiß? Wie soll da das Mädchen nicht in tiefe, seinen Widerstand gegen die Versuchung untergrabende Zweifel über den Sinn der Tugend und deren Lohn gestürzt werden? Man predige ihm mit allen Gründen der Vernunft Enthaltsamkeit – das verführerische Beispiel vor seinen Augen wird ihm desungeachtet gefährlich bleiben. Um so mehr, als der allgemeinen Verlotterung der heutigen Sitten selbst die kühnste Phantasie nichts mehr hinzuzufügen vermöchte. Hat doch die Verkommenheit nicht nur der untersten, sondern auch der obersten Schichten der Gesellschaft mittlerweile einen Grad erreicht, der kaum noch zu überbieten sein dürfte!

Auf den Strich gehen in Paris 30000 öffentliche Mädchen, dazu kommen rund 10000 weitere, die demselben Gewerbe auf etwas diskretere Weise nachgehen, nämlich indem sie sich aushalten lassen und Jahr für Jahr mehrmals den Liebhaber wechseln. Sie bezeichnete man früher als Frauen der Liebe oder einfacher noch als mannstoll. Von Liebe kann bei den Straßendirnen freilich keine Rede sein, und wenn es unter ihresgleichen manns-

tolle geben sollte, sind sie doch bei weitem nicht so toll wie jene, die sich mit ihnen einlassen.

Etliche der armen Luder arbeiten für die Polizei. Deren Agenten tyrannisieren all diese Unglücklichen aufs brutalste und knöpfen ihnen – um das Maß der Erniedrigung voll zu machen – sogar Geld ab. Die Korruptheit, mit der dabei zu Werke gegangen wird, ist oftmals schrecklicher noch als selbst die der verrufensten Dirne, was dieser das Recht gibt, die, denen die Palme der Niedertracht gebührt, zu verachten. Jawohl, es gibt Menschen, die noch tiefer stehen als diese Frauen: gewisse Polizeibeamte!

Die Händler dürfen – so will es ein Polizeidekret – Kleider, Pelze, Kopftücher und anderes Toilettenzubehör weder für den Tag noch für die Woche an Dirnen vermieten. Was zum einen zeigt, wie grenzenlos ärmlich diese Frauen leben, zum andern den scheußlichen Wucher aufdeckt, den die Krämer, ohne zu erröten, auf Kosten solcher Kreaturen betreiben. Letztere, die weder Tisch noch Bett, noch eigene Kleider besitzen, sind, wenn sie sich zu gutem Preis verkaufen wollen, gezwungen, möglichst fein daherzukommen, denn ein Pelz schindet nun einmal mehr Eindruck als ein einfacher Überrock.

Woche für Woche werden Dirnen verhaftet, und zwar vorwiegend nächtlicherweise und unter den nichtigsten Vorwänden, was den politisch denkenden Beobachter bei all seinen Vorbehalten gegenüber diesem Völklein bedenklich stimmen muß. Immerhin wird dabei von Amts wegen der nächtliche Hausfrieden verletzt, auch springt man mit den Opfern, wiewohl sie zum schwachen Geschlecht zählen, nicht eben glimpflich um; selbst wenn sie schwanger sind, was gelegentlich vorkommt, da Unzucht nicht in jedem Fall Unfruchtbarkeit zur Folge haben muß, bleibt ihnen nichts erspart. Man liefert sie vorerst in das Gefängnis an der Rue Saint-Martin ein, von wo aus sie am letzten Freitag eines jeden Monats dem Polizeirichter vorgeführt werden. Ihr Urteil – Einschließung in die Salpêtrière – müssen sie auf den Knien entgegennehmen, wobei sich weder Staatsanwälte noch Advokaten, noch Verteidiger um sie kümmern. Wenn das keine Willkür ist... Am nächsten Morgen heißt man sie einen länglichen, offenen Karren besteigen. Da stehen sie nun, eng aneinandergepreßt. Die eine weint, die andere stöhnt, die dritte versucht ihr Gesicht zu verbergen; nur die Abgebrühtesten halten den Blicken des johlenden Pöbels stand und zahlen diesem die Zoten, die er ihnen unterwegs nachbrüllt, mit scharfer Zunge heim. Die schändliche Fuhre durchquert die Stadt nämlich am hellichten Tage, und das, was sich dabei abspielt, ist nichts anderes als eine weitere krasse Verletzung des öffentlichen Anstands. Die Erlaubnis, im geschlossenen Wagen zu fahren, wird nur den vornehmen Huren und den Matronen erteilt – gegen entsprechende Barzahlung. Angekommen im Hospiz, untersucht man sie. Die, welche sich angesteckt haben, werden abgesondert und nach Bicêtre geschickt, wo sie entweder Heilung finden oder sterben. Auch darüber wäre etliches zu berichten, allein, noch steckt mir das Grauen vor dem, was ich dort sah, zu tief in den Knochen, noch sträubt sich meine Feder, es wiederzugeben.

Man schätzt die Summe, die alljährlich an öffentliche Dirnen jeder Art verschwendet wird, auf 50 Millionen. An Almosen dagegen bringt die ganze Stadt kaum drei Millionen auf, was allerdings zu denken gibt! Der Löwenanteil des Sündenlohns fließt in die Taschen der Modehändler, der Juweliere, der Karossenvermieter, der Wirte, der Herbergen- und Stundenhotelbesitzer usw. Nicht auszudenken aber wäre, was geschähe, wenn es plötzlich keine Prostitution mehr gäbe. Zwanzigtausend Mädchen verkämen dann unweigerlich im Elend, außerstande, ihr Brot durch eine ihrem Geschlecht gemäße ehrliche Arbeit zu verdienen. Auch scheint es, als gehöre Ausschweifung untrennbar zum Leben einer großen Stadt, zumal nicht wenige Gewerbe nur so lange blühen können, als das Laster stetig dafür sorgt, daß das Geld in raschem Umlauf bleibt. Selbst der Geizhals greift in seine Truhe voller Gold, wenn er der Lust, sich etwas Junges, Hübsches beizulegen, nicht länger widerstehen kann, und wenn er später dann bereut und seinen Talern nachweint, sind diese längst davongerollt.

Kurtisanen

So werden jene mit Diamanten behängten Wesen genannt, die ihre Gunst zu Höchstpreisen versteigern, obschon so manche von ihnen in keiner Weise anziehender ist als das Mädchen, das sich, von der Not getrieben, für ein paar Francs anbietet. Beide obliegen sie demselben Gewerbe, und doch klaffen Abgründe zwischen ihnen, aufgerissen durch die Launen des Schicksals, durch ein bißchen angelernte Lebensart und etwas Geist.

Welch ein Abstand zwischen der hochfahrenen Laïs, die in ihrer Prunkkarosse (welche man, wüßte man nicht Bescheid, für die einer jungen Gräfin hielte) nach Longchamp fliegt, und der Gossenhure, die sich nachts an irgendeiner Ecke die Beine abfriert! Welch eine Fülle hierarchischer Abstufungen, unterschiedlicher Namen und Nuancen für eine Sache, die doch trotz allem stets dieselbe bleibt! Laster und Bedürftigkeit haben viele Gesichter, mal nennt man sie so, mal anders, je nachdem, ob sie 100 000 Livres im Jahr einbringen oder ein paar Münzen für die Viertelstunde.

Ihrem Range nach stehen die Kurtisanen zwischen den Frauen, die sich in Ehren aushalten lassen, und den öffentlichen Dirnen. Ein gewisser Schriftsteller hat sie recht treffend charakterisiert, indem er sagte: »Man könnte sie als die Weibchen der Gattung der Höflinge (auf Französisch = courtisan. J. V.) bezeichnen; sie bedienen sich derselben Listen und Ränke, und gleichermaßen widerlich ist ihr Gewerbe, sie kranken an denselben Übeln,

La cinquante Tomans
La cent Louis

sind nicht minder unersättlich, sehen ihnen also, mit einem Wort, bei weitem ähnlicher, als so manches Weibchen einer andern Gattung seinem Männchen…«

Mädchen, die sich aushalten lassen

Im Range stehen sie unter den Kurtisanen, sind indes weniger verderbt als jene. Sie haben einen Geliebten, der für sie aufkommt, dem sie auf der Nase herumtanzen, den sie aussaugen und verschlingen, und einen zweiten, den nun wieder sie bezahlen und für den sie jede Verrücktheit begehen würden. Entweder stumpfen diese Frauen mit der Zeit ab, oder sie lieben bis zum Wahnsinn. In diesem Fall entrichten sie der Liebe den Tribut des Herzens, im andern werden sie früher oder später heiratswütig. Wer mehr Wert auf sein Glück als auf seine Ehre legt, nimmt sie zur Frau und erniedrigt sich dabei. Meist sind es kleine Geiger, mittelmäßige Maler oder unbedeutende Architekten, die derlei Ehen eingehen.
Wenn man in Persien von solchen Mädchen spricht, ist nie von Zaida oder Fatima die Rede, sondern – so jedenfalls berichtet es der Marquis d'Argens – stets nur von ›der zu 50‹ oder ›der zu 20 Toman‹. (Ein Toman ist in unserem Gelde 15 Taler wert.) Auf gleiche Art, so meint der Marquis, sollte man auch die Namen unserer ausgehaltenen Mädchen durch deren Preis ersetzen und nur noch von ›der zu 100, der zu 50 oder der zu 10 Louis‹ sprechen. Das wäre zweifellos von öffentlichem Nutzen und namentlich von Vorteil für die Fremden, die doch für das, was jedermann für wenig Geld bekommen kann, oftmals stark überfordert werden…

Das Geschäft mit dem Wasser

Wenn man in der Schweiz, wo selbst das kleinste Dorf über mehrere bequeme, reichlich fließende öffentliche Brunnen verfügt, davon erzählt, daß das Wasser in Paris gekauft werden muß, daß dort die Rohre der Brunnen übers halbe Jahr trocken bleiben, daß die Pferde am Fluß getränkt werden und man fließendes Wasser nur in den verschmutzen Becken einiger Promenadenfontänen zu sehen bekommt, wenn man in der Schweiz über diese Dinge berichtet, dann beginnen die Leute zu lachen und heben verwundert und mitleidig die Schultern.
Für den Ankauf von Wasser werden in der Hauptstadt schwindelerregende Summen ausgegeben. Nehmen wir an, ein jeder ihrer 900000 Einwohner – denn so viele sind es nach meiner Rechnung – benötige im Jahr dreißig Doppelfuhren, die Fuhre zu zwei Sous, dann ergibt das drei Livres pro Kopf und Jahr, oder 2700000 Livres im ganzen.
In London dagegen beliefern neun durch Feuer angetriebene Pumpen die ganze Stadt reichlich mit Wasser. Eine ähnliche Einrichtung hat man unlängst auch hier, und zwar beim Gitterzaun von Chaillot aufgestellt, und wir haben guten Grund zu hoffen, daß weitere dieser Feuermaschinen demnächst in allen andern Vierteln, die ihrer bedürfen, Einzug halten werden. Es handelt sich hierbei um eine Neuerung von wahrhaft großartiger, ja nationaler Bedeutung. Abgesehen von all ihren sonstigen Vorzügen, wird uns die mechanische Wasserversorgung nicht zuletzt auch bessere Atemluft verschaffen, was die Bevölkerung der Kapitale wohl zu schätzen wissen wird!
Weshalb aber faßt man das Wasser so weit unten am Fluß? Warum transportieren es die hydraulischen Maschinen nicht vom Port à l'Anglais zur Place de l'Estrapade, dem höchstgelegenen Punkt von Paris? Von dort aus ließe es sich leichter verteilen, auch wäre es sauberer. Nun, den Anfang wollte man im reichsten Viertel machen, im Faubourg St-Honoré, denn des-

sen Bewohner werden am ehesten in der Lage sein, die von der Wassergesellschaft für die Installation der Feuermaschinen vorgeschossenen Kosten aufzubringen. Diese Vorschüsse belaufen sich auf beinahe zwei Millionen.
Wer am Tag ein Faß Wasser (alte Pariser Maßeinheit; 1 Faß = 18 Hektoliter. J. V.) verbraucht, wird dafür 50 Livres im Jahr zu bezahlen haben. Zwanzig Faß werden demnach 1000 Livres kosten usw., und Rohrleitungen verschiedener, den Bedürfnissen der Besitzer angepaßter Kaliber werden zu einem jeden Hause führen, und in diesen Rohren wird das Wasser ganz von selber 15 Fuß hoch steigen.
Die Bäcker aber, die für ihren Teig Wasser aus Brunnen verwenden, die durch Sickerung aus Abtrittgruben und durch tausend andere Arten von Dreck verpestet sind, werden fortan, wenn das Brot nicht schmeckt, keine Ausreden mehr haben und ebensowenig die Brauer, die Färber, die Limonadenhändler, die Straßenkehrer und die Wäscherinnen, denn ihnen allen wird dann klares Wasser zur Verfügung stehen. Und auch bei Feuersbrünsten werden diese Pumpen eine große Hilfe sein, und endlich wird man auch das Pflaster von Paris, das schmutzigste und unbequemste weit und breit im ganzen Königreich, nach Herzenslust besprengen können.
Bergwärts getrieben wird das Wasser der beiden erstaunlichen, hinter der Porte de la Conférence installierten Maschinen, wie gesagt, durch das Feuer. Nichts weiter als der Dampf siedenden Wassers liefert diese wunderbare Kraft, die stärker ist als alle anderen Kräfte, die wir kennen. Sie hebt das Wasser 110 Fuß über den Niedrigwasserstand der Seine, und zwar in Mengen von 400000 Kubikfuß je 24 Stunden, was einem Gewicht von 28800000 Pfund entspricht. Damit könnte man sämtliche Teile der Stadt nach Lust und Laune tränken, waschen und spülen. Was dazu fehlt, sind einzig noch die Rohrleitungen, das Geld und der gute Wille der kleinen Hausbesitzer, die, wie man sagt, bisher keine Eile zeigten, sich in die Schar der Subskribenten

einzureihen. So schwer fällt es selbst den nützlichsten Erfindungen, sich gegen alte, dumme Vorurteile durchzusetzen – oder genauer noch, so knausrig ist der tausendfach geschröpfte Bourgeois selbst dann, wenn es um wichtige Dinge geht. Sind diese Feuerpumpmaschinen aber einmal in Betrieb, dann werden freilich zwölf- bis fünfzehntausend Wasserträger ohne Arbeit sein. Ob sich etwas anderes für sie finden lassen wird, ist fraglich, denn ihre Schultern sind vom Tragriemen gezeichnet, und die Männer selber, längst daran gewöhnt, die schwere Last im Gleichgewicht zu schleppen, sind womöglich außerstande, sich auf eine andere Art von Bürde einzustellen.

Die jungen, ledigen Damen

Nichts ist falscher als das Bild, das die Komödie von unseren Sitten gibt, wenn sie als Objekt der Liebe junge, ledige Adelsdamen auf die Bühne bringt. Damit macht sich unser Theater einer Lüge schuldig. Daß sich darob kein Fremder täuschen lasse: hierzulande liebt man keine Adelsfräulein mir nichts, dir nichts; diese bleiben bis zum Tag der Hochzeit in den Klöstern eingeschlossen! Sich ihnen zu erklären ist unmöglich, schon die Moral verböte es. Außerdem trifft man sie nie allein, und wider allen Anstand wäre ihnen gegenüber selbst die kleinste Geste der Verführung. Auch der Großbourgeois bringt seine Töchter schon beizeiten ins Kloster, und die vom zweiten Stockwerk hält die liebe Mama unterm Fittich. Mädchen aus gutem Hause haben somit vor der Ehe im allgemeinen weder die geringste Freiheit noch das Recht auf irgendeine Art vertrauten Umgangs.

Einzig die Töchter der Kleinbürger, der einfachen Handwerker, der Leute aus dem Volk steht es frei, zu gehen und zu kommen, wie es ihnen paßt, und also auch zu lieben nach Belieben. Alle übrigen empfangen ihre Gatten aus der Hand der Eltern. Und der dazugehörige Kontrakt ist weiter nichts als ein Geschäft; ausgehandelt wird er ohne sie. Die andern Mädchen aber, die aus den Buden der Putzmacherinnen, der Weißnäherinnen und der Schneider, nennt man Grisetten. Nach ihrer Art zu leben, stehen sie etwa zwischen denen, die sich aushalten lassen, und den Mädchen von der Oper. Allerdings sind sie zurückhaltender, auch schicklicher als jene und oftmals echter Gefühle fähig. Ihre Ansprüche sind bescheiden, und wer mit ihnen geht, braucht keinerlei Skandale zu befürchten. Sie verlassen ihre Wohnung nur an Sonn- und Feiertagen und suchen sich dann einen Freund, der sie für die Woche voller Langeweile entschädigt, denn lang genug wird einem ja die Woche, wenn man von früh bis spät die Nadel führen muß. Die Klügeren unter ihnen sparen sich dabei eine Aussteuer zusammen oder heiraten eines Tages ihren Geliebten. Die andern altern mit der Nadel in der Hand oder enden im Asyl.

Die Autoren von Komödien wären gut beraten, all diese Bräuche ernstlich zu beachten und sich ein für allemal gesagt sein zu lassen, daß man einer ledigen jungen Frau von Rang niemals auf offener Szene seine Liebe beichtet, es sei denn, die Eltern jener Schönen hätten es erlaubt, was dann aber meist bedeutet, daß die Hochzeit schon beschlossene Sache ist. Die Liebe edler Damen, die uns von den Stückeschreibern unserer Zeit gezeigt wird, ist somit in Wahrheit weiter nichts als die von Näherinnen. Um diesen krassen Widerspruch zur Wirklichkeit aus ihren Texten auszumerzen, müßten sich die Schreiber künftig schon an junge Witwen halten. Aber auch damit wär's noch nicht getan, denn in ihren Stücken gibt es ja nicht nur viel zu viele Edeldamen, sondern ganz entschieden auch zu viele Grafen und Barone. Weshalb nur? fragt man sich, da es doch für die Bühne schon in der nächsttieferen Etage viel mehr Lebendig-Buntes und Vergnügliches zu holen gäbe!

Leichenbegängnisse

Es wird Zeit, daß wir unseren Pinsel auch einmal in den schwarzen Topf tauchen. Alles ist dem Wechsel unterworfen, alles geht so schrecklich schnell dahin, es mahnt der dumpfe Klang der Totenglocke. Bald werden wir alle in unsere Särge sinken, die, schon geöffnet, ihrer Beute harren. Das Sargmagazin ist wohl versehen; weiß man doch, daß die Zahl der Opfer niemals kleiner werden wird! Kein Tag vergeht, an dem der Tod nicht jählings zuschlägt, und dennoch gibt es keine andere Stadt als diese, in der man das Spektakulum des Todes mit soviel Gleichmut hinnimmt. Beerdigungen ist man hier gewohnt, und wer Wert darauf legt, nach seinem Tod beweint zu werden, der sollte sich hüten, in Paris zu sterben.

Priester und Totengräber haben ihren eigenen Kalender; sie richten sich nach den Monaten, in denen das große Geläut häufiger als sonst erklingt und der Krämer seine zwei Pfund schweren Trauerkerzen am besten los wird. Und wenn es wieder soweit ist, kehren auch die vereidigten Ausrufer, eigens um den Trauerbaldachin zu rüsten, vom Lande in die Stadt zurück, und selbst die Gräber sind dann schon auf Vorrat ausgeschachtet und bereit.

Dem Sargtischler, diesem Fabrikanten unserer letzten Bleibe, gibt die Kirche ebenfalls beizeiten einen Wink, und dieweil er sich an seine Arbeit macht, zählt er – nicht anders als der Pfarrer – im Geiste schon das schöne Geld, das ihm aus der erhöhten Sterblichkeit erwachsen wird.

In den Salons indes geht alles weiter den gewohnten Gang, und wieder einmal zeigt es sich, wie genau der kleine Dialog aus der Komödie ›Der Kreis‹ ins Schwarze trifft: »Herr Soundso ist verstorben. Ich spiele die Herzdame aus!« »Das ist gewiß bedauerlich, Sie setzen auf das Kreuz, Madame?« »Er war ein ehrbarer Mensch. Woran ist er denn gestorben?« »Karo! – Weiß nicht, ganz plötzlich war er weg...«

Und ohne daß sich in den Gesichtern etwas regt, geht die Partie weiter; höchstens, daß man einmal kurz die Stirne runzelt, doch das Herz bleibt dabei kalt. Aber so gleichgültig, wie sie selber sind, wird man dereinst auch von diesen Spielern Abschied nehmen.

Wirklich, da wir ja nicht einmal mehr fähig und willens sind, den Tod der eigenen Eltern und des Freundes zu beweinen, täten wir besser, es wieder wie unsere Ahnen zu halten und uns für Trauerfälle Klageweiber zu mieten. Da erfährt ein Mann, daß seine Frau ertrunken ist. Was tut er? Er stampft mit dem Fuß auf und sagt: »Wie unangenehm!«

Im Laufe der nächsten hundert Jahre werden die Knochen und das hinfällig gewordene Fleisch von zweieinhalb Millionen Menschen beizusetzen sein, und zwar auf engstem Raum. Insgesamt stehen dafür ganze 6000 Klafter im Geviert, verteilt auf dreißig Friedhöfe, zur Verfügung. Und ein jeder Sprengel wacht mit Eifersucht darüber, daß ihm ja kein anderer seine Toten eingräbt; wer weiter ab verfaulen will, bedarf dazu besonderer Genehmigung.

Trauerfeiern sind meist alles andere als traurig. Für Reiche wird ein großer Lichterglanz entfacht, das ganze Kirchensilber wird zur Schau gestellt; ein Baldachin schwebt, gehalten von vier Säulen, überm Mittelschiff, dazu ein reichbesticktes Leichentuch; im tiefsten Baß erschallt das De profundis; dieweil alle Glocken des Geläutes weithin dröhnen, flackern in der Hand von 24 weißdrapierten Geistlichen gar feierlich die Kerzen; würdig singt man mehrere Messen; ein Zeremonienmeister sorgt dafür, daß jeder auf den richtigen Platz zu sitzen kommt; man stellt sich auf in Reih und Glied, dann geht von Hand zu Hand ein schöner Wedel mit geweihtem Wasser; artig grüßt man nach allen Seiten, und man wird gegrüßt, fast so, als spiele sich alles in einem Salon ab.

Die Armen dagegen werden im fahlen Schein von vier auf kupferne Halter gesteckten Talglichtern und mit einigen Psalmversen aus dem Diesseits entlassen. Anschließend galoppiert man eilig durch das unvermeidliche De profundis, und schon rennen die Sargträger und der Mann mit dem hölzernen Kreuz voller Ungeduld los und schmeißen den Toten in die Grube. Ein kleiner, schäbiger, fast kahler Wedel taucht in ein schmuddliges Weihwasserbecken, das entweder von geiziger Hand nur halb gefüllt, oder – häufiger noch – vollends trocken ist, so daß dem hinterbliebenen Sohn oder dem Freund, so der Verstorbene einen hatte, zur Besprengung des Grabes nur die eigenen Tränen bleiben. Noch hat der Sohn sein Schnupftuch nicht vom Auge genommen, da ist der Priester längst über alle Berge und mit ihm zähneknirschend ob der Armut des Verblichenen und des Erben, auch das andere Personal, der Friedhofswärter mit dem Hinkebein nicht ausgenommen.

Zur Beerdigung wird man eingeladen wie zu jedem andern Anlaß: ›Wir beehren uns, Sie zur Teilnahme... zu bitten etc. pp.‹ Darunter: ›Im Namen seiner Frau Witwe; seines Herrn Schwiegersohnes.‹ – Eigentlich wäre es angebracht, bei solcher Gelegenheit auch das Alter des Dahingegangenen zu erwähnen, doch nichts ist ungehöriger in Paris als die Frage nach der Zahl der Jahre von Toten und von Lebenden.

Den Preis für den Kondukt, die Leichenfeier und die Totengräber kassiert die Kirche stets im voraus. Man reicht Euch die gedruckte Liste der Tarife: Ihr bestimmt die Zahl der Priester, der Kerzen, der Fackeln und der Leuchter. Wünscht Ihr das kleine Geläut, oder zieht Ihr das große vor? Beide haben ihren festen Tarif, beim kleinen stehen Euch drei, beim großen neun Seilzüge zu, genau nach dem Motto:

›Herr Leichnam, ob wir für Euch beten,
ist eine Frage der Moneten.‹

Nichts, was nicht genau verrechnet würde; die Präsenz des Geistlichen mit eingeschlossen! Der von S. Eustache ist sehr viel teurer als der von S. Pierre-aux-Bœufs, was daher kommt, daß ersterer den größeren Einfluß hat. Er begräbt nur feine Leute. Fünfzig Francs nimmt er allein schon für das Ausschachten des Grabes; soundso viel wird für die Solosänger draufgeschlagen, die loszukreischen haben, wenn der Sarg hinabgelassen wird; weiteres kommt für den Schmuck und die Decke des Altars dazu, extra bezahlt wird sodann für den kleinen oder auch den großen Chor; auch für den Beichtvater muß etwas übrigbleiben, oder doch für den, der seine Rolle spielt, und selbst die weißen Handschuhe, die dazu gehören, sind keineswegs umsonst. Der Tote aber wird erst abgeholt, wenn Ihr die ganze Summe abgeliefert habt; nicht einmal Euern Sarg dürft Ihr Euch selber bei einem Tischler Eurer Wahl bestellen. Die Kirche verfügt über ihr eigenes Magazin, und dieses hat ein Monopol für den Verkauf, was reiner Wucher ist, zumal sie fast das Doppelte vom eigentlichen Preise nimmt.

Kaum hat ein Mensch seinen letzten Seufzer getan, reißt man ihn, noch warm, aus seinem Bett und sucht sich seines Leichnams schleunigst zu entledigen. Der Tod, diese letzte Katastrophe im Leben des Menschen, wird vom ebenso verheerenden wie grausamen Gesetz der 24 Stunden nicht minder streng beherrscht als die von unserer Nation so heiß geliebte klassische Tragödie. Und hier wie dort besteht nur wenig Aussicht, daß man sich je von diesem Zwang befreien wird. Man flüchtet, überläßt den Körper des Verstorbenen einem Greis. Dieser Greis ist meist ein armer Priester niederen Ranges. Dafür, daß er die ganze Nacht beim Toten wacht, gibt man ihm zwanzig Sous und eine Flasche Wein. Statt der Totengebete liest er, eingehüllt in seine Stola, gelegentlich ein bißchen im Tibull oder in der ›Pucelle‹. Die Leiche ihm zur Seite stört ihn kaum und auch der triste Schein des Totenlichtes nicht; selber schon am Ende seines Lebens, ist er mit dem Tode längst vertraut. Er stellt den Topf mit dem geweihten Wasser an den Fuß des Bettes und greift nach seiner hinterm Leichentuch verborgenen Flasche, auf daß sie ihm die Nacht verkürzen helfe.

Ehe die 24 Stunden um sind, wird der Körper des Verstorbenen

entkleidet, in ein Laken eingewickelt, in sein Gehäuse eingenagelt und zu einem Loch getragen. Schon am nächsten Tag wird man den Sarg nicht wiederfinden; vier, fünf weitere sind inzwischen hinzugekommen; man hat sie in dasselbe Grab gesenkt. Da es zu diesem Zeitpunkt meist noch offensteht, kann jeder hingehen und – sofern sein Auge sich traut – die neu daraufgepackten zählen. Erst wenn die makabre Pyramide ihr volles Maß erreicht hat und die gefräßige Grube ausgefüllt ist bis zum letzten Winkel, schüttet sie der Totengräber zu.
Man hat sich oft schon aufgehalten über diese Barbarei. Vergebens! Nicht einmal die Warnungen der Wissenschaft vermochten etwas gegen diese eingefleischten Bräuche, die sich, je übler sie sind, desto zäher halten.

Die Netze von Saint-Cloud

Den Unglücklichen, die sich in der Seine ertränken, ist selten nur, so wie sie sich's erhofft, das Glück beschieden, den unermeßlichen, herrlichen Ozean zum Grab zu haben. Wenn nicht gerade Eisgang ist, pflegt ihre letzte Reise in den Netzen von Saint-Cloud zu enden, und erkannt wird, wer da glaubte, er könne sich in aller Heimlichkeit aus dieser Welt verdrücken. Seine sterblichen Reste tun sein trauriges Verbrechen, seinen düsteren Irrtum kund.
Vor dreißig Jahren etwa gab man ein großes, öffentliches Fest am Seine-Ufer, und zwar zu einem Zeitpunkt, da der Fluß stark angeschwollen war, wobei, teils wegen des Gedränges, teils wegen eines Sturmes, etliche Menschen ins Wasser fielen. Aus Furcht, es könnten gar zu viele umgekommen sein, hob man die Netze von Saint-Cloud, um so die allzu große Zahl der Opfer zu vertuschen.
In diesen Netzen fangen sich, vom Strome aus der Hauptstadt

angetrieben, in kunterbuntem Zufallsdurcheinander die seltsamsten Trümmer. Man sagt, daß die Wächter der Anlage aus diesen Dingen nicht geringen Nutzen zögen.

Von eklen und anderen Speisen

An der Biegung einer engen Gasse eine Bude. Darin, auf angeschlagenen Tellern Dinge, die man kaum beschreiben kann. Halb verdorbene Speisereste. Hier endet, was vielleicht ein Bischof halbwegs schon im Munde hatte, ehe er sich eines Besseren besann und einen andern Happen vorzog. Hier endet das, was die Domestiken übriglassen und selbst die Küchenjungen verschmähen, und wartet darauf, in den hungrigen Mägen von Armen zu verschwinden, die so ausgemergelt sind wie die Küchenjungen fett. Was zu diesen zurückkommt, kratzen sie kunterbunt in einen Topf und verkaufen es gewissen Hökern, die es nehmen und ins Fenster stellen, wie es kommt.

Aber sollte es denn wirklich Leute geben, die daran Gefallen finden? Wartet's ab! Da kommt zum Beispiel jeden Abend einer, eingehüllt in einen Überzieher, schleicht sich aus seiner Dachkammer her, kauft von diesem widerlichen Zeug, auf das die Lakaien gespuckt haben, verbirgt es unterm Mantel und verschwindet. Durch allerhand Unglück in tiefstes Elend geraten, speist, wohnt und lebt dieser ehrbare Mann heute schlechter als der letzte Diener. Wer Barmherzigkeit üben möchte, dabei aber befürchtet, seine Almosen könnten in die falsche Hand geraten, braucht nur ein wachsames Auge auf diese Buden zu haben, denn die dort feilgebotenen fahlen, kalten Reste führen nur noch in Versuchung, wer wirklich am Verhungern ist. Wer seine traurige Nahrung von hier bezieht, der steckt mit Sicherheit sehr tief im Elend; hier kauft nur, wer sich in Not, in wirklicher Not befindet.

Regrat de Paris

In Versailles dagegen haftet dem Handel mit Speisen aus zweiter Hand durchaus nichts Widerliches an. Was von den Tafeln des Königs und der Prinzen abfällt, ist unberührt und heil, und der Bourgeois verzehrt es, ohne dabei zu erröten, denn alles, was vom Tisch der Prinzen stammt, gilt als lecker und bekömmlich. So kommt es, daß sich fast halb Versailles von dem ernährt, was von den königlichen Mahlzeiten übrigbleibt, und so erklärt sich's auch, daß die Küche ihrer Majestät große Mengen Fleisch für vulgäre Mägen zurichten und für sie, denen derlei Köstlichkeiten gar nicht zustünden, dauernd Meisterwerke ihrer Kunst vollbringen. Zuweilen wandern ganze Fische von enormer Größe von der Tafel ihrer Hoheit des Grafen von Artois direkt auf diejenige eines Hutmachers und dessen kleiner Familie. Mit Wonne regaliert sie sich daran und ist es so gewohnt, sich an Speisen voller Saft und Würze satt zu essen, daß sie nie auf eigene Rechnung kocht.
Anders als in Paris, wo die Buden der Speisehöker bei Tag wie ausgestorben sind, blüht dieser Handel in Versailles ganz offen; vor aller Augen, mit dem Degen an der Seite, besorgt man sich einen Steinbutt oder einen Lachskopf, den man seiner Seltenheit und Feinheit wegen anderswo um vieles teurer hätte bezahlen müssen, und rühmt sich gar, beim Höker von Versailles ein und aus zu gehen, wogegen einem beim Gedanken an die Speisehöker von Paris sofort speiübel würde.

Die Höker

Auch die Hökerei trägt wacker dazu bei, die Armen in der Hauptstadt umzubringen. Für Speis und Trank bezahlen sie bedeutend mehr als wir, obschon sie für ihr Geld nur das bekommen, was die andern Bürger übriglassen. Da ihnen sogar die Mittel für bescheidenen Kauf auf Vorrat fehlen, geben sie

Regrat de Verſailles.

für manche Dinge doppelt soviel aus, als diese wirklich wert sind. Wer auf die Winkelkrämer angewiesen ist, die selber schon im Detail kaufen, was sie im Detail an den Mann zu bringen haben, lebt zumindest um ein Drittel teurer.

Ich wiederhole: Dem Schuster, dem Maurer, dem Schneider, dem Lastenträger, dem Tagelöhner usw. wird für den Wein, das Holz, die Butter, die Kohle, die Eier und alles andere sonst ein ganz erheblich höherer Preis abverlangt als etwa dem Herzog von Orléans oder dem Prinzen von Condé, und dies ist wahrlich keine Meisterleistung unserer Gesellschaft! Und man denkt nicht mal im Traum daran, gegen diesen Mißbrauch, der dem Volk den Brotkorb höher hängt, einzuschreiten. So aberwitzig es klingt – der Mann, dessen Einkünfte sich auf drei Millionen belaufen, bezahlt für seine exzellenten Weine nicht mehr als der Mann aus dem Volk für sein gepanschtes Zeug, denn dieser ist gezwungen, sich für jede neue Mahlzeit in der Kneipe einzudecken. Hinzuzufügen wäre hier zur besseren Erklärung, daß er so handeln muß, da er in den meisten Fällen weder über Keller und Gefäß verfügt, noch das bißchen Geld erübrigen kann, das ihm gestatten würde, sich aus eigenem Vorrat zu versorgen. Der Ärmste ist zum Bettelsack verdammt, und je bedürftiger Ihr seid, desto ärger quält Euch die Bedürftigkeit.

Das Salz zum Beispiel, das die Winkelkrämer zu dreizehn Sous ans Volk verhökern – wohlgemerkt für dreizehn Sous das Pfund, und dabei schenkt es die Natur dem Königreich fast umsonst! –, dieses Salz ist nicht nur durch und durch verfälscht, sondern obendrein vermischt mit tausenderlei Unrat, der fast die Hälfte des Gewichts ausmacht. Das Salzregal, das selber schon das Pfund zu dreizehn Sous verkauft, zwingt nun also die Höker sozusagen, die unglückseligen Verbraucher zu vergiften. Wer da auf seine Rechnung kommen will, dem bleibt ja gar nichts anderes übrig als zu mogeln; man schüttet Wasser in die Ware, gibt Sand und sonstigen Dreck dazu. Und jeder weiß um diese unerhörte Gaunerei! Somit macht sich das Regal der Volksvergiftung schuldig, denn am Ursprung der gefährlichen Verfälschung, die sich durch Analysen beweisen läßt, steht einzig und allein die Gier der Finanziers. Kaum noch auszuhalten ist der Anblick dieser Meute unbarmherziger Feinde des Gemeinwohls; man stößt auf sie, wo man auch geht und steht, und was sie in die Finger nehmen, das verderben, korrumpieren sie, doch der gerechten Strafe wissen sie sich zu entziehen.

Sogar der Wein, den man in Kneipen maßweis ausschenkt, ist verfälscht, und dennoch hat man bisher keinen dieser Händler, die ihre Landsleute solcherart ums Leben bringen, baumeln sehen. Den Schmuggler aber, der seine Ware wenigstens nicht verunreinigt, schmiedet man auf die Galeere.

Getränke wie Wein, Most und Schnaps zu panschen ist leider keine große Kunst. Der Kaufmann schließt sich in sein Gewölbe ein, braut still und heimlich sein Gemisch zusammen und kippt zuletzt, sei es aus Habgier, sei es aus Dummheit, sogar Bleiglätte in das Faß hinein. Und die Polizei sieht dem ebenso betrügerischen wie verbrecherischen Treiben zu, ganz so, als sei sie sanft entschlafen, oder doch, als hätte sie vergessen, ihres Amts zu walten.

Schließlich kam es auch schon vor, daß man den Vorstadtbäckern schimmliges Mehl, welches aus den Lagern der Verwaltung stammte und dort aus diesem oder jenem Grund gelitten hatte, aufzwang. Weil die Lagerpächter ihre Kapitalien nicht verlieren wollten, gab man dem Volk verfaultes Brot zu essen. So geschehen unter dem verflossenen Regnum.

Den Getreidehandel den Mächtigen zu überlassen kann also sehr gefährlich sein, weil sie ihre Fehler und Verluste auf die andern abzuwälzen pflegen. Doch als man einem Herrscher nahelegte, das Geschäft in eigener Regie zu übernehmen, gab er zur Antwort: »Wer soll als König walten, wenn ich Krämer werde?«

Monopole

Ein Mann bemächtigt sich sämtlicher Vorräte eines bestimmten Lebensmittels und macht sich dadurch zum Tyrannen. Genau dies ist der Punkt, wo Handel zur öffentlichen Gefahr, zum Instrument der Unterdrückung wird! Wo einst der ehrliche Preis das Fundament allen Warentausches war, gehen Maß und Gleichgewicht verloren, der Geschäftspartner wird einfach an die Wand gedrückt; der Handel wandelt sich zum Monopol, das mir Gewalt antut. Die Ware, die nur der Tyrann allein besitzt, verkauft er mir zu Überpreisen, wofür man ihn bestrafen müßte. Geht es dabei um lebenswichtige Güter, um Brot, Wein, Öl, um das Gemüse, wird er gar im wahrsten Sinn des Wortes zu meinem Mörder. Was hilft mir da die Tüftelei der Ökonomen, die mir beweisen, daß er für das Korn, das ja schließlich ihm gehöre, rechtens jeden Preis verlangen dürfe? Fest steht auf jeden Fall, daß er barbarisch handelt: er sieht mich darben und erhöht erst recht die Preise, schafft künstlich Mangel und lacht sich dabei ins Fäustchen! Man sagt mir, daß er seine Strafe finden werde. Irgendwann verkalkuliere auch er sich einmal. Doch seine Fehlspekulationen werden für mich weit gefährlicher sein als für ihn selber, denn ihn werden sie nur sein Geld, mich aber das Leben kosten.

Nein, solang die Menschheit ohne Herz und voller Gier nach Reichtum strebt, darf das, was man zum Leben braucht, niemals dem Trachten finsterer Habgier ausgeliefert werden! Schandbar und zugleich zum Lachen ist's, wenn man das Korn, das ich mit eigenen Augen wachsen sah, ins Ausland liefert, weil dort der Gewinn pro Maß um dreißig Sous höher liegt; erst gilt es doch, die eigenen Leute satt zu machen, und zwar nach Möglichkeit aus eigenem Boden!

Auf Monopole stößt man heute in der Hauptstadt gar zu häufig; mal geht's dabei um Eier, mal ums Fleisch, dann wieder um Gewürze oder Früchte; selbst Kohl und Birnen, ja sogar der

Lattich sind nicht mehr sicher vor der Spekulation, und gewisse Polizeigehilfen haben – das darf man füglich sagen – ihre Finger fleißig mit im Spiel, denn allzuoft drückt man ein Auge zu, wo es doch darum ginge, dreinzufahren und den skrupellosen Mißbrauch abzustellen, der den ärmsten Teil des Volks dem Hunger preisgibt und so manchen dazu bringt, sein Leben zu verfluchen.
Selbst hochgestellte Herren schämen sich oftmals nicht, ihr Geld in derlei scheußlichen Geschäften anzulegen. Hinter dem Schleier der Diskretion, den sie für undurchdringlich halten, genießen sie die Früchte ihrer Raffgier. Sie ist schon recht alltäglich, diese aus dem allzu großen Reichtum weniger geborene neue Art von Gaunerei, und hat, obzwar seit kurzem erst im Schwunge, schon manchen einstmals gut gewesenen Namen in Verruf gebracht.

Bettler

Kann es bei einer solchen Fülle eingefleischter Übelstände noch verwundern, wenn es in dieser Stadt, die man die Prächtige nennt, von Bettlern wimmelt? Den Fremden berühren sie höchst peinlich, und sich an ihren Anblick zu gewöhnen fällt seinem Auge schwer. Ist doch ein jeder Bettler ein Schandfleck für die ganze Nation. Was allerdings nicht heißen darf, daß man sie, wie man es früher tat, in die sogenannten Depots pferchen sollte. Diese Art, sie aus der Welt zu schaffen, führt zu nichts und ist außerdem widerlich und grausam. Daß man gegen diese schreckliche Plage kaum etwas unternommen hat, liegt allein an unseren Magistraten und entehrt sie, weil sie sich um derlei Probleme entschieden zu wenig kümmern. Längst schon hat man ihnen mehrere gleichermaßen brauchbare Pläne unterbreitet, sie hätten also nur zu wählen.

Letztlich indes erwachsen diese Nöte aus gewissen Gesetzen, die mehr den Interessen der großen als der kleinen Eigentümer dienen. Was die neuen Theorien auch immer sagen mögen, am Anfang aller Übel stehen nach wie vor die großen Grundbesitzer. Sie verwandeln das Ackerland in Wälder, bevölkern diese mit Hirschen und mit Rotwild, vertun ihre Mittel in Parks und Blumengärten und erdrücken mit immer neuen Steuerlasten die, die ohnehin schon am tiefsten im Elend stecken. Die barbarische Härte, mit der man Anno 1769 und in den drei folgenden Jahren gegen die Armen vorging, wird als die untilgbare Schmach unseres angeblich so humanen und aufgeklärten Jahrhunderts in die Geschichte eingehen. Das Gebot der Nächstenliebe trat man damals so hemmungslos mit Füßen, als hätte es gegolten, eine ganze Rasse auszurotten. Fast jeder, der in jenen Tagen ins Depot geschickt wurde, in diese ganz besondere Sorte von Gefängnis, wo man die Armut bestraft, als wäre sie ein Verbrechen, kam dort ums Leben. Man mußte zusehen, wie Leute nachts verhaftet wurden; auf geheimen Befehl verloren Greise, Kinder und Frauen plötzlich ihre Freiheit und endeten in schrecklichen Löchern. Nicht einmal den Trost, den Arbeit schenkt, gewährte man ihnen; vergebens riefen sie nach ihren Rechten, vergebens flehten sie die Mächtigen um Mitleid an, man ließ sie einfach krepieren. Dies geschah unter dem Vorwand, daß Armut und Verbrechen Tür an Tür hausten und daß eine Menschenmenge, die nichts mehr zu verlieren habe, früher oder später in Aufruhr und Empörung gerate. In Wahrheit aber waren in eben jenen Tagen große Spekulationen mit Getreide im Gange, und es war leicht vorauszusehen, daß sie den Brotpreis höher schrauben und die Bedürftigen – wovor man sich aus gutem Grunde fürchtete – zu Akten der Verzweiflung treiben würden. Da kam die Meinung auf, es sei besser, den Aufruhr schon im Keime zu ersticken, was man denn auch tat. Andere Maßnahmen wurden gar nicht erst erwogen.

Inzwischen sind diese Scheußlichkeiten weitgehend abgestellt worden. Allerdings wäre es gar zu einfach, sie einzig und allein der Habgier einiger subalterner Beamter anzulasten, die, in der Meinung, nichts als ihre Pflicht getan zu haben, ihre Kompetenzen überschritten und die ihnen wehrlos preisgegebenen Armen mit den strengsten und extremsten Mitteln unterdrückten. Auch muß man hinzufügen, daß, wer sein Brot mit seiner Hände Arbeit verdient, einen Lohn erhält, der, gemessen an der Teuerung, die in der Hauptstadt um sich greift, entschieden zu gering ist! Das ist es, was die Leute in die Schmach des Bettlerdaseins stürzt und sie jeder Lust beraubt, sich weiter abzuquälen, bar jeder Hoffnung, jemals auf einen grünen Zweig zu kommen. Der Fremde, dessen Auge, anders als das unsere, noch nicht vom Blick auf längst Gewohntes getrübt ist, wird uns bestätigen, daß von allen Völkern der Erde das von Paris am meisten schuftet und dennoch so tief wie kein anderes im Unglück steckt.

Das Hôtel-Dieu

Mit einem tiefen Seufzer sagt der Arme in Paris: »So oder so werde ich mein Leben im Hospital beschließen.« Und als wäre dies ein Trost, fügt er hinzu: »Dort starb schon mein Vater, weshalb also soll es mir anders ergehen?« – Wieviel Entsagung, wieviel hoffnungslose Stumpfheit liegt in diesen Worten!

Wie grausam ist doch die Wohltat unserer Hospitäler! Wie trügerisch und tödlich diese Köder, wie mörderisch die Hilfe, die sie zu bieten vorgeben! Wer in ihren Mauern stirbt, stirbt tausendmal trauriger und schrecklicher, als wer zwar im Elend, doch unter dem eigenen Dach sich selber überlassen bleibt und die Natur gewähren läßt. Hôtel-Dieu – das Haus Gottes! Man wagt es tatsächlich, diese Stätte so zu nennen! Welch unmenschliche Verhöhnung der Qualen, die darin erlitten werden! Gewiß, Arzt und Feldscher sind frei. Zugegeben, auch für Arzneien nimmt man nichts. Dafür bettet man den Kranken zwischen den Sterbenden und den Toten; wohin sein Auge schweift, ist Agonie, so daß sich die ohnehin verstörte Seele all dieser Angst und Schrecknis kaum zu erwehren weiß...

Das Haus Gottes! In ihm herrscht reiner Despotismus. Die Luft, die der Kranke dort atmet, ist von fauligen Miasmen erfüllt; seine Schmerzensschreie, seine Bitten, seine Klagen verhallen ungehört; niemand steht ihm bei, niemand tröstet ihn, richtet ihn auf; die Gleichgültigkeit geht so weit, daß er, schon auf dem Weg zur Besserung, riskieren muß, als Toter weggeschafft zu werden. Mörderisch blind ist in diesem Haus sogar das Mitleid; keine Spur von dem, was diesen Namen verdiente, ist dort zu finden, weder die Fähigkeit, sich in den andern einzufühlen, noch die geringste Hilfsbereitschaft, und am allerwenigsten die Träne irgendeiner Empfindung...

Das Haus Gottes! Alles an diesem Ort der Leiden ist hart und böse. Leute, die mit verschiedenen Krankheiten behaftet sind, steckt man unter eine Decke, und ein leichtes Unwohlsein wächst sich auf diese Weise im Handumdrehen zu einem schlimmen Übel aus. Wer dazu in der Lage ist, flieht dieses blutige und widersinnige Hospiz! Aus freien Stücken wagt es keiner, seinen Fuß in dieses Schreckenshaus zu setzen, wo das Lager der Barmherzigkeit hundertmal grausamer ist als selbst der karge Schragen des Bedürftigen. Dieweil aber diese empörenden Greuel das Auge des Fremden betrüben und die Herzen der Einheimischen bedrücken, vernimmt man mit Erstaunen und Verbitterung, daß es die Männer, denen die Verwaltung dieser wichtigen Institution anvertraut ist, noch immer nicht für nötig erachten, sich von der Schmach der schweren gegen sie erhobenen Anklagen zu reinigen. Unvermindert groß ist der Skandal, der sie umwittert; entgegen seinem Kanon, der bestimmt, daß alles Kirchengut nach altem Recht als Eigentum der Armen anzusehen ist, hat der Klerus die Mittel, die ihm zu Gebote stehen, mitnichten zur Linderung der allgemeinen Not genützt. Seine heiligste Christenpflicht nimmt er also nur mit Lauheit wahr und versucht noch nicht einmal, dies zu verbergen! Wer das, was dem Troste der Bedürftigen dienen müßte, in seine eigene Tasche steckt, begeht ein Sakrileg, und in dieser Institution, die einst im Namen der Barmherzigkeit geschaffen wurde, unterschlägt man ganze Vermögen! Stünde dagegen deren voller Reichtum zur Verfügung, verlöre die Stätte viel von ihrem Grauen. Gibt es ein anderes Verbrechen unter diesem Himmel, das so abscheulich und verächtlich ist wie dieses? Und doch werden mit lauter Stimme gerade jene bezichtigt, es begangen zu haben, deren Namen, wenn es mit rechten Dingen zuginge, nicht anders als mit zärtlichem Respekt zu nennen wären.

Der heilige Landry und der Graf von Archambaud begründeten im Jahre 660 das Hôtel-Dieu als ein Asyl für alle Kranken ohne Ansehen der Person und des Geschlechts. Jeder, ob Jude, Türke, Heide, Hugenotte oder Christ, muß dort aufgenommen werden. Es verfügt über 1200 Betten, und die Zahl der Kranken liegt bei fünf- oder sechstausend. Rechnet man zu diesen die zehn- bis zwölftausend Insassen des allgemeinen Hospitals hinzu sowie die vier- oder fünftausend von Bicêtre, und schon wißt Ihr, wie viele arme Teufel keine andere Zuflucht finden. Seitdem man nach modernen Prinzipien regiert, ist es doch so, daß man einem zwar wohl das Recht zu existieren zugesteht, nicht aber die Mittel, diese Existenz zu fristen.

Über die Einkünfte des Hôtel-Dieu Genaueres zu erfahren ist fast unmöglich. Fest steht jedoch, daß sie unermeßlich sind; sonst hätte all der Aufwand, der zum alleinigen Zweck getrieben wird, dem Publikum die Wahrheit zu verschleiern, wenig Sinn. Wüßte man über den vollen Umfang der Überschüsse Bescheid, würde die Mißwirtschaft, die da getrieben wird, noch weit mehr Empörung auslösen!

Nach der letzten Feuersbrunst hoffte man, daß sich für die Kranken nun einiges zum Besseren wenden würde, daß an anderer Stelle ein größerer und gesünderer Bau entstünde, aber man ließ fast alles beim alten, die gewohnten Übelstände gehen weiter. Unverändert blieb all das, was das Pariser Hôtel-Dieu zu einem Ort der Pestilenzen macht: wie seit alters ist das Gebäude feucht und schlecht durchlüftet; hier setzt sich die Gangrän schneller in offenen Wänden fest als anderswo, unvermindert wüten Krätze und Skorbut und befallen binnen wenigen Tagen jeden, der eingeliefert wird. Leiden, die ganz harmlos angefangen haben, komplizieren sich unaufhaltsam und werden schließlich unheilbar, was zweifellos von der arg verseuchten Luft herrührt. Sie ist ja auch daran schuld, daß in diesem Hospital schon die leichteste Kopf- oder Beinverletzung tödlich enden kann.

Nichts belegt das, was ich hier behaupte, besser als die Zählung der Unglückseligen, die Jahr für Jahr im Hôtel-Dieu zu Tode kommen. Ein Fünftel aller Kranken stirbt, doch so schrecklich diese Rechnung ist, wird sie doch mit größtem Gleichmut hingenommen!

Sowohl die Erfahrung als auch die Forschung der Gelehrten hat bewiesen, daß ein Hospital von mehr als hundert Betten eine Todesfalle ist. Dem wäre ergänzend beizufügen, daß es schon verderblich sein kann, zwei Kranke im selben Raum zu kurieren; offenkundig setzt man sie dabei der Gefahr aus, sich gegenseitig Schaden zuzufügen. Wer dies dennoch tut, handelt somit entgegen jeder Regel der Humanität.

Man glaubt hier zu wissen, daß die Einkünfte des Hôtel-Dieu derart reichlich fließen, daß von ihnen fast der zehnte Teil der Hauptstadt ernährt werden könnte. Doch leider befindet sich dieses heilige Erbe der Bedürftigen in der Gewalt des Lasters und der Dummheit, um nicht noch mehr zu sagen, denn allzulang irrt und vertut sich die Verwaltung schon in allem, was sie unternimmt!

Clamart

Die Toten aus dem Hôtel-Dieu – es spuckt jeden Tag welche aus – werden nach Clamart gebracht. Das ist ein großer, weitläufiger Friedhof, in dem immer ein paar Gräber offenstehen. Die Leichen haben keinen Sarg; sie werden in grobe Sackleinwand eingenäht. Man hat es sehr eilig, sie aus ihren Betten zu reißen. So mancher Kranke, den man allzuschnell totgesagt hatte, erwachte wieder unter den Händen, die ihn voreilig in dieses rauhe Leichtentuch verpacken wollten, und andere schrien, sie seien noch am Leben, als sie schon auf dem Karren, der sie zum Grabe fahren sollte, lagen.

Das Gefährt wird von zwölf Mann geschleppt. Es begleitet sie ein kotbedeckter, ungewaschener Priester, dem ein Glöcklein und ein Kreuz vorangetragen wird; das ist alles, was man den verstorbenen Armen zubilligt. Aber denen kann es egal sein.

Jeden Morgen früh um vier fährt die finstere Fuhre vom Hôtel-Dieu los; unheimlich hallt das Rattern ihrer Räder durch die stille Nacht. Das Glöcklein an der Spitze des Zuges schreckt die Leute in den Häusern aus dem Schlaf, doch wirklich kann nur der ermessen, wie einem das Bimmeln und das Rattern durch die Seele geht, der selber an der Strecke wohnt.

In Zeiten hoher Sterblichkeit sah man den Karren nicht selten viermal in vierundzwanzig Stunden; vollbeladen faßt er an die fünfzig Tote. Die Kinder bettet man zwischen die Beine der Erwachsenen. Am Ziele angelangt, legt man die Leichen in einen offenen, tiefen, breiten Graben und bestreut sie mit ungelöschtem Kalk, und wer die nimmersatte Grube je gesehen hat, den packt die schreckliche Ahnung, daß sie es darauf angelegt haben könnte, nach und nach die ganze Hauptstadt zu verschlingen.

Das Parlamentsdekret vom 7. Juni 1765, das die Schließung sämtlicher diesseits der Mauern von Paris gelegenen Totenäcker vorsah, ist wirkungslos geblieben. Zu Allerseelen pilgert das

Volk nach altem Brauch auf den Friedhof hinaus, verliert sich in dessen Weiten, wo man wie nirgends sonst vom düsteren Vorgefühl, bald selber zu den Vätern einzugehen, beschlichen wird, kniet hernieder, betet, steht dann wieder auf und geht zur Kneipe.

In Clamart gibt es weder Grabsteine noch Grüfte, weder Inschriften noch Mausoleen, das Feld ist leer und öde. Doch nächtlicherweile klettern hier die jungen Chirurgen über die Mauern und stehlen aus diesem von Beerdigungen fett gewordenen Boden die Toten, an denen sie sich im Führen des Skalpells üben. So gönnt man dem Armen selbst im Tode keine Ruhe, für seinen Leib ist die lebenslange Fron erst dann zu Ende, wenn er endlich auch den letzten Rest von Ähnlichkeit mit einem Menschenwesen verloren hat.

Findelkinder

Ein weiterer Moloch, dem kaum ein Zehntel derer, die in seine Fänge geraten, heil entrinnen, ist das Heim für Findelkinder. Gestützt auf die Erfahrung von zehn Jahren, hat man ausgerechnet, daß zum Beispiel in der Normandie von 108 eingelieferten Säuglingen nur deren vier am Leben blieben. Nachzulesen in der ›Gazette des Deux Ponts‹ vom 9. April 1771. Aus anderen Provinzen des Königreiches verlautet Ähnliches.

Alljährlich nimmt das Pariser Findelheim sieben- bis achttausend legitime und illegitime Kinder auf, und ihre Zahl wird ständig größer. 7000 unselige Väter verzichten demnach auf das schönste aller Gefühle, die das Dasein einem Mann zu bieten hat. Doch so grausam und widernatürlich solche Gleichgültigkeit anmuten mag, zeigt doch gerade sie, wie groß die Not der breiten Massen ist. In Wahrheit nämlich rührt fast alles, was man gemeinhin als Unordnung zu bezeichnen und mit der Un-

kultur und Barbarei des Volkes zu erklären beliebt, vom Elend! Des Lebens Notdurft zu befriedigen fällt den unteren Schichten immer schwerer. Sosehr sich die Leute abmühen, ehrlich durchzukommen und sich durch ihrer Hände Fleiß zu ernähren, es will ihnen immer weniger gelingen. Wie soll etwa eine Schwangere, die selber schon hungert und die vom Kindbett aus nur kahle Wände sieht, wie soll so eine für den Unterhalt ihres Kindes aufkommen können? Bereits weiß ein Viertel der Bewohner von Paris des Abends nicht mehr, ob der nächste Tag soviel Arbeit bringen wird, daß der daraus entspringende Verdienst wenigstens für das Allernötigste reicht. Ist es da verwunderlich, wenn die, welche nichts anderes als des Leibes Nöte kennen, mit der Zeit auch moralisch vor die Hunde gehen?
Zu allen Stunden des Tages und der Nacht werden im Findelhaus Neugeborene abgegeben, und was da kommt, nimmt man ohne große Fragerei und ohne Formalitäten auf. Diese weise Regelung hat schon viele heimliche Verbrechen verhindert: so weitverbreitet früher der Kindsmord war, so selten ist er heute, was man als einen Beweis dafür nehmen darf, daß sich durch kluge Gesetzgebung die Sitten eines Volkes von Grund auf verändern lassen.
Der Vorschlag wurde laut, aus diesen Findelkindern Soldaten zu machen. Welch ein barbarisches Projekt! Hat man denn das Recht, ein Kind, nur weil man es großzieht, dem Kriege zu weihen? Was wäre das für eine unmenschliche Barmherzigkeit, die von denen, deren sie sich annimmt, eines Tages Blut und Freiheit abfordert! Keiner darf als Soldat geboren werden, außer es dienten alle Bürger ohne Unterschied.
Ich sprach von jährlich sechs- bis siebentausend Findelkindern, doch mit in diese Zahl eingeschlossen sind die vielen, die aus der Provinz stammen. Wenn dort ein Mädchen zur Mutter wird, getraut es sich oftmals nicht, ihr Kleines zu behalten, und gibt es, das sie sonst vergöttert hätte, heimlich weg. Das Kind – ein Opfer alter Vorurteile –, das somit als erstes die verliert, die ihm

das Leben geschenkt hat, wird nun von fremden Händen aufgesammelt und zusammen mit solchen, die an andern Orten ausgesetzt worden sind, nach Paris getragen. Doch wehe! Seine Überlebenschancen sind gering; schon unterwegs kann es der Kälte, der Mühsal des Transports oder – ich wage es, dies auszusprechen – dem Mangel an Nahrung erliegen, und wer weiß, ob nicht just mit ihm ein neuer Corneille, ein neuer Fontenelle, ein neuer Le Sueur zugrunde geht! Das Unglaublichste aber ist, daß dieser selbe Säugling, der die tausend Mühen und Gefahren einer Reise von der fernen Normandie bis nach Paris gerade glücklich überstanden hat, womöglich noch am Abend seiner Ankunft wieder dorthin zurückkehren muß, weil ihm das Schicksal einen Krippenplatz in der normannischen Provinz beschieden hat. Den Transport der Neugeborenen besorgt ein Mann mittels eines Kastens. Dieser wird auf dem Rücken getragen, ist inwendig gepolstert, mit Luftlöchern versehen und in drei Fächer aufgeteilt, in die man, geschnürt und aufrecht, je einen Säugling steckt. Der Mann unterbricht seinen Marsch nur, um gelegentlich in aller Hast etwas zu essen und seinen Passagieren ein bißchen Milch zu geben. Oft kommt es vor, daß, wenn er seine Kiste öffnet, ein Kind schon tot ist. Dann setzt er seine Reise mit den beiden andern fort und hat es doppelt eilig, sie im Findelhause loszuwerden. Kaum aber sind sie dort abgeliefert, macht er sich wieder auf den Weg, die nächste Fuhre herzuschaffen, denn dies ist sein täglich Brot.

Fast alle Säuglinge aus Lothringen, die über Vitry hergebracht werden, sterben in jener Stadt, und dabei wurden allein in Metz binnen einem Jahr neunhundert Kinder ausgesetzt. Darüber sollte man nachdenken! Es wäre an der Zeit, das Übel abzustellen. Entweder höre man auf, die Mädchen zu verachten, die ehrlich und mutig genug sind, sich ihres vaterlosen Kindes selber anzunehmen und mit Mutterliebe ihren Fehltritt wettzumachen, oder man erspare den Säuglingen die Qualen eines Transports, dem jeder dritte zum Opfer fällt, dieweil ein weite-

res Drittel aller Findelkinder noch vor dem fünften Lebensjahr stirbt!
In Preußen nähren alle ledigen Mütter ihre Kinder selber, und dies sogar ganz öffentlich. Bestraft wird dort, wer ihnen, nur weil sie ihrer hehren Bestimmung folgen, Übles nachsagt. Auch gewöhnt man sich nach und nach daran, in ihnen nichts anderes als Mütter zu sehen, und eben hier erweist es sich, was ein Philosophenkönig auf dem Thron alles vermag, hier zeigt es sich, wie die Gedanken eines Monarchen eine ganze Nation beeinflussen können!

Die Gefängnisse

Gilt es, ein Verbrechen aufzuklären, verhaftet man im Namen des Gesetzes statt des Täters oftmals Unschuldige. Aber muß man mir denn, nur weil man mich dingfest machen will, auch gleich noch die Gesundheit ruinieren? Ist es denn unerläßlich, mir aus solchem Grund die Sonne und die frische Luft zu nehmen, mich in ein schmutziges Loch zu werfen und inmitten einer Bande von Briganten, dren Anblick allein schon eine Folter ist, schmachten zu lassen? Wenn es der Verdacht erheischt, daß man mich meiner Freiheit beraubt, dann ist es sicher nicht auch noch erforderlich, mich der Gnade eines geizigen Kerkermeisters auszuliefern. Und wenn man mich schon meinen vier Wänden entreißt, ist das bestimmt noch lange kein Grund, mich mit jenen zu verwechseln, deren sicheres Schicksal der Galgen ist, denn immerhin wäre es ja denkbar, daß ich schuldlos bin. Stellt es sich aber wirklich heraus, daß die gegen mich erhobene Anklage haltlos ist, dann schuldet mir das Gesetz weder Abfindung noch Schmerzensgeld. Sei's drum! Ich gehe davon aus, daß das Gesetz das Interesse aller zu schützen hat und daß sich dem Gemeinwohl alles übrige unterordnen muß. Aber in diesem Falle sorge man wenigstens dafür, daß mich meine Haft nicht krank macht, zumal es doch so einfach wäre, mich vor solchem Schrecknis zu bewahren; es würde schon genügen, mir in meiner Einsamkeit ein bißchen frische Luft zu gewähren.

Die Gefängnisse sind eng, ungesund und dreckig. Zu Recht vergleicht man die schmalen, häßlichen Verliese mit tiefen Brunnenschächten. Legt der Gefangene Wert auf Einzelhaft, kostet ihn ein zehn Quadratfuß großer Winkel sechzig Francs im Monat. Für alles bezahlt er hier das Doppelte, fast als würde am Schieber eine Sondersteuer eingetrieben, mit dem Zweck, dem Gefangenen das Leben gänzlich zu verbittern.

Den Kerkermeistern sind riesige Hunde beigegeben; sie halten nicht nur Wache, sondern sorgen auch für Ordnung, und nichts ist kurioser als die Ähnlichkeit, die sich da zwischen Herr und Hund bemerkbar macht: Letzterer ist so dressiert, daß er unbotmäßige Gefangene schon auf den kleinsten Wink beim Kragen packt und in die Zelle abschleppt.

In den Verliesen sammelt sich der Menschheit ganzer Jammer; die Gemeinheit der Laster, die dort heimisch sind, ist einfach unvorstellbar, und der zu Müßiggang gezwungene Verbrecher heckt sich in aller Ruhe neue Übeltaten aus.

Die Schreckgestalten, die in diesen unterirdischen Gewölben lebendig begraben sind, weren Strohköpfe genannt, und sähe man die Menschheit nur aus ihrer traurigen Perspektive – sie böte wahrlich ein scheußlich trostlos Bild. Besser, wir ziehen da den Vorhang!

Draußen vor dem Kerkertor steht für die, welche in den Verliesen sterben, eine ordinäre Kiste bereit; Strohköpfe und auch sonstige Gefangene bekommen nämlich keinen Sarg aus öffentlichen Mitteln, man gesteht ihnen nur ein Leichentuch zu. In besagte überaus solide, aus starken Bohlen zurechtgezimmerte Kiste also kommen ohne allen Unterschied sämtliche Toten des Tages, und manchmal, wenn es Jugendliche sind, steckt man sogar deren zwei aufs Mal in sie hinein. Die Totenkiste des Ge-

fängnisses von Châtelet dient ihrem Zweck bereits seit mehr als achtzig Jahren. Von den Strohköpfen wird sie die ›Pastetenkruste‹ genannt...
Oh, ihr Wilden, die ihr in den Wäldern Westamerikas umherirrt! Zwar pflegt ihr eure Feinde zu verspeisen, zwar nehmt ihr deren blutige Mähnen zur Trophäe, doch zumindest habt ihr dem entsetzten Auge des Chronisten niemals solch ein Bild geboten wie das, welches hier zu zeichnen ich gezwungen bin!

Der Henker

Der Vollstrecker der Urteile des Hohen Gerichts hat ein Salär von 18000 Livres jährlich. Noch vor sechs Jahren gab man ihm nur 16000. Dafür stand ihm das Recht zu, auf den Märkten mit seinen dreckigen Pfoten in den Lebensmitteln zu wühlen und sich nach Belieben herauszugreifen, was ihm gut schien. Für den Verzicht auf dieses Vorrecht hat man ihn mit Geld abgefunden.
Im Laufe der letzten vierzig Jahre wurde in Paris nur ein Mensch geköpft. Was diese Hinrichtungsart betrifft, ist der Henker also ziemlich aus der Übung geraten.
Die unteren Schichten der Bevölkerung sind wohlvertraut mit ihm; man sieht in ihm die große, tragische Figur, und zu ihrem schrecklichen Auftritt drängt sich der Pöbel massenweise, getrieben von jener unerklärlichen Neugier, die selbst Gebildete in hellen Scharen herbeilockt, vorausgesetzt, Verbrechen und Verbrecher sind von Rang.
Als Damiens die letzte Stunde schlug, waren auch Frauen in großer Zahl zur Stelle, und sie waren die letzten, die den Blick von jener grauenvollen Szene abwandten.
Das niedere Volk erzählt sich viel vom Henker. Es sagt ihm nach, die armen Ritter vom Sankt-Ludwigs-Orden fänden an

seinem Tische stets ein freies Plätzchen, und häufig wird er auch um etwas Galgenvogelfett gebeten, denn die Leichen gehören ihm, und er kann mit ihnen machen, was er will. Manchmal verkauft er sie an die Chirurgen, manchmal behält er sie für sich. Anders als in London darf nämlich hierzulande der Verbrecher nicht schon zu Lebzeiten seinen Leib verschachern.

Äußerlich unterscheidet sich dieser Mann in nichts von andern Bürgern; selbst dann nicht – und das nimmt man ihm, nebenbei gesagt, ein bißchen übel –, wenn er seinem schrecklichen Beruf nachgeht. Frisiert, gepudert, galoniert, in weißen Strümpfen und mit leichten, eleganten Schuhen steigt er auf das fatale Blutgerüst. Ich finde das empörend, denn mich dünkt, es wäre besser, er träte in jenen schrecklichen Augenblicken so auf, wie es sich im Angesicht des Todes geziemt. Wird man denn nie begreifen, daß die Phantasie der Anregung bedarf? Wenn man die Massen schon mit öffentlichen Halsgerichten schrecken will, dann sollte dies doch wohl in anderer, beredterer Form geschehen und seinen Ausdruck in der Tracht des Henkers finden!

Zweifellos ist er der letzte aller Bürger in dieser Stadt und wohl auch der einzige, dessen Broterwerb mit untilgbarem Schimpf behaftet ist. Dennoch fehlt es ihm nie an Gehilfen, die schon für hundert Taler das verrichten, wofür er selber 6000 einsteckt!

Seine Töchter gibt er – so er welche hat – den in der Provinz ansässigen Henkern zur Frau. Nach der Art, wie sie sonst nur unter Bischöfen üblich ist, nennen sich die Henker untereinander Monsieur de Paris, Monsieur de Chatres, Monsieur d'Orléans und so weiter. Kurz, die Herren Charlot, Berger und wie sie sonst noch heißen mögen, bieten den kleinen Leuten unerschöpflichen Gesprächsstoff, und so mancher brave Flickschuster weiß über die Geschichte der Gehenkten und der Henker mehr zu berichten als der Mann von Welt über Europas Könige und Minister.

Am Grève-Platz

Dort enden sie, die sich vor Strafe sicher wähnten: ein Cartouche, ein Ravaillac, ein Nivet, ein Damiens und der größte Schuft von allen, ein Desrues. Doch die kühle Unerschrockenheit, der gelassene Mut, den letzterer dort zur Schau trug, war weiter nichts als Heuchelei. Ich sah ihn, und ich sprach mit ihm im Châtelet, denn er teilte sein Verlies mit dem Verfasser der ›Naturphilosophie‹, den ich damals besuchen ging.

Obschon vor kurzem erst erweitert, ist der Grève-Platz noch immer ziemlich eng. Doch auch um der Rentiers willen, die in jener Gegend wohnen und die ihr Geld dem König anvertrauten, sollte man die Hinrichtungen anderswohin verlegen; man würde so den Anwohnern des Platzes das widerliche Treiben ersparen, das einer jeden Exekution vorangeht. Nichts widerspricht der Würde des Gesetzes mehr als dieser wüste, schaudervolle Anblick. Indes steckt unsere ganze Strafjustiz in einem derart kläglichen Chaos, daß es noch ganz anderer Reformen bedürfte, damit sich die Exekutionen endlich von blutigem Mord und gnadenloser Rache unterschieden.

Hat denn je ein Mörder, der im finsteren Walde auf sein Opfer lauert, dieses auf ein Sankt-Andreas-Kreuz gelegt, um ihm dann mit elf Schlägen die Knochen zu zertrümmern? Hat er es je auf ein Wagenrad geflochten, ihm sodann einen Beichtvater zur Seite gestellt, damit dieser es beschwöre, seine Qual bis zur Neige zu erdulden, statt es von ihr zu erlösen? Wahrlich, grausamer noch als das Verbrechen ist die Justiz selber! Der Mörder, der den Anblick seines Opfers fürchtet, sticht hinterrücks mit seinem Dolche zu, um dann, verfolgt von seinem bösen Gewissen, zu entfliehen, dieweil die Justiz mitunter während voller 24 Stunden die Verzweiflungsschreie eines von Gaffern umringten Pönitenten zählt.

Dem Pöbel wirft man vor, daß er in hellen Scharen zu dem gräßlichen Schauspiel eile. Läßt aber eine Hinrichtung Besonderes erwarten, besteigt ein Verbrecher, dessen ausgefallene Taten sich herumgesprochen haben, das Schafott, sind zusammen mit dem schlimmsten Abschaum stets auch die feinen Leute auf dem Platz.

Unsere Frauen, deren Seelen ja so empfindsam und deren Nerven ach so delikat sind, daß sie schon beim Anblick einer Spinne in Ohnmacht fallen, wohnten der Exekution von Damiens bei! Und ich wiederhole es: Sie waren die letzten, die den Blick von der Schlächterei abwandten, der grausigsten und ekligsten, die jemals die Justiz sich auszudenken wagte, um eines Königs Rachsucht zu befriedigen. Man hatte zu dem empörenden Anlaß sämtliche Henker aus den Nachbarstädten kommen lassen, damit auch sie vor versammelter Menge Hand mit anlegten.

Der Verfasser eines neuerschienenen Werkes über die Spielsucht weiß außerdem noch zu berichten, daß sogar an jenem Tage die Würfel rollten, und zwar am Grève-Platz selber! Man spielte, bis das Öl im Kessel kochte, man spielte weiter, und stets um Geld, bis das Blei geschmolzen war, dann, um sich die Zeit zu vertreiben, bis die Zangen glühten, und zuletzt, bis die vier Pferde kamen, die den Mörder zu zerstückeln hatten. Und da wähnen wir uns zivilisiert, behaupten wir, gesittet zu sein, wagen es, von unserem Gesetz zu reden und von unseren Bräuchen und hätten ohne den beredten Aufschrei des Dichters noch nicht einmal gelernt, ob solcher Schande zu erröten. Wie weit entfernt sind wir doch noch von Güte und Vernunft!

Anders als in England, wo dies sehr oft geschieht, wendet sich hierzulande kein Todeskandidat mit letzten Worten an sein Publikum. Dieser Brauch ist bei uns unbekannt. Außerdem würde man derlei bei uns auch gar nicht dulden. General Lally freilich scheint die Absicht gehabt zu haben, sich noch einmal an das Volk zu wenden, doch da stopfte man ihm einen Knebel in den Mund. Indem sie jedermann, und sei's einem, der in seiner letzten Stunde noch ein Wort zu sagen hätte, das Maul stopft, zeigt die Obrigkeit, wes Geistes Kind sie ist!

Die Todesurteile überall publik zu machen obliegt den Ausrufern mit der Kupfermarke auf dem Bauch. Dabei kommt es manchmal vor, daß die fatale Botschaft bis zum Ohr des armen Sünders dringt, was eine unverzeihliche Grausamkeit ist! Mit besonderer Kraft pflegen die Ausrufer das Wort ›Totmacher‹ zu betonen, welchen Ausdruck sie sich selber ersonnen haben. Er ist zwar abscheulich und barbarisch, packt jedoch die Phantasie des Volkes bei weitem stärker als das banale Wort ›Mörder‹ und wird diesem vorgezogen; es steckt mehr Saft darin.

Köpfe werden nicht mehr abgehackt, was ohne Zweifel als ein Beweis dafür zu nehmen ist, daß sich die großen Herren grundsätzlich nie etwas zuschulden kommen lassen. Das Schwert, das die Adelsköpfe von den Rümpfen trennte, rostet friedlich in seiner Scheide, und längst hat der Henker diese Sparte seiner Kunst verlernt. Er kennt sich nur noch aus im Henken und im Rädern; bei General Lally schlug sein ungeübter Arm daneben.

Jedes neue Jahr bringt Diebe und Verbrecher anderer Art. Eben noch waren die Giftmischer an der Reihe. Sie mengten einschläfernde Drogen in den Tabak und in die Getränke und brachten damit ihre Opfer um. Dies Jahr machen die Kirchenschänder von sich reden, Diebe, welche nächtlicherweile Sakristeien leeren und Ziborien, Kelche, Kreuze, Kerzenständer und anderes rauben. Allein in der Umgebung von Paris und auf der Chaussee nach Flandern hat man an die vierzig Kirchen ausgeplündert. Dabei sei es, sagt man, vorgekommen, daß die Schänder zwar das Hostiengefäß behielten, die Hostien aber bis auf eine, die sie als Siegelmasse benutzten, in einen Brief steckten und an den Geistlichen des Ortes zurückgehen ließen.

Von den nächtlichen, im Schein der Fackeln vollzogenen Hinrichtungen ist man wieder abgekommen, da man festgestellt zu haben glaubt, sie seien dem angestrebten Zweck der Abschrekkung wenig dienlich. In der Tat will einem nicht in den Kopf, weshalb sich das Gesetz auf heimlichen Mord einlassen soll.

Dürftc doch die Todesstrafe nur dann in Betracht kommen, wenn es ein Exempel zu statuieren gilt, niemals aber als ein Mittel der Vergeltung; was soll es da, einen Menschen in finsterer Nacht, wenn alle Bürger schlafen, zu erwürgen? Wenn ihr ihn schon vor öffentlicher Schande bewahren wollt, dann bewahrt ihm auch das Leben. Soll er es verlieren, dann nur im Namen der Gesellschaft, denn euer Urteilsspruch wird zum Verbrechen, wenn er sowohl die Untat als auch deren Sühnung verheimlicht.

Die schlecht gehenkte Dienstmagd

Vor etwa siebzehn Jahren geschah es, daß ein Mann, der von allen Lastern und Ausschweifungen, die das Leben in den großen Städten zu bieten hat, gezeichnet war, sich ein Bauernmädchen von großem Liebreiz zur Dienstmagd nahm. Geblendet von ihrer Schönheit, ließ er nichts unversucht, sie zu verführen. Sie aber war tugendsam und widerstand ihm. Des Mädchens Zurückhaltung entfachte indes die Begierde ihres Herrn nur um so ärger und erweckte in ihm, als er trotz all seiner Bemühungen nicht zum Ziele kam, schließlich das Verlangen, sich an ihr auf ebenso finstere wie gemeine Art zu rächen. Also steckte er in die Kiste, in welcher die Magd ihre paar Habseligkeiten bewahrte, heimlich mehrere mit seinem Namen gekennzeichnete Gegenstände aus dem eigenen Hausrat, worauf er lauthals schrie, er sei bestohlen worden, und den Kommissar herbeirief, damit ihm dieser ein Protokoll anfertige. Als man die Kiste öffnete, fand man darin die Dinge, von denen der Mann behauptet hatte, sie seien ihm abhanden gekommen. Die arme Magd wurde ins Gefängnis geworfen und verhört, doch so eindringlich man sie auch befragte, so sehr beschwor sie unter heftigem Weinen ihre Unschuld. Die Richter, die natürlich von der Niedertracht des Klägers nicht das geringste ahnten und sich obendrein an die übertriebene Strenge unserer Strafjustiz, die endlich einer milderen Praxis weichen sollte, gebunden fühlten, fällten ihren Wahrspruch nach dem Wortlaut des Gesetzes und verurteilten das unschuldige Mädchen zum Tode durch Erhängen. Sie wurde schlecht gehenkt, und zwar, weil nicht der Scharfrichter selber sie an den Galgen knüpfte, sondern seinen Sohn damit betraute, damit dieser sein Gesellenstück an ihr vollbringe. Ihren Körper erwarb ein Chirurg. Er ließ ihn mit der Absicht, noch am selben Abend sein Skalpell an ihm zu üben, zu sich nach Hause schaffen. Doch just, als er den scharfen Stahl ansetzen wollte, spürte er, daß in diesem Leibe noch ein Restchen Wärme war, was ihn derart erschreckte, daß ihm das Messer entglitt und zu Boden fiel. Eilends legte er die, welche er um ein Haar zerstückelt hätte, in sein Bett. Seine Bemühungen, sie wieder ins Leben zurückzurufen, blieben nicht umsonst, und als es soweit war, schickte er nach einem Priester, dessen Verschwiegenheit er zu schätzen wußte, denn ganz geheuer war ihm bei der Sache nicht, dazu kam sie ihm doch gar zu seltsam vor, so daß ihm richtig schien, für das Weitere einen Ratgeber und Zeugen bei sich zu haben. Und wirklich, als das unglückliche Mädchen dann die Augen aufschlug, wähnte es sich schon im Jenseits, und als es gar das mächtige Haupt und die tiefgefurchten Züge des Priesters gewahrte (ich kannte ihn persönlich, und kein anderer als er hat mir diese Geschichte anvertraut), faltete es bebend die Hände und schrie in höchster Not: »Vater Gottes, der Du von meiner Unschuld weißt, erbarme Dich meiner!« Und im festen Glauben, sie stehe wirklich vor dem Thron des Allmächtigen, fuhr die Magd fort, den Geistlichen um Erbarmen anzuflehen. Ihr klarzumachen, daß sie nicht gestorben war, dauerte ziemlich lange, so sehr war sie beherrscht von der Erinnerung an ihre Hinrichtung am Galgen und von der Idee, daß sie infolgedessen tot sein müsse, und unsäglich rührend und ergreifend war dieser Aufschrei einer unschuldigen Seele vor dem Antlitz dessen, den sie für den Weltenrichter hielt!

Entgegen dem, was man später im ›Journal de Paris‹ behauptete, wurde der Prozeß nicht wieder aufgenommen und auch nicht revidiert. Nachdem sich die Magd von ihrem Schrecken erholt und endlich auch begriffen hatte, daß der, an den sie ihr Gebet gerichtet, ein Mensch war, kurz, als sie ihre fünf Sinne wieder voll beisammen hatte, verhalf ihr der Chirurg, der sich sowohl ihret- als auch seinetwegen große Sorgen machte, in einer dunklen Nacht zur Flucht. Noch immer voller Angst vor den Richtern und deren Schergen und vor dem Galgen zitternd, verbarg sie sich in einem abgelegenen Dorf.

Der gemeine Verleumder aber ging straflos aus, denn obschon sein Verbrechen nun von zwei verschiedenen Zeugen voll durchschaut war, blieb es den Magistraten und den Justizbehörden doch weiterhin verborgen. Im Volk dagegen sprach sich die Geschichte von der Auferstehung der Dienstmagd schnell herum. Es überhäufte den Schurken, der durch seine Infamie beinahe eine Unschuldige ins Grab getrieben hätte, mit wilden Schmähungen. Doch bald geriet der Vorfall in Vergessenheit, wie es so üblich ist in dieser riesigen Stadt, und möglicherweise lebt das Ungeheuer bis zum heutigen Tag ungeschoren mitten unter uns.

Das Buch mit dem Titel ›Sammlung aller Fälle von Verurteilungen Unschuldiger‹ ist noch immer ungeschrieben. In ihm gälte es, die Ursachen der Justizirrtümer zu erhellen, damit sie fürderhin vermieden werden können. Wird sich denn nie ein Richter finden, der dieses wichtige Werk in Angriff nimmt?

Staatsgefängnis! Mit diesem einem Wort weiß man Bescheid! Saint-Foix sagt, dies Schloß sei, wenn auch unbefestigt, die fürchterlichste Festung von Europa.
Weiß man, was sich in der Bastille zugetragen hat, was sie einschließt, wer in ihr gefangen lag? Wie wird man je die Geschichte des XIII., des XIV. und des XV. Ludwigs schreiben können, solange man die Geschichte der Bastille nicht kennt? Gerade hinter ihren Mauern trugen sich die interessantesten, die merkwürdigsten Begebenheiten jener Zeit zu, spielte sich Einzigartiges ab. Der spannendste Abschnitt unserer Geschichte dürfte uns somit wohl für immer verborgen bleiben, nichts davon wird je aus diesem Abgrund dringen; er ist nicht minder verschwiegen als die Grüfte der Toten.
Heinrich IV. nutzte die Bastille als sicheren Aufbewahrungsort für seinen Kronschatz. Ludwig XV. schloß in ihr die Enzyklopädie ein. Dort modert sie noch heute.
Im Jahre 1588 machte sich der Herzog von Guise zum Herren über Paris und damit auch zum Herrn über die Bastille und das Arsenal. Zu ihrem Gouverneur ernannte er Bussy-Leclerc, den Prokurator des Parlamentes. Als dieses sich weigerte, die Franzosen ihres Treueschwures und der Gehorsamspflicht zu entbinden, schickte derselbe Bussy-Leclerc, der das Parlament eben noch ins Amt eingeführt hatte, Präsidenten und Räte, so wie sie waren, nämlich allesamt im vollen Ornat und auf den Häuptern noch das eckige Barett, in die Bastille, wo er sie bei Wasser und Brot fasten ließ.
Oh, ihr undurchdringlichen Mauern, hinter denen das Gestöhn und die Seufzer ungezählter Opfer dreier Könige ungehört verhallten, wäre euch doch Sprache gegeben! Wie anders klänge eure entsetzliche Wahrheit, als das, was die Geschichte mit schüchterner, devoter Zunge zu berichten weiß!
Neben der Bastille liegt das Arsenal mit seinen Pulvermagazi-

nen, und es hält schwer zu sagen, welcher dieser Nachbarn der bedrohlichere wäre. Weitere Staatsgefangene liegen im Turm von Vincennes, wo sie, wie es scheint, bis zum Ende ihrer trüben Tage schmachten werden. Nie wird man die große Zahl der unter den drei verflossenen Herrschaftsperioden ausgestellten geheimen Haftbefehle erfahren!

Es gibt eine fünfbändige Geschichte der Bastille, die zwar wohl einige kuriose und bizarre Anekdoten zu bieten hat, jedoch nichts von all dem, was zu erfahren man sich so sehr wünschte. Insbesondere enthält sie, um es kurz zu sagen, nicht ein Wort, das etwas Licht in bestimmte undurchdringlich mysteriöse Staatsgeheimnisse zu bringen vermöchte. Wenn man dem Chronisten glauben darf, wurden die durch den Verlust ihrer Freiheit ohnehin schon über Gebühr getroffenen Gefangenen von einem gewissen d'Argenson besonders hart und tyrannisch angefaßt und mit unerhörter Strenge behandelt.

Die heutige Regierung, die mildeste und menschlichste, die es seit dem Tode Heinrichs IV. gegeben hat, ist von solch grausamer Härte zweifellos merklich abgekommen, jedenfalls werden derlei scheußliche und sinnlose Strafen heutzutage nicht mehr verhängt.

Wenn ein Insasse der Bastille stirbt, verscharrt man ihn früh um drei in Saint-Paul. Der Sarg wird statt von Priestern von Gefängniswärtern getragen, und dem Begräbnis wohnen die Mitglieder des Generalstabes bei. So gibt es denn nur einen einzigen Weg, der schrecklichen Staatsgewalt zu entrinnen – den, der zum Grabe führt.

Wenn immer in Paris von der Bastille gesprochen wird, kommt die Rede unweigerlich auf die Geschichte vom Mann mit der eisernen Maske; jeder erzählt sie auf seine Weise und reichert sie mit Kommentaren an, die ihr an Phantastik in nichts nachstehen.

Ansonsten aber graut den kleinen Leuten mehr vor dem Châtelet als vor der Bastille: letzteres Gefängnis fürchten sie schon

deshalb kaum, weil es ihnen weitgehend fremd geblieben ist; die Eigenschaften, die einen dorthin bringen können, gehen dem Volke ab. Infolgedessen bringt es für die dort Festgehaltenen auch kein Mitgefühl auf, zumal sie ihnen in den meisten Fällen nicht einmal dem Namen nach bekannt sind. Den hochherzigen Verteidigern seiner Sache weiß es keinen Dank. Und statt für schöne Reden, die ihm bescheinigen, daß sein Anspruch auf ein gutes Leben rechtens sei, gibt der Pariser sein Geld lieber für das bißchen Brot aus, das er benötigt, um überhaupt leben zu können. Früher kam es vor, daß man Schriftsteller schon aus geringfügigstem Anlaß in die Bastille steckte. Inzwischen hat man eingesehen, daß damit den Autoren sowie ihren Büchern und Ideen nur zu um so größerem Ruhm verholfen wird, und so läßt man denn die Meinungen von heute durch die des nächsten Tages vom Tische wischen, denn man hat begriffen, daß es kaum der Mühe wert ist, sich über den von Natur aus unsteten und launischen Strom der Ideen zur Politik und zur Moral zu sorgen, solange man die physische Gewalt fest in den Händen hält.
Ob der berühmte Linguet noch in der Bastille schmachtet, und wofür? Welches war sein Verbrechen? Kein Mensch weiß es. Wie sagt doch Voltaire? »Der Grund ist unbekannt, doch schrecklich sind die Folgen.«

Anekdote

Als Ludwig XVI. den Thron bestieg, rafften die sich von ihm berufenen neuen und auch humaneren Minister zu einem Akt der Gerechtigkeit und Gnade auf, indem sie die Register der Bastille einer Überprüfung unterzogen und viele Gefangene freiließen. Unter ihnen befand sich ein Greis, den man seit 47 Jahren zwischen seinen vier massiven, kalten Kerkerwänden hatte schmachten lassen. Durch Prüfungen hindurchgegangen, die einen Menschen, so er sie übersteht, hart wie Eisen machen, hatte er die Langeweile und die Schrecknisse der Haft mit unbeugsamem Mannesmut durchgehalten. Sein Haar war, obzwar schlohweiß und stark gelichtet, drahtig geworden und sein Leib, der so lange in dem steinernen Sarge gelegen hatte, zäh wie Stahl.

Es bewegt sich die niedrige Pforte seines Kerkers; unheimlich knarren ihre rostigen Angeln, doch anders als sonst, öffnet sie sich diesmal nicht nur halb, und eine fremde Stimme sagt ihm, daß er gehen könne. Er glaubt zu träumen. Er zögert, erhebt sich schließlich doch, setzt sich wankenden Schrittes in Bewegung und wundert sich über den weiten Raum, der sich da plötzlich vor ihm auftut. Die Gefängnistreppe, der Saal, der Hof, alles scheint ihm unermeßlich weit, fast grenzenlos. Verloren hält er inne, es kommt ihm vor, als hätte er sich verirrt, er schließt seine vom Tageslicht geblendeten Augen, öffnet sie wieder, staunt zum Himmel empor, als sähe er ihn zum ersten Mal, möchte weinen und kann nicht. Noch ist ihm unfaßbar, daß er wirklich gehen kann, wohin er will; seine Füße verweigern ihm den Dienst, seine Zunge ist wie gelähmt. Endlich überschreitet er die schicksalsschwere Schwelle des Außentores. Aber als sich der Wagen, der ihn nach Hause bringen soll, in Bewegung setzt, stößt er plötzlich wilde Schreie aus; solch ungewohntes Tempo überfordert ihn, man muß ihn aussteigen lassen. Eine gute Seele nimmt sich seiner an, er fleht sie an, man möge ihn zur Straße bringen, in der er einstmals wohnte. Er kommt dort an; sein Haus ist verschwunden, an seiner Statt steht jetzt ein öffentliches Gebäude. Nichts erkennt er wieder, weder sein Quartier noch die Stadt, noch sonst etwas von dem, was ihm von früher her vertraut gewesen wäre. Auch die Häuser seiner Nachbarn, an die er sich doch so gut zu erinnern glaubte, sehen jetzt ganz anders aus. Und vergebens sucht er in allen Gesichtern, die ihm vor Augen kommen, nach vertrauten

Zügen – nicht eines, das in ihm Erinnerungen erweckte. Mit einem Seufzer aus zutiefst erschrecktem Herzen bleibt er stehen. Mag diese Stadt von Leben überfließen, für ihn ist sie tot; hier kennt ihn keiner mehr, und er kennt keinen; jetzt kommen ihm die Tränen, und er sehnt sich ins Verlies zurück. Angesichts all dieser neuen Bauten rundherum, die von einem Jahrhundert zeugen, das nicht das seine ist, beginnt er nun gar, laut nach der Bastille zu rufen und verlangt, daß man ihm dort Asyl gewähre. Neugier und Mitleid werden wach, bald ist er umringt, die Ältesten in der Menge stellen Fragen, doch mit dem, was er vorzubringen hat, wissen auch sie nichts anzufangen. Da will es der Zufall, daß man einen alten Pförtner zu ihm hinführt, der, hinfällig, wie er ist, und weil seine Kräfte zu nichts anderem mehr reichen, als den Türstrick zu ziehen, nunmehr schon seit fünfzehn Jahren in seiner Loge sitzt, der aber ganz früher einmal in des Freigelassenen Diensten stand. Seinen einstigen Herrn erkennt er zwar nicht wieder, doch weiß er zu berichten, daß dessen Frau an ihrem Kummer und im Elend starb, die Kinder nach unbekannten Breitengraden ausgewandert und alle Freunde der Familie tot seien. Der Greis erteilt diese grausamen Auskünfte mit Gleichmut, so wie man über längst Vergangenes, fast schon Vergessenes spricht. Der Unglückliche stöhnt auf – und bleibt mit seinem Schmerz allein. Inmitten dieser vielen fremden Gesichter packt ihn das Übermaß des Jammers sogar noch härter als all das Leid, das ihm zuvor die Bitternis seiner Einsamkeit bereitet hatte. Gebrochen geht er zu dem Minister, dessen edles Mitgefühl ihm solch niederschmetternde Freiheit geschenkt hat. Er verneigt sich und sagt: »Lassen Sie mich dorthin zurückbringen, woher Sie mich geholt haben – ins Gefängnis! Wer hat denn die Kraft, seine Blutsverwandten, seine Freunde, seine ganze Generation zu überleben? Wer erträgt schon die Nachricht vom allgemeinen Hinschied derer, die einmal die Seinen waren, ohne sich selber nach dem Grab zu sehnen? All diese Tode, von denen andere Menschen stets nur

Caffé de la Couronne

nach und nach erfahren, trafen mich in einem einzigen Augenblick. Abgetrennt von der Welt, war ich auf mich selber angewiesen. Jetzt jedoch komme ich weder mit mir selber ins reine noch mit all diesen neuen Menschen, für die meine Verzweiflung kaum mehr als ein übler Traum ist. Zu sterben ist nicht schrecklich, wohl aber, als letzter zu sterben!« Rührung packte den Minister. Man gab dem Unglückseligen den greisen Pförtner bei, den einzigen Menschen, der ihm noch über Frau und Kinder zu erzählen wußte. Über sie zu sprechen war des Freigelassenen einziger Trost. Mit dem neuen, ohne ihn zur Welt gekommenen Volke dagegen mochte er nichts zu tun haben; mitten in der Stadt lebte er jetzt nicht minder einsam und zurückgezogen vor sich hin als vorher in dem Verlies, in welchem er fast ein halbes Jahrhundert gesessen hatte, und der Kummer, keinen anzutreffen, der ihn fragen würde: »Sind wir uns nicht schon einmal begegnet?«, setzte seinen Tagen bald ein Ende.

Die kleine Post

Ihr Urheber, Chamousset, ersann zwar insgesamt zweihundert verschiedene Projekte, die allesamt öffentlichen Nutzen erbracht hätten, doch ausgeführt wurde nur dies eine, und auch dieses äußerst spät. Das liegt daran, daß die Männer, die etwas zu sagen haben, alles Neue erst einmal bekämpfen und dem allgemeinen Wohl nur unter Zwang stattgeben. Als erstes sagt ein Minister stets »Ich verbiete« und niemals »Ich genehmige«.
Diese Post ist unterwegs von früh bis spät; sie befördert Briefe und Pakete. Da Paris eine ganze Welt für sich ist, kommt es vor, daß man eher dreißig Meilen weit läuft, als daß es einem gelingt, die und die Person in dem oder jenem Quartier ausfindig zu machen. Da schreibt man ihr eben; der Brief hilft einem, eine Menge Zeit zu sparen, macht Besuche überflüssig und enthebt

einen der Mühe, sich womöglich umsonst auf die Suche zu machen.

In Italien oblag es früher den Gemüsehändlern, Liebesbriefe weiterzubefördern; sie steckten das Billett dem dicksten Huhne ins Gefieder, und die zuvor gebührend avisierte Dame kaufte es mit sicherem Instinkt. Eines Tages jedoch kam man diesen Liebesboten auf die Schliche und spannte den erstbesten, den man auf frischer Tat erwischte, mitsamt seinen Hühnern, die man ihm lebend an die Beine band, auf die Wippe. Seither gilt ›Poulet‹ als ein Synonym für ›Liebesbrief‹. Die fliegenden Boten der kleinen Post bringen und holen welche ohne Unterlaß, nur daß jetzt ihre zärtlichen Geheimnisse durch ein zwar zerbrechliches, aber dennoch respektiertes Wachssiegel vor indiskreten Blicken geschützt werden. Niemals wird nämlich ein kluger Gatte Briefe öffnen, die an seine Frau gerichtet sind.

Per Brief lassen die Freunde einander den Tag wissen, den sie gemeinsam verbringen wollen; eine Möglichkeit, die manchen Umgang, den man so im Leben pflegt, erheblich verschönt. Doch greife man besser nur um seiner Geschäfte und Vergnügungen willen zur Feder; es wäre äußerst unklug, sich auch über andere Dinge schriftlich auszulassen, da das Ganze in der Hand der Polizei liegt, die sich für alles interessiert, und wäre es noch so geringfügig.

Von Nachteil ist allerdings, daß nunmehr auch die Anonymusse, die Euch beleidigen wollen, ein leichtes Spiel haben. Aber was soll's, wer anonyme Briefe schreibt, ist feige, also verächtlich, und gemessen am allgemeinen Nutzen, dürfte derlei Mißbrauch kaum ins Gewicht fallen.

Wer reich oder berühmt ist, empfängt außerdem eine Menge belanglosen Zeugs; so vergnüglich das für eine Weile sein mag, so beschwerlich wird es auf die Dauer. Die Bürde einer ausgedehnten Korrespondenz ist eine mit dem Ruhm verknüpfte Plage. Das Beantworten von tausenderlei Nichtigkeiten, der Austausch hohler Komplimente und überaus verschwommener

Floskeln läßt einen kostbare Stunden verlieren. Auskunft über seine wirklichen Gedanken schuldet man nur seinen engsten Freunden. Gegenüber allen anderen muß man sich verstellen, denn stets sind sie bereit, mit Euren Briefen hausieren zu gehen, sie herumzureichen oder sogar in Druck zu geben. Da ist größte Umsicht am Platze, denn an Leuten, die sich, nur um Euch ein Bein zu stellen, freundlich geben, die darauf aus sind, Euch lächerlich zu machen und Euer Vertrauen oder Eure Leichtgläubigkeit schamlos zu mißbrauchen, fehlt es wahrlich nicht!
Der Titel eines schmalen Bändchens lautet ›Die überfallene kleine Post‹. Die darin enthaltenen Briefe sind fiktiv, doch angenommen, der schlichten Neugier wäre es gestattet, auch nur die Briefe eines einzigen Tages zu entsiegeln und zu lesen – Gott! was da alles an Merkwürdigem und Interessantem zusammenkäme! Nichts, was ein Dichter je ersinnen kann, vermöchte diese packende Vielfalt von Bildern tiefster Herzensnot, von Unglück, von Zeugnissen der Liebe, Eifersucht und Eitelkeit aufzuwiegen, zumal ja dahinter das unbestreitbar wahre Leben stünde, was den Reiz der Sache nur noch größer werden ließe.
Welch ein Spaß, dem Kaufherrn, dem Marquis, der Kurtisane, dem verliebten jungen Mädchen, dem Träumer, dem Wucherer und nicht zuletzt den Scheinheiligen aller Klassen einmal in die Seele zu blicken! Was gäbe man nicht alles um die originalen Briefe eines Desrues, um ein Billett des einen oder anderen berühmten Mannes, in Eile hingeworfen aus bestimmtem Anlaß; die Literaten delektierten sich an eleganten Formulierungskünsten, die Philosophen erführen Neues über das Herz des Menschen, und die Grammatiker würden um die Erkenntnis reicher, daß von hundert Briefen deren achtzig ohne jeden Schimmer von orthographischen Regeln auskommen, dafür aber fast immer geistreicher und natürlicher sind als die, welche nicht an jenem Mangel kranken. Meist sind es Frauen, die so schreiben. Aber auch unter den Männern wissen sich gerade

jene, die von gewissen Regeln der Grammatik keine Ahnung haben, anmutiger, freier und kraftvoller auszudrücken als die übrigen. Darüber nachzudenken wäre sehr wohl angebracht, ihr pompösen, schwerverdaulichen, manierierten Dichterlinge, die ihr die Grammatik kennt, oder auch nicht!
Man hat die kleine Post der großen angegliedert, weil eine Vorschrift will, daß alle öffentlichen Einrichtungen nach und nach bestimmten Ämtern oder Monopolverwaltungen zu unterstellen seien.

Der Hofalmanach

Er ist fast ein Jahrhundert alt. Er handelt von der Existenz der Götter dieser Erde, von den Ministern, den Männern der Macht, den Marschällen von Frankreich, den höchsten Magistraten. Er gibt Auskunft über ihren Aufenthalt sowie über den Tag und die Stunde, da es gestattet ist, vor ihr Antlitz zu treten und sie in ihren Vorzimmern zu beweihräuchern. Hier sind sie alle eingetragen, die Günstlinge des Glücks, und jede kleinste Drehung seines Rades ist darin vermerkt. Wer immer auf den Pfaden des Ehrgeizes wandelt, studiert den Hofkalender mit ernster Andacht. Seine Nanensliste reicht vom Prinzen bis zum Auditor am Gericht von Châtelet. Doch wehe dem, der nicht in diesem Buche steht! Er hat weder Rang noch Würde, weder Amt noch Titel. In um so helleren Glanz taucht es die Herren der fetten Pfründe; nur daß sie in Wahrheit noch reicher sind, als der Kalender zugibt.
Welch seltsames Sammelsurium von Namen unter ein und demselben Einband! Dem Gerichtsschreiber wird derselbe Raum gewidmet wie dem Präsidenten und dem Assessor nicht weniger als dem Kammerherrn. Fast entspricht das Bild demjenigen, das sie dereinst in ihren Gräbern bieten werden. Enthal-

ten ist in diesem Buch die Liste der königlichen Räte, die dem König nie im Leben einen Rat erteilt haben und ihn auch niemals sprechen werden, und ebenso die der Sekretäre Ihrer Majestät, denen diese nie auch nur den Aufstrich eines ›A‹ diktierte.

Mehr als eine Schöne konsultiert den Almanach, um herauszukriegen, ob ihr Geliebter nun Leutnant oder Brigadier, Ratsherr oder Präsident, Geldwechsler oder Bankier sei. Im übrigen jedoch behält man den Namen eines Ministerialsekretärs weit besser im Gedächtnis als den eines Mitgliedes der Akademie, und gekauft wird der Kalender von allen denen, die genauer wissen möchten, an wen sie sich zu halten haben. Der eine fällt, der andere steigt, und die Namen der Gestürzten spricht man aus wie die von Verstorbenen. Wer vertrieben aus dem Tempel, sei es durch Pluto, den Gott des Reichtums, sei es durch Themis, die Göttin der Gerechtigkeit, der wird vergessen.

Einer berühmten Kurtisane diente der Almanach sogar zu Geschäftszwecken. Jeder Mann, der etwas von ihr wollte, mußte ihr, ehe er in Betracht gezogen wurde, erst zeigen, daß sein Name schwarz auf weiß darin erwähnt war; gewöhnliche Sterbliche, die dies nicht vermochten, waren ihrer Gunst nicht würdig und wurden fortan nicht mehr vorgelassen.

Was einem beim Aufschlagen dieses Almanachs alles durch den Kopf geht! Ein Schauder läuft einem über den Rücken, wenn man die sechzehn eng mit den Namen von Staatsanwälten bedruckten Kolonnen zu Gesicht bekommt, und desgleichen, wenn man die Liste der zweihundert Ärzte und der hundertfünfzig Apotheker überfliegt, von den Vollzugsbeamten der Gerichte ganz zu schweigen. Und vollends verloren ist man im Dickicht der Haus- und Hofbeamten prinzlicher Paläste. Welch eine Masse von Lakaien, die sich da unter mannigfaltigster Bezeichnung ihrer Knechtschaft rühmt!

Weiter unten wird Euch dargelegt, welche Scharen von Notaren, Advokaten, Kanzlisten und anderen Schreiberseelen auf

Eure Kosten durchgefüttert werden. All das will leben. Welch ein Regiment von Fressern! Dann rechnet aus, wie viele tausend Livres ein jeder Bischof alljährlich aus dem Lande zieht, welch unermeßliche Summen die armen Bauern allein für diese Nachfolger der demutsvollen Apostel aufzubringen haben – die Haare werden Euch zu Berge stehen! Nicht weniger erschrekkend ist das Bild, das die oberen Schichten bieten. Hinter den schönen Titeln dieser Herren steckt barer Müßiggang, und dieser ist gedeckt vom Gold der ganzen Nation. Und all diese Mäuler nagen und zehren am Leibe Frankreichs! Dies Buch? – Ein Katalog der Vampire!
Die, welche man im Almanach findet, sind weder Bauern noch Kaufleute, weder Handwerker noch Künstler, und trotzdem ist es jener Teil der Nation, der diesen anderen völlig beherrscht. Gebt in Gedanken all die gedruckten Namen der Vernichtung preis; wäre die Nation danach noch lebensfähig? Aber gewiß doch, und besser denn je, dafür lege ich die Hand ins Feuer!
Der Hofkalender trägt im Jahr fast 40 000 Francs ein. Weder die ›Ilias‹ noch ›L'Esprit de Loix‹ haben ihrem Verleger jemals soviel eingebracht. Hätte sich Homer träumen lassen, daß man einmal derart viele Namen drucken würde, deren Trägern es bestimmt sein wird, ungeachtet aller Titel, die sie scheinbar vor dem Nichts bewahren, in tiefster Vergessenheit zu sterben? Ja, ich fürchte, daß sogar der ganze Almanach, so wie er vor mir liegt, noch ehe das Jahrhundert um ist, vergessen und verschollen sein wird. Schaut Euch seine seit 1699 erschienenen Vorläufer an, zählt die Namen, die Euch noch etwas sagen, zählt sie, sage ich, aus Neugier oder aus Berechnung!

Der ›Mercure de France‹

Wer erfindet die Buchstaben- und Bildrätsel, deren es im ›Mercure de France‹ so viele gibt? Müßiggänger, die sich in einsamen Provinzschlössern langweilen. Wer fabriziert diese Fluten unschuldiger Verse? Philosophisch veranlagte Verliebte, die sich auf Ehre und Gewissen verpflichtet fühlen, sowohl die Seufzer ihres Herzens als auch die Reize ihrer Schönen im ›Mercure de France‹ zu verewigen. Doch schlechte Verse, sagt Voltaire, machen Liebesleuten schöne Tage. Wie glücklich müssen da die schlechten Dichter sein! So werden denn Reimerei und Liebe wie bisher Hand in Hand gehen, und dem ›Mercure‹ wird nichts anderes übrigbleiben, als den provinziellen Zärtlichkeiten, egal ob sie in wehmütige Stanzen oder in galante Madrigale gegossen, auch weiterhin als ständiger Umschlagplatz zu dienen.
Die Verse werden mit der Post geschickt, in frankierten Paketen, welch letzteres auf weise Voraussicht schließen läßt! Denn so hat zumindest die Post etwas von ihnen, und ohne jeden Zweifel nimmt sie dabei mehr ein als das, was die Gesamtheit aller je von ihr beförderten Gedichte jemals wert sein wird; sowohl der Generalpostmeister als auch jeder Bote wird diese meine Ansicht teilen.
Jeder Versemacher dichtet in der Hoffnung, die blauen Heftchen des ›Mercure‹ würden ihm zu einem Namen verhelfen. Der eine versucht es mit einem Loblieb auf seine kleine Stadt, der andere mit einem ebensolchen auf sich selber, und alle setzen sie darunter ihre Titel, damit das Universum auch gebührend zur Kenntnis nehme, mit wem es da zu tun hat. Der eine teilt uns mit, daß er Advokat odr Steuereinnehmer, der andere, daß er Landjäger oder Offizier sei.
Mit gleichgültiger Hand öffnet der Redaktionsbote die Bündel, die bei jedem Posteingang haufenweise auf seinen Tisch herniederplumpsen. Ist ein Prinz zur Welt gekommen, verdoppelt sich der Hagel; Lieder, Sonette, Episteln, Stanzen und anderes

prasseln auf den armen Mann wie Ungewitter, bis er sich vor Erschöpfung nicht einmal mehr die Mühe nimmt, die Siegel zu erbrechen. Längst hat er die Gedichte satt wie keiner, er verabscheut sie und stopft sie, wie sie kommen, kunterbunt, in riesige Schachteln, wo sie begraben sind und schlummern, bis man bei Gelegenheit eines benötigt. Doch wehe dem Vers, der für die Seite, die noch eines Füllsels bedarf, zu kurz oder zu lang ist. Und wäre er noch so vollendet – man wirft ihn zurück in die Kiste und setzt einen, der genau hineinpaßt, an die leere Stelle.

Der Provinzpoet bildet sich ein, man bewundere sein Werk und werde es in aller Eile drucken, dabei ruht es in Wahrheit noch immer auf dem Grund der großen Schachtel des Gehilfen. Der Provinzpoet harrt voller Ungeduld der neuen Nummer; hastig und mit zitternder Hand öffnet er sie, sucht und findet nicht und verdächtigt am Ende eher die Post der Unterschlagung, als daß ihm der Gedanke käme, seine Richter hätten sein Gedicht verworfen.

Von hundert, die man liest, ist eines brauchbar, das heißt, frei von groben Fehlern. Man ahnt gar nicht, in welche Abgründe der Lächerlichkeit und der Platitüde gewisse Dichterlinge aus was weiß ich für Ländern die Poesie gestoßen haben. Friede und ewige Ruhe den guten Seelen, die diese Sintflut von abgeschmackten Versen und Prosastücken produzieren! Liefern sie doch immerhin das beste Indiz für das Maß der in Frankreich herrschenden Langeweile – oder Liebe...

Will es der Zufall, daß ein Provinzler seine Verse gedruckt und unter seinem Namen wiederfindet, erbebt er vor Wonne, und in seinem Freudentaumel sagt er sich: In diesem Augenblick lesen ganz Paris, der König und der Hof mein Madrigal und nehmen meinen nunmehr für alle Zeiten berühmt gewordenen Namen zur Kenntnis. Und weiß man, ob der König oder der Minister nicht sinnen werden über einen meiner Verse und mir, überwältigt von staunendem Entzücken, ein kleines Amt anbieten werden? Er ruft seine Familie zusammen, zeigt ihr die Seite, die ihn nun für immer über das vulgäre Volk erheben, ihn unsterblich machen wird; das Heft geht von Hand zu Hand, wandert vom Präsidenten der Provinzversammlung zum Notar; in schweigender Ehrfurcht bewundern sie alle das Werk und den daruntergravierten Namen – und kochen innerlich vor Neid.

Früher brachte der ›Mercure‹ Wahrheiten unter die Leute; als eine neue Leitung die Redaktion übernahm, wurde er jedoch plötzlich grob und ungezogen. Auch entstellen ihn neuerdings Dummheit und ein fataler Hang zum trockenen Dozieren. Plumpe Winke mit dem Zaunpfahl hält er für geschmeidige Kritik.

Da es sich hier um eine merkantile Unternehmung handelt, an deren lukrativem Gedeihen mehrere interessiert sind (schon der Rente wegen, denn – so unfaßbar das klingt – von diesen schlechten Versen und von dieser blöden Prosa leben sage und schreibe redliche Leute!), hat man die Verlagslizenz Herrn Pankouke übertragen. Er bezahlt seine Lohnschreiber nach festem Satz pro Seiten, und so blüht denn das Geschäft mit der Langenweile unaufhaltsam weiter. Unglaublich zäh hält die Provinz aus altem Brauch am ›Mercure‹ fest und wird sich auch in Zukunft weiter an ihn halten.

Ein Blick auf die Autorennamen, und man weiß im voraus, wer welche literarischen Werke hoch bis zu den Wolken loben und wer welche erbarmungslos zerstampfen wird. Auch haben einige Mitglieder der Akademie durch raffiniertes, heimliches Intrigenspiel erreicht, daß sie der ›Mercure‹ vergöttert. Ja, man sah schon Literaten, die dort, ohne zu erröten, ihre eigenen Werke besprachen und sich ihren Lorbeer schamlos selber pflückten, und andere, die sich ihre Laudatio von Freundeshand besorgen ließen. Herr Pankouke (diesmal tritt er als Autor auf und nicht als Buchhändler) hat im ›Mercure‹ einen ›Diskurs über das Schöne‹ veröffentlicht. Und wißt Ihr, was dies ist, das Schöne? Lauscht den Worten des Herrn Pankouke. Als erstes stellt er fest, daß das Schöne eine feste Größe sei und allen Na-

tionen vorgegeben. Das mag Euch, lieber Leser, zwar verblüffen, doch gleich werdet Ihr sehen, worauf er abzielt. Im weiteren nämlich stellt er die Frage, wer denn der Schönheit Richter seien. Seine Antwort: die, welche einer aufgeklärten Nation angehörten, in ihr mit angeborenem Geschmack das Licht der Welt erblickten, kurz, all jene, die dem Zentrum des Geschmacks am nächsten stünden. Und welches ist nun dieses Zentrum, in das uns der Verfasser führen will? Dasjenige, in dem versammelt sind: die Leute, die das erste Blatt des Universums füllen, die von den Inhabern dieses Blattes auf höchsten Geschmack eingeschworenen Lohnschreiber! Woraus sich der zwingende Schluß ergibt, daß das unumstößlich vorgegebene Schöne genau das ist, was der Pankouke-›Mercure‹ jede Woche druckt: quod erat demonstrandum.
Im übrigen war hier mit Absicht nur vom literarischen Teil die Rede; die politischen Spalten des ›Mercure‹ dagegen unterstehen der absoluten Herrschaft des Ministeriums, was besagt, daß alle in ihnen dargebotenen Tatsachen, Gedanken und Formulierungen im voraus festgelegt sind. Dennoch ist es gerade dieser politische Teil, der die unglückselige Literaturbeilage trägt.

Loblied auf die Lastträger

An jeder Straßenecke lungern Herkulesse und Milone von Kroton, bereit, unsere Möbel von einem Haus zum andern zu tragen oder Warenbündel zu schleppen. Ihr braucht bloß zu winken, und sie stehen Euch zur Verfügung; mit ihren Traghaken über der Schulter lehnen sie am Eckstein und warten, bis ihnen jemand Arbeit gibt. Nun glaubt Ihr vielleicht, daß diese Männer rotgesichtige, ungeschlachte Riesen, mit strammen Schenkeln und großmächtigen Bäuchen seien; Irrtum! Sie sind bleich, untersetzt, eher mager als dick; sie trinken viel und essen wenig.

Jederzeit sind sie gewillt, sich für Euch die schwersten Lasten auf den Rücken zu bürden. Leicht gekrümmt und nur auf ihren kleinen Stock gestützt, stemmen sie Gewichte, die ein Pferd umbrächten. Was man ihnen anvertraut, das bugsieren sie geschmeidig und geschickt mitten durch das größte Gedränge der Wagen wie auch durch die schmalste Gasse. Manchmal ist's ein Spiegel, der so breit ist wie ein Durchgang und der für jeden, der ihm folgt, munter alle Häuser tanzen läßt; manchmal ist es auch ein zerbrechliches Marmormeisterwerk von großem Wert. Es scheint, als würde die Last selber des Fingerspitzengefühls dieser Männer teilhaftig; und unter vielem Hin und Her wissen letztere sogar im dichtesten Getümmel des Verkehrs jeglichem Zusammenstoß aus dem Wege zu gehen; bald halten sie inne, bald traben sie im Gleichschritt vorwärts, warnen die Passanten mit Gefluche, drohen ihnen, so schwer sie auch beladen sind, mit ihrem kurzen Stocke, und vorbei an unzähligen Klippen, erreichen sie den Hafen schließlich ohne den geringsten Bruch, gleichgültig, ob das Pflaster trocken, schlammig oder glitschig war. Porzellangeschirr schafft man auf einer langen Trage von einem Ende der Stadt zum andern, und wenn unterwegs niemand etwas aus dem Fenster fallen läßt, kommt selbst die letzte Untertasse ohne jeden Sprung ans Ziel. Wißt Ihr, welche der Muskeln im Leibe des Lastenträgers am härtesten arbeiten müssen? Die Strecker seiner Waden! Achtet auf sie, und Ihr werdet sehen, wie sie vor Anstrengung zittern, zwar fast unmerklich, aber doch noch deutlich wahrnehmbar.

Wenn bei Glatteis die Räder einer Droschke zu rutschen beginnen, in den Rinnstein geraten und sich dort festklemmen, steigen die Kutscher vom Bock und stemmen ihr Gefährt nur mit ihrem Rücken und ohne die geringste anderweitige Hilfe wieder frei, selbst wenn in der Karosse vier Personen sitzen und hinten noch zwei, drei Koffer aufgeschnallt sind. Welch eine Kraft doch in des Menschen Rückgrat stecken kann! Ist aber ein Wagen mitsamt seiner Ladung, etwa einem riesigen behauenen

Stein, verunglückt? Sechzig willige Fäuste stellen ihn wieder auf und vollbringen so in einem Augenblick, was anderswo seine sechs gute Stunden gedauert hätte. Ob ein Tragriemen der Aufhängung reißt, ob ein Rad entzweigeht, kaum ist die Equipage umgekippt, steht sie wieder auf dem Damm. Man sagt auch : Dort gab's einen Unfall – doch bis ihr hinkommt, ist alles schon vorüber; sobald ein Hindernis die Fahrbahn sperrt, eilen alle Lastträger aus der Nachbarschaft herbei, beheben den Schaden auf der Stelle und fragen in ihrem Eifer nicht einmal nach dem Lohn. Diese Alltagsdienste sollten ihnen angerechnet werden.

Noch am stämmigsten von allen sind die Mehlsackträger aus den neuen Hallen. Man erkennt sie leicht an ihrem Aussehen. Ihre Hälse sind so kurz, daß es scheint, als wüchse ihnen der Kopf direkt aus den Schultern. Auch sind sie plattfüßig und ihre Rücken vom Gewicht der Lasten krumm geworden. Dabei sind diese Männer keineswegs etwa mit besonderen Kräften ausgestattet; sie würden weder beim Faustkampf noch beim Ringen gut abschneiden, und ebenso ungeeignet wären sie als Ruderer oder als Sägeknechte. Das Geheimnis ihrer Leistung liegt vielmehr darin, daß sie es mit ihren Säcken auf dem Rücken oder auf dem Nacken vollendet verstehen, das Gesetz des Gleichgewichts zu nutzen. Wichtiger als rohe Kraft ist hier Geschicklichkeit. Erspart Euch also die Furcht, sie könnten sich beim Stemmen ihrer großen Lasten etwas verrenken, nichts kommt in den Annalen der Chirurgie seltener vor als dies.

Schlimm dagegen ist der Anblick jener unglückseligen Frauen, die sich in aller Herrgottsfrühe, die schwere Hucke auf dem Buckel, durch den Schlamm der Gassen kämpfen müssen, rot im Gesicht, das Auge blutunterlaufen; mitunter knirscht auch Glatteis unter ihren Füßen und bringt ihr Leben in Gefahr. Wenn man sie so sieht, packt einen wahrlich das Mitleid, obschon sie kaum noch als weibliche Wesen erkennbar sind. Zwar ist bei ihnen, anders als beim Manne, die harte Arbeit ihrer

Muskeln nicht zu sehen, doch um so leichter errät man sie an ihrem straffgespannten Hals wie auch am schweren Keuchen ihres Atems, und erst recht zu Herzen geht es Euch, wenn Ihr sie erschöpft und mit entstellter, heiserer Stimme fluchen hört. Man spürt, daß ihr Organ für diese groben Kraftausdrücke ebensowenig geschaffen ist wie ihr Leib für derlei ungeheure Lasten. Unter ihren schweren, rauhen, kotbespritzten Kleidern, unter ihrer schmutzigen, hartgewordenen Haut bewahren sie noch immer jene unverwechselbaren Formen, die auch beim Opernball eine Herzogin, welche sich als Domino verkleidet hat, als Weib erkennen lassen. Wie kann es nur geschehen, daß man in unseren Tagen Frauen zu Arbeiten treibt, die in keinem Verhältnis zu den Kräften stehen, die ihnen die Natur gegeben hat? Welches Volk ist grausamer – dasjenige, das seine Frauen in Harems einsperrt, oder jenes, daß sie unbarmherzig solch pausenloser Fron aussetzt?

Welch schreiender Gegensatz: Hier eine, die »Obacht! Obacht!« schreit und unter ihrer doppelten Kürbisfracht, unter ihren Steinpilzen fast zusammenbricht, dort die andere, die an ihrer Weiblichkeit zugrunde geht, geschminkt und mit dem Fächer spielend, in ihrer flinken Equipage, die den überladenen Tragkorb streift! Ist es denn möglich, daß die beiden ein und demselben Geschlecht angehören? Wie Ihr seht, es ist möglich!

Manchmal nimmt ein Lastträger den gesamten abgezählten Hausrat eines armen Teufels an den Haken; das Bett, den Strohsack, Stühle, Schrank und Tisch und obendrauf die Küchenutensilien. Er schleppt die ganze Habe herunter aus einer fünften und hinauf in irgendeine sechste Etage. Um den Umzug dieses Habenichtses zu erledigen, genügt ein einziger Gang, und am Ende stellt es sich heraus, daß der Träger reicher als sein Auftraggeber ist, denn der Preis, den dieser für den einfachen Transport seiner Siebensachen entrichtet, beläuft sich gut und gern auf ein Zehntel dessen, was sie wert sind. Wenn's wenigstens dabei bliebe! Aber nein, weil er die Miete nur zur Hälfte zahlen kann, sieht sich der Ärmste alle drei Monate zum Wechsel seines Domizils gezwungen, und bald schon wird der nächste Träger an der Reihe sein...

Ist ein Kronprinz geboren, tun sich die Lastträger, die Mehlsackschlepper, die Sänftenknechte, die Kaminfeger und die Wasserverkäufer zu einer Korporation zusammen, besorgen sich eine Musik, das heißt, ein paar Geiger, stellen sie an die Spitze ihres Zuges und begeben sich zur Audienz nach Versailles. Im Marmorhof des Palastes machen sie halt, komplimentieren den König auf seinen Balkon, begrüßen ihn mit den Wahrzeichen ihrer Gewerbe und nutzen oftmals die Gelegenheit, ihm ein heiteres Possenspiel zu bieten.

Manchmal fällt die Hauptrolle einem Kaminfeger zu. Unversehens streckt er seinen Kopf aus einem Schornstein, den vier seiner Kameraden auf den Schultern tragen, und hält von dort dem König der Franzosen eine Rede über jene, die die Häuser seiner guten Stadt Paris vor Feuersbrunst bewahren. Manchmal aber schleppen die Sänftenknechte auch eine Kolossalfigur herbei, das Kleid mit Lilien bestickt und im robusten Arm ein riesiges Wickelkind, das sie gewaltig herzt und küßt.

Die Fischweiber indes genießen gar das Privileg, den Palast selber betreten zu dürfen und dem König in der Eingangshalle ganz besonders aufzuwarten, was sie – wie es sich gehört – auf den Knien tun. Anschließend gibt sich einer der höchsten Beamten des königlichen Haushofmeisters die Ehre, sie zu Tisch zu bitten. Das Essen soll vorzüglich sein. Kaum wieder in Paris, begeben sich die Weiber hocherhobenen Hauptes zu den Hallen, um dort in allen Einzelheiten über alles zu berichten. Während der darauffolgenden sechs Monate ist man in den Hallen sehr zufrieden mit dem Hof. Ließe sich der König jetzt in dieser Gegend blicken, würden die rauhen Kerle, die dort und auf den andern Märkten den Ton angeben, ihr ›Vive le Roi‹ mit aller Kraft und aus voller Kehle brüllen, so laut, daß man darob erschrecken könnte.

All die Reden und Komplimente, die das Volk an solchen Tagen vorbringt, sind verfaßt von Literaten, die bei dem Spaße hinterm Vorhang bleiben, weil ihnen im Verborgenen manches besser glückt, als wenn sie selber dafür einstehen müßten. Ich kenne viele dieser Texte. Manche von ihnen, darunter recht bissige, sind freilich niemals vorgetragen worden.

Späte Mädchen

Unübersehbar ist die Zahl der Mädchen, die das Heiratsalter überschritten haben. Nichts Schwierigeres gibt es als die Ehe, was allerdings weniger an der Tatsache liegt, daß man durch sie für alle Ewigkeit gebunden wird, als daran, daß man eine Mitgift beim Notar zu hinterlegen hat. Da schon die hübschen Mädchen alle Mühe haben, unter die Haube zu kommen, bleiben vor allem die häßlichen sitzen. Ob es da nicht vielleicht angebracht wäre, in Paris einen gewissen Brauch der Babylonier wieder aufleben zu lassen? Man pflegte dort die ledigen Töchter auf dem Markte zu versammeln, dann kamen die jungen Männer und kauften – wen wundert es – die Schönsten weg, doch den Erlös, den diese erbrachten, händigte man den weniger Hübschen, die zum Schluß noch übrigblieben, als Mitgift aus.

Fest steht, die Ehe ist zum drückenden Joch geworden, dem man sich mit allen seinen Kräften zu entziehen trachtet, und ebenso steht fest, daß seit einiger Zeit die Ansicht an Boden gewinnt, das Zölibat sei doch erheblich angenehmer und biete auch mehr Sicherheit und Ruhe. Im Mittelstand sind denn die Mädchen, die aus freiem Willen ledig bleiben, heute schon gar nicht mehr so selten. Schwestern oder Freundinnen legen ihre Einkünfte zusammen, verdoppeln sie durch Eintausch gegen Leibesrenten und führen damit gemeinsamen Haushalt. Ist die-

ser freiwillige Verzicht auf jene Bindung, die den Frauen sonst so teuer ist, dieses System der offenen Ehefeindlichkeit nicht ein bemerkenswerter neuer Zug an unseren Sitten?
Bei den Lakedaimoniern trieben die Frauen Jahr um Jahr die Junggesellen mit der Peitsche in den Tempel der Venus. Was würde Likurg wohl sagen, sähe er, wie heute unsere Fräulein den Traualtar verachten, es vorziehen, unbemannt zu bleiben, sich dessen sogar rühmen und in einer fast männlich zu nennenden Freiheit drauflos leben? Und dies in einer Freiheit, wie sie ihr Geschlecht bei keinem anderen Volk der Erde kennt.
Wohin führt diese befremdliche Unordnung? Die Leute, die im Wohlstand leben und entweder gar nicht oder spät heiraten, bekommen wenig oder keine Kinder; die Habenichtse dagegen, die furchtlos in den Stand der Ehe treten und obendrein zu früh, bekommen viele, was zur Folge hat, daß aller Reichtum mehr und mehr in einer sehr kleinen Zahl von Händen zusammenfließt und gerade jene Schichten, die seiner am meisten bedürfen, am wenigsten davon abkriegen.
Sämtliche Salons sind überlaufen von alten Jungfern, die Ehe- und Mutterpflichten scheuten und auf der Suche nach Geselligkeit von einem Haus zum andern traben. Befreit von den Leiden und Freuden des Ehestandes, versuchen sie dennoch, sich den Respekt, die Achtung zu erschleichen, die allein der kinderreichen Familienmutter zustehen. Sie versuchen es, obgleich sie doch in Wahrheit jenen unfruchtbaren Reben gleichen, die zwar in der Sonne stehen, unter deren Strahlen jedoch statt Trauben nur ein paar wenige gelbe Blätter sprießen lassen. Diese abgelebten späten Mädchen sind in der Regel viel boshafter und giftiger, viel zänkischer und in ihrem Geiz weit härter als Frauen, die Mann und Kinder hatten. Man sollte die alten Junggesellen und die alten Jungfern mit einer Extrasteuer belegen, dazu für beide Geschlechter das Heiratsalter heraufsetzen und die Ehelosigkeit der Soldaten abschaffen, denn mit an ihr liegt's, wenn so viele Mädchen ledig bleiben. Und nicht zuletzt sollte

der Gesetzgeber, um die Schwierigkeiten der Eheschließung etwas zu verringern, die alten ›Linkshänderehen‹ wieder aufleben lassen. In früheren Zeiten galt eine Frau, die im Konkubinat lebte, nicht als unehrenhaft. Indem man die Freiheit des Mannes allzusehr einengen wollte, stürzte man ihn nur in eine andere Art von Ausschweifung, und mit gutem Grund ist hier zu wiederholen, daß oft erst das Gesetz die Sünde schafft!

Plakate

Auf Plakaten verkünden die drei großen Bühnen jeden Tag schon in aller Herrgottsfrühe, was man am Abend spielen wird, und genauso halten es die Boulevardtheater und die Kabaretts vom Rummelplatz. An derselben Mauer begegnen sich in aller Eintracht Tragödie und Burleske; es gibt keine Geschmacksrichtung, die da nicht auf ihre Rechnung käme. Was das Vergnügen anbetrifft, so meine ich, daß jeder es halten soll, wie es ihm gefällt, vorausgesetzt, daß die Stücke nicht unschicklich sind, was sie aber gewiß von dem Moment an nicht mehr wären, da man aufhörte, den Schauspielern allein die Moralzensur zu überlassen. Wer würde vermuten, daß eine Menge armer Teufel die Plakate lesen, obschon sie niemals ins Theater gehen, und sich dabei mit dem Troste begnügen, wenigstens zu wissen, welches Stück man aufführt? Dieses letztere leihen sie sich dann aus, führen es sich vor dem Einschlafen zu Gemüt und träumen darauf, sie hätten es gesehen.

Kein Plakat kann ohne den Segen des Polizeileutnants angeschlagen werden; selbst wenn Euch bloß ein Hund oder ein Armband abhanden gekommen ist, geht es nicht ohne Unterschrift des Magistrates. Sie wird allerdings auf Vorrat geleistet; zwecks Erleichterung der Suche nach verlorenen Spaniels, Papageien, Muffen und Spazierstöcken gibt es ein Büro für Blankoformulare.

Ohne Genehmigung druckt man in Paris nur zweierlei: Trauer- und Heiratsanzeigen. Doch allzulang wird eine wahrhaft weise Obrigkeit solch schrankenlose Freiheit nicht mehr dulden können, und der Ordnung halber werden gewiß bald auch diese Zettel einem Zensor zu unterbreiten und der Zustimmung des Herrn Kanzlers oder des Herrn Siegelbewahrers bedürftig sein, denn wohin käme man denn, wenn ein Heiratskandidat oder ein Toter, so eilig es sie immer haben mögen, nach Lust und Laune drucken lassen könnten? Welch skandalöse Dreistigkeit, welch unverschämter Anschlag auf die Staatsmacht wäre das!
Auch erkühnen sich Privatpersonen (die ich hiermit denunziere), ohne Erlaubnis, ohne jedes Recht ihre Namen auf Karten prägen zu lassen und sich dabei Titel wie Stallmeister, Graf, Marquis, Baron, Ritter und Advokat zuzulegen. Und wenn sie diese Ränge usurpierten? He! Schnell ein königlicher Zensor her, damit er sämtliche Visitenkarten, die man dem Pförtner gibt oder in eine Türritze steckt, genauer Prüfung unterziehe! Gedruckt ist gedruckt, egal ob auf Karten oder auf Papier, und niemals sollen Druckerstöcke Hadern ohne Unterschrift und Stempel pressen; weiß man denn überhaupt, was sich auf so einer Karte alles unterbringen läßt? Man übt zuwenig Wachsamkeit, und ausgerechnet hier! Der Justizminister ist darüber höchst empört.
Wenn er seines Amtes waltet, muß der Plakatankleber seine kupferne Plakette auf dem Bauche tragen. Sie ist's, die ihm das Recht gibt, Theaterprogramme, Buchankündigungen und Grundstücksannoncen mit Leim zu bepinseln und an die Wände zu klatschen. Dieselben Plakatankleber – es sind, wie die Mitglieder der Akademie, deren vierzig – rufen auch die Todesurteile aus und verkaufen sie dem Publikum als Flugblatt. Hinrichtungen sind für sie also erfreuliche Ereignisse, da sie ihnen etwas Geld einbringen, wie übrigens auch dem Drucker. Am nächsten Tag reißt man die Zettel wieder ab, um neuen Platz zu schaffen. Ließe sie der Plakatankleber an Ort und Stelle, wür-

Au Signe de la Croix
Jolibois Tourneur de Chesdames
Ju'l'on rajeunit
Le Dru' posé des Sonettes dans le Cul.

den die Straßen bald in ihrer ganzen Länge durch eine Art Karton verstopft, der ungeschlachten Summe all des Heiligen und Profanen, das man in buntem Durcheinander an die Mauern schlug: Hirtenbriefe, Scharlatansreklamen, Gerichtsurteile, deren Aufhebung durch das Appellationsgericht, Dekrete, Versteigerungen wegen Todesfalls, Mahnungen, entlaufene Hunde, Schuldsprüche aus dem Châtelet, Aufrufe an die Gläubigen, Marionetten, Predigten, das heilige Sakrament, Dragonerregiment, Abhandlung über die Seele, elastische Binden und vieles andere mehr. Kurz, die ganze Flut vrschiedenster Papiere, die jedermann vor Augen hat und keiner zur Kenntnis nimmt und die im besten Falle dazu gut sind, die Nacktheit der Gemäuer zu verbergen.

Könnte sich das Volk jedoch daran gewöhnen, diese Anschläge zu lesen, würde es vielleicht auch lernen, mit der französischen Orthographie etwas pfleglicher umzugehen, jedoch schert es sich weder um die Orthographie noch um das, was von der Überfülle der Plakate angepriesen wird. Manchmal erblickt man Gerichtsurteile von sechs Fuß Länge und drei Fuß Breite, dazu noch in kleiner Schrift gedruckt! Was für eine schauerliche Sturzflut überflüssiger Worte! Staunend schaut man sich den Aushang an, den keiner liest. Er handelt von einem obskuren Prozeß zwischen zwei Privatleuten, die sich ruiniert haben, um die Hauswände mit geschwärztem Papier zu bedecken; derlei mittelalterliche Prosa kostet manchmal bis zu 60000 Francs. Die Gerichtsschreiber und die Zolleinnehmer jedoch halten diesen Stil für bewundernswert und unerläßlich. In fetten Lettern und an allen Straßenecken sind aus solchem Anlaß die Namen der Notare, der Staatsanwälte, der Gerichtsvollzieher usw. zu lesen, doch berühmter werden diese Herren dadurch nicht. Für das, was ihnen an Ruhm abgeht, wissen sie sich freilich mit Geld schadlos zu halten; die Ausfertigung eines Inventars bringt erheblich mehr ein als ein gutes Buch.

Versteigerungen

Unsere großen Herren aber, die sich so gern als Kunstliebhaber ausgeben, sind zumeist nichts anderes als aufgeblasene Trödelhändler, die ohne jedes innere Bedürfnis, ohne Leidenschaft und nur um des guten Geschäftes willen Schmuck, Pferde, Bilder, alte Stiche und so weiter kaufen. Sie halten sich Gestüte, richten Kabinette ein, welch letztere sich aber bald in Läden verwandeln; wer da noch glaubt, mit Kunstnarren zu tun zu haben, ist selber ein Narr; sie lieben einzig und allein das Geld. All diese Vasen, diese Bronzen, diese Meisterwerke, an denen sie so sehr zu hängen scheinen, die sie angeblich nicht genug vergöttern können, gehören jedem, der sie haben will, vorausgesetzt, er bezahlt sie mit Gold. So betrügen diese Raritätenkrämer mit den Orden auf der Brust die Schicht der wirklichen Händler um deren Gewinn und behaupten dabei noch, daß sie einzig um der Künstler willen kauften. Dabei sind sie deren eigentliche Tyrannen.

Der wahre Preis der Bilder erweist sich erst bei Versteigerungen; dort wird er nicht mehr künstlich hochgeschraubt wie im Salon des überheblichen Besitzers. Dort versagt das profitable Spielchen der arroganten Mittelmäßigkeit; dort sieht, wer Kennerschaft nur vortäuscht, seine aus der Luft gegriffene Wertung platzen, und der dünkelhaften Schule der französischen Malerei wird dort beigebracht, wie man vom hohen Roß der eitlen Selbstbewunderung herniedersteigt. Da kann sich einer noch so sehr mit dem Titel eines Ersten königlichen Hofmalers brüsten, sein vier Fuß hohes Gemälde wirft, wenn's drauf ankommt, doch nur zehn Taler ab, das heißt, soviel wie die Leinwand wert ist. Erbarmungslos gibt der Versteigerungsbeamte dem den Zuschlag, der zuletzt geboten hat, und liefert es ihm, obschon er damit nun einen rauchigen Vorraum oder ein Speisezimmer zieren wird, ohne Gnade aus. Philipp, Herzog von Orléans und Regent des Königreiches, beliebte, sich die Zeit mit Malerei zu vertreiben, doch in dieser speziellen Kunst war ihrer Hoheit Hand, sosehr sie in der andern Kunst, Europa zu bewegen, auch glänzen mochte, nicht mehr Glück beschieden als dem letzten Pfuscher. Was sich daraus ergab? Obschon mit dem herzoglichen Namen signiert, wird sein größtes Bild zur Zeit in einem öffentlichen Durchgang bei den Tuilerien feilgeboten und harrt, längst schon verjagt aus allen Kabinetten, vergeblich eines Käufers, der ihm noch Asyl gewähre. Man betrachtet es, liest den hohen Namen, lächelt, und niemand findet sich bereit, 36 Livres dafür auszugeben. Das beweist, daß in der Kunst allein das Genie zählt; mit Titeln ist das Publikum nicht abzuspeisen.

Ehe und Ehebruch

Die Unauflösbarkeit der Ehe führt zum Ehebruch; wenn der Knoten sich nicht lösen läßt, wird er zerhauen. Was ist verwunderlich daran? Gilt doch der gleiche Pakt für jedermann, so weit die einzelnen in ihrem Auftreten, den Vermögensverhältnissen, der Art der Beschäftigung und in ihren Gedankengängen auch immer voneinander abweichen mögen! Hier war die Kette zu locker, dort zu straff, da wurde sie zur Tyrannei, und oftmals facht gerade sie die schlummernden Gelüste an. Jeder, ob Soldat, ob Matrose, ob Richter oder Offizier, ob Literat, ob Krämer, Bauer oder Postillon, ist denselben Bräuchen unterworfen. Dennoch gilt ein Mann, der seine Frau nicht aus dem Auge läßt, als eifersüchtig, und man tadelt ihn darob. Geht sie aber fremd, wird der Gatte lächerlich gemacht. Unbegreiflich dies Gesetz, das die Scheidung ohne Rücksicht auf die Unvereinbarkeit der Charaktere untersagt! Zwar wird es in Paris befolgt – doch was erwächst daraus? Ihr alle wißt Bescheid!
Wie ernüchternd ist doch das Erwachen des verliebten Bürgersgatten schon am Tage nach der Hochzeit oder allerhöchstens

eine Woche später! Aus welchen Höhen stürzen da manch eines ehrbaren Handwerkers Hoffnungen hernieder! Er bildete sich ein, eine sparsame, ordentliche, pflichtbewußte Frau geehelicht zu haben, und nun entpuppt sie sich als vergnügungssüchtig, hält es kaum zu Hause aus, ist verschwenderisch und außerdem auch faul. Statt nützlichen Dingen nachzugehen, überläßt sie sich allerhand verrückten, flatterhaften Launen, die ihr in ihrer Kindheit anerzogen worden sind. Weit davon entfernt, ihrem Hause durch biedere Arbeit Frieden und Behaglichkeit zu schenken, gibt sie sich mit Leidenschaft der Hoffart hin. Wer hätte geahnt, daß die Ehe einen derart anderen Menschen aus ihr machen würde? Aus dem schüchternen, furchtsamen Mädchen, das im Hause seines Vaters getreulich alles tat, was man ihm auftrug, wurde eine anspruchsvolle Frau, die in ihrem Hochmut nur an ihr Vergnügen denkt, weil sie sich in den Kopf gesetzt hat, daß es des Mannes Sache wäre, das Haus in Schuß zu halten, dieweil die Frau dazu bestimmt sei, schamlos ihr Leben zu genießen.
Unser Handwerker mag sich mühen, wie er will, und selber noch so sparsam sein, die täglichen Nachlässigkeiten seiner Frau unterminieren sein Haus dennoch mit der Zeit und führen es unmerklich dem Ruin entgegen. Große Unordnung beginnt mit Unordnung in kleinen Dingen, die Erben dieses Elends aber sind die Kinder, und dies ist die Geschichte wohl der Hälfte aller Ehen, die im furchtbaren Pariser Bürgerstand geschlossen werden.
Früher stand auf Ehebruch die Todesstrafe; wer es heute wagte, von diesen strengen, antiquierten Gesetzen auch nur zu reden, würde ganz gewaltig ausgepfiffen. Seht nach in unseren sämtlichen Komödien, die Kosten des Gelächters trägt in jedem Fall der Ehegatte; nehmt die kleinen Verse unserer Poeten der leichten Muse, unablässig kreisen ihre Pointen um die Ehe, und zu jedermanns Ergötzen sind sie recht gepfeffert. Ihre ganzen Freundlichkeiten aber sind nichts anderes als ein pausenloses

Lob des Seitensprunges: fast als müßte man befürchten, die Frauen würden sonst zu spät begreifen, daß ihre Reize nicht dazu bestimmt sind, nur einem einzigen zu gehören. Doch in unseren Tagen läßt man's – o verbrecherische Raffinesse – beim Ehebruch allein nicht mehr bewenden; um der Zügellosigkeit und ihren kühn erzeugten Folgen den Anstrich der Rechtmäßigkeit zu geben, hat man sogar die heilige Institution der Ehe selber korrumpiert, und zwar mit Hilfe der Gesetze! Diese Verderbtheit, dieser neueste Skandal ist eine Errungenschaft unseres Jahrhunderts und wie viele andere Verbrechen neuer Art dem Luxus anzulasten.
Ein reicher Mann hängt an einem Mädchen und macht ihm Kinder, Bastarde nach dem Wortlaut des Gesetzes. Er aber möchte ihnen Rang und Namen geben. Also erteilt er den Befehl, man möge irgendeinen Edelmann auftreiben, und zwar einen von der ruinierten Sorte, dessen Seele allen Adelsstolz hat fahrenlassen. Man findet ihn, man feilscht mit ihm, er entstammt einer Familie, die, wenn auch verarmt, noch immer einen guten Namen hat. Er ist zu dünkelhaftem Müßiggang erzogen worden und dabei brotlos, und als ein Opfer solcher Extreme ist ihm Ehre längst nur noch ein leeres Wort. Man schlägt ihm vor, das Mädchen zu heiraten und dessen Kinder als die eigenen anzuerkennen. Dafür bietet man ihm eine Rente, die er in einem abgelegenen Winkel der Provinz verzehren wird. Und nun versetzt Euch in den Mann, den am nächsten Tag in einer wenig benutzten Kapelle vier Zeugen erwarten sowie vor dem Altar ein junges Mädchen voller Liebreiz, das er noch nie gesehen hat: seine Frau! Die seine freilich nur unter der ausdrücklichen Voraussetzung, daß sie nie die Seine werden wird! Noch eben lag sie in den Armen der Wollust, und dorthin kehrt sie nach der Zeremonie zurück. Ihre Hand berührt der Gatte nur ein einziges Mal – während der Priester seine sakralen Formeln spricht. Danach wird er für alle Zeit von ihr getrennt, so daß er seine Angetraute, sähe er sie später dennoch wieder, vielleicht

nicht einmal mehr erkennen würde. Man tauscht die Ringe, beide geben ihr Jawort, genauer gesagt, ihren Meineid ab, und das Sakrileg ist vollzogen. Nachdem man die Kapelle verlassen hat, steigt die Gattin, ohne ihren Mann noch eines Blicks zu würdigen, in die Kalesche und kehrt ins selbe Bett zurück, das sie verlassen hatte. Der Gemahl aber entflieht in die Provinz; man zahlt ihn für ein ganzes Jahr im voraus, und von nun an hat er eine Frau, die er in ihrem Hause nicht besuchen, in deren Stadt er sich nicht niederlassen darf. Überdies hat er und wird er Kinder haben, die er nie sah und niemals sehen wird und die dennoch seinen Namen tragen. Er geht in seine Verbannung, und indem er seine schändliche Rente verzehrt, macht sich seine Frau aus ihrer Trauung und dem Ehevertrag eine Fahne und schmückt sich öffentlich mit ihrem gekauften Namen. In goldenen Lettern läßt sie diesen Namen auf einem Marmorstein im Vordergiebel ihres prächtigen Palais verewigen, wogegen der im entlegenen Exil lebende Gatte den seinen kaum noch auszusprechen wagt. So wird's getrieben vor dem Auge des Gesetzes, und es muß diesen Schimpf mit Schweigen über sich ergehen lassen, denn man schlug es ja ruchlos geschickt mit seiner eigenen Waffe: so rächt der Mann sich, wie es scheint, für allzu starre und ins Extrem getriebene Gesetze. Wäre es da nicht klüger gewesen, jene mit leichter Hand geschlossenen gemischten Ehen früherer Zeiten zu bewahren, die weder die Frauen entehrten noch die unschuldigen Kinder der Rechtlosigkeit und der Schande preisgaben?

Torwege

Damit sie der Lärm der Karossen weniger störe, lassen Personen von Rang, wenn sie erkranken, vor ihren Torwegen und in deren näheren Umgebung Mist auslegen. Dieses angemaßte

Privileg verwandelt die Straßen schon beim kleinsten Regen in scheußliche Kloaken und zwingt in einem halben Tag wohl hunderttausend Menschen, durch schwarzen, flüssigen, stinkenden Dung zu waten, in dem man bis zum Knöchel einsinkt. Auch macht diese Manier, ganze Straßen mit Stroh zu bedekken, die Wagen gefährlicher noch als ohnehin, da man sie nicht mehr hört.
Um einem kranken oder benommenen Kopf etwelches Geratter zu ersparen, gefährdet man das Leben von dreißigtausend Leuten aus dem Fußvolk, auf das zwar – so ist es nun einmal – die Kavallerie verachtungsvoll herniederblickt, das aber dennoch nicht dazu bestimmt ist, seinen Geist unter den gedämpften Rädern einer Equipage auszuhauchen, nur weil der Herr Marquis an einem Fieberschube oder an Verdauungsstörungen leidet.
Sokrates ging zu Fuß; Horaz ging zu Fuß, Jean-Jacques Rousseau ging zu Fuß. Daß ein Jourdain unserer Tage, irgendein Lump, ein englisches Kabriolett und eine Toreinfahrt sein eigen nennt, nun gut, man nimmt es hin. Desgleichen daß er die Fußgänger mit Kot bespritzt, wohlan, man wischt ihn wieder ab. Aber daß er uns nicht auch noch im Morast zerquetsche, denn wer sich seiner Beine zu bedienen weiß oder beim Gehen ein bißchen vor sich hinträumt, begeht deswegen noch lange kein Verbrechen, das durch Räderung zu sühnen wäre!
Oftmals spucken diese Toreinfahrten plötzlich, ehe man sich's versieht, irgendwelche Wagen aus, die in rasender Fahrt und völlig unberechenbar auf den Damm preschen, so daß es gänzlich ausgeschlossen ist, rechtzeitig auf der Hut zu sein, und solange man nicht weiß, ob sie nach rechts oder nach links abschwenken, schwebt man in Gefahr. Könnte man nicht die Pförtner verpflichten, die Passanten in solchen Fällen durch einen bestimmten Pfiff zu warnen; solch ein Signal würde manch einen vor Schaden bewahren. Weniger gefährlich ist's, wenn eine Kutsche einfährt, denn dann bringt der Lakai mit schnel-

len Schlägen seine Schelle zum Erklingen, und man weiß Bescheid.
In einem Haus ohne Torweg zu wohnen ist fast eine Schande. Mag er noch so lausig sein, er ist von einem Hauch von Vornehmheit umwittert, von einem gewissen Etwas, das ein gewöhnlicher Aufgang niemals zu bieten haben wird. Und sollte er zur allerschönsten Wohnung führen und selber breit, sauber und hell erleuchtet sein, er bliebe als unfein in Acht und Bann. Es gibt Torwege, die finster sind und so verstopft mit Equipagen, daß man beim Vorbeigehen ständig darauf gefaßt sein muß, sich eine Deichsel oder eine Achse in den Bauch zu rammen. Und dennoch zieht man diesen engen Durchlaß dem bürgerlichen Aufgang vor. Niemals würde eine Dame von Welt jemanden, der in einem solchen Haus logiert, besuchen.
Sehr nützlich sind die Toreinfahrten wiederum denjenigen, die Schulden haben. Alle Versuche, diese einzutreiben, enden in der Pförtnerloge; weiter gelangt kein Gerichtsvollzieher, und falls es bis zur Pfändung kommt, muß sie an den paar schäbigen Klamotten vollstreckt werden, die die Loge zieren. Kommt aber derselbe Gerichtsvollzieher, der noch nie die Schwelle einer Toreinfahrt bezwang, in einen Aufgang, dann stößt er ungehindert bis zur siebenten Etage vor. So seltsam diese Bräuche anmuten mögen, sind sie doch im Schwange, und da wundert man sich noch darüber, daß die bürgerlichen Aufgänge unbeliebt sind...
Ihr wirklicher Nachteil jedoch ist der, daß in ihnen jedermann sein Wasser läßt und man beim Nachhausekommen damit rechnen muß, am Fuße seiner Treppe einem Pisser zu begegnen, der einen mit aller Ruhe betrachtet und sich nicht im geringsten stören läßt. Anderswo würde man solche Leute verscheuchen, hier jedoch sind die Passanten die wahren Herren der Aufgänge und erledigen in ihnen ihre Notdurft. Diese Gewohnheit ist sehr schmutzig und auch äußerst peinlich für die Frauen.

Der Schweizer von der Rue de l'Ours

Noch alle Jahre am 3. Juli wird das Bild jenes Schweizers verbrannt, der, wie man sagt, betrunken einer Statue der Jungfrau Maria einen Säbelhieb versetzte, welcher sie, wie es in selbiger Geschichte weiter heißt, zum Bluten brachte. Nichts ist lächerlicher als diese Mär, doch der überlieferte Brauch wird nichtsdestoweniger eingehalten.

Früher trug das Abbild Schweizertracht, doch die Schweizer wurden darob ärgerlich, so daß man es in einen Leinenkittel stecken mußte. Der Verdacht liegt nahe, daß die alljährlich wiederkehrende Verbrennungszeremonie den Glauben an das Wunder stärken soll. Indes fängt jeder an zu lachen, sobald er des aus Weidenruten geflochtenen Kolosses, den ein Mann auf seinen Schultern trägt, gewahr wird, zumal ihn dieser Mann jeder Gipsmadonna, die ihm unterwegs begegnet, unter allerhand Verbeugungen die Referenz erweisen läßt. Ein Trommler kündigt sein Kommen an, und wenn man seinen Kopf dann aus dem Fenster streckt, sieht man sich dem Monstrum Auge in Auge gegenüber. Es hat gewaltige geschlitzte Ärmel, trägt eine riesige Allongeperücke, in der Rechten schwingt es einen rotbemalten Dolch aus Holz, und recht fröhlich sind die Sprünge, die man es vollführen heißt, zumal wenn man bedenkt, daß man ja einen Gotteslästerer so ausgelassen tanzen läßt. Derlei Bräuche, und seien sie noch so tief verwurzelt, vermitteln somit vom wahren Grad der Frömmigkeit der Massen nur einen sehr verzerrten Eindruck; meist geht's dabei lediglich um eine Volksbelustigung und um nichts weiter. Viel mehr steckt auch hinter unseren feierlichsten Zeremonien nicht. So leistet das heilige Töpfchen bei der Salbung unserer Könige noch immer seine Dienste, obwohl unter all denen, die dabei sind, bestimmt keiner zu finden wäre, der daran glaubt, daß es im Schnabel einer Taube vom Himmel herabgeschwebt sei. Auch glaubt natürlich kein Mensch mehr an die wundersame Heilung von Skrofeln,

bewirkt durch königliches Handauflegen und Berühren. Dennoch wird die kleine Phiole immer ihrem Zwecke dienen, und die Monarchen werden immer Skrofeln anfassen, ohne sie zu heilen.
Den Schweizer von der Rue de l'Ours führt man demnach zum Vergnügen der kleinen Savoyarden spazieren, was denen auch wirklich großen Spaß bereitet; lachend und tanzend laufen sie ihm durch alle Straßen nach, und in ihrer Herzenseinfalt können sie kaum den Abend erwarten, da der Scheiterhaufen brennen und die Flamme die Raketen und Knallfrösche zünden wird.
Einst sah dieses selbe Volk den bilderstürmerischen Schweizer wirklich brennen, und dies mit nicht geringerem Genuß. Inzwischen ist man freilich von den Rechtsgrundsätzen unserer Ahnen etwas abgekommen, hat einiges gemildert und sich zu der Erkenntnis durchgerungen, daß es besser sei, statt eines Menschen eine Puppe ins Feuer zu werfen. Wann jedoch wird auch die Puppe nicht mehr brennen müssen? Ich weiß es nicht.

Savoyarden

Sie arbeiten als Kaminfeger und Gepäckträger und haben sich in Paris zu einer Art Bund mit eigenem Gesetz zusammengeschlossen. Den Älteren steht das Aufsichtsrecht über die Jüngren zu: wer sich ungebührlich benimmt, hat bestimmte Strafen zu gewärtigen; es kam vor, daß sie einen der ihren, der gestohlen hatte, hinrichteten; sie machten ihm den Prozeß und henkten ihn.
Um ihren Eltern zu Hause jedes Jahr etwas zukommen zu lassen, sparen sie am Lebensnotwendigen. Solcherlei Beispiele von Sohnesliebe findet man wohl bei jenen, die in Lumpen gehen, wogegen goldbestickte Kleider oftmals Entartete bedecken.

Vom frühen Morgen bis zum Abend eilen sie geschäftig durch die Straßen, das unbefangene, fröhliche Gesicht beschmiert mit Ruß, so daß ihre schneeweißen Zähne nur um so heller aus ihm hervorleuchten. In den langgezogenen Rufen, mit denen sie sich bemerkbar machen, schwingt jedoch etwas Klagendes, Unheimliches mit.

Die Schaffung der kleinen Post hat den Savoyarden Schaden zugefügt. Sie sind heute weniger zahlreich als früher, und man munkelt, daß auch ihre oft erprobte Ehrlichkeit nicht mehr ganz die altgewohnte sei; doch noch immer tun sie sich durch ihre Liebe zum Vaterland und zu ihren Vätern hervor.

Recht grausam ist es, mit ansehen zu müssen, wie sich ein armer Junge von vielleicht acht Jahren, dem man die Augen verbunden und einen Sack über den Kopf gestülpt hat, nur mittels seiner Knie und seines Rückens durch ein enges, fünfzig Fuß hohes Kaminrohr hochstemmt und erst oben in schwindelnder Höhe etwas Luft holen kann, dann auf dieselbe Weise wieder herabsteigt, stets in Gefahr, sich dabei den Hals zu brechen, denn jeden Augenblick kann der morsche Mörtel, der ihm von Tritt zu Tritt ein bißchen Halt verschafft, nachgeben, wie er also wieder herabsteigt, den Mund voller Ruß, halb erstickt, die Augenlider verklebt, um Euch am Ende als Entgelt für Qual und Risiko fünf Sous abzuverlangen. Nach dieser Methode werden alle Schornsteine von Paris gefegt, und von dem bescheidenen Lohn, den die kleinen Unglückswürmer dafür nehmen, kassiert ihr Meister noch sein Teil. Möge er diesen miesen Barbaren von Unternehmern im Halse steckenbleiben, sie zugrunde richten mitsamt allen andern, die auf solche Weise aus einem exklusiven Privileg Nutzen ziehen!

Diese Allobroger beiderlei Geschlechts und jeden Alters schlagen sich allerdings nicht ganz ausschließlich als Gepäckträger und Kaminfeger durchs Leben. Einige von ihnen schleppen Leierkästen mit sich herum und begleiten deren Weisen mit nasaler Stimme. Andere ziehen los mit ihrem Musterkoffer, dem einzigen Schatz, den sie besitzen. Und schließlich gibt es welche, die mit einer Laterna magica auf dem Rücken ihr Brot verdienen und ihre abendlichen Vorstellungen mit Hilfe einer Drehorgel ankündigen, deren rührende Töne recht angenehm durch die Nacht klingen. Die Frauen stellen dieweil ihre erstaunliche Fruchtbarkeit öffentlich zur Schau, was kein schöner Anblick ist, versperren Euch den Weg mit ihren Kindern, mit Kindern im Tragkorb, dazu solchen, die sie an ihren Brüsten hängen haben, und noch mehr Kindern unter ihren Armen, von denen zu schweigen, die sie vor sich hertreiben. Auf diese Weise bitten sie Euch um eine milde Gabe, und so widerlich, mager, schwarz und alt sie scheinen mögen, immerdar sind sie schwanger, sprengt ihr Bauch den Gürtel.

Die Leierkastenfrauen der Boulevards tragen um ihren ungewaschenen Hals ein breites blaues Band, das wohl in längst vergangenen besseren Tagen einer hohen Majestät zur Zierde gereicht haben könnte. Heruntergekommen, wie es ist, dient es jetzt als Tragriemen. So endet, was einmal der Würde Zeichen war, im Untergang oder indem es zurückfindet zu seiner eigentlichen Bestimmung!

Büro für Ammenvermittlung

Die Pariser Mütter säugen ihre Kinder nicht selbst, und wir wagen zu behaupten, daß sie gut daran tun. Denn die schwere, verpestete Luft der Kapitale, der Tumult der Geschäfte, denen man hier nachgeht, die allzu große Hektik des Lebens, das man hier führt, und die Zerstreuungen, die es bietet, sind der Erfüllung von Mutterpflichten wahrhaftig alles andere als förderlich. Wer seine Kinder säugen will, ohne dabei selber Schaden zu nehmen, bedarf der Landluft, des ausgeglichenen, ruhigen Lebens auf dem Dorfe.

So sieht man denn Scharen von Ammen mit der Absicht nach der Hauptstadt reisen, ihre Brüste gegen feste Preise zu vermieten. Aus diesem Handel zwischen wohlhabenden Eltern und mittellosen Müttern, die sich verkaufen, sind zahlreiche Mißbräuche erwachsen, die abzustellen nicht einfach war; nunmehr aber ist man ihrer mit viel Klugheit und behutsamer Voraussicht Herr geworden. Die Büros zur Vermittlung von Ammen sind die Glanzleistung einer aufgeklärten, tatkräftigen und wachsamen Verwaltung. Diese Institutionen verdienen höchstes Lob, und die Gefahren, die der Bevölkerung aus dem früheren Stand der Dinge drohten, sind dank eines Zuwachses an Gesittung sozusagen behoben; so stark verändert Ordnung dies seltsame Geschlecht der Menschen, daß sie schließlich gar die Natur zu ersetzen vermag. Man sieht, der Gärtner, das heißt, die Regierung, denkt auch an die Saat, kümmert sich um künftige Generationen...

Die Stunden des Tages

Rittlings auf ihren Kleppern kauernd und mit leeren Körben, kehren morgens um sieben die Gemüsebauern zu ihren Gärten zurück. Noch rollen keine Karossen. Wohl aber begegnet man Büroangestellten; sie sind als einzige zu dieser Stunde schon frisiert und nach der Mode gekleidet.

Gegen neun sieht man die Haarkünstler durch die Gassen eilen, vom Scheitel bis zur Sohle mit Puder bestäubt, was ihnen den Spitznamen ›Weißfisch‹ eingetragen hat, in der einen Hand die Brennschere, in der anderen die Perücke. Auch bringen jetzt die Kellner der Limonadenbuden, erkennbar an der Weste, die sie immer tragen, Kaffee und Bayerntrank in die möblierten Zimmer. Gleichzeitig sieht man Stallburschen, begleitet von Lakaien, im vollen Galopp durch die Boulevards sprengen; bezahlen

müssen für derlei unglückselige Wettrennen mitunter die Passanten.
Wenn der Zeiger auf die zehnte Stunde rückt, wälzt sich eine schwarze Wolke von Helfershelfern der Justiz zum Châtelet und zum Palais hin. Dann seht Ihr weit und breit nur noch Beffchen, Talare, Aktentaschen und Prozeßparteien, die hinter diesem Zuge herrennen. Man sagt, daß der, der zum Palais gehen wolle, dreierlei Taschen brauche: eine voller Papiere, eine gefüllt mit Geld und eine voller Geduld.
Zur Mittagszeit wiederum strömen die Wechselagenten und die Spekulanten scharenweise zur Börse und die Nichtstuer zum Palais-Royal. Saint-Honoré, das Viertel der Finanzleute und der hohen Würdenträger, ist zu dieser Tageszeit völlig überlaufen und sein Pflaster alles andere als frei, denn dies ist die Stunde der Bewerbungen und der Bittgesuche aller Arten.
Um zwei lassen sich jene blicken, die man irgendwo zu Tisch gebeten hat. Wohlfrisiert, gepudert und hergerichtet, wie sie sind, gehen sie aus lauter Angst, ihre weißen Strümpfe zu beschmutzen, auf Zehenspitzen; manchmal durchqueren sie auf diese Art die Stadt von einem Ende zum andern. Jetzt sind sämtliche Droschken unterwegs und keine mehr auf dem Standplatz zu finden, man kämpft um sie, und gelegentlich kommt es vor, daß zwei Personen zugleich die Schläge öffnen, einsteigen und sich setzen. Dann geht die Fahrt erst einmal zum Kommissar, auf daß er entscheide, wer sitzen bleiben darf.
Um drei dagegen sieht man nur noch wenige Leute auf den Straßen, denn jedermann sitzt nun bei Tisch; es ist still geworden, doch allzulange währt die Pause nicht.
Um Viertel nach fünf wird's schrecklich, bricht die Hölle los. Sämtliche Straßen sind verstopft, alle Wagen rollen kreuz und quer, preschen zu den verschiedenen Theatern oder zu den Promenaden. Die Kaffeehäuser füllen sich.
Um sieben Uhr wird's endlich wieder friedlicher: tiefe, fast allumfassende Ruhe breitet sich aus. Vergebens scharren die

a Neuf heures du matin

Pferde mit den Hufen auf dem Pflaster. Es ist so still in der Stadt, als hätte eine unsichtbare Hand allen Tumult in Ketten gelegt. Zugleich ist dies freilich auch die gefährlichste Stunde des Tages, jedenfalls gegen die Herbstmitte hin, weil dann die Nachtwachen noch nicht aufgezogen sind; gerade bei Einbruch der Dunkelheit ereignen sich immer wieder Gewalttaten. Im Oktober des Jahres 1769 etwa brachte ein mit einer kurzen Schleuder bewaffneter Mörder binnen sechs Tagen drei Menschen um, bis man ihn fassen konnte.

Der Tag versinkt im Dämmerschein, und während sich in der Oper die Kulissenschieber ans Werk machen, kehrt das Heer der Arbeiter, Zimmerleute und Steinmetze in dichten Haufen nach den Außenquartieren, wo es heimisch ist, zurück. Der Gips an seinen Stiefelsohlen färbt das Pflaster weiß, man erkennt diese Leute an den Spuren, die sie hinterlassen. Zur Stunde, da sich die Baronessen und die Gräfinnen an ihre Toilette machen, legen sie sich schlafen.

Neun Uhr abends: Von neuem wird's lärmig, man begibt sich ins Theater. Die Häuser erbeben unter dem Geratter der Wagen, doch das gibt sich wieder. Die Herrschaften von Welt besuchen sich vor dem Souper noch schnell.

Dies ist auch die Stunde der Nutten. Mit entblößtem Halse und hocherhobenem Haupt, das Antlitz frisch zurechtgemacht und strahlend, verfolgen sie Euch mit fordernden Blicken und lockenden Armen, steigen Euch, und mag das Pflaster noch so schlammig sein, in Seidenstrümpfen und in flachen Schuhen nach, stellen sich ins Licht der Läden und der Straßenlaternen und bieten sich Euch mit Worten und Gesten. Man behauptet, daß Ausschweifung der Keuschheit Rettung sei, daß diese käuflichen Frauen die anderen vor Vergewaltigung bewahrten, daß ohne sie so mancher skrupellos versuchte, eine Jungfrau zu verführen und ihrer Unschuld zu berauben. Wahr ist, daß Entführungen und Notzuchtverbrechen sehr selten geworden sind. Wie dem aber auch sei, der Skandal, der, mit den Augen des

Provinzlers betrachtet, unglaublich anmuten mag, vollzieht sich vor der Tür des wohlanständigen Bürgers, und dessen Töchter können nicht umhin, sich die befremdliche Unordnung mit anzusehen. Unmöglich kann sie ihnen verborgen bleiben, undenkbar, daß sie nicht vernähmen, was diese schamlosen Weibspersonen auszusprechen wagen. Was bleibt da noch von des Philosophen Abhandlung über das Schamgefühl übrig?

Gegen elf wird es abermals still. Dies ist die Zeit, da man die Abendtafel aufhebt und ebenfalls die Stunde, da man die Müßiggänger, die Einsamen und die Versemacher aus den Kaffeehäusern hinauskomplimentiert und in ihre Mansarden scheucht. Die noch herumstreifenden Dirnen ziehen sich jetzt in die Nähe ihrer Haustüren zurück, aus Furcht vor der Nachtwache, die sie zu dieser ungebührlichen Stunde ›aufzugreifen‹ pflegt. So jedenfalls nennt man den Vorgang.

Um Viertel nach Mitternacht hört man die Wagen derer, die ihrem Glück im Spiel mißtrauen und sich zurückziehen. Noch ist also Leben in der Stadt; der Kleinbürger, der schon geschlafen hat, erwacht in seinem Bett, was seiner besseren Hälfte nur recht sein kann. Dem jähen nächtlichen Gepolter später Gefährte hat mehr als ein kleiner Pariser sein Zurweltkommen zu verdanken. Ein weiterer großer Menschenmacher ist der Donner – hier wie anderswo.

Um ein Uhr früh kommen 6000 Bauern und bringen Gemüse, Früchte und Blumen. Sie begeben sich zu den Hallen. Ihre Tragtiere sind erschöpft, sie haben sieben oder acht Meilen hinter sich.

Die Hallen sind der Ort, wo Morpheus niemals seine Schlafmohnkörner streute. Dort herrscht niemals Stille, kennt man keine Ruhe, keine Pause. Den Gemüsebauern folgen die Fischhändler, den Fischhändlern die Eier- und Geflügellieferanten und diesen die Detailisten, denn sämtliche Märkte von Paris beziehen ihre Lebensmittel aus den Hallen, diese sind der Um-

schlagplatz für alles. Und von dort aus befördert die pyramidenförmig vollgepackte Traghucke alles, was man ißt, bis in den letzten Winkel dieser Stadt. Millionen von Eiern werden, in Körbe gelagert, hochgestemmt, abgestellt, von einem Ort zum andern geschleppt, und – o Wunder – nicht ein einziges geht unterwegs zu Bruch!
Dabei fließen in den Tavernen Ströme von Branntwein. Er ist zwar mit Wasser gepanscht, dafür aber mächtig scharf gemacht mit langschotigem Pfeffer. Die Lastenträger der Hallen und die Bauern saufen ihn; wer maßhalten will, trinkt Wein. Rundum der Lärm pausenloser Betriebsamkeit. Diese nächtlichen Märkte spielen sich fast immer im Finstern ab. Man könnte glauben, das Volk, das man dort sieht, fliehe das Licht der Sonne, fürchte es geradezu. Die Fisch- und Muschelhändler bekommen das Tagesgestirn sozusagen nie vor Augen, sobald der Schein der Laternen blasser wird, ziehen sie sich zurück. Doch wenn man sich nicht sieht, so hört man sich doch wenigstens, denn man schreit, daß einem der Kopf darob zerspringen könnte, und wer in diesem allgemeinen Durcheinander, in diesem von allen Seiten auf einen einstürmenden Gebrüll herausfinden will, aus welcher Ecke die Stimme kommt, die ihn anruft, der muß die besondere Umgangssprache dieses Ortes gut beherrschen. Zur gleichen Zeit dieselben turbulenten Szenen am Vallée-Quai. Nur, daß es dort statt um Salm und Hering um Hasen und Tauben geht.
Welch ein Kontrast zwischen diesem ununterbrochenen Tumult und dem in friedlichem Schlummer liegenden Rest der Stadt, denn munter sind zu dieser Stunde, um vier Uhr früh, sonst nur noch die Briganten und die Dichter!
Um sechs liefern die Bäcker von Gonesse, diese eigentlichen Nährväter von Paris, zweimal in der Woche ungeheure Mengen Brotes an; aufgegessen werden muß es in der Stadt, es wieder mit zurückzunehmen ist den Leuten untersagt.
Bald quälen sich nun auch die Arbeiter wieder aus ihren harten

Betten, greifen nach ihrem Handwerkszeug und machen sich auf den Weg zu den Werkstätten. Unter diesen stämmigen Männern hat sich – wer würde dies vermuten – der Milchkaffee eine zahlreiche Anhängerschaft erobert. An den Straßenecken stehen unter dem fahlen Licht der Laternen Frauen mit großen Kannen aus Weißblech auf dem Rücken und bieten das Getränk zu zwei Sous in irdenen Töpfen an. Allzuviel Zucker ist zwar kaum darin enthalten, was aber den Arbeiter nicht daran hindert, sich gerade diesen Milchkaffee besonders munden zu lassen. Kaum zu fassen ist's dagegen, daß die Innung der Limonadenhändler, verschanzt hinter ihrem Zunftstatut, alles darangesetzt hat, diesen durchaus legitimen Handel abzuwürgen! Sie versuchen, dieselbe Portion in ihren mit Spiegeln behängten Lokalen zu fünf Sous an den Mann zu bringen. Doch die Arbeiter legen nicht den mindesten Wert darauf, sich beim Frühstück auch noch zu bespiegeln.
Im übrigen hat sich die Gewohnheit, Milchkaffee zu trinken, fest eingebürgert und ist im Volke bereits derart weit verbreitet, daß man das Getränk mittlerweile ohne weiteres als das eigentliche Arbeiterfrühstück bezeichnen kann. Die Arbeiter halten das Getränk für billiger, kräftigender und wohlschmeckender als alle andere Frühstückskost. Daher trinken sie es denn auch in fast unglaublichen Mengen. Sie sagen, daß es fast immer bis zum Abend vorhalte. So nehmen sie denn nur noch zwei Mahlzeiten zu sich, das große Frühstück und abends die Petersilienschnitte, über die ich schon an anderer Stelle berichtet habe.
Nun, da es Tag wird, sieht man auch die Lüstlinge von ihren Dirnen kommen; blaß und aufgelöst, wie sie sind, quält sie weit mehr die Angst als das schlechte Gewissen; den ganzen Tag lang werden sie die verflossene Nacht bereuen, doch Ausschweifung und Gewohnheit sind Tyrannen, und schon morgen werden sie ihr Opfer von neuem in den Klauen halten und es Schritt für Schritt zum Grabe treiben.
Noch blasser kommen die Spieler aus ihren obskuren oder auch

wohlbekannten Kaschemmen hervor; die einen raufen sich die Haare oder pressen die Hand auf ihren Magen und blicken verzweifelt gen Himmel, die anderen nehmen sich vor, an den Tisch, der ihnen Glück beschieden hat und der sie morgen verraten wird, zurückzukehren.

Nichts vermögen Verbotsgesetze gegen derlei schlimme Leidenschaft, gesteigert noch durch diese Gier nach Gold, die sich aller Schichten mehr und mehr bemächtigt und die von den Regierungen noch gefördert wird, und zwar unter der Bezeichnung ›Lotterie‹, wogegen man dieselbe Sache, sofern sie unter anderem Namen in Erscheinung tritt, mit Acht und Bann belegt.

Oftmals reißt die Faulen, die um diese Zeit noch schlafen, der Hammer eines Grob- oder eines Hufschmiedes aus dem Morgenschlummer. Ginge es nach unseren Sybariten, würden sämtliche Handwerker, die bei der Arbeit auch nur das geringste Geräusch verursachen, aus der Stadt verwiesen; dem Kesselmacher wäre es verboten, seinen Topf zu bosseln, der Stellmacher dürfte dem Rad keinen soliden Eisenreifen mehr verpassen, und all die vielen Gewerbetreibenden, die in den Straßen ihre grellen, durchdringenden Rufe ertönen lassen, diese Schreie, die selbst unter den Dächern und auf den Hinterhöfen noch zu vernehmen sind, wären zum Schweigen verurteilt. Wenn es nach unseren Sybariten ginge, müßte aller Lärm in der Stadt geächtet werden, und dies zum Schutze ihrer trägen Weichlichkeit, und damit auch ja nichts diese Genußsüchtigen dabei störe, sich bis zwölf Uhr mittags, bis die Sonne im Zenit steht, in den Pfühlen ihres friedlich-stillen Alkovens zu wälzen.

Aus derselben Geisteshaltung heraus wäre ihnen auch die Bude des Hutmachers ein Ärgernis, da sie den Filzgeruch nicht mögen, und erst recht die Werkstatt des Gerbers, schon der Öle wegen; selbst der Parfümmischer bliebe da nicht ungeschoren, obwohl sie seine Kosmetika recht gern gebrauchen, und auch nicht der Tabakreiber, der sie beim Vorübergehen unfreiwillig niesen macht. Nähme man alle Launen dieser Reichen ernst, gäbe es in der Hauptstadt bald nur noch Portale, müßten die Straßen bis ein Uhr mittags, das heißt, bis man aus den Federn zu kriechen geruht, mit Matratzen ausgelegt sein, dürften die Kirchenglocken nicht mehr schallen, und die Tamburen der Garden blieben unter den Fenstern der Hochwohlgeborenen stumm, denn einzig dero Equipagen stünde es zu, beim Rattern übers Pflaster Lärm zu machen und um ein Uhr oder zwei Uhr in der Nacht die Schläfer aufzuschrecken!

Sonn- und Feiertage

So richtig an die Sonn- und Feiertage halten sich nur noch die Arbeiter. Die Courtille, die Porcherons und die Nouvelle France füllen sich an diesen Tagen mit Zechern, denn hier draußen sind, wie das Volk weiß, die Getränke billiger als in der Stadt. Zwar ergibt sich aus diesem Umstand allerhand Unordnung, doch die Leute finden ihren Spaß dabei, das heißt, vergessen für ein Weilchen ihr hartes Los, und üblicherweise macht der Arbeiter auch am Montag blau, was besagen will, daß er seinen Sonntagsrausch noch ein bißchen weiterpflegt.
Dagegen bleibt der auf Sparsamkeit bedachte Bourgeois innerhalb der Schranken. Rechtschaffen gelangweilt absolviert er seine obligate Runde nach den Tuilerien, zum Luxembourg-Palast, zum Arsenal und zu den Boulevards. Kommt Euch aber auf den Promenaden ein gewendeter Rock entgegen, könnt Ihr jede Wette eingehen, daß eine Provinzlerin darin steckt.
Noch geht das Volk zur Messe, doch fängt es an, der Vesperandacht, von der Oberschicht auch Bettleroper genannt, fernzubleiben. Es erledigt seinen Gottesdienst im Stehen, denn für Stühle muß bezahlt werden, was ein beträchtliches Ärgernis ist;

wer sich die Predigt im Sitzen anhören will, dem werden sechs Sous abverlangt. Die Kirchen bleiben also, abgesehen von den großen Feierlichkeiten, deren prunkvolles Zeremoniell noch immer eine gewisse Anziehungskraft ausübt, ziemlich leer. Wie käme man denn dazu, auch noch für Gottes Wort Geld auszugeben!

Besonders groß ist der Andrang zu den Abendgottesdiensten der Fronleichnamswoche und bei der Zurschaustellung der heiligen Sakramente. In Wahrheit jedoch dienen diese Anlässe dem Kleinbürger hauptsächlich zum willkommenen Vorwand, geruhsame Abendspaziergänge in milder Frühlingsluft zu unternehmen. Besonders fromm sind, wenn es um die Abendandacht und den Abendsegen geht, die jungen Mädchen. Den Nutzen aus diesen von der Kirche verordneten Gängen zieht die Liebe.

Die herrlichen Gärten der Tuilerien bleiben neuerdings ziemlich leer, weil man sich heutzutage lieber nach den Champs-Élysées begibt. Zwar bewundert man die schönen Proportionen und die ausgewogene Anlage der Tuilerien, doch geht man lieber zu den Champs-Élysées, wo Menschen aller Altersklassen und Stände zusammentreffen; der ländliche Charakter der Gegend, ihre mit Terrassen geschmückten Gebäude, ihre Kaffeehäuser und auch ihre nicht so streng symmetrisch geordnete Weitläufigkeit, all dies lädt die Leute ein, sich eher dort zu ergehen.

Merkwürdigerweise bringen Feiertage in katholischen Ländern fast immer viel Durcheinander mit sich. In Paris hat man jetzt wenigstens schon vierzehn dieser jährlichen Feste abgeschafft, doch das war halbe Arbeit, es sind ihrer noch immer viel zu viele, auch wenn man natürlich froh sein muß, daß der Prunksucht und der liederlichen Ausschweifung so zumindest ein Stück ihres Nährbodens entzogen worden ist.

Ein Flickschuster, der beobachtete, wie man an einem Eckstein einen stockbesoffenen Sergeanten wieder auf die Beine zu stel-

len suchte, und jener, kaum schien es geglückt, von neuem hart aufs Pflaster schlug – und dies an einem Donnerstag –, ließ seinen Knieriemen fahren, stellte sich breit vor die schwankende Gestalt hin, betrachtete sie nachdenklich und meinte dann mit einem tiefen Seufzer: »Wie man's auch nimmt, in eben diesem Zustand werde am Sonntag auch ich sein!«

Ansonsten künden sich die Sonn- und Feiertage dadurch an, daß die Krämer ihre Buden zeitig schließen. Schon am frühen Morgen sieht man die Kleinbürger in vollem Sonntagsstaat zur großen Messe eilen, auf daß der Rest des Tages ganz ihnen gehöre und sie sich in Ruhe der Zubereitung ihres Mittagsmahles hingeben können, das sie gern draußen vor den Wällen, in Passy, Auteuil, Vincennes oder im Bois de Boulogne einnehmen.

Leute von Welt gehen an solchen Tagen nicht aus, meiden die Promenaden und die Theater, überlassen sie dem Volke. Die Schauspieltruppen holen dann die ältesten Klamotten aus der Mottenkiste; die Mittelmäßigkeit bemächtigt sich der Bühne: dem anspruchslosen Parterrepublikum des Tages, dem selbst das abgespielteste Stück noch neu ist, mag es gut genug sein. Die Schauspieler neigen dann auch mehr als sonst zur Übertreibung, ernten aber gerade deshalb großen Beifall.

Der wohlhabende Bürger indes hat sich schon am Vorabend zu seinem unweit der Schranken gelegenen Landhaus verfügt. Mit von der Partie sind seine Frau, seine älteste Tochter und sein Kontorgehilfe, letzterer, sei's, weil man mit ihm zufrieden ist, sei es, weil seine Meisterin Geschmack an ihm gefunden hat. Herausgefahren ist man in der Droschke, schwer beladen mit allem möglichen Proviant, zu dem auch eine Pastete von Le Sage zählt, und nun ergötzt man sich nach Kräften. Der Vater gibt gewagte Geschichten zum besten, die Mutter lacht darüber Tränen, die große Tochter emanzipiert sich ein bißchen und gibt sich weniger steif als sonst. Der Kontorgehilfe aber, der sich eigens für diesen Tag weiße Seidenstrümpfe und ein Paar neue Schuhschnallen erstanden hat und dafür mit dem Ehrentitel ›hübscher Bengel‹ ausgezeichnet wird, zeigt sich von der angenehmen Seite und gibt sich alle Mühe, allen zu gefallen, zumal er es insgeheim auf die Hand der Tochter abgesehen hat, denn sie darf auf eine Mitgift von gut und gern zehn- bis zwölftausend Francs zählen, auch wenn sie noch zwei kleine Brüder hat, die in einer Pension erzogen werden und nicht eher zu den Landhausfreuden zugelassen sind, als bis sie einen Klassenpreis errungen haben. Es wäre nämlich grundverkehrt, sie jetzt schon abzulenken vom Bemühen, eines Tages als wahrhaft große Männer dazustehen, was nach der festen Überzeugung ihres Vaters, ihrer Mutter und des ganzen Hauses dann der Fall sein wird, wenn sie endlich ihr Latein beherrschen.

Karneval

Das Volk feiert das Martini-Fest, die Heiligen Drei Könige und die Fastnacht. Eher verramschen die Leute ihr letztes Hemd, als daß sie darauf verzichten würden, sich am Vallée-Quai eine Pute oder eine Gans zu erstehen. Natürlich ist die Vallée dann von Käufern überlaufen und das Geflügel, der Nachfrage entsprechend, unerschwinglich. In den Kneipen herrscht vom frühen Morgen an Hochbetrieb. Die Kommissare kommen an solchen Tagen nicht einen Augenblick lang an die frische Luft, denn die Wache schleppt ihnen mehr Gauner als sonst ins Haus. Nicht wenige taumeln aus der Schenke geradewegs ins Gefängnis, wo sie die Nacht verbringen werden.

Masken sind im Lauf der letzten dreißig Jahre rar geworden. Man sieht ihrer nur noch wenige, sei es, weil das Volk diese Art von Lustbarkeit, die ein volles Maß an Freiheit verlangt, müde geworden ist, sei es – und dies mag wohl eher der Fall sein –, weil ihm die Mittel fehlen, sich im eleganten Domino zu spreizen. Doch an den letzten drei Fastnachtstagen nimmt die Polizei

die Sache in die Hand, indem sie sich bemüht, wenigstens den Anschein einer allgemeinen Ausgelassenheit zu erzeugen, woran ihr, je schlechter die Zeiten, desto mehr gelegen ist, weshalb sie denn zahlreiche Maskeraden auf eigene Kosten veranstaltet. Zu diesem Zweck schickt sie sämtliche Spitzel und Taugenichtse in ein Kostümlager, dessen Bestand der Ausstaffierung von zwei-, dreitausend Krakeelern ohne weiteres gewachsen ist. Anschließend schwärmen diese in die verschiedenen Quartiere aus, ganz besonders und bandenweise aber stürzen sie sich auf den Faubourg Saint-Antoine und mimen dort, ohne sich darum zu kümmern, wie falsch und verlogen ihr Treiben wirkt, fröhliches Volk. Je katastrophaler das Jahr war, desto hemmungsloser greift man zu solch plumpem Betruge und desto leichter wird er durchschaubar, desto eher schimmert er durch die abgewetzten, schmutzigen Lumpen, mit denen man diese Leute behängt hat, denn so sehr man ihnen auch einschärfen mag zu lachen, sich zu tummeln und verrückt zu spielen, schaut doch nicht viel dabei heraus, solang in den Herzen der Mißmut nistet. Die Späße bleiben matt und fad und ohne Anmut, mißtönig ist der Schellen Klang bei diesen kalten Orgien; das Ohr, das genau hinzuhören versteht, vernimmt nur blechernes Klagen. Nichts ist trauriger als der Anblick eines Völkleins, dem man befohlen hat, an einem ganz bestimmten Tag zu lachen, und das sich dem erniedrigenden Auftrag feige beugt.
Dieweil die Polizei Masken in Sold nimmt, stellen die Pfaffen in ihren Kirchen das heilige Sakrament zur Schau, denn was die Regierung zuläßt, betrachten sie als Lästerung. Doch dies ist unter den Widersprüchen, die zwischen unseren Gesetzen, unseren Sitten und unseren Gebräuchen klaffen, der geringsten einer.
Zur Karnevalszeit kommt auch ein frischer Zug ins Dasein der Pariser Frauen; die lockende Stimme des Vergnügens macht sie ganz schön munter. Endlich eine Gelegenheit, auf Gesellschaften zu glänzen! Da geraten diese Wesen, die manchmal nur mit

halber Kraft zu leben scheinen, unversehens und aufs prächtigste in Fahrt und stürzen sich mit unglaublicher Energie ins Getümmel der Bälle. Sie brauchen nirgends Eintritt zu bezahlen und weihen daher ganze Nächte diesen wilden Exerzitien, aus denen sie frischer und schöner denn je hervorgehen, wogegen die Männer am nächsten Tag kaum aus den Federn finden.
In eben dieser Periode legen sodann die heiratslustigen Liebespaare größte Eile an den Tag, ihre Trauung unter Dach zu bringen, weil der Erzbischof von Paris von Hochzeitsfeiern, die im Fastenmonat abgehalten werden, nicht viel hält.
Die Schauspieltruppen wiederum bringen ihre schärfsten Stücke erst in den letzten Tagen des Karnevals heraus, doch einmal inszeniert, laufen sie dann ohne Rücksicht auf die Zeit der Kasteiung und der Abtötung des Fleisches auch nach dem Aschermittwoch weiter, so daß sich das Theater gerade in der Zeit besonders anstößig gibt, da es dies just am wenigsten tun sollte.
Indes ist das Gesetz der Kirche, das in Sachen Fleischgenuß Enthaltsamkeit verlangt, in der dicht bevölkerten Großstadt nachgerade derart genierlich und unbequem geworden und damit derart schwer einzuhalten, daß die Polizei die Fleischer neuerdings veranlaßt, ihre Läden die ganze Fastenzeit über offenzuhalten. Ein sehr weiser Entschluß, denn wichtiger als alles andere ist doch die wohlgesicherte und ausreichende Versorgung des Volkes, und alles, was dem zuwider läuft, ist ein Eingriff in des Bürgers Freiheit und Gesundheit. Jenes alte, eher bizarre als nützliche Gesetz kommt also endlich außer Gebrauch. Oder man könnte auch sagen, daß wir im Begriffe stehen, wieder zur Frühzeit der Kirche zurückzufinden, da das Geflügel noch ganz allgemein als magere Speise galt. Diese bekömmliche Ansicht stützt sich auf die Schöpfungsgeschichte, in der es heißt, daß Gott die Vögel und die Fische am selben Tage schuf, was uns das Recht gibt, sie auch auf unserer Tafel zu vereinen. Wer fände nicht Geschmack an solch zwingender Logik?

Zumal uns ja die Bischöfe und die mit Pfründen gesegneten Abbés in dieser Frage wacker mit dem guten Beispiel vorangehen und die Fastenregeln vor den Augen ihrer Dienerschaft mißachten.

Was Paris verzehrt

Sämtliche Jahrbücher sind sich darüber einig, daß Paris alljährlich fünfzehn Millionen Maß Getreide verbraucht, dazu 450000 Maß Wein, das Bier, den Most und den Schnaps nicht mitgezählt, ferner 100000 Ochsen, 480000 Schafe, 30000 Kälber, 140000 Schweine, 500000 Fuhren Holz, zehn Millionen und zweihundert Ballen Heu und Stroh, fünf Millionen und viertausend Pfund Unschlitt, 42000 Eimer Kohle und noch vieles andere mehr. Diese Posten schwanken von Jahr zu Jahr erheblich; Angaben von einiger Verläßlichkeit zu erhalten ist fast ausgeschlossen, weil die mit der Vereinnahmung der Konsumabgaben betrauten Steuerpächter alles Interesse daran haben, ihre wirklichen Einkünfte zu verschleiern.
Man sagt, daß der Pariser im allgemeinen – wenn auch unfreiwillig – recht bescheiden lebe; er ernährt sich äußerst schlecht, weil ihn die Armut dazu zwingt, und außerdem, weil er an der Tafel spart, um noch etwas für den Schneider und den Hutmacher zu erübrigen. Indes verschwenden 30000 Reiche so viel, daß man damit 200000 Arme durchbringen könnte.
Was immer eß- und trinkbar ist, Paris reißt es an sich, ihm hat das gesamte Königreich Tribut zu leisten. Die Kalamitäten, von denen das flache Land, ja, mitunter sogar ganze Provinzen heimgesucht werden, bekommt man hier nicht zu spüren, denn hier klänge das Murren der Darbenden bei weitem bedrohlicher als anderswo; es könnte auf fatale Weise ansteckend wirken. Daß die Versorgung so gut funktioniert, verdankt man dem un-

ermüdlichen Fleiß des Magistrates, sein Eifer verdient hohes Lob. Allerdings muß man dabei auch berücksichtigen, daß Paris von der Natur in mancherlei Hinsicht besonders begünstigt worden ist. Gelegen im Herzen der Isle-de-France, umgeben von der Normandie, der Picardie und Flandern, gesegnet mit fünf schiffbaren Flüssen, nämlich der Seine, der Marne, der Yonne, der Aisne und der Oise, zu denen noch die Kanäle von Briane, Orléans und der Picardie kommen, dazu der Umstand, daß die Getreidespeicher von Beauce fast vor seinen Toren liegen, und endlich noch mit einem Flusse bedacht, der sich in seinem Unterlauf über beinah hundert Meilen in weiten Schlangenlinien windet, ganz so, als wollte er den Waren und den Lebensmitteln die Fahrt stromaufwärts leichter machen – all dies bewirkt, daß sich die Kapitale in einer Lage befindet, die es ihr leicht macht, sich dem Überflusse hinzugeben.
Der Handel in dieser Stadt steht fast gänzlich im Dienste des Konsums an Ort und Stelle, ausgenommen ein paar Mode- und Luxusprodukte, die freilich von etwelcher Bedeutung sind. Von sämtlichen Manufakturen des Königreiches lassen sich die Kaufleute der Hauptstadt beliefern, doch selber betreiben sie nur wenige Fabriken, was am hohen Preis der Arbeitskraft liegt. Namentlich die Modisten und die Juweliere versenden ihre Produkte bis in die entferntesten Länder; sie liegen deshalb so gut im Geschäft, weil in ihren Gewerben die Hand des Arbeiters nicht mehr zum Wert der Ware beisteuert als das Material, aus dem sie besteht. Was immer an Werkstoffen nach Paris gelangt, ist somit dazu bestimmt, die Stadt wieder zu verlassen. Die Rohprodukte kommen nur herein, um hier veredelt zu werden; anschließend wandern sie weiter, geadelt durch erlesenen Geschmack und in völlig neue Form gebracht. Das Büro der Fuhrunternehmer, dem man diese Güter anvertraut, transportiert sie ohne jede Schwierigkeit selbst in die abgelegensten Länder; die Spediteure sind ehrlich und zuverlässig. Dafür klagt der Handel um so mehr über eine gewisse neue Steuer-

pacht, ein neues, exklusives Privileg, das ihn behindert und nach und nach zum Ausbluten bringen wird.
Der Herr Abbé d'Expilly, der sich beim Schätzen der Gesamtbevölkerung des Königreichs so mächtig vertan hat und sie, wie es scheint, um drei Millionen zu hoch beziffert, drückt dafür die Einwohnerschaft von Paris auf 600000 Seelen herab. Bald stützt er sich dabei auf die Zahl Dreißig, die er als Geburtenmultiplikator einsetzt, bald geht er vom Zensus der Häuser und von den der Kopfsteuer unterworfenen Familien aus.
Doch wenn immer von der Kapitale die Rede ist, erweisen sich derlei Rechenexempel stets als ebensowenig stichhaltig wie die aus ihnen abgeleiteten Rückschlüsse auf Belange der Moral. Wie soll man da, wenn von den Geburten ausgegangen wird, zum Beispiel den großen Zustrom von Fremden, die sich in der Hauptstadt niederlassen, ohne hier getauft zu sein, mit ins Kalkül bringen? Sie allein, die Juden nicht einmal mitgerechnet, vermehren die Bevölkerung schon um ein gutes Viertel!
Paris verzehrt mehr als zwei Millionen Scheffel Getreide im Jahr. Dies steht fest, selbst wenn es die neueren Jahrbücher nicht wahrhaben wollen. Die Bannmeile umfaßt 442 Gemeinden und 47685 Feuerstätten. Die Grenzen der Stadt sind erweitert worden. Der Gros Caillou hat sich zur beachtlichen Vorstadt entwickelt, und wo es früher nur Gemüsegärten gab, stehen heute allenthalben Häuser. Schon 1694 schätzte Herr von Vauban die Bevölkerung auf 720000 Personen. Die Berechnungen der Herren Buffon und d'Expilly dürften also gleichermaßen irrig sein. Man braucht doch nur seine Augen zu öffnen, um festzustellen, daß die Bevölkerung im Laufe der letzten fünfundzwanzig Jahre ganz beträchtlich zugenommen hat.
Zu dieser menschlichen Pastetenfüllung hinzuzuzählen sind reichliche 200000 Hunde, fast ebenso viele Katzen, außerdem Vögel, Affen, Papageien und so weiter. All das lebt von Brot oder von Keksen.
Selbst die am elendesten dran sind, lassen sich in ihren Dach-

stübchen noch von einem Köter Gesellschaft leisten. Einst wollte man einen dieser Ärmsten, die ihr Brot mit den treuen Vierbeinern teilen, darob tadeln und hielt ihm vor, daß ihn das Futter für das Tier doch eine ganze Menge koste und er also besser daran täte, sich von diesem zu trennen. Darauf er: »Ich mich von ihm trennen? – Und wer wird mich dann lieben?«
So bewundernswert und ausgetüftelt die gelehrten Theoreme der Ökonomen immer sein mögen, auf die Kapitale übertragen, scheitern sie; letztere gehorcht nur ihrem eigenen Gesetz, denn die eine Million, die in ihr wohnt, verschlingt soviel wie sonst nur deren zweieinhalb.
Die Stadt ist offen, und nahezu unmöglich wäre es, sie mit Wällen und Mauern zu umgürten. Allzu gewaltig dehnt sie sich nach allen Seiten aus. Da müßte schon ein ganz besonderes Befestigungssystem ersonnen werden; sie verfügt weder über Türme noch über Ringmauern und Gräben und denkt auch nicht daran, sich welche anzuschaffen. Statt der Zitadellen und altertümlichen Tore unterhält sie lediglich Schranken, wo Euch die Kontrolleure und die Zolleinnehmer für ein Viertelchen Wein und eine Taube, so letztere nicht schon gebraten ist, bares Geld abknöpfen. Wie kleinlich und barbarisch werden wir uns doch eines Tages, betrachtet mit dem Auge der politischen Vernunft, für unsere Nachwelt ausnehmen!

Unternehmer

Alles und jedes wird heutzutage Unternehmern überlassen. Ob es sich um Lebensmittel, Bauten oder irgendwelche Lieferungen handelt, sogleich ist eine Exklusivgesellschaft da, die erst dem König bares Geld bezahlt und sich dann munter an die Arbeit macht, Gewinn zu scheffeln. Daher dies Übermaß an Privilegien, das die Wirtschaft korrumpiert und schädigt. Habt

Ihr eine glückliche Idee, denn blecht mal schön, bevor Ihr sie in die Tat umsetzt.

Dies Übel ist so arg ins Kraut geschossen, daß neulich in einem Dekret, welches sich um die Reinhaltung der Tuileriengärten drehte, wahrhaftig wortwörtlich zu lesen stand: ›Ihro Majestät, der König, der gewissen Unternehmern das Privileg erteilt hat, zwecks Befriedigung gewisser Bedürfnisse des Publikums kleine Abtritthäuschen zu errichten, wünscht und befiehlt hiermit, daß ...‹ etc. etc. Allerdings hat man später gemerkt, wie lächerlich diese Formulierung war, und sie, nachdem sie während mehreren Monaten ausgehangen hatte, unleserlich gemacht.

Man gibt diesen Unternehmern also zwei Sous, worauf man sich im königlichen Garten der unbrauchbar gewordenen Reste seines Mittagsmahls entledigen darf. Sollte Euch jedoch der Schweizer beim Versuch ertappen, den Unternehmer um sein Recht zu bringen, beschlagnahmt er Euch auf der Stelle Hut und Stock und schleppt Euch vor den Gardekommandanten.

Die Eibenhecken aber, die früher die Terrassen säumten und hinter denen man sein Wasser abzuschlagen pflegte, sind gerodet worden, weil ihr dichter Schatten zum Verdruß der Polizei allerhand schmähliche nächtliche Laster deckte. So kommt es dazu, daß neuerdings auch, wer von diesen Lastern keine Ahnung hat, gezwungen ist, zwei Sous in der Tasche mitzuführen, denn das Sprichwort, das da lautet ›Not kennt kein Gebot!‹, ist aufgehoben.

Lieferanten

Nur in Paris findet man sie, diese Kaufleute, die unerschrocken genug sind, den Herrn Marquis, den Herrn Grafen und den Herrn Herzog über Jahre auf Kredit mit Brot, Fleisch, Wein,

Möbeln, Spezereien und Apothekerwaren zu beliefern. Auf diese Weise bedient zu werden, ist das Privileg des Adels. Niemals würde man dem einfachen Bürger derartige Summen vorschießen, er käme unvermeidlich ins Gedränge; doch handelt sich's um einen Mann von Rang und Namen, faßt man sich in Geduld. So manches Adelshaus hat den Fleischer seit sechs, den Krämer seit fünf und den Bäcker seit vier Jahren leer ausgehen lassen und schuldet sogar seinen Lakaien den Lohn, wogegen jedes bürgerliche Haus seine Rechnungen zum Jahresende begleicht.

Prangt über der Toreinfahrt ein Wappen, renoviert der Tapezierer den dazugehörigen Palast selbst auf die Gefahr hin, daß vielleicht erst seine Erben etwas davon haben werden; die vornehmen Häuser, die pünktlich saldieren, lassen sich an einer Hand aufzählen. Um Jahre im Rückstand sind stets die Reichsten und Vermögendsten. Wenn aber den Lieferanten endlich der Geduldsfaden reißt und sie sich dazu aufraffen, ihre Guthaben anzumahnen, dann macht der Finanzverwalter dem Herrn Herzog während dessen Morgentoilette seine Aufwartung und läßt ihn wissen: »Monseigneur, Euer Haushofmeister klagt, daß der Schlächter kein Fleisch mehr liefern will, weil er seit drei Jahren nicht einen Sou bekommen hat; außerdem läßt Euch Euer Kutscher ausrichten, daß Ihr nur noch über einen einzigen fahrtüchtigen Wagen verfügt und der Stellmacher fürderhin auf die Ehre, Euch zu Diensten zu stehen, verzichten will, es sei denn, Ihr gäbet ihm à conto zehntausend Francs; auch weigert sich der Weinhändler, Euern Keller wieder aufzufüllen, und der Schneider lehnt es ab, Euch weitere Kleider zu nähen ...«

»Welch ein unverschämtes Volk!« schreit da der Herr. »Dann kauft eben bei andern ein! Ich entziehe diesen Kerlen meine Protektion!«

Diese andern finden sich, selbst wenn der große Herr bei seinen bisherigen Lieferanten noch so tief in der Kreide steckt. Und am Abend setzt er am Spieltisch fünfhundert Louisdor und wenn er sie verliert, gleich noch einmal fünfhundert, die er am nächsten Tag schon bezahlt. Spielschulden genießen eben gegenüber Brot- und Weinschulden stets den Vorrang.

Pfingsten in Versailles

Zu Pfingsten fährt der Pariser mit der Galiote bis Sevres, von wo aus er zu Fuß nach Versailles wandert, um dort die Prinzen, die Prinzessinnen, die Prozession der Würdenträger, den Park und nicht zuletzt die königliche Menagerie zu bestaunen. Er hat an diesem Tage freien Zutritt zu den großen Gemächern, wogegen ihm die viel prächtigeren und interessanteren kleinen verschlossen bleiben.

Zur Mittagszeit drängt sich das Volk im Wandelgang, um den König, die Königin, Monsieur und Madame, Seine Hoheit, den Herzog von Artois, und Ihre Hoheit, die Gräfin von Artois, zur Kirche gehen zu sehen. Dann sagt der eine Gaffer zum andern: »Hast du den König gesehen?« »Ja, er hat gelächelt.« »Richtig, das hat er.« »Er scheint vergnügt zu sein!« »Verdammt, er hat auch allen Grund dazu!«

Herr Moore hat sehr treffend geschildert, wie es dann kurz darauf während der Messe zugeht, wie im Augenblick, da man die Hostie hochhält, aller Augen auf den König starren und kein Mensch mehr zum Altar hinschaut.

Später, beim großen Bankett, stellt der Pariser sodann fest, daß der König mit gutem Appetit zu speisen geruht, die Königin aber nur ein Glas Wasser zu sich genommen hat. Das liefert dem Bürger für gute vierzehn Tage Stoff zu Tischgesprächen, in deren Verlauf sich die Mägde aus lauter Angst, es könnte ihnen eine Neuigkeit entgehen, fast die Hälse verrenken.

Die Gemälde, die Statuen, die Antiquitäten dagegen würdigt der Bourgeois kaum eines Blickes; um so mehr bewundert er die

vielen Spiegel, die Vergoldungen, den Baldachin des Thrones und die Zahl der Gänge, die man an der königlichen Tafel serviert. Auch haben es ihm die goldbedeckten Staatskarossen, die Hundertschaft der Schweizergarde, die Leibwachen und die Tambouren mächtig angetan.
Jener Wilde, den man zum Hofe Karls IX. lud, fand dort am verwunderlichsten, daß die Hundertschaft der Schweizer, lauter sechs Fuß lange, schnauzbärtige, mit Hellebarden bewaffnete Mordskerle, einem kleinen, bleichgesichtigen, dünnbeinigen Männlein aufs Wort gehorchten. Der Pariser hat das Staunen über derlei Dinge längst verlernt.
Für den Philosophen gibt es kein größeres Vergnügen, als ganz für sich allein in diesem Wandelgang herumzuschlendern und bald da-, bald dorthin abzuschweifen. Er hat weder den Ministern noch den Würdenträgern Bitten vorzutragen, er kennt sie nur vom Sehen, geht unbeschwert zu ihren Audienzen, nimmt an den Diners der Prinzen und Prinzessinnen teil, amüsiert sich nach Herzenslust über deren Art aufzutreten, über all die Kratzfüße, die man ihnen macht, findet seinen Spaß am Gehaben der Lakaien und der Tafeloffiziere, die sich dieser lächerlichen Etikette mit vollem Ernste hingeben, und ruft sich dabei das eine oder andere aus seinem Rabelais wieder ins Gedächtnis und lacht still vor sich hin, denn hier bei Hofe zeigt sich das Menschengeschlecht wahrlich von seiner possierlichsten Seite. Wer möchte nicht wenigstens zwei-, dreimal im Jahr dies köstliche Plaisier genießen? Gibt es denn eine Komödie, gleich welcher Zunge, die das, was sich im Œil-de-bœuf tagtäglich abspielt, auch nur annähernd wiedergäbe? Wer je erlebt hat, wie klein dort die Höflinge plötzlich werden, wird auch anderswo nichts Großes mehr an ihnen finden können.
Doch erst muß ich dem Fremden erklären, was dieses Œil-de-Bœuf überhaupt ist. Es handelt sich um ein Vorzimmer, das seinen Namen einem ovalen Fenster zu verdanken hat. Darin haust, wie ein riesiger Vogel im Käfig, ein Schweizer von kolos-

saler Vierschrötigkeit. Er trinkt, ißt und schläft in diesem Vorraum und verläßt ihn nie; die andern Teile des Schlosses kennt er gar nicht. Eine einfache spanische Wand teilt sein Bett, seinen Tisch und was er sonst noch braucht, vom Rest der Welt. Sein Geist besteht aus ganzen zwölf sonoren Worten, die allesamt streng dienstlich sind: »Treten Sie ein, meine Herrschaften, treten Sie ein! – Achtung, meine Herrschaften, der König! – Zurück da! – Nichts da, Hoheit, man empfängt jetzt nicht!« – worauf Ihro Hoheit wortlos auf dem Absatz kehrtmacht und sich verdrückt.

Jedermann grüßt ihn, niemand wagt es, ihm zu widersprechen; seine Stimme scheucht ganze Wolken von Grafen, Baronen und Herzögen in den Wandelgang zurück; ein Wort von ihm genügt, um sie in die Flucht zu jagen. Er vertreibt mit seiner unnahbaren Einsilbigkeit sogar Prinzen und Prinzessinnen. Gegen ihn kommt keiner an, so hoch er immer stehen mag; die Spiegelglastür öffnet und schließt der Schweizer einzig und allein, wenn es sein oberster Herr und Meister wünscht, alles andere, was da sonst noch kreucht und fleucht auf diesem Erdenrund, ist ihm egal. Sobald seine Stimme erdröhnt, ballen sich die einzelnen Klüngel der Höflinge zusammen oder stieben auseinander; ein jeder starrt auf die gewaltige Pranke, die die gewisse Klinke drückt. Mag sie ruhen oder ihres Amtes walten, gebannt behält sie jedermann im Auge. Ihr Sold beläuft sich auf fünf Louisdor, denn niemand würde es wagen, einer solchen Hand ein so unwürdiges Metall wie Silber anzubieten. Auch abends füllt sich das Œil-de-bœuf mit kleinen Trupps von Schranzen. Sie stauen sich vor der verschlossenen Tür und harren des Augenblicks, da sie sich öffnen wird. Sie dürsten nach der ungeheuren Ehre, mit dem Meister soupieren zu dürfen. Es soll schon vorgekommen sein, daß sich einer fünfunddreißig Jahre lang um diese Gnade bewarb, sich jeden Tag seines Lebens getreulich vor der undankbaren Pforte einfand und, ohne es erlebt zu haben, daß sie sich einmal wenigstens auch für ihn erschließe, mitten im Ringen um die große Gunstbezeugung vom Tod ereilt wurde. Jedermann schmeichelt sich, hoffen zu dürfen, und diese Hoffnung stirbt niemals, selbst wenn sie noch so oft betrogen wurde. Nach zwei Stunden endlich öffnet sich der vielumworbene Durchlaß; mit einer Liste versehen, tritt ein Kammerherr vor die in erwartungsvollem Respekt Erbebenden und ruft sieben oder acht Namen aus: die Namen der Glücklichen. Sie treten ein, nein, schlüpfen, huschen hurtig durch das enge, neidumwogte Öhr. Dann schlägt der Kammerherr die Tür den andern, die nun so tun, als trügen sie ihr Pech mit Fassung, obschon an ihrem Herzen Kummer und Verzweiflung nagen, schnell vor der Nase zu.

Ich weiß nicht, ob es Zufall oder politische Berechnung ist, daß der Monarch etwas Distanz zu seiner Kapitale hält, ob da nicht eine Absicht dahintersteckt. Zieht man aber die Auswirkungen dieser Zurückgezogenheit in Betracht, ist man allerdings versucht zu sagen, daß sie einem überaus raffinierten politischen Kalkül entspringt. Die vier Meilen, die den König von der Hauptstadt trennen, die ihm eine Art Unsichtbarkeit verleihen und ihn den Augen und dem Geschrei der Menge entrücken, haben den Regierungsstil in höchstem Maß beeinflußt.

Kommt der König nach Paris, empfindet man dies als eine Gnade, eine Wohltat, und er kann sich dort mit dem Gepränge eines Herrschers zeigen, der dafür zu sorgen weiß, daß seine Befehle vollzogen werden.

Ein Bürger von Paris fragte einen Engländer allen Ernstes: »Was ist denn euer König, gemessen an unserem? Wie der schon wohnt – so schlecht, daß man wahrlich Mitleid mit ihm haben könnte! Schaut Euch dagegen unseren Monarchen an. Er residiert in Versailles. Dies Schloß, ja, das lob ich mir! Habt ihr eines, das sich mit ihm vergleichen könnte? Welch eine Größe, welch ein Glanz, welch eine Pracht! Alles vergoldet, alles das Werk Ludwigs XIV.! Er steckte mehr als achthundert Millionen in den Palast und denn Gärten. Wenn das kein großer König war! Allein die Rechnung für die bleiernen Wasserleitungen belief sich auf zweiunddreißig Millionen! Zwar hat er sämtliche Voranschläge überschritten, doch herausgekommen ist dabei das schönste Schloß der Welt. Selbst die Höfe unserer Prinzen von Geblüt stellen ja denjenigen eures Königs von England noch in den Schatten!« Und er fuhr fort in diesem Ton, und der ob derlei Argumenten höchst erstaunte Engländer wußte beim besten Willen nicht, was er darauf antworten sollte.

Obschon Versailles bereits 100 000 Seelen zählt, wächst es in beachtlichem Tempo weiter und wird zusehends majestätischer. Noch vor hundertzwanzig Jahren war es ein ärmliches Dorf; heute ist es mit überaus breiten, gut durchlüfteten Straßen versehen, die man fast bei jedem Wetter trockenen Fußes begehen kann. Wenn auch zum Zentrum aller wichtigen Staatsgeschäfte und der hohen Politik emporgerückt, steht Versailles indes auch weiterhin im Schatten der Hauptstadt und wird für alle Zeiten deren Satellit bleiben und deren Schicksal teilen. Der in dieser Nebenstadt herrschende Geist ist der Geist des Palastes, und diesen wiederum durchschaut man schon nach einem einzigen Tage bis ins letzte. Genauso, wie es gestern war, wird es dort auch heute sein; wer einmal vierundzwanzig Stunden bei Hofe weilte, der weiß, wie es das ganze Jahr über dort zugeht.

In Frankreich gibt es 16 000 Träger des Sankt-Ludwigs-Kreuzes, 6000 von ihnen leben in Paris und dessen näherer Umgebung. Diese Offiziere belagern die Büros von Versailles, bevölkern die Vorzimmer, treiben sich im Wandelgang herum, bringen Gerüchte in Umlauf, schwatzen ohne Unterlaß über die vergangenen Kriege, haben, weil sie alles aus der Haudegenperspektive sehen, von Politik nicht die blasseste Ahnung und wollen einfach nicht begreifen, daß sich die Zeiten geändert haben, sie aber stehengeblieben sind.

Die Bewohner von Versailles sind der festen Überzeugung, alles, was Europa sonst noch an Schönem zu bieten haben könnte, werde von ihrer Stadt bei weitem übertroffen, und daß es daher

völlig sinnlos sei, herumzureisen, weil man ja andernorts doch nur Dinge von weit geringerem Geschmack zu Gesicht bekomme. Demzufolge hat man hier auch kein Verständnis für Leute, welche sich die Marotte in den Kopf gesetzt haben, Holland, England, die Schweiz, Italien, Deutschland und Rußland zu besuchen; man hält sie für verschroben. Außerdem pflegt hier jedermann nach Kräften mit dem Amt zu prahlen, das er ausübt; wer dem Monarchen einmal die Stiefel geleckt hat, hält sich sozusagen schon für ein Mitglied des Kronrates. Kaum hat einer eine Schüssel zur Tafel getragen, bezeichnet er sich schon als Edelmann, und wer bei Gelegenheit des Königs Mantel halten durfte, nennt sich fortan Stallmeister. Wehe aber dem Unglücklichen, der es wagen sollte, sich auch nur ein einziges Mal seines Nebenmannes Obliegenheiten anzumaßen! Setzt sich der König zum Beispiel zu Tisch, verrichten dreißig oder vierzig Hofschranzen dreißig bis vierzig verschiedene Handreichungen, und selbst der Haublock in der Küche darf nur unter der gestrengen Aufsicht eines ad hoc ernannten Offiziers von einer Stelle zur anderen gerückt werden. Unmöglich, sich in diesem weitverzweigten und verästelten Dickicht der Ämter noch zurechtzufinden; noch unmöglicher, es bis zu seinen Wurzeln zurück zu verfolgen: fest steht lediglich, daß all diese Chargen einst käuflich erworben wurden und ihren Trägern in der Folge gutes Geld einbrachten. Welch ein Abgrund tut sich da auf! Wird es jemals einer wagen, ihn bis in seine tiefsten Tiefen zu ergründen?
Was immer geschehen mag, den König selber kann der Haß des Volkes nicht erreichen; dazu ist die Hierarchie der Notabeln, die zwischen dem Herrscher und der Masse stehen, zu vielschichtig. All diese Amtspächter, Sonderverwalter, Beauftragten und Minister zweiten oder dritten Ranges bilden einen festen Wall, der sämtliche Vorwürfe und Angriffe auffängt und für jegliches öffentliche Mißgeschick den passenden Sündenbock liefert. Auf diese Weise wird dem Volke das Gefühl erhal-

ten, daß ihm der Herrscher wohlgesonnen sei, daß er es gut mit ihm meine, sein Bestes wolle und auch wirklich danach trachte, weil es ja in seinem, des Monarchen, eigenen Interesse liege, so zu wollen und zu tun.

Nicht zuletzt ist Versailles auch der Ort, wo man sein Leben im Stehen zubringt. Ständig ist man unterwegs und auf den Beinen, niemals setzt man sich. Ist ein Höfling achtzig Jahre alt geworden, hat er mindestens deren fünfunddreißig damit verbracht, in den Vorzimmern des Königs, der Prinzen und der Minister herumzustehen.

Die Etikette bringt dem Hofstaat große Mühsal, doch nicht minder große Mühsal bringt sie denen, um die sie sich dreht; die Etikette regiert die, welche die Welt regieren, und damit ist alles wieder im Lot. Im übrigen beeindruckt uns jedoch das Wort ›Hof‹ längst nicht mehr in demselben Maße wie noch in den Tagen Ludwigs XIV. Der Hof hat keinen Einfluß mehr auf die öffentliche Meinung; er entscheidet nicht mehr über Fragen des Ruhmes oder des Geschmacks, gleich welcher Art; man sagt nicht länger salbungsvoll: der Hof hat in dieser oder jener Angelegenheit so und so entschieden. Vielmehr sagt man unverhohlen, daß er davon nichts verstehe, keine Ahnung habe und nie eine haben werde, weil er nicht auf dem laufenden sei. Der Hof selber spürt das und wagt es nicht mehr, sich im Hinblick auf ein Buch, ein Theaterstück, eine neues Meisterwerk oder irgendein besonderes Ereignis von sich aus festzulegen; er wartet den Urteilsspruch der Kapitale ab.

Die Auvergnaten

Die Leute aus der Auvergne gehen in Paris dem Kesselflickerhandwerk nach, reparieren Steinguttöpfe und Sonnenschirme und machen sich als Scherenschleifer nützlich. Von seinem achten Lebensjahr an folgt der Sohn dem Vater auf die Walz, die ihn kreuz und quer durch ganz Frankreich führt. Am liebsten freilich halten sich die Auvergnaten in der Hauptstadt auf. Wie die Zugvögel, die der Frost nach einem milden Landstrich treibt, flieht auch dies fahrende Volk den Schnee, der seine Berge während acht von zwölf Monaten bedeckt. Einmal im Jahr kehren die Männer indes nach Hause zurück, machen ihren Frauen Kinder, überlassen diese dann den Alten und Pfaffen und durchstreifen abermals und ohne festes Domizil das ganze Königreich.

Jeder dieser Auvergnaten, die wie Pech und Schwefel zusammenhalten, läßt seinem ärmlichen Heimatdorf vier, fünf Louisdor zukommen, und selbst der zehnjährige Junge bettelt sich unterwegs bereits deren zwei zusammen. Das Geld nähen sie in die Gürtel ihrer Hosen ein, und auf der Wanderschaft sind diese Horden schon seit Cäsars Tagen oder länger.

Als ambulante Kesselflicker kümmern sich die Auvergnaten nicht im mindesten um die weisen Verordnungen, welche es verbieten, zur Reparatur von Küchenutensilien das so überaus gefährliche Blei zu verwenden. Vielmehr trachten sie danach, alles reine Zinn, dessen sie habhaft werden können, nach Möglichkeit zu unterschlagen und es durch das zu ersetzen, was sie als ›den Stoff‹ bezeichnen und was nichts weiter ist als mit ein wenig Zinn versetztes Blei. Daß dies Diebstahl ist, wissen diese Auvergnaten durchaus, nicht dagegen, daß sie auf diese Weise ihre Mitbürger vergiften. Diese Kasserollen sämtlicher Herbergen sind auf solch fatale, grobe und betrügerische Art verlötet, und es wäre an der Zeit, daß die Regierung diesen Mißbrauch ein für allemal verböte und dafür sorgte, daß in Zukunft nur noch mit Zinn und Silber gelötet wird, denn diese Metalle sind beständiger und würden uns vor so mancher rätselhaften Krankheit bewahren, die uns heute quält und deren wirkliche Ursachen im Blei zu suchen sind. Aufgeklärte Menschen packt das kalte Grausen, wenn sie mit ansehen, wie die Hand des

Auvergnaten alle Gefäße, die mit unserer Nahrung in Berührung kommen, mit diesem verderblichen Metall auslegt. Und doch ist gerade er der erste, der aus ihnen essen wird, und er und der Wirt lachen sich dieweil in ihrer Unwissenheit halbtot über die heilsamen Bedenken, die man ihnen vorzutragen sucht; so sehr ist die Gattung Mensch zuweilen mit Blindheit geschlagen.
Unlängst hat man entdeckt, daß sich Zinn mit Silber legieren läßt. Dieses neue Lötverfahren ist bereits patentiert, doch was noch besser ist: die Chemiker haben seine Anwendung gebilligt.

Vom Backen und Braten

An allen Straßenecken locken die Buden der Pastetenbäcker, Wurstmacher und Fleischbrater. Ihre Erzeugnisse sind ihr Aushängeschild; sie fesseln Euern Blick mit gefüllten Zungen, mit lorbeergekrönten Schinken, fetten Poularden, leckeren Pasteten und zuckerverkrusteten Kuchen. All dies liegt vorn aus, zum Greifen nahe, und wer da eben noch keinen Appetit verspürte, dem erwacht er jetzt, was Boerhaave recht gibt, der gesagt hat, daß die Fibern des Magens allein schon durch den Anblick guter Sachen anzuregen seien. Mag sein, daß es einen mit siebzehn eher zu den mit hübschen Persönchen bevölkerten Modeboutiquen hinzieht; mit acht oder zehn fällt es einem aber jedenfalls verflixt schwer, den Blick von diesen Herrlichkeiten loszureißen.
Als der heilige Ludwig den Pastetenbäckern im Mai des Jahres 1270 den Status einer selbständigen Innung gewährte, bestätigte er ihnen zugleich das alte Recht, ihrer Arbeit auch an allen Feiertagen nachzugehen, denn Feste und Gastmähler hält man für gewöhnlich sonntags ab, und auch Sankt Martin, die Heili-

gen Drei Könige und etliche Schutzpatrone ehrt man seit undenklichen Zeiten durch allerhand Schmausereien. So ist's geblieben bis in unsere Zeit; Pastetenbäcker haben an Sonn- und Feiertagen weit mehr zu tun als in der Woche. Der Ofen glüht von früh bis spät, und am Abend fallen die Küchenjungen erschöpfter denn je in ihr Bett. Auch die Fleischbrater verkaufen ihre Buden bis zum letzten Brathuhn aus.
Die kleinen Haushalte, die über keinen eigenen Herd verfügen, lassen ihr Fleisch vom Pastetenbäcker schmoren, so daß in ein und demselben Ofen manchmal fast fünfzig verschiedene Festtagsessen bruzzeln. Zwar zapft dann der Meister diesen Schulterstücken, Keulen und Filets heimlich mit einer Spicknadel die Soße ab, doch die ist deshalb keineswegs verloren; Ihr findet sie wieder in den so ganz besonders saftigen kleinen Pasteten, die der Mann Euch zu verkaufen pflegt. Für das Schmoren seines Stückes bezahlt man zwei Sous; der Kleinbürger spart dabei für zehn Sous Brennholz, doch dafür ist sein Fleisch trocken, schwarz und fast immer angebrannt.
Gegen neun Uhr abends sieht man allenthalben Braten durch die Straßen wandern, doch noch besser riecht man sie. Fettflekkige Küchenjungen schleppen die Terrinen und stellen sie von Zeit zu Teit auf einem Eckstein ab, so daß die Soße überschwappt, und bis das Stück, das eben noch so heiß gewesen, auf den Tisch kommt, ist es kalt. Dennoch ist es angenehm zu wissen, daß da vor der eigenen Haustür ein schönes Brathuhn oder ein exzellenter Kapaun nur darauf warten, bis Ihr ein Zeichen gebt, um alsbald erst den Spieß und bald darauf Euern Tisch zu zieren. Der Freund, der Euch besuchen kommt, kann Euch so niemals in Verlegenheit versetzen, Ihr empfangt ihn unbeschwert. In gewissen vermaledeiten Ländern sind Geflügel und Pasteten nicht einmal für Gold zu haben, in Paris jedoch stehen Euch von früh bis spät zwölfhundert Köche zu Gebote. Ihr braucht nur zu blinzeln, und schon seid Ihr bedient – nichts einfacher als das. Wenn Ihr Euch gut stellt mit der Innung, ist

Euer Tisch, kaum aufgestellt, auch schon gedeckt, was nicht geringzuachten ist, wenn man bedenkt, daß ein guter Appetit die Freundschaft fördert.

Die Peitsche des Fuhrknechts

Wer hat nicht schon was abgekriegt von der Peitsche eines Fuhrknechts, und wer hat dabei nicht schon sein Auge riskiert? Mit ihren beiden großen, weit über die Räder hinausragenden Naben blockieren die Lastkarren jede noch so breite Straße, und je nach der Achsenhöhe riskiert der bedauernswerte Fußgänger, entweder mit der Brust oder mit dem Bauch an ihnen hängenzubleiben; die Gefahr, von ihnen aufgespießt zu werden, ist allgegenwärtig. Anders in England, wo die Wagenachsen, statt vorzuspringen, etwas zurückversetzt sind, so daß sich die Räder zweier Gefährte sogar streifen können, ohne dabei Gefahr zu laufen, sich ineinander zu verheddern. Die Pariser Lastkarren dagegen verheddern sich dauernd, und wehe dem, der sich gerade in ihrer Reichweite befindet. Aber selbst wenn das Pferd einen Bogen um uns machen sollte, bekommen wir dennoch unser Teil ab, indem der Fuhrknecht grimmig und erbarmungslos mit seiner Peitsche um sich drischt und dabei blindlings alles mitprügelt, was das Pech hat, in seine Reichweite zu geraten. Wahllos trifft er sogar den Mann, der, zerstreut und an nichts Böses denkend, in scheinbar sicherer Entfernung seines Weges zieht. Ehe er sich's versieht, ist er sein Ohr los oder um eine tiefe Schramme im Gesicht reicher. Und weil der Fuhrknecht, mag auch das Blut in Strömen fließen, dabei unablässig flucht wie ein Berserker und seine Gäule weiter schindet, wagt es der verletzte Unglückswurm nicht einmal, den wilden Teufel zur Rechenschaft zu ziehen; er flieht und läßt sich vom Quartierchirurg verarzten.

In England traben die Pferde, ohne daß man sie schlägt. Und warum? Weil man überhaupt pfleglicher mit ihnen umgeht und sie nicht von Anfang an durch allzu schwere Last verdirbt. Der Erlaß von Verordnungen zum Schutze der Pferde würde Frankreichs Gesetzgeber ehren und das Volk besser machen. Es gibt nichts Häßlicheres und Grausameres als unsere Fuhrknechte – doch wie der Herr, so 's Gescherr! Die hohen Direktoren der Fuhrhaltereien und der Transportbetriebe nehmen sich das stolze Privileg heraus, ihre Untergebenen zu piesacken. Diese wiederum piesacken ihre Dienstleute, und der stumpfe, vom Elend gepiesackte Fuhrknecht piesackt schließlich seine Gäule. Ich wiederhole: Wie der Herr, so 's Gescherr; man halte sich das stets vor Augen!

Es ist einfach nicht wahr, daß der Despotismus eines einzelnen, so wie dies Linguet einst, bevor er selbst zu besserer Einsicht kam, behauptet hat, die Despotismen der anderen zerstöre. Das Gegenteil ist richtig, er festigt sie! Kommt Euch das nicht auch so vor, mein lieber Leser? Des Fuhrknechts Peitsche gibt uns allen Grund, darüber nachzudenken, wie sich doch eins zum andern fügt!

Knauserei

In der Hauptstadt eines großen Königreiches sollten – so möchte man meinen – die öffentlichen Belange ersten Ranges stets großzügig gehandhabt werden. Aber nein, bei der Pariser Straßenbeleuchtung zum Beispiel knausert man mit jeder Minute. Man richtet sich streng nach dem Mond, doch oftmals ist er, obzwar aufgegangen, derart von Wolken verhüllt, daß tiefste Finsternis herrscht. Was tut's, man hat nun mal beschlossen, daß das Publikum, solang der Mond am Himmel steht, zu sehen hat, also gibt es keinen Grund, die Lichter anzumachen, und um einer erbärmlichen Ersparnis willen, aus der lediglich die Unternehmer ihren Nutzen ziehen, bleiben sämtliche Gassen und Winkel, so eng und krumm sie immer sein mögen, in tiefster Dunkelheit. Dafür macht man dann hell um Mitternacht, wenn praktisch kein Mensch mehr auf den Straßen ist. In London verfällt man in das andere Extrem, da werden ganze Viertel schon eine gute Stunde vor Einbruch der Nacht erleuchtet. Dieser märchenhafte Aufwand spricht indes für die Wachsamkeit der Stadtverwaltung.

Schweizer

Jedes Portal in Paris hat seinen mehr oder minder gut besoldeten Pförtner. In den Wohnhäusern, wo er nichts weiter zu tun hat, als hie und da am Türstrick zu ziehen, ist er nicht selten nebenbei noch Schuster, Schneider oder sogar Dichter. Die Pförtner der öffentlichen Gebäude dagegen rühren keine Hand; müßig sitzen sie den ganzen Tag in ihrer Loge und wärmen sich und trinken.

Portier und Schweizer sind in Frankreich Synonyme. Die Schweizer genießen das Privileg, die Tore der Verwaltung der königlichen Gärten und der Kirchen zu hüten. Außerdem ist ihnen das Amt des Türstehers auch bei Hofe und in den Palästen des Adels vorbehalten. Und auf ihr würdiges Wahrzeichen, den Wächterspieß, sind sie dermaßen stolz, daß sie sich eher in Stücke hauen ließen, als es zu dulden, daß er Leuten in die Hände fiele, die nicht aus den dreizehn Kantonen oder wenigstens aus deren unmittelbarer Nachbarschaft stammen. Wie sagte doch Voltaire?

»Weißhaarig ist der dicke Schweizer, der stur die Leut belügt an Eurer Tür...«

In ihrer Eigenschaft als Pförtner nehmen die Schweizer an sämt-

lichen öffentlichen Veranstaltungen teil, an den Sitzungen der Akademie, an Konzerten, an der Eröffnung von Gemäldegalerien, an Festpredigten, kurz, an Feierlichkeiten jeder Art, doch weder Musik noch Verse, weder Reden noch Bilder vermögen sie zu rühren.
Ihre stumpfen Gesichter scheinen sich nur bei Bällen etwas zu beleben, aber auch da lediglich, wenn das Büfett besonders reichhaltig und lecker ist. Sie benehmen sich, als stünde auf ihrer Stirn geschrieben: ›Uns liegt nur am Saufen!‹
Bei öffentlichen Veranstaltungen stehen sie Spalier, bewachen die Eingänge und machen sich, wenn nötig, mit der Hellebarde verständlich; zwei von ihnen genügen, um selbst das breiteste Portal zu sperren, wo sie stehn, sind Gitter überflüssig! Sie kontrollieren und sammeln die Einlaßkarten und sind dabei je nach den Umständen bald umgänglich, bald pampig. Kommt es irgendwo zu einem Volksauflauf, ist es für sie ein Kinderspiel, die Menge zu zerstreuen. Mit ihren Quadratschädeln und Hellebarden beherrschen sie sehr schnell die Situation, und wehe dem, der da versuchen sollte, sich durch ihre Reihen zu mogeln – er liefe Gefahr, zwischen zwei helvetischen Fleischmassen glatt zerquetscht oder erstickt zu werden. Mit eigenen Augen sah ich einmal, wie ein schmächtiger Abbé in solch eine mißliche Lage geriet. Es war, als wenn ein Zirkuselefant ihn an die Mauer drückte. Er schrie wie am Spieß, und ihn aus seiner Klemme zu befreien war nicht leicht. Dieselben Knechtsseelen aber kehren, sobald sie ein bißchen Geld verdient haben, wieder nach Hause zurück und spielen dort die großen Republikaner.
Diese Schweizer halten selbst mitten in Paris eisern an den seltsamen Bräuchen ihrer Heimat fest; sie trinken und essen, als lebten sie noch immer in reiner Bergesluft; ihre Manieren sind stets ein bißchen brutal, doch unfehlbar wird selbst der größte Schweizer höflich, wenn die Zeit der Neujahrsgeschenke näher rückt. Am meisten verwöhnt werden dann die, welche an den

Türen von Ministern Wache schieben. Zitternd harrt man eines Ja oder Nein aus ihrem Munde; man hütet sich wohlweislich, sie zu kränken, und gewisse Ehrgeizlinge fangen gar schon an, sie lächelnd zu umschmeicheln, noch ehe sie so richtig vor der Türe stehen. In den Vorzimmern von Versailles sieht man sie fast immer gähnend auf irgendwelchen Bänken herumlungern. Untätigkeit scheint ihnen ziemlich zuzusetzen, und die Langeweile, unter der sie leiden, kommt selbst zum Ausdruck, wenn sie sich bewegen.
Durch die Tore der königlichen Gärten lassen die Schweizer weder Lakaien noch Dienstmägde, weder Soldaten noch Arbeiter, und mit offener Verachtung gar wird dort jedermann davongescheucht, der in ärmlicher Kleidung steckt. »Gesperrt!« schreit dann der Schweizer, ohne sich auch nur zu rühren, und dem Armen bleibt nichts anderes übrig, als sich voller Scham davonzumachen. Es beschleicht mich stets ein tiefes inneres Unbehagen, wenn ich sehe, wie ein Mensch auf diese Weise abgewimmelt wird.
Selbst die Freudenmädchen, die sich, wenn's dunkel wird, in die königlichen Gärten pirschen, werden von den Schweizern weggejagt und manchmal, wenn es dabei Ärger gibt, sogar verhaftet. Doch einige dieser Weiber bleiben trotzdem ungeschoren, vorausgesetzt, sie sind bereit, den gestrengen Wächter des Reviers rechtzeitig an dem nächtlichen Reingewinn zu beteiligen.

Hebammen

Wenn ein junges Mädchen Mutter wird, behält es das trotz des von Heinrich II. erlassenen Edikts für sich. Und kurz bevor es in die Wochen kommt, hört man, daß ihm ein bißchen Landluft guttun würde, daß es verreisen werde. Um heimlich zu entbinden, braucht es indes weder die Stadt noch das Quartier zu verlassen, denn in jeder Straße findet sich eine Hebamme, die ledigen Müttern Unterschlupf gewährt, und zwar in einem Raum, der meist in vier gleich große Verschläge unterteilt ist, in eine Art von Zellen also, die so angelegt sind, daß die, welche während jeweils zwei bis drei Monaten in ihnen wohnen, wohl miteinander reden, einander jedoch niemals sehen und erkennen können.

Haussuchungen dürfen bei Hebammen ausdrücklich nur auf höheren Befehl stattfinden. Das heißt, daß unser Mädchen seiner Niederkunft in aller Ruhe entgegensehen kann, manchmal einen Monat, manchmal sechs Wochen lang, je nachdem, ob es gut oder schlecht gerechnet hat. Und nach weiteren 14 Tagen, wenn endlich alles überstanden ist, kehrt es wieder nach Hause in die Gesellschaft zurück und tut nicht dergleichen, daß seine Landpartie nur bis zur nächsten Ecke führte und es dabei die ganze Zeit über von seinem Fenster aus die seines Elternhauses sehen konnte, ohne daß sein Vater auch nur das geringste davon geahnt hätte. Um alles weitere kümmert sich die Amme; sie bringt das Kind zur Taufe, gibt es in Pflege oder in ein Findelhaus, je nach der Vermögenslage des Erzeugers und den Befürchtungen der Mutter. Wie viele Unglückliche, wie viele Verlassene, wie viele, deren zarte Liebe schmählich verraten wurde und die ihr einsames Lager mit den Tränen später Reue benetzten, mögen diese heimlichen Schlupfwinkel schon gesehen haben! Und welch scheußliche Lage, in die das arme Opfer eines Augenblicks der Schwäche da gerät! Zerrissen von Gewissensbissen, von Scham und Verzweiflung, gezwungen, nicht nur seinen Liebhaber, sondern auch sein Kind zu verleugnen, geflohen aus dem Elternhaus und somit mutterseelenallein in dieser riesengroßen Stadt, bleibt ihm, wenn es ein Bett für die Niederkunft finden will, meist nichts anderes übrig, als seine paar bescheidenen Schmuckkettchen zu veräußern. Und verlassen darf es sein verborgenes Gefängnis erst wieder, wenn man

ihm von dem, was geschah, nichts mehr ansehen kann, denn verziehen werden einem nur die Fehltritte, von denen niemand etwas weiß.
Die Hebammen pressen so viel Geld als möglich aus den Wehrlosen, die ihrer Hilfe bedürfen; sie sind alles andere als uneigennützig, und niemals nehmen sie weniger als zwölf Livres pro Tag.
Zahlreicher, als man denkt, sind die jungen Mädchen, die so geschickt waren, ihre Schwangerschaft bis zum letzten Augenblick zu verbergen, dazu so glücklich, ohne Komplikationen zu entbinden, und schließlich so unerschrocken, wieder nach Hause zurückzukommen, ohne den Verdacht von Vater, Mutter und Schwester zu erwecken. Womit sie, wie man zugeben muß, ein höchst bewundernswertes Maß an Kühnheit, Geistesgegenwart und Mut an den Tag gelegt haben, auch wenn ihnen dabei natürlich zustatten kommt, daß die Hebammen von Amts wegen zum Schweigen verpflichtet sind und außerdem in den meisten Fällen den Namen der Personen, die bei ihnen entbinden, ohnehin nicht kennen.
Das Aushängeschild der Hebamme spricht für sich; es zeigt eine Frau mit einem Säugling. Eine solche Tafel bringt ein Haus zwar nicht direkt in Verruf, verhindert aber immerhin, daß auf ihre Reputation bedachte Fräuleins besserer Stände in ihm Wohnung nähmen. Was allerdings noch keineswegs besagen will, daß nicht zuweilen auch sie sich über die Gasse bemühten, wenn ein ihnen zugestoßenes kleines Mißgeschick es erfordert...
Selbst Mädchen, die schon ein- oder gar zweimal in den düsteren und verschwiegenen Verschlägen der Hebamme zu Gast weilten, finden in der Regel noch einen Mann, indem sie ganz einfach weiterhin die Unschuldige spielen, eine Rolle, die jedes Frauenzimmer, selbst das dümmste, instinktiv beherrscht. Ganz abgesehen davon, daß in dieser Riesenstadt sowieso niemand in der Lage wäre, den Lebenswandel dieser oder jener

Person lückenlos zu verfolgen. Genügt doch schon ein simpler Quartierwechsel, um selbst den geschicktesten und neugierigsten Schnüffler aus dem Konzept zu bringen.
Die mittellosen Mädchen entbinden im Armenspital; man nimmt sie dort vom sechsten Monat an auf. Dieser Teil der Verwaltung funktioniert ausgezeichnet; die Frauen brauchen nichts von dem, was sie in Anbetracht ihres Zustandes benötigen, zu entbehren. Geschultes Personal wacht bis zum Tage ihrer völligen Genesung über ihr Wohlbefinden, und alles in allem scheint mir die Sache über jeden Tadel erhaben.
Die Hebammen, die ohne nach Namen und Herkunft zu fragen, aufnehmen, wer immer an ihrer Tür anklopft, wie auch das Findelhaus bewirken, daß der Kindsmord, der vor der Schaffung dieser löblichen Institutionen ein nicht selten begangenes Verbrechen war, gegenwärtig in der Hauptstadt fast nicht mehr vorstellbar ist. Anders als etwa in der Schweiz, wo heutzutage sicher noch immer mehr Kindsmorde begangen werden, als in ganz Frankreich zusammengenommen! So ist denn das Edikt von Heinrich II. außer Gebrauch gekommen, und von hundert ledigen Müttern, die anonym entbinden, weiß kaum noch eine, daß da ein altes Gesetz existiert, welches sie wegen Schwangerschaftsverheimlichung zum Tode verurteilt...

Über Blunet

Er war ein Pariser Kleinbürger, weder von Rang noch besonders vermögend, weder mit einem klingenden Namen noch mit besonderen geistigen Talenten gesegnet. Eines jener Wesen also, über die es, wie man meinen sollte, beim besten Willen nichts zu reden gäbe. Weshalb ich dennoch auf ihn zu sprechen komme? Einfach genug: Weil dieser Blunet seiner Frau nicht

mehr und nicht weniger als 21 Kinder machte und dies in nur sieben Malen! Das ganze Altertum dürfte keinen Fall von vergleichbarer Fruchtbarkeit vorzuweisen haben; Blunet war der Herkules von Paris!
Seine siebenmal drei Drillinge wurden alle getauft und lebten – die einen mehrere Tage, die anderen mehrere Monate. Übrig blieben schließlich die zwölf stärksten, größten und gesündesten.
Da sich das erstaunte Publikum heftig um die Frage stritt, wem nun solch verschwenderische Potenz zuzuschreiben sei, seiner Frau oder ihm, beschloß Blunet, um ein für allemal Klarheit in die Sache zu bringen, auch einmal mit seiner Dienstmagd zu schlafen. Diese brachte neun Monate darauf drei männliche Kinder zur Welt. Blunet starb 1685. Es ist schade, daß man die Schicksale seiner Nachkommen nicht im Auge behielt, doch damals legte man auf die Beobachtung von naturwissenschaftlichen Phänomenen wohl noch nicht soviel Wert wie heute.
Wenn sich jetzt aber die Ausländer noch immer lustig machen über die Weichlichkeit der Pariser, können diese füglich antworten: Und Blunet? Und wo gibt es bei euch seinesgleichen?

Bücherverleiher

Sie sind abgenutzt, schmutzig und zerrissen, diese Leihbücher, was beweist, daß sie die Begehrtesten von allen sind, und der hochnäsige Herr Literaturkritiker täte besser daran, zum Bücherverleiher zu gehen und dort einmal nachzusehen, welche Schriften am meisten verlangt und mitgenommen werden, welche am stärksten zirkulieren, statt sich im Labyrinth der Spekulationen zu verlieren. Wirklich, es wäre gescheiter, er orientierte sich am Treiben, das in diesen engen Buden herrscht, und

nicht an den unnützen Lehrbüchern der Poetik, aus denen er seine fragwürdigen Weisheiten schöpft.
Am besten gehen Bücher, welche die Sitten schildern, wie sie wirklich sind, einfache, aus dem Leben geschöpfte, zu Herzen gehende Werke, frei von geschraubtem Stil und exklusivem Jargon. Sie sind denn auch die einzigen, die in allen Quartieren der Stadt und auf allen Etagen der Häuser gleichermaßen gelesen werden. Wenn Ihr dagegen von Euerm Bücherverleiher verlangt: »Geben Sie mir die Schriften des Monsieur de la Harpe« – dann wird er Euch dies erst zweimal wiederholen lassen und Euch schließlich in die Musikalienhandlung schicken, da er (obschon sein Laden direkt gegenüber der Akademie steht) den Autor mit dem Instrument verwechselt.
Große Dichter! Prüft doch einmal nach, und sei's auch nur flüchtig, ob eure Bände auch wirklich schön speckig geworden sind von den unersättlichen Händen der Menge; und überprüft, ob ihr in der Bude des Bücherverleihers auch wirklich zuvorderst steht oder ob ihr, falls ihr euch überhaupt dort findet, nicht vielleicht beschämend sauber, gut gebunden und heil seid und unberührt wie eine Jungfrau als Schaustück in der Ecke steht! Sollte dem aber tatsächlich so sein, dann sagt euch: ›Ich habe zuviel Genie‹ – oder: ›Ich habe zuwenig ...‹
Gewisse Werke erregen ein derart starkes Aufsehen, daß sich der Verleiher, um dem Massenandrang der Leser Herr zu werden, gezwungen sieht, sie in drei Teile zu zerschneiden und diese dann jeweils nicht tage- sondern stundenweise zu vermieten. Wer sind die, welche sich solcher Erfolge erfreuen? Abermals ganz gewiß nicht die Leute, die sich auf den Sesseln der Akademie räkeln!
Im übrigen kennen die Verleiher von ihren Büchern lediglich den Rücken und gleichen damit aufs Haar einigen Prinzen usw., die ebenfalls, meist nur zum Nutzen anderer, eine Bibliothek besitzen.

Geburtshelfer

Zu Beginn des 17. Jahrhunderts war der Beruf des Geburtshelfers noch so gut wie unbekannt. Auch im Verlauf der nächsten sechzig Jahre wagten es nur die ohnehin über den Gesetzen stehenden gekrönten Häupter, sich seiner zu bedienen, wiewohl sie damit heftig gegen gewisse althergebrachte, im Lauf der Zeit durch Vorurteil und Prüderie verhärtete Sitten verstießen. Weil aber die Unwissenheit und die Nachlässigkeit der Hebammen zu so mancher Fehlgeburt oder gar zum Tode des Säuglings geführt hatten und weil durch ihre Schuld immer wieder Kinder mit verrenkten Gliedern zur Welt kamen oder mit abgeflachten Schädeln, welch letzteres zu Blödheit und zu Schwachsinn führt, wurden die erstarrten Bräuche schließlich durch das begreifliche Interesse, derlei Unglücksfällen vorzubeugen, überwunden und die Hebammen nach und nach durch Geburtshelfer ersetzt. Zwar trauerten die Wöchnerinnen den sanften, behutsamen und feinfühligen Händen der Hebammen noch für ein kleines Weilchen nach, doch bald schon wußten die Geburtshelfer das, was ihnen abging, durch allerhand Öle und geschickt zusammengestellte Salben auszugleichen.
Gleichzeitig vervollkommnete die Wissenschaft ihre Kenntnisse über den Geburtsvorgang; mit immer größerer Sicherheit deutete man die verschiedenen Zeichen, die den Beginn einer Niederkunft ankündigen, und wußte bald auch vorauszusagen, ob letztere leicht oder schwer verlaufen werde. Als nächstes lernte man sodann, die schneidenden Schmerzen der Wehen mit wirksamen Medikamenten zu lindern; man verminderte die Zahl der Totgeburten und dämpfte die Vorängste und Unruhen der Schwangeren, und als gar der Kaiserschnitt zusehends außer Gebrauch kam, verging schließlich selbst den verschämtesten Kleinbürgerinnen die Furcht vor der Hand des Geburtshelfers.
Unüberwindliche Abneigung bringen diesem eigentlich nur noch die Völker des Südens entgegen, insbesondere die Spa-

nier, sei es, weil sie manches weniger philosophisch nehmen und mehr zur Eifersucht neigen als Frankreichs Ehemänner, sei es, weil sie ihre Frauen weniger lieben. Jedenfalls bringt sie nichts ärger aus dem Häuschen als die Vorstellung, daß ein anderer Mann jene Reize und Rundungen betasten könnte, deren Anblick und Berührung sie ausschließlich sich selber vorbehalten haben. Sie vergessen dabei völlig, daß diese Formen, so verführerisch die Blässe einer Frau im Wochenbett auch sein mag, durch die Geburt völlig entstellt und jeglichen Reizes beraubt werden. Ungeachtet des von dem Gelehrten Hequet verfaßten Büchleins mit dem Titel ›Von der Schamlosigkeit der Männer, den Frauen bei der Niederkunft beizustehen‹, bleibt also der Anstand immer und in jedem Fall gewahrt, so daß es die Frauen durchaus wagen dürfen, ihren Geburtshilfedoktor sechs Wochen nach dem Kindbett einzuladen und unbeschwert und ohne rot zu werden, wenn er eintritt, mit ihm und ihrem Gatten an der Seite zu dinieren.

Zahnärzte

Der schönste Mund ist nicht mehr schön, wenn ihm die Zähne fehlen. Zieht der schönen Helena nur einen einzigen Zahn, und schon ist der Trojanische Krieg abgeblasen, versinkt die göttliche Ilias zurück ins Nichts.

Heile Zähne zeugen von Gesundheit und sind jedem anderen Reize überlegen. Auf die Zähne und die Lippen kommt es an. Wer den Sinnesfreuden zugetan, wird meine Meinung teilen.

Die Frau, der die Zähne abhanden gekommen sind, verlegt sich, um den Mangel zu verbergen, aufs Grimassenschneiden; zu lachen wagt sie nur mit vorgehaltener Hand oder hinter ihrem Fächer. Da somit von den Zähnen nicht nur die Gesundheit, sondern auch das angenehme Äußere abhängt, sollte man sie auch gebührend pflegen. Und in der Tat sind die wirklich geschickten Dentisten weniger darauf aus, sie zu ziehen, als sie zu erhalten. Sie greifen nicht mehr so oft wie früher zu ihrem Folterinstrument aus Stahl.

Der Mann, der sich in dieser Kunst am besten versteht und ganz Erstaunliches zuwege bringt, nennt sich Catalan und wohnt in der Rue Dauphine. Er geht nicht nur mit ungewöhnlich leichter Hand zu Werke, sondern hat darüber hinaus noch allerhand höchst scharfsinnige und tiefgründige Beobachtungen angestellt, die ihn schließlich dazu führten, eine Art Wunder zu vollbringen. Er fertigt Euch (denn so überragend ist sein Wissen um diesen Teil der Anatomie) – er fertigt Euch, sage ich, ein komplettes künstliches Gebiß, mit dem Ihr wieder mühelos und ohne alle Schwierigkeiten Speisen jeder Art zermalmen könnt. Es ist ihm gelungen, den Vorgang des Kauens zu durchschauen und ihn vollkommen nachzuahmen, welches Verdienst viel zu ungewöhnlich und zu nützlich ist, als daß es mir gestattet wäre, den Namen und den Ruhm des Künstlers zu verschweigen.

Überkommt Euch plötzlich auf der Straße wilder Zahnschmerz, braucht Ihr nur den Blick zu heben. Ein Aushängeschild, darauf ein Stockzahn, dick wie ein Zierbusch, sagt Euch: ›Hier!‹ Der Dentist heißt Euch Platz nehmen, krempelt seine Spitzenmanschette hoch und zieht Euch Euern Zahn mit flinker Hand, dann bietet er Euch etwas zum Spülen, Ihr bezahlt und zieht, vom Schmerz befreit, von dannen. Bequemer könnt es gar nicht sein!

Der Mann, der Gott trägt

Bewundert den Reichtum und die Würde unserer Sprache! Wir reden vom Gepäckträger, vom Lanzenträger, vom Hosenträger, vom Geschäftsträger, vom Brillenträger und – nicht zuletzt

– vom Gottesträger. Du lieber Gott im Himmel, welch ein Wort! Es handelt sich um ein Faktotum der Gemeinde, um einen armen Priester, der sich den ganzen Tag bis tief in die Nacht hinein bereit hält, auf den ersten Ruf hin mit dem Tabernakel und dem geweihten Brot zu irgendeinem Kranken zu eilen.
Sein Gefolge: die erstbesten Gassenjungen, die gerade greifbar und willens sind, ihm den abgenutzten, verschmutzten, dafür aber transportablen Baldachin sowie das Glöckchen zu halten, und der schlafmützige, hinkende Küster, der die Laterne oder die Fackel aus Pechharz übernimmt. Dies ist der Troß, mit dem sich der Träger Gottes zum Lager des Sterbenden aufmacht. Das Ziborium ist in vier kleine Fetzen Stoffes eingehüllt; das Glöcklein fordert die Leute zum Niederknien auf; die Droschken und Equipagen halten an, doch wer darin sitzt, steigt nicht etwa aus, sondern begnügt sich damit, das Fenster herunterzulassen und sich kaum merklich zu verneigen. Wenn die Kutscher taub sind, bimmelt der Glöckchenträger mit doppelter Kraft. Atheisten und solche, die sich vor dem Straßenschmutz fürchten, ziehen sich mit einer Viertelkniebeuge aus der Affäre. Jedermann steht das Recht zu, das Viatikum zu begleiten, und zwar bis hinein in das Haus, in das es gebracht wird, ja sogar bis ins Sterbezimmer. Dort hat man die Spiegel vorsorglich verhängt, damit sich das heilige Sakrament nicht unversehens verdoppele.
An seinem Ziele angelangt, macht der Priester eine Konsole zum Altar und besprengt den Raum zwecks Austreibung der bösen Geister mit geweihtem Wasser, dann beginnt er einem Kranken, den er nie gesehen hat und den er überhaupt nicht kennt, auf banalste Weise Trost zuzusprechen. Egal ob Kind, Greis oder Jüngling, ob Mann, Frau oder Mädchen, stets ist's dieselbe alte Leier.
Dieweil der Priester den Kranken versorgt, hebt der Glöckchenträger unauffällig den Leuchter etwas an und steckt die für

gewöhnlich dort hinterlegte Silbermünze ein, um später dem Träger Gottes die Hälfte davon abzugeben. Schließlich spendet der Geistliche den Anwesenden seinen Segen und verschwindet auf dieselbe Weise, wie er hergekommen ist.

Manchmal ist der Weg weit, und es gießt in Strömen; dann benutzt er einen Fiaker; der Glöckchenträger setzt sich vorne neben den Kutscher und schwingt seine Bimmel neben dem Droschkenschlag, während sich der Küster, indem er mit halb erloschener Fackel hinten aufsteigt, vorübergehend zum Lakaien macht. Der Kutscher aber klemmt sich ehrerbietig seinen Hut unter den einen und peitscht die Pferde mit dem andern Arm und bekommt das Wasser aus den Regentraufen auf seinen entblößten Kopf.

An der Kirchenpforte wird die Fahrt beglichen, und an Stelle eines Trinkgeldes gibt der Priester dem Kutscher den Segen, wonach dieser, von aller Sünde rein und frei, wie er nun ist, seine Gäule für den Rest des Tages nicht ein einziges Mal mehr anzufluchen wagt.

Läuft aber der liebe Gott nach Einbruch der Dunkelheit den Nachtwachen über den Weg, dann begleiten ihn diese mit aufgepflanztem Bajonett zur Kirche, die sein Wohnsitz ist, und erhalten dafür den Segen sogar auf den Stufen des Altars.

Als Ludwig XV. einst vom Justizpalaste kam, wo er eben die Stadtväter von Paris mit einem groben Akt der Willkür vor den Kopf gestoßen hatte, begegnete er vor dem Pont-Neuf dem Viatikum des Kirchensprengels von Saint-Germain-l'Auxerrois. Das ganze königliche Gefolge hielt an, er selber aber stieg hurtig aus seiner Karosse und kniete sich im Schlamme nieder, worauf der Priester unter seinem einstmals rot gewesenen Baldachin hervortrat und ihn segnete. Und schon hatte das Volk, überwältigt von diesem offenkundigen Akt der Frömmigkeit, den Willkürakt vergessen und begann »Es lebe der König!« zu schreien. Und noch Tage später hörte man allenthalben: »Er ist mitten im Schlamme niedergekniet!«

Dem Gottesträger, dem dies Glück widerfuhr, wurde vom Hofe eine Pension ausgesetzt.
Wenn eine Person von Rang nach dem Viatikum verlangt, verändert sich die Szenerie. Sämtliche Domestiken des Hauses tragen Fackeln; der bestickte, blitzsaubere Prachtbaldachin wird aus dem Schrank geholt und von zwei Geistlichen geschleppt; der Glöckchenträger steckt in einem weißen Umhang; der Schweizer des Kirchensprengels geht dem Zug voran, und der Pfarrherr der Gemeinde schlüpft in seine prunkvolle Stola und versorgt den Kranken selber. Dies geschieht indes selten genug; nur hohen Würdenträgern und stadtbekannten Krösussen wird diese Ehre zuteil.

Alte Aushängeschilder

Mit den alten Aushängeschildern, die in den Lagerschuppen der Schrotthändler vom Quai de la Mégisserie herumstehen, könnte man notfalls die Pforten sämtlicher Pariser Vorstadtkaschemmen und Tabakskneipen schmücken. Dort schlummern Seite an Seite alle großen Herren dieser Erde: Ludwig XIV. und Georg III. tauschen einen endlosen Bruderkuß; der König von Preußen schläft direkt neben der Zarin; es stehen dort selbst die Imperatoren nicht mehr höher als die gewöhnlichen Sterblichen, und nicht einmal die Tiara der Kurie grenzt sich, wie sonst üblich, gegen den Turban der Ungläubigen ab.
Ein Kneipenwirt kommt an, rückt den gekrönten Häuptern mit dem Fuß zuleibe, beäugt sie kritisch, entscheidet sich aufs Geratewohl für den König Ohneland von Polen, klemmt ihn respektlos unter den Arm, nagelt ihn zu Hause über seine Tür und schreibt darunter: ›Zum großen Sieger‹.
Ein Garküchenbesitzer wiederum benötigt eine Kaiserin mit einem extragroßen Schlund, in den auch etwas hineingeht. Das,

was er findet, stellt ihn indes nur halb zufrieden. Was tut's? – Im Weinkeller nebenan sitzt ein Maler, bereit, die Hälse sämtlicher Prinzessinnen Europas im Handumdrehen dick und robust zu machen. Derselbe Künstler verwandelt auch Ludwig XV. ohne jegliches Bedenken in einen Cäsar, indem er ihm vom Haupt ganz einfach die Perücke wegpinselt und durch einen Lorbeerkranz ersetzt.
Im übrigen schneiden die erlauchten Herrschaften allesamt recht traurige Visagen, als rümpften sie in permanentem Griesgram die Nase über all die Leute, die sie tagaus, tagein bestaunen. Selbst in effigie lächelt nicht ein einziger von ihnen freundlich seinem Volke zu. Sie schauen entweder verstört oder dämlich drein, mit stierem Blick, mit schiefer Nase und ungeheurem Mund. Mehr Schönheit gewährt der Pinsel diesen Potentaten nicht, mögen sie lebendig oder tot sein.
So trinkt und tanzt das Volk denn unter der Hut von Herren, die ihrerseits nichts lieber sehen als den Krieg, weil sie, wie einst ein weiser Trunkenbold bemerkte, selber nie ein Glas zusammen heben.
Wenn ich sehe, wie diese alten Aushängeschilder kunterbunt hier durcheinander liegen; wenn ich sehe, wie man sie anschleppt, wie man um sie feilscht und wie sie wieder weggetragen werden; wenn ich an die wechselvollen Schicksale all dieser grotesken Königsbilder denke und auch daran, wie sie in allen Winden schaukeln, versehen mit Schriften aus dem Pinsel eines ewig mit der Orthographie auf dem Kriegsfuße stehenden Schmierers; und wenn ich endlich noch bedenke, daß sie doch im Grunde nur noch da sind, der Säufer ungelenken Taumelschritt zu lenken, dann stelle ich mir vor, was sie einander zu berichten hätten, wenn sie zu sprechen vermöchten.
»Herr Vetter«, würde da der eine König zu dem anderen sagen, »Herr Vetter – nicht gerade fein, wie uns der Kleckser da geschildert hat. Was, wenn wir nun auch so in die Geschichte eingingen?«

»Aber Herr Nachbar, wo denken Sie hin! Das könnte doch nur passieren, wenn uns die Geschichtsschreiber so sähen, wie wir wirklich waren, und das werden sie nie schaffen!«
»Sagten Sie tatsächlich ›nie‹, Herr Vetter?«
»Nie! Seien Sie des gewiß!«
»Na, dann kann ich ja beruhigt sein, Herr Vetter, denn wahrlich, lieber möchte ich in aller Ewigkeit in Wind und Regen hängen und den Leuten von der Stange herab Grimassen schneiden, als auch nur einmal einer wirklich scharfen Feder ausgesetzt zu sein...«

Wenn man seinen Hausschlüssel vergißt

Wehe dem, der in einem Pariser Mietshaus wohnt und nicht auf Schritt und Tritt seinen Schlüssel mit sich schleppt! Sooft er ohne ihn weggeht, sooft riskiert er, auf der Türschwelle übernachten zu müssen, denn – wie lange er zu später Stunde auch draußen stehen und klopfen mag – sein Flurnachbar, der ihn weder kennt noch sich um ihn kümmert, wird bestimmt nicht ihm zuliebe aus dem Bette kriechen und ihm öffnen.
Was aber wird aus dem, der seinen Schlüssel vergißt? Sich die Nacht in zweifelhafter Gesellschaft um die Ohren zu schlagen, verspürt er keine Lust; er möchte schlafen, er ist müde. Der Schein einer Laterne, eigens angezündet zu Nutz und Frommen der Verirrten und Verspäteten, lockt ihn in die Rue Tirechappe, wo ein sogenanntes Logierhaus die ganze Nacht über all jenen offensteht, denen der Weg zum eigenen Lager versperrt ist. Die Inhaber des Unternehmens leben ausschließlich von solcher Kundschaft und vermieten Nacht für Nacht nicht weniger als 30 Betten an die Opfer der Vergeßlichkeit und andere Ausgesperrte.
Doch wie dort zur Ruhe kommen? In den Vorhängen und Kis-

sen der ungelüfteten Schlafstellen haben Milliarden von Flöhen und Wanzen wohl schon vor Jahrhunderten ihre Republik ausgerufen. Jedenfalls haben sie einen spätestens nach der ersten Viertelstunde derart zugerichtet, daß man brüllend hochfährt, nach Licht schreit und schleunigst wieder aufsteht. Sollte indes der Schlaf tatsächlich stärker sein als das Jucken der Insektenstiche, dann ist's die Nachtglocke, die einen nicht zur Ruhe kommen läßt. Jedesmal, wenn sie mit durchdringendem Geschepper einen Neuankömmling begrüßt, reißt sie einen wieder aus dem Schlummer. Und dann sind da noch die Hunde, von denen es im Haus wimmelt und die von denselben Tierchen gefoltert werden, die auch einen selbst benagen. In ihrer Pein kläfft die gemarterte Kreatur pausenlos und jagt dabei im dunklen Zimmer scharenweise auf dem Mobiliar herum.

Kaum ist man aber schließlich doch noch eingenickt, kommt bestimmt die Polizeivisite. Um Eure Nase besser sehen zu können, reißt Euch der Wachtmeister unverfroren die Decke vom Leib, und der Einfältige, der glaubte, hier für ein paar Stunden Zuflucht finden zu können, verläßt die ungastliche Stätte schon im ersten Morgengrauen fluchtartig, bereichert lediglich um ganze Heere unsichtbaren Stechgeschmeißes. Wer dies auch nur ein einziges Mal durchgemacht hat, schwört sich, von nun an eher im Rinnstein zu nächtigen, als je wieder seinen Fuß auf die Schwelle dieser scheußlichen Kloake von Hotel zu setzen. Und trotzdem bringt es seinen lausigen Eigentümern allmählich eine hübsche Summe ein. Was übrigens hinlänglich zeigt, daß es einer so großen Stadt anstünde, endlich für die Eröffnung eines anständigen, mit sauberen Betten versehenen Unternehmens dieser Art zu sorgen. Eine derartige Einrichtung fehlt hier sehr und wäre mindestens ebenso notwendig wie die neulich von einem Privatunternehmer in Pacht genommenen öffentlichen Bedürfnisanstalten.

Ratten

In Paris gibt es eine ganz unglaubliche Menge Ratten. Im Winter verstecken sie sich in den längs der Quais gestapelten Holzstößen, im Sommer treiben sie sich am Wasser herum: die Biester, die man dort antrifft, sind außerordentlich groß und fett. Im Untergrund der Uferböschung leben ganze Rattenstämme, sie graben dort Höhlungen von beträchtlichem Ausmaß. Führt der Fluß aber Hochwasser, dringen sie in die Keller ein und benagen alles, was sie finden. Dies mag erklären, weshalb man sich in den am Wasser gelegenen Vierteln der Stadt ein ganzes Heer von Katzen hält: es soll das Heer der Ratten bekämpfen. Doch letztere sind von solchem Formate, daß ihnen selbst der stolzeste Kater keine Furcht einflößt; in dieser Schlacht sind sich die Gegner beinah ebenbürtig.

Den Dienstmägden wird befohlen, noch mehr Rattenfallen aufzustellen und verstärkt darauf zu achten, daß Kerzenlager und Lebensmittelvorräte vor den gierigen Zähnen der Nager verschont bleiben, doch haben sich diese in einem Maße vermehrt, daß sie in manchen Häusern schon zu einer wahren Plage geworden sind und man fast befürchten muß, es drohe uns das Schicksal der alten Ägypter.

Vergebens sind die Mühen jenes kräftigen Mannes, der von Zeit zu Zeit mit einer langen Stange, vollgesteckt mit giftgeblähten toten Ratten, durch die Straßen geht; die Arznei ist schlimmer als das Übel, denn das Arsenik, auch Rattentod genannt, das er gar zu freigebig in allen möglichen Kellern verstreut, bringt mehr Unheil als Nutzen.

Aber das ist noch nicht alles. Dieweil sich in den Untergewölben der Häuser die Nager breitmachen, wimmelt es unter den Dächern von Miezen, deren Gemauze Euch des öfteren den Schlaf vergällt. Mitunter nehmen ihre Liebeshändel sogar am hellichten Tage derart heftige Formen an, daß eines dieser Viecher in den Hof abstürzt und es passieren kann, daß Euch

unversehens ein besiegter Kater auf den Kopf fällt, den sein stärkerer und von größerem Glück begünstigter Rivale über die Dachtraufe getrieben hat.
Die entlaufenen Katzen sind, nebenbei bemerkt, ein Kapitel für sich, und dazu noch ein überaus interessantes. In manchen Häusern versucht man, des Ausreißers wieder habhaft zu werden, und ein zugelaufenes Tier gewaltsam oder durch List festzuhalten verstieße gegen das Recht; es ist sogar verboten, den Flüchtling zu streicheln.
Aushänge über entlaufene Hunde ist man seit langem gewohnt, doch jetzt ist eine alte Jungfer mit dem Beispiel vorangegangen, ihren verlorengegangenen Kater auszuschreiben. Wie man lesen konnte, trug er um den Hals ein rosafarbenes Band, und darunter stand: ›Druck und Aushang genehmigt, Lenoir‹.
Im Beinhaus des Cimetière des Innocents, wo sich in weitem Halbkreis 50 000 Totenschädel reihen, geschieht gelegentlich ein Wunder. Dann nämlich, wenn einer dieser Totenköpfe ganz von selber anfängt, sich zu regen und herumzutollen, was jedesmal viel Volks herbeilockt. Des Rätsels Lösung: eine Ratte, die in den Schädel hineingeschlüpft ist, nun aber nicht so leicht wieder aus ihm herausfindet. Scharen von Ratten hausen in diesem schrecklichen Beinhaus zwischen den menschlichen Skeletten, bringen diese durcheinander und schleppen sie herum, so daß man meinen könnte, es rege sich das Totenvolk, das den Lebenden kündet, wo sie selber dereinst enden werden: auf diesen Gesimsen, auf denen das, was von der Menschheit übrigbleibt, nicht länger mehr nach Ruhm und Rang, sondern nach der Größe der Knochen geordnet ist. – ›Erde zu Erde‹ – der großmächtige Potentat neben dem Ärmsten der Armen...

Doch halt! Wohin bringen mich die Ratten denn!

Vor den Klosterpforten

Das Evangelium sagt: ›Teilt euer Brot mit den Armen.‹ In früheren Zeiten waren die Mönche arm; inzwischen sind sie reich geworden und üben, selber nicht mehr auf Erbarmen angewiesen, ihrerseits Barmherzigkeit. Hier die Art, wie sie ihr Brot mit Armen teilen. Jeden Morgen drängt sich eine ganze Schar von Bettlern vor der Klosterpforte. Der Mönch schließt auf, läßt die Wartenden jedoch nicht zu sich herein, sondern klatscht in jeden Napf ein bißchen Suppe, und schon balgen sich die Unglücklichen um die größte Portion von dieser Brühe. Heißt dies, sein Brot im Sinne des Evangeliums mit den Bedürftigen zu teilen? Ich wünschte mir, daß man diese armen Menschen hineinbäte, sie im Refektorium essen ließe und sie mit wirklicher Barmherzigkeit behandelte, denn ihre hölzernen Näpfe mit alten Brotkanten zu füllen, die man zuvor ein bißchen in das Wasser getaucht hat, in welchem die Klosterteller gewaschen wurden, heißt nun wahrhaftig nicht, sein Brot mit den Armen zu teilen!

Der Louvre

Der Louvre scheint dazu verurteilt, niemals zur Vollendung zu gelangen; das steht fest. Fast könnte man meinen, daß dieses grandiose Bauwerk vom Schicksal dazu auserkoren worden sei, die Wesensart des Geistes der Franzosen zu verkörpern.

Vor seiner großartigen Kolonnade breitet eine Vielzahl kleiner Trödler unter freiem Himmel allen möglichen Kram und Lumpenplunder aus, und dieser schreiende Kontrast sagt dem geschärften Blick genug; er ist das Sinnbild für den ganzen Rest: Glanz und Elend wohnen Tür an Tür!

In diesem Louvre, der also, wie man auch sagen könnte, schon als Ruine gebaut worden ist, haben die drei Akademien (ganz abgesehen von derjenigen der Architektur!) ihren Sitz. Einige Akademiker sowie gewisse Privatpersonen haben sich in ihm sogar niedergelassen, doch so richtig wohnen läßt sich in diesen riesigen Sälen nur insoweit, als man in ihnen eine Art von kleinen, den allzu weiten Raum unterteilenden Hütten aus Holz errichtet hat. Trotzdem diese Wohnungen wenig bequem sind – dies schon der engen, der sonstigen Majestät des Palastes in keiner Weise gerecht werdenden Treppen wegen –, nimmt man für sie Wucherpreise. Mehrere Maler der Akademie haben im Louvre ihre Ateliers, die sie mit einer Menge Ratten, dem üblichen Gefolge der Begabten, teilen.

Wer in einer Louvrewohnung stirbt, muß auf den schwarzen Trauerflor an seiner Tür verzichten. Unauffällig hat er zu verschwinden; ohne Aufbahrung und auf der Stelle schafft man seinen Leichnam weg, und selbst den Hinterbliebenen ist es verboten, ihre Trauer mit äußeren Zeichen zu bekunden.

Du Treny sagte einst zu Ludwig XIV.: »Nie kann ich den Louvre betrachten, ohne daß mich dabei der Schmerz übermannt und ich mir sage, daß dieses erhabene Monument der Glorie der größten unserer Könige schon längst vollendet wäre, hättet Ihr nur einem dieser Bettelorden übermacht, auf daß dieser darin sein Kapitel abhalte und seinen Ordensgeneral resisieren lasse!«

Er war so schön, der Bauplan des Louvre! Doch in die Quere kam ihm der Palast von Versailles. Jetzt freilich liegt es mehr an der Finanzlage, an der inzwischen verstrichenen Zeitspanne und vielleicht auch an der Politik, wenn der ursprüngliche Entwurf nicht mehr voll und ganz verwirklicht wird. Wenn nicht alles täuscht, werden Frankreichs Könige nie mehr in der Hauptstadt residieren, und dieser einzig eines Herrschers würdige Palast wird auch in künftigen Jahrhunderten unfertig und nur in halbem Glanz dastehen.

Höflichkeitsvisiten

Jede Woche verwenden die Vornehmen zwei- bis dreimal vier bis fünf Stunden auf das Abstatten von Besuchen. In ihren Equipagen fahren sie kreuz und quer durch ganz Paris und bis hinaus in die Vorstädte. Im Verlauf des ganzen Hin und Her hält man vor etwa zwanzig Türen an, um ›sich einzutragen‹; in einem weiteren halben Dutzend Häusern macht man wirklich Station, wenn auch jeweils nur für eine Viertelstunde; es ist der Tag, an dem die Marschallin, die Frau Gerichtspräsident und die Frau Herzogin zu empfangen geruhen, also hat man zu erscheinen, sich in den Salons zu zeigen und sich erst hier, dann da, dann dort gehorsamst im Besuchersessel niederzulassen, wobei man sich allen Ernstes einbildet, auf diese Weise seinen sämtlichen einhundertundachtzig Bekanntschaften Genüge zu tun und sie gebührend zu pflegen.

Den Mann von Welt erkennt man in Paris an seinem Kommen und Gehen; zehn Visiten sind sein Tagespensum, fünf von ihnen stattet er wirklich ab, die restlichen erledigt er, indem er seine Karte daläßt, und wenn die müßige Irrfahrt dann zu Ende ist, meint er tatsächlich, höchst wichtigen gesellschaftlichen Verpflichtungen nachgekommen zu sein.

In all diesen Salons unterhält man sich ewig über dieselben Nichtigkeiten, wiederholt sie bis zum Überdruß, und keiner redet offen; vielmehr sucht jeder seine wahre Meinung sorgsam zu verbergen. Nie geschieht's, daß man in einem Salon wirklich diskutiert. Wo man auch hingeht, bekommt man stets den gleichen neuesten Klatsch aufgetischt; achtmal hintereinander kriegt man immer wieder die gleiche Geschichte zu hören, und aus lauter Höflichkeit ist man gezwungen, das Gewäsch des aufdringlichen Schwätzers, der sich der Konversation bemächtigt hat, bis zum letzten Wort über sich ergehen zu lassen.

Sechzigmal öffnet sich die Salontür, sechzigmal schließt sie sich wieder, Namen treten ein, Roben und Gewänder mustern sich;

man hält fein säuberlich den Mund und macht sich davon, steigt in seinen Wagen und begibt sich schnell zum nächsten Ort, jedoch nur, um dort abermals Leuten zu begegnen, die einem nicht minder gleichgültig sind, und um in deren Kreis das, was man ohnehin schon weiß, nun auch noch zum neunten Male aufgetischt zu bekommen, sosehr es einen anöden mag.

Dieses unstete, tatenlose Dasein voller Langeweile hält nur aus, wes Herz kalt und wes Kopf leer ist, doch manchem dieser Equipagenmenschen ist's der ganze Lebensinhalt. Was nützen da sämtliche Vorzüge einer hohen Geburt und eines großen Vermögens, wenn man dann seine Erdentage solcher Art verplempert? Aber gerade diese Kreise haben für die andern Schichten der Gesellschaft nur Verachtung übrig. Und weshalb? Weil sie den Stand, den sie selber am besten kennen, nämlich ihren eigenen, ebenfalls zutiefst verachten.

Wenn es Abend wird im Salon, heißen die Notare und Kanzleivorsteher ihre Diener Kerzen bringen, und die Advokaten und die Herren Gerichtspräsidenten verlangen nach Lichtern. Die Grandseigneurs und die Prinzen jedoch sagen: »Man bringe jetzt die Leuchten!« – und warum? Weil auch der König immer nur von ›Leuchten‹ spricht. Zweifellos wird sich nun der eine oder andere Krautjunker diese meine Randbemerkung schleunigst hinter die Ohren schreiben und in seinem baufälligen Provinzschloß bald ebenfalls nur noch von ›Leuchten‹ sprechen, was sich recht komisch anhören dürfte. Um so besser, so wird man dort wenigstens etwas zu lachen haben.

Extravagant zu nennen ist auch der folgende, unter feinen Leuten gern geübte Brauch: Jemand entsendet jeden Morgen einen Lakaien zur Madame Soundso, damit er sich nach dero wertem Befinden erkundige, zugleich aber hat er strenge Order, seine Herrin mit den auf diese Weise erlangten Auskünften unter gar keinen Umständen zu behelligen. Man schickt sich Grüße, wechselt Komplimente und ist dabei sehr auf Distanz bedacht.

Andere wohlgeborene Damen haben die Manie, sich jeden Tag zu schreiben. Man überschwemmt einander gegenseitig mit Herzensergüssen und heißen Freundschaftsschwüren; hätte man einander nicht, stürbe man auf der Stelle, man ist reinweg ineinander vernarrt und bekennt sein innigstes Gefühl vor aller Welt, und sechs Monate später ist man einander wieder so vollkommen gleichgültig, als hätte man sich nie gekannt.
Seit langem ist man von der unbequemen Sitte der Neujahrsbesuche abgekommen. Nur die Kanzleischreiber wünschen ihren Vorgesetzten noch persönlich Glück und Wohlergehen, was letztere auch erwarten, weil es ihnen Gelegenheit bietet, ihre Untergebenen mit der würdigen Herablassung von Protektoren zu empfangen. Wer jedoch in keinerlei Lohnverhältnis steht, verzichtet gänzlich auf Visiten. Statt dessen begnügt man sich damit, einander per Dienstboten kleine Karten ins Haus zu senden. Besuchsaufträge übernimmt aber auch die kleine Post. Nichts einfacher als das! Der Komplimentenüberbringer vom Dienst stürzt sich in vornehmes Schwarz, gürtet den Degen um, nimmt vorübergehend, wo er auch hingeht, den Namen seines Auftraggebers an, betätigt die Klopfer der Portale, diese öffnen sich von selbst, kein Mensch stellt Fragen, ungesehen steckt unser Mann die Karten durch, und schon geht die Tür wieder zu, und alles ist bestens erledigt.

Verhaftungen

Ich bummele friedlich die Straße entlang, vor mir geht ein recht gut gekleideter junger Mann. Plötzlich werfen sich vier Bewaffnete auf ihn, drängen ihn gegen die Mauer, packen ihn an der Gurgel, überwältigen ihn. Meine erste Regung ist, ihm zu Hilfe zu eilen, doch ein ruhig dabeistehender Zeuge bedeutet mir kühl: »Mischen Sie sich da nicht ein, mein Herr! Es geht mit rechten Dingen zu – diese kleine Verhaftung ist von der Polizei arrangiert.«

Man legt dem jungen Mann Handschellen an und führt ihn ab. Ich will in eine kleine Seitenstraße einbiegen, an ihrem Eingang schiebt ein Scherge Wache. Nicht weit von ihm entfernt, stoße ich auf einen Haufen Pöbel, der unverwandt zu den Fenstern eines bestimmten Hauses hochstarrt. Ich frage: »Was ist da los?« »Nichts«, wird mir zur Antwort, »nur eine Razzia, man macht Jagd auf drei Dutzend Hürchen.« Und tatsächlich, da sind sie schon, die Mädchen, mit schreiend bunten Bändern in den Haaren und begleitet von den Polizisten, die sie – Gewehrlauf nach unten – galant bei der Hand führen.

Es ist elf Uhr abends oder fünf Uhr früh, man klopft an Eurer Tür, Euer Diener öffnet, in Euer Zimmer bricht unversehens eine ganze Rotte von Häschern, ihr Gebaren ist eindeutig, jeder Widerstand zwecklos... Man nimmt Euch alles ab, was Euch zur Waffe dienen könnte, und der – ach so tapfere – Offizier beschlagnahmt dabei sogar Euer Schreibzeug, wohl aus Angst, es könnte in Eurer Hand vielleicht plötzlich zur Pistole werden.

Am nächsten Morgen fragt Euch ein Nachbar, aufgeschreckt vom ungewohnten Lärm im Haus, was denn eigentlich vergangene Nacht passiert sei. Und Ihr antwortet: »Oh, nichts besonderes, die Polizei hat lediglich wieder einmal jemanden festgenommen.« Was er verbrochen habe? »Nun, vielleicht mordete er, vielleicht vertrieb er eine verdächtige Broschüre, wer weiß...« Da sei ein gewisser Unterschied zwischen den beiden Delikten? »Mag sein, gewiß, doch verhaftet wurde er deswegen trotzdem...«

Man hat Euch festgenommen, aber den Haftbefehl werdet Ihr nie zu Gesicht bekommen; man hat Euch in einen verhängten Wagen gesperrt, und Ihr habt keine Ahnung, wohin man Euch verschleppen wird und ob Ihr als Nächstes die Mauern und Verliese der Bastille oder die der Festung von Charenton, ob Ihr

das Gefängnis von Pierre-en-Cise, das von Château-du-Ham, das von Saumur oder das von Lourdes sehen werdet.
Wer Eure Festsetzung angeordnet hat? Nie werdet Ihr's erfahren! Sinnlos, große Abhandlungen über die ›Lettres de cachet‹ zu verfassen. Es genügt vollauf zu sagen, daß sie ein Instrument der Willkür sind. Und dennoch sind nicht alle Verhaftungen gleichermaßen ungerecht – gibt es doch eine Fülle ebenso verborgener wie gefährlicher Verbrechen, die niemals bekannt, aufgedeckt und geahndet werden könnten, wenn ausschließlich streng nach dem Buchstaben des Gesetzes gehandelt würde. Nur wäre dabei zu wünschen, daß man ein Sondergericht mit der gewissenhaften Überprüfung der Motive einer jeden Festnahme betraute, damit die Polizei endlich aufhört, Leichtsinn mit Verbrechen, die Feder mit dem Dolch und das Buch mit der nichtswürdigen Schmähschrift zu verwechseln!
Was die Verhaftung von Personen geringeren Standes anbetrifft, so läßt man den unteren Chargen der Polizei meist freie Hand und volle Entscheidungsbefugnis, weil davon ja ›nur‹ die niedersten Schichten des Volkes betroffen sind. Einige Beamte nützen diesen Freibrief je nach Lust und Laune, und wer weiß, ob sie sich dabei nicht obendrein auch von der Habgier leiten lassen, ob sie dabei nicht jene, die bezahlen, laufenlassen, und zwar auf Kosten derer, die zu zahlen nicht im Stande sind? Wäre dem wirklich so, dann hieße das, daß ausgerechnet die persönliche Freiheit der Ärmsten und Elendesten unter den Bürgern in einem gewissen Sinn besteuert würde! Dann liefe dies auf eine Steuer hinaus, die in erster Linie die unzählbare Schar der Prostituierten, der Berufsspieler, der Verkommenen, der Hausierer und der kleinen Gauner träfe, Menschen also, die schon so zum Bösen neigen, die aber bestimmt noch mehr Böses anrichten werden, wenn man sie dazu zwingt, das Privileg, nicht eingelocht zu werden, periodisch neu sich zu erkaufen!
Weshalb wohl rühmt sich diese oder jene dubiose Person so lautstark, die Protektion des Herrn Polizeiinspektors zu genie-

ßen? Weshalb benimmt sie sich gegenüber ihren Gefährten so arrogant? Gewiß hielte sie säuberlich den Mund, wenn sie nicht schon aus Erfahrung wüßte, daß auf des Herrn Inspektors Waage mit zweierlei Gewichten gewogen wird und daß es nicht viel Mühe kostet, sich zu des lieben Nächsten Schaden aus mancherlei herauszuhalten, vorausgesetzt, man läßt dem Herrn Inspektor beizeiten ein Präsentchen oder eine hübsche kleine Denunziation zukommen. Gibt er sich doch dort, wo nichts anderes zu holen ist, auch mit kleiner Münze zufrieden.
Den Engländern verdankten wir so mancherlei. So den Punsch, gewisse Hutmoden, das Pferderennen, die Jockeys, die Wettsucht. – Wann jedoch werden wir endlich auch Wichtigeres, zum Beispiel die Habeascorpusakte, von ihnen übernehmen?

Neue Verkaufsbuden

Weil sie beachtlichen Gewinn abwerfen, hat man erst kürzlich auf den Quais wieder eine ganze Reihe neuer Verkaufsbuden errichtet; allerdings liegen sie nicht durchweg günstig. Die beim Pont-Neuf am Quai de la Ferraille zum Beispiel versperren den freien Ausblick. Außerdem machen sie sich just an der Stelle breit, die bis dahin zweimal in der Woche den Blumengärtnern vorbehalten war, so daß diese jetzt an den Markttagen gezwungen sind, ihre Blumentöpfe und Bäumchen vor den Verschlägen aufzustellen. Dadurch wird der ohnehin schon recht schmale Quai noch enger und der Wirrwarr derart groß, daß man kaum mehr durchkommt. Für den aber, der erst einmal in dieses Labyrinth hineingeraten ist, gibt's keine Umkehr, er muß bis zum Ende weitergehen, und auch für Kutschen und für Reiter gibt es keine Ausweichmöglichkeiten. Dies wieder kommt – besonders in der Dunkelheit – den Taschendieben und den Gaunern zupasse. Ist Gefahr im Anzug, verdrücken sie sich hinter der Marion-Pforte, wohin ihnen die berittene Wache nicht folgen kann, weshalb der Quai des Nachts als recht gefährlich gilt. Kurzum, diese kleinen Buden verstellen ohne jeden Anstand und aufs unbequemste den meistbegangenen Quai von ganz Paris, doch zum Ausgleich füllen sie die Beutel derer, die die Mieten einkassieren. Was freilich nichts als recht und billig ist, denn bei weitem höher als alle Sicherheit und alles öffentliche Wohl steht natürlich der Gewinn des Unternehmers.

Ebenfalls auf dem Quai de la Ferraille, dem Schrotthändler-Quai, sieht man ferner den Rekrutenfänger, den Wahrer und Mehrer der königlichen Heere, auf und ab stolzieren. In voller Uniform, das hocherhobene Haupt mit einem Federbusch geschmückt, ist er, der erst vor kurzem noch Friseurgehilfe war, jetzt endlich wer. An der Seite einen langen Degen, als Voraustrupp einen Trommler, geht er unermüdlich hin und her, quatscht jeden Mann von gutem Wuchse an, schwärmt von den Freuden des Soldatenlebens, geht den jungen Burschen um den Bart, macht die Bauern madig, bis sie selber über ihren Stand erröten, und versucht, die Knechte und die Ackersleute ihrer Arbeit abspenstig zu machen.

Eingekeilt in ihre Buden, kümmern sich die kleinen Händler um die Sonntagsruhe herzlich wenig und verletzen sie, sooft sie können. Zwischen den Hütern des Gesetzes und denen, die es übertreten, tobt ein permanenter, unserem Chronistengriffel wohlvertrauter Krieg. Jede Stunde begibt sich ein Trupp der Wache zu Fuß auf seine Runde und versucht, den Eisenplunder und die alten Hosen, die den Krämern als Aushängeschild dienen, zu beschlagnahmen. Doch vergebens; wenn die Soldaten losmarschieren, ist am Quai schon ihre Vorhut eingetroffen, ein flinker Meldegänger, der im Sold der Krämer steht und diese, immer wenn der Feind im Anzug ist, beizeiten warnt. Sofort verschwindet dann die Ware in die Buden, wenn auch nur so lange, bis die Füsiliere vorbei sind, worauf sie augenblicklich wieder auftaucht. Zu Recht, wie man zugeben muß, denn wann, wenn nicht am Sonntag, sollen denn die Arbeiter, die ja den Wochenlohn erst am Samstagabend oder Sonntag früh ausgezahlt bekommen, ihre dringlichsten Besorgungen erledigen, sich neue Schnallen, Schuhe, Strümpfe, Blusen oder Hämmer kaufen? Man probiert sich mitten auf dem Gehweg Hosen an, und unterbrochen wird der Handel nur, wenn die Mädchen aus den besseren Häusern auf dem Weg zur großen Messe die Treppe herabkommen oder wenn ein allzu scharfer Wachmann die angelehnte Budentür aufstößt.

Das Kurioseste an diesem Markte aber sind die Lumpenhändler. Bei ihnen tauscht man seine alten Fetzen gegen andere ein. Schwarz wie ein Rabe tritt da einer in den Verschlag und kommt aus ihm grün wie ein Papagei wieder heraus. Und mitten in dem Geschacher um alten Trödel treiben sich Scharen von Weibern herum, wühlen in den Stoffen, drehen und wenden sie und markten und feilschen mit einem Stimmaufwand, als müßte alle Welt erfahren, was sie kaufen. Wo Not am Mann ist, sind sie freilich nebenbei auch gern bereit, allzu enge Röcke etwas zu erweitern und störrische Knöpfe, die nicht so ganz ins Knopfloch passen wollen, zur Vernunft zu bringen; auch in Sachen Lederhosen hört man sehr auf ihren Rat, wissen sie doch über Dinge des Geschmacks und der Grazie straff anliegender Gemshaut so schön zu reden, als kämen sie direkt von der Akademie. Sie kleiden den Kunden von Kopf bis Fuß neu ein und verstehen es dabei, das Gespräch mit viel Geschick dorthin zu bringen, wo zu guter Letzt ein Abendbrot in den Porcherons für sie herausspringt.

Im übrigen sind die Soldaten der Wache durchaus nicht ungefällig und gehen mit Absicht langsam, denn in den Buden verkehren ja auch ihre eigenen Frauen, Kinder, Freunde und Verwandten, und auch sie selber kaufen, wenn sie nicht im Dienst sind, dort ein.

Oh, ihr verstaubten Sabbatregeln! Wie übel mißachten euch

doch diese Krämerinnen in ihrem Eifer, des Nächsten Blöße zu bedecken! Aber was soll's, das öffentliche Schamgefühl geht nun mal vor, und mit triftigem Grund läßt sich an dieser Stelle sagen: ›Not kennt kein Gebot!‹
Drum geht denn, wie im ewigen Kreislauf der Natur, auch in der Hauptstadt nichts verloren. So wie das Atom bleiben auch erhalten: das abgetragene Hemd, die durchgewetzte Hose und der ausgetretene Schuh; nichts davon verkommt, geht unter, nein, wirklich gar nichts; stets findet sich jemand, der haargenau in eine dieser abgelegten fertigen Hüllen paßt! Und diese aufgehängten Hosen verlocken den Passanten um so mehr, je dringender er selber eine braucht. Darum, ihr Erzbischöfe und ihr Magister, seid so gnädig, und gestattet es dem Arbeitsmann, sich seine gutgeflickte, beinah neue Schale auch am heiligen Sonntag anzuschaffen! Adam konnte sich noch mit dem Feigenblatt behelfen; sein nicht minder sündiger Urenkel dagegen muß sich nun mal, was er so braucht, um seine Blöße zu bedekken, auf den Quais beschaffen.

Der Guckkasten

Hier nun die ambulante Oper! Sie besteht aus einem Kasten, in dessen Wände zwei jener optischen Gläser, welche die Dinge vergrößern, eingelassen sind. Durch sie könnt ihr bewundern: Konstantinopel, Peking, Moskau und Madrid, die Schlacht bei Fontenoy und wie Ludwig XV. sie höchstselbst gewinnt, ein Seegefecht mit rauchenden Kanonenschlünden, in dem – wie wär es anders denkbar – die Franzosen siegen... Ohne Pause folgt Bild auf Bild, und die Erläuterung läßt niemals lange auf sich warten, beziehungsweise eilt vielmehr, ganz im Gegenteil, den einander ablösenden bunten Kartons zuweilen weit voraus, denn der Direktor dieser Firma ist im Druck, muß er

doch wenigstens zwölf Vorstellungen pro Stunde geben, was eine höchst beachtenswerte Meisterleistung ist!
Der Raum fürs Publikum ist derart eng, daß das Stück Stoff, das ihn begrenzt, sichtlich gebeult wird vom sensiblen Rücken des jeweils gerade darunter steckenden Betrachters. Wenn dann die besonders schönen Stellen des Spektakulums kommen, kann daher der Vorhang gar nicht anders, als ebenfalls von heftiger Rührung gepackt zu sein. Dies wiederum reizt jene, die draußen warten, zur Ungeduld; schon drängeln sie, und zwar so lange, bis der, der jetzt als nächster an der Reihe wäre, wenigstens das eine Brillenglas des Kastens vor dem Auge hat, egal, ob er dadurch den anderen, dem er es wegnimmt, mitten aus dem grandiosen Höhepunkt der Weltgeschichte brutal herausreißt und ihm vielleicht nie wieder gutzumachende Bildungslücken einbrockt.
So reist denn der Pariser, ohne große Kosten und ohne jeden Unfall zu riskieren, rund um die Welt; er erschaut in dieser Wunderkiste Länder, die er sonst zeit seines Lebens nicht zu sehen bekäme; er bildet sich dabei, erblickt den Ozean, Schlachtschiffe, die mit vollen Segeln in ruhigen oder stürmischen Meeren kreuzen; und was die jungen Mädchen voll verschämter Neugier anbetrifft, so interessieren diese sich, wenn nicht für hochbordige Kriegsschiffe, so doch ganz gewiß für den Serail des Großmoguls und können es kaum erwarten, ihn zu beäugen, sich endgültige Gewißheit zu verschaffen, daß ein Harem ganz bestimmt was anderes als das Kloster sei, in das man unlängst die Cousine steckte. Was aber ist er denn nun eigentlich? Das möchten sie zu gern genauer wissen, zumal sie nicht so recht begreifen können, was der bläßliche Eunuch darin denn wohl zu suchen hat. Sie sehen ihn ganz nahe bei der Lieblingsfrau des Sultans stehen. Was will er dort? Wenn man das wüßte... Doch vom grobschlächtigen Erklärer ist Näheres hierüber nicht zu erfahren; gar hastig wechselt er zum nächsten Thema über.
In den Genuß all dieser Wunder kommt man für einen halben

Sou pro Nase bei absoluter Egalität der Plätze – es gibt da weder Rang noch Loge, noch Parterre – sowie aufs höflichste bedient durch den Direktor selber. Während der Pausen, aber auch zwischen den einzelnen Szenen sorgt letzterer zudem auch für Musik vermittels eines Instrumentes, das so vielseitig ist wie ein ganzes Orchester. Er braucht weder Muskeln noch Schauspielern noch Billettkontrolleuren Gage zu bezahlen, besorgt alles selber, sogar die Texte und die Kommentare, mit denen er der bunten Bilder Reigen beredt begleitet, hat er selbst gemacht, und nicht zuletzt stemmt er auf eigener Schulter sein Theaterchen von Platz zu Platz, überallhin, wo er hoffen darf, noch Menschen mit unverdorbenem Geschmack zu finden.

Der Lakritzenwasserverkäufer

Sein ambulantes Reservoir aus Weißblech auf dem Rücken, auf der Mütze Reiherfedern und Plaketten, um den Bauch die weiße Schürze und auch immer guter Laune – so steht er an irgendeiner belebten Ecke und läßt pausenlos den Lockruf schallen: »Leute, erfrischt euch! Trinkt, Leute, trinkt!«

Zu seinem Gewerbe gehören zwei silberne Becher. Damit aber nicht eines Tages ein fauler Kunde mit ihnen spurlos im Gewimmel untertauche, hat er sie sorglich an seinen Gürtel angebunden, wenn auch an ziemlich langer Kette, hängt sie doch bis zum Pflaster durch. Dies allerdings hat wiederum die Folge, daß der Durstige nie weiß, ob es ihm gelingen wird, den Becher auch wirklich bis zur Neige zu leeren. Nicht selten nämlich macht ein in zerstreuter Eile über die Kette stolpernder Passant die genüßliche Labung brüsk zunichte, indem dann eben der Lakritzensaft, statt in die schmachtende Kehle des neuen Tantalus zu gelangen, die Umstehenden näßt.

Wenn der süßliche Saft im schaukelnden Behälter gut gemischt ist, schäumt er von allein, zur Freude der kleinen Kinder, der Dienstmägde, der Schusterjungen und der Schüler, die den Lakritzenmann im Sommer scharenweise umdrängen. Dieser kommt dann manchmal kaum mehr mit dem Öffnen und Schließen des Hahns nach, geschweige denn, daß er noch Muße fände, die Becher, die da so schnell von Lippe zu Lippe wandern, richtig auszuspülen. Den ungeduldig Dürstenden wäre das zu kompliziert. Dennoch legt er großen Wert darauf, zumindest so zu tun, als täte er's.

Nicht gestattet ist langsames Trinken. Dem, der sich dennoch Zeit läßt, ruft der Händler durch Geschrei und nachhaltiges Zupfen an der Kette in Erinnerung, daß noch andere an die Reihe kommen möchten.

Früher bekam man für einen Liard zwei Becher voll, doch das ist lange her. Seitdem alles so teuer geworden ist, kostet schon eine Portion nicht weniger als drei Denare. Einige besonders geizige Gevatterinnen gleichen diesen Aufschlag dadurch aus, daß sie jetzt eben nicht mehr wie bisher jede einen Becher nehmen, sondern sich zu zweit in einen teilen. Auch eine Art, die Zeche niedrig zu halten...

Am üppigsten blüht das Gewerbe der Lakritzenwasserhändler des Sonntags auf den Champs-Élysées sowie auf den großen Boulevards, wo sie, um alle, die im Staube zu ersticken drohen, so zu tränken, wie es sich gehört, ihre Behälter bis zum Abend nicht selten zwölf- bis fünfzehnmal nachfüllen müssen, und wo sie im Sommer an guten Tagen bis zu sieben Francs verdienen.

Natürlich darf man den Lakritzenmann nicht allzusehr beim Worte nehmen, wenn er sein Wasser als ›Erfrischung‹ anpreist. Denn dafür, daß es meist nur lau statt kühl ist, kann er nichts. Allzulang und zudem nur spärlich mit Schatten gesegnet ist sein Weg vom Fluß bis zu den großen Promenaden, und selbst wenn man meinen möchte, der breite Federbusch auf seiner Mütze habe den Zweck, die öffentliche Tranksame auf seinem Rücken vor der direkten Sonnenstrahlung zu schützen, vermag er doch

nichts gegen die Hitze an sich, und überfordern würden wir den Mann, wenn wir von ihm im Ernst für drei Denare ein Eisgetränk erwartet hätten.
Schade, daß sich das Publikum erst im Winter wieder so richtig nach warmen Getränken sehnt. Doch dann hat auch unser Freund längst keine mehr zu bieten, weshalb er sich außerhalb der Saison schlecht und recht als Tabakraspler durchschlägt.
Im übrigen kann dieser Tröster des durstigen Volkes, dieweil seine Hand schäumendes Naß spendet, manchmal zur hellen Freude seiner Kunden auch recht geistreich sein. Seinem lokkern Mundwerk zuzuhören macht soviel Vergnügen, daß man vor lauter Lachen oftmals kaum zum Trinken kommt. Und all dies für nur drei Denare!
Außerdem ist sein Kehlkopf ein anatomisches Wunder. Jedenfalls entlockt er ihm, dieweil er unermüdlich und in höchsten Tönen seine Ware preist, bemerkenswerte Triller und Koloraturen. Stimmbänder wie die seinigen gibt es bestimmt kein zweites Mal auf dieser Welt, und ebenso einmalig dürften die Laute sein, die er ihnen zu entlocken pflegt. Wo immer er geht und steht, nie geizt er mit Gesang, Witzen und Lakritzen – es sei denn, er verschwindet gerade mal für ein Weilchen in der nächsten Schenke, um Pause zu machen und das fade Zeugs, das er abgesetzt hat, in würzigen Wein zu verwandeln, womit er freilich nichts anderes tut als so mancher wohlbekannte Kanzelredner, der seine Ware ebenfalls nie selber kostet, sondern sie nur andern anpreist.

Straßenkehrer

Sie beseitigen den Unrat, den man aus den Häusern in den Rinnstein kehrt, doch da ihr Besen schlapp und wenig tauglich ist, verspritzen sie dabei den Dreck nach allen Seiten. Es bedarf schon einigen Geschicks und flinker Füße, wenn man ungeschoren zwischen ihrer Schaufel und dem Karren durchkommen will. Wer den richtigen Moment verpaßt oder nicht genügend Anlauf nimmt, kriegt, was der Straßenkehrer auf der Schippe hat, eh er sich's versieht, in seine Tasche. Der Gefahr entgeht nur, wer dauernd scharfen Blicks auf dem Sprunge ist, denn selber in Lumpen, sind die Straßenkehrer nicht nur allgegenwärtig, pausenlos am Werk, sondern auch die geschworenen Feinde aller sauberen Kleider. Darum hütet Euch davor, zerstreut zu sein, wenn Ihr in die Nähe dieser Leute kommt; sie übersehen Euch geflissentlich, denken nicht daran, Euch zu beachten, vielmehr sprengen sie den zähen Schlamm um sich, als wäre er geweihtes Wasser; ihnen ist einzig aufgetragen, die Straße zu säubern, und wenn dabei die Passanten den einen oder andern mächtigen Klecks abkriegen, so ist das deren Sache und nicht ihre.

Die Brühe, die im Karren weggefahren wird, ist ziemlich schwarz und so dünn, daß sie bedenklich hin und her schwappt und einem schon bei ihrem bloßen Anblick himmelangst werden kann; und in der Tat, zuweilen läuft die Karre über und verteilt, was sie en gros empfing, en détail. Die Schippe und der Besen, der Mann und das Gefährt, ja selbst die Pferde sind auf dieselbe Weise eingefärbt, und man könnte meinen, daß ihr ganzer Ehrgeiz darauf abzielt, mit ihrer besonderen Note auch jeden zu beglücken, der vorbeigeht. Besonders gefährlich wird's dann, wenn der Straßenkehrer nicht zu sehen ist; da steht am Straßenrand der Karren, vertrauensvoll geht Ihr an ihn heran und habt's schon fast geschafft, und schwupp, bekommt Ihr eine Schaufel voller Kot auf den Schädel.

Nicht minder übel als der Unrat im Rinnstein stinkt indes moralische Verkommenheit zum Himmel. Schön wär's, wenn der Straßenkehrer auch sie einfach in seinen Wagen schippen, wenn er all den Unflat, an dem die Gesellschaft krankt, einfach zusammenkehren und aus der Stadt hinauskarriolen könnte. Wahrlich, dies wäre eine glückliche Errungenschaft!

So wie sich der Straßenkehrer mit der äußerlichen Sauberkeit der Stadt befaßt, ist es die Pflicht der Inspekteure, auf deren innere Ordnung aufzupassen. Doch werden diese mit dem Dreck genausowenig fertig wie jene, weshalb es ganz unmöglich ist, in dieser Stadt zu leben, ohne bald einen Spritzer aus der Straßenkehrerschaufel, bald einen aus irgendeinem Giftmaul abzubekommen. Der Boshaftigkeit ist man nicht weniger schutzlos ausgeliefert als dem Besen, und wen's erwischt, der hat dann eben keine andere Wahl, als sich zu waschen und zu schweigen.

Paris, so kommt mir vor, wird seit einigen Jahren immer schmutziger, und ich frage mich, woher diese zunehmende Nachlässigkeit wohl kommen mag. Der Bürger, der gehalten ist, vor seiner Tür zu kehren, kehrt eben nicht mehr, oder wenn er's tut, dann tut er's oberflächlich. Nun aber hat die Polizei beschlossen, von jedem Haus eine kleine Abgabe zu erheben und damit von Amts wegen Straßenkehrer zu entlohnen, doch der Bürger, dem schon vor der allerkleinsten Steuer graut, weil er aus Erfahrung weiß, daß sie – erst einmal eingeführt – gar bald zu wachsen und ins Kraut zu schießen pflegt, verweigert die Zahlung. Und nun wartet man wohl auf den Augenblick, da es dem widerspenstigen Bourgeois derart bis zum Halse steht, daß er zu jammern anfängt und sich der öffentlichen Straßenreinigung, die mir von größter Dringlichkeit erscheint, aus freien Stücken fügt. Die Dienstmägde und die Domestiken jedenfalls entledigen sich der Pflicht, den Gehweg vor den Häusern sauber zu halten, denkbar schlecht; meist reicht ihr Besen nicht einmal bis zur Abzugsrinne in der Straßenmitte, denn das Wort: ›Jeder für sich, Gott für alle‹, gilt in Paris wie nirgends sonst; um das Gemeinwohl kümmert man sich hier recht wenig.

Der einzige, dem es egal sein kann, wie dieser Prozeß zwischen Bürgerschaft und Polizei schließlich ausgehen wird, ist der Reiche, denn der von den Rädern seiner Kutsche aufgewühlte rostige Schlamm, vor dem er sich selber wohlgeschützt weiß, trifft alle andern gleichermaßen, den, der nicht bezahlen will, so gut wie den, der durchaus willens wäre zu bezahlen. Den Nutzen davon haben die Kleiderreiniger; allerdings ist selbst ihre Kunst gewissen untilgbaren Flecken nicht gewachsen, gibt es doch in diesem doppelt schmutzigen Paris sowohl auf den Straßen als auch im moralischen Bereich gewisse Sorten Unrat, deren Spritzer den Stoff, auf den sie fallen, für immer schwärzen und verätzen.

Die Postkutschen des Herrn Turgot

Als ›Turgotinen‹ bezeichnet man diese öffentlichen Reisewagen erst, seitdem Herr Turgot den Post- und Personentransport des ganzen Königreiches mit Hilfe eines Exklusivprivilegs unter einen Hut gebracht hat. Falsch wäre es allerdings, den Minister auch für die Qualen, die man in seinen Vehikeln ausstehen muß, verantwortlich zu machen oder daraus gar ableiten zu wollen, er sei ein Leuteschinder gewesen. Ist doch der Kasten dieser Karossen so eng, sind doch die Sitzplätze darin so knapp bemessen, daß beim Aussteigen stets ein ziemliches Durcheinander entsteht, weil ein jeder erst einmal sein Bein oder seinen Arm vom Nachbarn zurückverlangen muß. Außerdem ist das Trittbrett viel zu hoch angebracht und deshalb für Frauen unbenutzbar.

Erst recht aber hat männiglich zu leiden, wenn sich unter den Mitreisenden unglücklicherweise ein Fettwanst oder einer mit breiten Schultern befindet. Dann heißt es, entweder die Zähne zusammenzubeißen oder zu flüchten.

Selbst im Winter holt man die Passagiere um zwei in der Früh aus den Betten, dafür vertrödelt man dann gegen vier Uhr nachmittags um so mehr Zeit mit ebenso endlosen wie unnützen

Gepäckkontrollen. Auch gibt es Poststationen, wo man die Reisenden selbst um Mitternacht einfach in einem zugigen Hof unter freiem Himmel sich selber überläßt, während mit aller Umständlichkeit Berge von Waren ausgeladen werden. Beschwert man sich jedoch, bekommt man zu hören, daß ›der König es so wolle‹. So macht sich der unverschämte Postpächter über den Bürger lustig und stopft ihm das Maul mit diesem großen Wort, das einem in Frankreich ja bekanntlich Minister und Kellerratten gleichermaßen gern in allen Saucen zu servieren pflegen.

Man spannt magere, oftmals abgeschundene Klepper vor die mit Leuten vollgestopfte und mit Kisten und Koffern überladene Monstermaschine. Wahrlich, auf den Gedanken, derart schwere Fahrzeuge als Postwagen laufen zu lassen, konnten nur Verrückte kommen! Doch wie das nun eben ist, ob an dem von ihnen ausgeheckten Vehikel Pferde krepieren, ob es Menschen peinigt, was schert das die Erfinder, solange die Sache etwas einbringt. Immer dieselbe Geschichte...

Hübsch sind die Reglemente, nach denen diese privilegierten Kutschen verkehren. So hübsch, daß die Ware dabei stets besser fährt als der Mensch und daß schwangere Frauen, Kranke und Personen von zarter Konstitution der harten Federung, der prekären Raumverhältnisse und des gefährlichen Ausstieges wegen jeweils von Glück reden können, wenn sie eine Postfahrt heil überstehen. Dabei haben es die Londoner Mechaniker schon längst heraus, wie man weit leichtere und dennoch nicht weniger solide Karossen baut, dieweil die unsern, wie man sieht, immer plumper und schwerer werden und nachgerade viel eher wandernden Bergen als Fahrzeugen gleichen.

Ihr Vorbeirollen ist denn auch entsprechend furchterregend geworden. Wenn es steil abwärts geht, drohen sie umzukippen, und manchmal tun sie es auch wirklich und landen mit allem Drum und Dran im Graben. Solltet Ihr in einem solchen Falle aber auf den Gedanken kommen, vom Postmeister Schadenersatz für Eure Arme und Beine zu fordern, dann verweist er Euch kühl auf sein Privilegium – betrachtet dabei Eure Person als ein Stückgut mehr, für dessen Geschicke er nicht haftbar gemacht werden kann, und hält Euch endlich einen Vortrag über die unabänderlichen Naturgesetze, nach denen Zusammenprall und Reibung stattzufinden pflegen. Sollte es jedoch jemandem einfallen, Euch einen bequemen, gut gefederten Wagen, in dem es sich gar schlafen ließe, zur Verfügung zu stellen – übel erginge es ihm! Die Verwaltung würde sein Gefährt beschlagnahmen und ihn, den Privilegienbrecher, systematisch ruinieren. Denn dafür, daß ein exklusiver Generalpächter alle Reisenden ohne Ausnahme, seien sie krank oder gesund, quälen, rädern, zermalmen, während vier Tagen der Schlaflosigkeit ausliefern darf, bekommt der König Geld. So zahle denn, armes Publikum, zahle mit seiner Barschaft und deinem Schlaf; zahle jeden Tag mehr und halte dabei den Mund, denn so will es das Exklusivprivileg!

Schuhputzer

Wie man weiß, nannte sich Paris in vergangenen Zeiten Lutetia, Schlammstadt. Nicht genau weiß man dagegen, zu welcher Epoche der Geschäftssinn dieser ebenso großen wie schmutzigen Stadt die bis zum heutigen Tage so überaus nützliche Kunst der Schuhputzerei gebar. Man kann sich noch so sehr vorsehen, noch so vorsichtig auf Zehenspitzen gehen, nichts schützt einen hier vor Dreckspritzern. Oft ist es sogar der Besen des Straßenkehrers, der einen weißen Strumpf mit Kotflecken besprüht. Doch was tut's, dafür hält an jeder Straßenecke ein dienstbeflissener Schuhputzer seine Bürste und eine flinke Hand bereit und macht Euch wieder präsentabel, denn alles ist in der Gesellschaft erlaubt – ein etwas abgewetzter Anzug, billige Wäsche

und bescheidenes Auftreten –, nur schmutziges Schuhwerk nicht. Solches wird selbst Dichtern nicht verziehen.
Am üppigsten blüht das Gewerbe auf dem Pont-Neuf. Dort wird man am besten gesäubert und auch am bequemsten, und die Karossen, die ohne Unterlaß vorüberrollen, stören die Verrichtung nicht. Die dortigen Schuhputzer zeichnen sich durch Schnelligkeit und Gründlichkeit aus, sie stehen im Rufe, Meister ihres Faches zu sein, wogegen Ihr anderswo riskiert, einem unwissenden Anfänger in die Hände zu fallen, einem, der, wenn Ihr ihm Euer Bein anvertraut, statt der Kleiderbürste den Polierlappen nimmt und dabei Euern weißen Seidenstrumpf derart mit schwarzer, klebriger Wichse beschmiert, daß selbst die geschickteste Wäscherin nichts mehr dagegen vermag. Welch ein Malheur für den, der nur dieses eine Paar besitzt und der, unterwegs zu einer Gräfin, dieser nach dem Essen eine kleine Komödie oder ein erotisches Gedicht zum besten geben sollte!
Schriftsteller, die ihr euch vor derlei Schicksalsschlägen fürchtet, vertraut euch den Schuhputzmeistern vom Pont-Neuf an! Sollte es regnen oder sollte die Sonne zu sehr stechen, wird man euch dort einen Schirm in die Hand drücken – zum Schutze eurer gepuderten Frisur, an der euch wohl noch mehr liegt als an den Schuhen.
Die Schuhputzer sind freie Leute, sie zahlen dem König keine Steuern. Sobald sie sich ein Hockerchen und zwei Bürsten gekauft haben, bleibt es ihnen unbenommen, ihr Talent – vorausgesetzt, sie haben welches – auszuüben, wo immer sie wollen. Ein Privileg, das in Paris sehr rar ist!
Wie oft kommt es dagegen vor, daß der, der zu reden und zu schreiben versteht, nicht zu Wort kommt vor dem Publikum; tyrannische Gesetze schlagen seine Kunst in Fesseln. Anders bei den Schuhputzern. Ihnen wird keine Gesellenzeit aufgezwungen, die brauchen ihren Kollegen nicht mit verschränkten Armen bei der Arbeit zuzusehen, sie nehmen die Bürste, und damit hat sich's.

Zwischen ihnen herrscht auch keine Eifersucht. Ihr ruft nach einem Schuhputzer, vier oder fünf eilen mit dem Hockerchen in der Hand herbei, stoßen es Euch in ihrem Eifer vielleicht ein bißchen heftig gegen Euer Schienbein, Ihr trefft Eure Wahl, und die andern ziehen wieder ab, unbeschwert und ohne zu murren. Der Starke läßt den Schwachen ungeschoren, der Geschicktere sucht seinen Kollegen nicht lächerlich zu machen und aus dem Geschäft zu drängen. – Hat man je solch rühmliche Gleichheit in den illustren Akademien und anderen Ratsversammlungen des Königreichs gesehen?
Die Honorare für das Bürstenwerk sind festgelegt – gäbe Gott, daß es diejenigen der Amtsschreiber und der Advokaten auch wären! Unbekannt sind Mogelei und Monopol bei diesen wandernden Savoyarden. Seit Menschengedenken und zu allen Jahreszeiten bezahlt man ihnen, unabhängig vom Schwanken der Lebensmittelpreise und von der Verteuerung des Geldes, allenthalben zwei Kupfer für das Reinigen der Strümpfe und der Schuhe.
Die Schuhputzer sind treue Untertanen. Ihre stete Bereitschaft, ›Es lebe der König‹ zu schreien, hat schon des öfteren das übrige Volk auf der Straße, das kühl und unaufmerksam war, mitgerissen. Auch benutzen sie niemals englische Wichse, eben weil sie englisch ist. Sie ziehen es vor, Kaminruß mit Öl zu verdünnen, was allerdings zur Folge hat, daß sich die feinen Damen, deren Liebhaber auf solche Weise gestriegelt werden, beim Einsteigen in deren Kaleschen heillos ihre weißen Röcke verderben. Die Frauen hätten also einigen Grund, ihren Galans die Benutzung englischer Wichse, die nicht fleckt, ans Herz zu legen – ungeachtet aller Feindschaft zwischen den Nationen...
Im übrigen haben die stets bescheidenen und nützlichen Schuhputzer neulich, ohne es zu ahnen, den oberen Klassen einen großen Dienst erwiesen. Als der Bau des neues Opernsaales auf dem Boulevards vollendet war, galt es, den Grad seiner Solidität zu ergründen. Zu diesem Zwecke lud man sämtliche

Schuhputzer und Savoyarden von Paris und deren Bekannte und Freunde ein. Sie füllten die Logen, das Parkett und die Ränge, überfluteten – alles andere als leichtfüßig – die Treppen, die Foyers, die Bühne und die Gänge, das heißt, sie taten genau das, was man von ihnen wollte, und als man sah, daß der Saal dem Ansturm gewachsen und sicher war, gab man ihn am nächsten Tag für die herausgeputzte, parfümierte gute Gesellschaft frei. Man nennt das einen Saal erproben. Doch wie hättet ihr, die ihr ihn erbautet, ihr, die ihr solche Ausbunde an Vorsicht seid, die ihr über solch raffinierte List verfügt – sagt, wie hättet ihr es angestellt, die feinen Leute von der Sicherheit des Gebäudes zu überzeugen, wenn es keine Schuhputzer gäbe? Aber die Schuhputzer lieben es, gratis einen Opernsaal zu besichtigen, zumal wenn er neu ist...
Ihr habt ihnen die Portale geöffnet, ohne Eintritt zu verlangen, und Gott gefiel es, daß ihre Begeisterung sie nichts kostete an jenem Tag. Was jedoch werden zukünftige Geschlechter sagen zu der äußerst eigentümlichen Art, in der man in unserem Jahrhundert dem Hof und der Stadt die Grundlosigkeit der Befürchtung, ein Saal könnte einstürzen, zu beweisen pflegte?

Revolten

Daß eine Revolte in offenen Aufruhr übergehen könnte, ist heute kaum mehr vorstellbar. Die Wachsamkeit der Polizei, die Schweizergarde und die französischen Garderegimenter, die ständig marschbereit in den Kasernen liegen, die königliche Leibwache, die Garnisonstädte rund um Paris und nicht zuletzt der Umstand, daß die Interessen ungezählter Personen mit denen des Hofes eng verknüpft sind – all dies scheint dazu angetan, Aufstände ernsterer Natur ein für allemal unmöglich zu machen und schon im Keime zu ersticken.

Im Zeitraum von mehr als fünfzig Jahren erlebte Paris nicht mehr als zwei Revolten; beide wurden sofort niedergeschlagen. Seit den Tagen der Fronde ist es überhaupt recht ruhig zugegangen in der Stadt, und dafür, daß es auch weiterhin so bleiben wird, sorgen die allgegenwärtige Gendarmerie und die rund um die Isle-de-France stationierten Truppen. Ihre Präsenz schließt – wo auch immer – die Möglichkeit einer Ansammlung von Aufständischen so gut wie völlig aus, und je länger diese Ruhe anhält, desto schwerer wird sie zu erschüttern sein.

Den Bauern ist jegliche Zusammenrottung untersagt, doch selbst wenn dem nicht so wäre, wenn sie, gesetzt den Fall, in Zorn gerieten und zusammenliefen, was dann? Noch ehe sie etwas unternehmen könnten, wären sie von der Gendarmerie umzingelt, und wenn die Gendarmerie mit ihnen nicht fertig zu werden vermöchte, kämen die Regimenter anmarschiert und nach den Regimentern die Armeen.

Sollte aber der Pariser, der sich ja bekanntlich schnell erhitzt, eines Tages revoltieren, würde ihm die Stadt, in der er lebt, sehr bald zu einer riesigen Falle; man schnitte ihm die Lebensmittel ab, und wenn dann nichts mehr in der Futterkrippe wäre, bliebe ihm kaum etwas anderes übrig, als Gnade und Erbarmen zu erflehen.

Als der Kanzler Maupeou zum Justizpalast marschierte, um das alte Parlament auseinander zu jagen und es durch ein ihm genehmeres zu ersetzen, war sein bewaffnetes Gefolge kaum der Rede wert. Er wußte, daß sich niemand rühren, daß ihm der Triumph mühelos in den Schoß fallen würde; das Ganze war für ihn, trotzdem die Leute murrten und sich unzufrieden zeigten, nur ein Spiel, bei dem er nichts riskierte.

Oft genügt schon eine einzige Schwadron der Wache, um Trupps von fünf-, sechshundert Männern auseinander zu treiben. Eben noch schienen sie außer Rand und Band, doch kaum haben die Soldaten ein paar Rippenstöße ausgeteilt oder zwei, drei Hitzköpfe in Eisen gelegt, ist im Handumdrehen alles wie-

der friedlich. Selbst ein allgemeiner Aufstand würde – angenommen, er bräche wirklich los – schnell erkannt und unterdrückt sein.
Schon im Theater greift doch gleich die Wache ein, wenn sich das Parterre allzu temperamentvoll über diesen oder jenen Vers ereifert, den die Zensur verstümmelt hat, oder wenn es den einen oder anderen Mimen seines schlechten Vortrags wegen auspfeift. Flugs ergreift der Posten dann Partei und bringt das lärmende Publikum zum Schweigen. Mag es noch so toben, wer die Flinte hat, hat allemal das stärkere Argument zur Hand.
Freilich, ließe man dem Volke von Paris die Zügel schießen, spürte es nicht dauernd hinter seinem Rücken die berittene Wache und die Marschpatrouillen, das Heer der Spitzel und der Kommissare, dann würde es bald jedes Maß verlieren; einmal der gewohnten Aufsicht ledig, verlöre sich der Pöbel in maßlos wilder Ausschreitung, gäbe es so schnell kein Halten mehr.
Vielleicht gerade weil es in Paris so selten zu Revolten kommt, führte ein ernst zu nehmender Aufstand (immer vorausgesetzt, ein solcher wäre überhaupt möglich) wohl zu ungeheuer schweren Konsequenzen!

Moritatensänger

Es gibt davon zwei Sorten: die einen leiern fromme Hymnen, die anderen bringen Gassenhauer unters Volk, und oft steht der eine keine 40 Schritt vom anderen. Der eine bietet die geweihte Kutte, die den samt Schwanz und rotem Umhang an die Wand gemalten Teufel austreibt; der andere feiert einen berühmten, ebenfalls in den Rang eines Wunders erhobenen Sieg, und die herumstehenden Zuhörer schwanken, ob sie ihr Ohr dem Sakrosankten oder dem Profanen leihen sollen. Man hört von den Verführungskünsten Satans (der eben im Begriffe steht, in raffinierter Verkleidung einen armen Mann mit Gold zu blenden), und man folgt dem Heldenlied, das da gewidmet ist den legendären Taten eines Generals, der sich – sage und schreibe – einmal höchstselbst geschlagen haben soll.

Derjenige, der für das Seelenheil plädiert, hat schütteres Haar und ein einfältiges Gesicht, der andere, der die Schlachten besingt, eine fidele rote Vollmondvisage; sein Publikum ist zahlreicher als das des ersteren, woraus wieder einmal ersehen werden kann, daß es das Los der Auserwählten ist, gegenüber der breiten Masse der Sündigen stets in der Minderheit zu bleiben.

Von den heiteren Moritaten angelockt, wendet sich das Publikum mehr und mehr vom Barden der geweihten Kutten ab, bis dieser schließlich ganz allein auf seinem Schemel bleibt und umsonst mit seinem Zeigefinger auf die Hörner des Versuchers, des Widersachers der Menschheit, weist. Niemand achtet mehr der Kunde, die hier verbreitet wird, alle sind abgewandert, weltlichen Klängen zu lauschen, die da handeln vom fröhlichen Zechen, von üppigen Tafelfreuden, tolldreisten Liebhabern und auch von Margots nicht geringen Reizen. Und so kommt's – das ist nun einmal so –, daß die Kupfermünze, die eben noch unentschieden schwankte zwischen Hymne und Moritat, schließlich und endlich in die Tasche des Bänkelsängers gleitet.

Alle beide schreien sie aus vollem Halse, und auf beider Bildertafeln prangt gut sichtbar der Vermerk: Mit Erlaubnis des allergnädigsten Herrn Seigneur Generalleutnant der Polizei, der im übrigen wohlweislich von einem jeden Scharlatan ›seigneurisiert‹ wird. Und zwar derart nachdrücklich, daß all die in seinem Namen erteilten und mit großen Buchstaben publik gemachten Genehmigungen das einfache Volk glauben lassen, der Generalleutnant der Polizei sei im Ernst der wirkliche Beherrscher dieser Stadt, sein Wille ihr Gesetz, denn die Leute sehen ja nur den Minister, der die Zuchtrute schwingt, und nicht die

anderen, hinter diesem stehenden Instanzen der Verwaltung...
Alle Moritaten, Hymnen und Gassenhauer müssen erst dem Zensor, dem Herrn..., zur Lektüre und Freigabe vorgelegt werden. Herr... macht selber Chansons und Couplets, doch fehlt diesen sehr die Frische, die Heiterkeit und Würze jener Lieder, die man auf den öffentlichen Plätzen zu hören bekommt: Mit der Poesie der Straße kann des Zensors Werk sich niemals messen.
Zu erwähnen bleiben noch die Klagelieder. Sie handeln von Gehängten und Geräderten. Das Volk lauscht ihnen, Tränen in den Augen, und kauft mit Leidenschaft die Texte. Jedesmal, wenn – zum guten Glück für die Poeten vom Pont-Neuf – ein berühmter Mann das Blutgerüst besteigt, wird sein Sterben alsbald wohlgereimt und wohlbegleitet von der Geige Klang besungen. Überhaupt geschieht in Paris kaum etwas, das nicht in die Chansons eingínge, und unbekannt bleibt daher dem Volke, wer von den Moritatensängern übergangen wird, sei er nun Marschall von Frankreich oder Gehängter. Deshalb behaupte ich hier, daß sich der Galgenvogel Desrues an den Straßenecken von Paris weit größerer Popularität erfreut als Voltaire.

Von der Eselsmilch

Mehr denn je empfehlen die Ärzte den Genuß von Eselsmilch. Wer durch Völlerei und Ausschweifung entnervt ist, den stellt sie wieder auf die Beine. Daher werden in den Vorstädten ganze Herden von Eselsstuten gehalten, und eine dieser vierbeinigen Ammen wird jeden Morgen zum Palast von Monsieur, dem ältesten Bruder des Königs, getrieben. So ist denn ein Eselsfüllen zum Milchbruder eines der größten Herren avanciert, was im

übrigen von diesem sowie von seiner Umgebung nicht wenig belacht wird.
Seine gräfliche Gattin aber schwärmt mit geradezu rührender Zärtlichkeit von der lieben Eselin, die sein kostbares Wohlbefinden wiederherstellen soll. Sie werde sich dafür großzügigst zu revanchieren wissen, erklärte die Hochwohlgeborene. Sie beabsichtige nämlich, das brave Grautier später auf eine ihrer Besitzungen bringen zu lassen, wo es dann nichts anderes mehr zu tun haben werde, als nach Herzenslust auf üppigen Weiden zu lustwandeln. Und zweifellos wird sie Wort halten, denn sie redet in den Salons mit derart penetranter Beharrlichkeit von diesem ihrem neuesten Wohltätigkeitsvorhaben, daß einem nachgerade schon gar nichts anderes mehr übrigbleibt, als ihrem Edelmut Bewunderung zu zollen.

»*Vorwärts, Kutscher ...*«

... glaubt der Provinzler noch immer rufen zu müssen, wenn er einen Mietwagen besteigt. Aber gewiß doch, mein armer Freund, treibt ihn nur an, Euren Kutscher, wenn Ihr glaubt, auf diese Weise schneller zum Ziel zu kommen. Aber habt Ihr dabei auch an die Hindernisse gedacht, die sich dem Trab Eurer Pferde entgegenstellen werden? Im Wege stehen hier die Straßenkehrer, die an jedem Müllhaufen zwei Stunden vertrödeln; dort ist ein Karren mit einem so schweren Steinbrocken beladen, daß die Kraft der Gäule kaum reicht, ihn vor dem Zurückrollen zu bewahren; dann hält wieder eine in die Fahrbahn ragende Deichsel den ganzen Verkehr auf – kurz, ein wahres Wunder ist ein jeder Schritt, den man da noch vorankommt! Dazu verstopfen allenthalben unzählige Vehikel voller Fässer die Durchfahrt. Sie versehen die Häuser mit Wasser, wobei sie während des Abladens quer gestellt werden. Die vielen Pla-

nenwagen dagegen behindern den Fluß der Fahrzeuge mehr deshalb, weil die Fuhrleute auf ihnen wie in einer Gruft stecken und weder richtig sehen noch hören können, was draußen vorgeht. Und endlich sind da noch die überlangen Bauholz- und Balkenfrachten, die in ihrer Schwerfälligkeit jeden Augenblick der Seitenwand einer nachfolgenden Kalesche oder den Rippen eines Pferdes zum Verhängnis zu werden drohen. Ein Unfall bedeutet unter derartigen Umständen unausweichlich das Chaos. Und wenn man glaubt, dennoch einen Ausweg aus dem Debakel gefunden zu haben, dann er ist er bei genauerem Hinsehen bestimmt blockiert durch einen unordentlichen Stapel von Mauersteinen, die vielleicht seit Monaten in der so schon viel zu engen Gasse lagern. Aber selbst in solchen Situationen drängeln die Kutscher noch immer nach Kräften, obgleich sie gerade durch diese Art Ungeduld und Ungeschicklichkeit den freien Verkehrsablauf erst recht behindern. Als ob's auf die paar Handbreit Boden ankäme, die sie dabei gewinnen.
Ihr möchtet gern durchkommen mit Eurer Equipage, und falls dabei der unglückliche Fußgänger auf der anderen Seite von der mehr als ein Fuß aus ihrem Lager herausragenden Achse eines Bauerngefährtes nicht aufgespießt wird, dann wahrscheinlich nur deshalb nicht, weil er noch eben zur Zeit seinen glücklicherweise ohnehin schon flachen Bauch eingezogen hat. Wenn aber irgendeine Wäscherin erst auf die Idee kommt, der Abrechnung mit der Kundschaft wegen ihren Lieferwagen während drei Stunden stehenzulassen, dann kann es passieren, daß nicht nur eine, sondern gleich vierhundert Equipagen steckenbleiben. Hier! Schaut Euch diesen Halunken von Kabriolettlenker an, der, kaum ist die Strecke wieder etwas freier, in so rasendem Galopp dahinprescht, daß er fast den Bordstein mitnimmt! Ein Blitz aus der Gewitterwolke sozusagen: Rette sich, wer kann! Der verhexte Fahrer will offenkundig die verlorene Zeit auf Kosten der Knochen seiner Mitbürger aufholen. Und wohin rast er so schnell, der hirnverbrannte Mistkerl? (Denn ein

Mistkerl muß schon sein, wer mit Menschen, ungeachtet ihrer Schreckensschreie, umspringt wie mit Insektenhaufen!) – Nun, er rast so atemlos zum Boudoir einer Nutte! Dabei ist seine Stirn bereits gezeichnet von dem fahlen Mal des Lasters, und in drei Wochen spätestens wird er, am Ende seiner Kräfte, den Chirurgen in die Hände fallen. Ob es sich dann für ihn gelohnt haben wird, seinem Leben voller Müßiggang und Unzucht noch eine weitere Übeltat beigefügt zu haben? Freilich, seine barbarische Rücksichtslosigkeit auf der Straße paßt zum Rest!
Armer Provinzler, übt Geduld in Eurer Kalesche! Wohl habt Ihr die Distanz berechnet, nicht aber die Zeit, deren es zu ihrer Überwindung bedarf, und zu spät werdet Ihr daher an das Ziel Eurer Wünsche gelangen, sei es bedeutsam, oder sei's frivol...

Hasenbälge

An ihnen ein paar Sous zu verdienen ist das selbst von knausrigsten Hausherrn anerkannte Vorrecht der Dienstmägde. Aus der Auvergne stammende Hausierer pflegen die Felle einzeln aufzukaufen, um sie anschließend en gros an die Hutmacher abzustoßen.
Gemeinhin ist so ein wandernder Straßenhändler derart über und über mit Bündeln bepackt, daß man darunter kaum seinen Kopf und seine Arme findet. Und außerdem riecht man ihn von weiter her, als seine Stimme trägt: Er ist ständig umweht vom pestilenzialischen Gestank der Häute – und er hält ihn aus! Sein Werbeschrei ist äußerst schrill. Wo immer er auftaucht, ergreifen die Katzen die Flucht, als ahnten sie, daß er bei Gelegenheit durchaus auch ihnen auf den Pelz zu rücken pflegt, wie es überhaupt kaum einen behaarten Vierbeiner gibt, dessen Fell vor ihm sicher wäre. Außerdem hält er für den Fall, daß es einmal einen Kater zu kastrieren gilt, in seiner Tasche stets ein Messer

griffbereit. Kein Wunder also, wenn sich überall dort, wo er erscheint, die Katzentiere alsbald auf die Dachtraufen hinaufretten und mit klagendem Miauen kundtun, wie sehr ihnen der barbarische Kerl zuwider ist.
Der Schrei »Hasenbälge« wechselt mit dem Ruf »alte Hüte«. Dieser ist greller – ein weibliches Mundwerk bringt ihn hervor.
Und so beginnt also die Schicksalsbahn allen Filzes bei Pelzhaustieren und endet nach kurzer Glorienzeit, da er als Zierde eines klugen Kopfes dient, verdreckt im Schultersack der alten Vettel, die ihre Beute den grobschlächtigen Gesellen des Lumpenhändlers ausliefert. Schriebe man eines Tages die Geschichte der Hüte, sie gliche stark derjenigen der Menschen, denn auch ihr müßte man entnehmen, daß nur eins von ewiger Dauer ist: der Wechsel!

Sitten und Gebräuche

Man hat uns von den Tahuglanken berichtet, die in der Gegend des 141. Längengrades im Norden Neu-Mexikos leben. Man erzählt von ihnen, sie seien ein zivilisiertes Volk, den schönen Künsten zugetan, wenn auch in ihren Sitten und Gebräuchen ziemlich eigen. So pflegt ein Tahuglanken-Prinz von Geblüt den Nachtstuhl mitten in seinem Audienzzimmer und umringt von seinem sämtlichen Gefolge zu besteigen. Das ist ein Vorrecht, über das er eifersüchtig wacht. Da thront er nun auf dem mobilen Sitz und schneidet, da er verstopft ist oder auch nicht, vor aller Augen, unverschleiert und auch von keiner spanischen Wand geschützt, sämtliche Grimassen, die der Situation gemäß sind. Von Zeit zu Zeit reicht ihm ein kerzengrader, höchst beflissener Kammerdiener Wattebäusche, mit denen er sich abwischt, damit sie der Lakai, dem alle zusehn, wie Butterbrote

aufeinander schichte, auf daß der ganze Hof der Exkremente seines hohen Herrn ansichtig werde. Die Granden wappnen dabei ihre Nasen mit Geduld, denn sich gewisser stickiger Dünste Wirbel zu entziehen ist ihnen nicht gegeben.
Mit der Absicht, ihrem Prinzen aufzuwarten oder ihn um eine Gunst zu bitten, platzen oftmals schöne Damen in das feierliche Zeremoniell. Versagt ist ihnen, sich zurückzuziehen; das verstieße gegen jede Etikette. Also bleiben sie, und machen mit Gesichtern, als wäre überhaupt nichts, Konversation.
Mag der Tahuglanken-Adel vor der Nase jener kacken, die ihn am Vormittag besuchen kommen – es wird ihm heimgezahlt, sobald er sich bei seinem Landesfürsten zeigt. Denn jener thront auf dem gelochten Stuhl noch stolzer und gibt dabei nicht mindere Wohlgerüche von sich. Seine Vasallen werden sie mit derselben Standhaftigkeit ertragen müssen, die sie eben noch den eigenen Leuten abverlangten; auch sie werden es nicht wagen, den Kopf abzuwenden, die Unterhaltung wird ihren Gang nehmen, als erfüllten zarte Düfte das Gemach. Und mit eiserner Nase werden die Höflinge Tröstung im Gedanken suchen, daß sie spätestens in drei Tagen wieder an der Reihe sein werden, sich, unterstützt von einem tüchtigen Abführmittel, in aller Ruhe und nach Herzenslust vor der mit gelassenen, heiteren Mienen dastehenden Gefolgschaft ihres Hauses zu produzieren.
Eines neuen Rabelais' bedürfte es, dies alles gebührend zu schildern – ich selber fühle mich dazu außerstande! Wann mag denn dieser Brauch nur aufgekommen sein? Und wie vermochte er sich so lange zu halten? Wie kommt es, daß er immer noch im Schwange ist bei jenem Volk, aus dessen Gazetten wir soviel Rühmliches über seinen guten Geschmack, seine Höflichkeit und seine Anmut erfahren haben? Ahmt es am Ende gar die Sitten nach, die im Reich des Großen Lama gelten, der sämtliche Prinzen und Vasallen des Tibet mit seinen getrockneten und pulverisierten Exkrementen zu erfreuen pflegt? Wobei er frei-

lich dies stolze Privilegium allein genießt, wogegen es bei den Tahuglanken jedermann, der einen Tropfen königlichen Blutes in den Adern hat, freisteht, jeden Untertanen täglich herzubitten, zum Schauspiel der Entleerung seines Leibes und allem, was damit verbunden ist.
Leute, die es wissen müssen, sagen, daß dabei – dank der Geschicklichkeit und der Wachsamkeit der Besorger des gelochten Stuhles – üble Gerüche fast gar nicht in Erscheinung träten. Andere wiederum behaupten, die Dünste machten sich im Gegenteil mit ihrer ganzen Kraft bemerkbar... Wem soll man glauben?
Wen aber der Bericht, den ich hier gebe, und zwar in meiner Eigenschaft als Chronist, nicht zu befriedigen vermag, der braucht sich nur um einen ehrenvollen Höflingstitel zu bemühen, um alsbald selber zu erfahren, daß all dies keineswegs ein Märchen ist.

Beim Perückenmacher

Stellt Euch sämtlichen Dreck vor, der im Thronsaal der Unsauberkeit aufgehäuft sein mag, und schon wißt Ihr, wie es in der Bude aussieht, in die man sich begibt, wenn man ordentlich aussehen will. Ihre mit Puder und Pomade beschmierten Fenster lassen vom Tageslicht kaum einen Schimmer durch, den Fußboden hat das Seifenwasser ausgelaugt und zerfressen. Das Deckengebälk ist mit einer dicken Staubschicht bepflastert, und von den Ecken baumeln in ihren ausgedehnten weißen Netzen tote Spinnen, kläglich erstickt an den Schwaden eines pausenlos tätigen Pudervulkanes. Hütet Euch, diese Schreckenskammer jemals zu betreten, laßt es, wie ich, dabei bewenden, ihr Inneres durch eine zerbrochene Scheibe auszuspähen.
Da sitzt ein Mann in einer Pelerine aus Wachstuch, einem billi-

gen Frisiermantel, der seinen ganzen Leib bedeckt. Man hat ihm soeben ein gutes Hundert Haarwickel verpaßt, obschon sein Schopf solch verunstaltender Stachelhörnerzierde eigentlich gar nicht bedürfte. Ein heißes Eisen glättet ihn, und es verbreitet sich der Geruch verbrannten Haares. Dicht daneben eine Stoppelvisage im Seifenschaum; weiter drüben ein langzähniger Kamm, der vergebens mit einer dichten Mähne kämpft. Macht nichts, gleich wird man sie mit Puder eindecken, und alles ist in Ordnung.

Vier blasse, fahle Friseurgesellen, die kaum voneinander zu unterscheiden sind, hantieren um die Wette mit Kamm, Rasiergerät und Quaste. Ein angehender Chirurgus, genannt der Major, eilt ihnen zu Hilfe. Er kommt geradewegs aus dem Seziersaal, wo er – die verdächtigen Gerüche an der Hand, mit der er jetzt den sich drängenden Kunden ins Gesicht fährt, verraten es – in menschlichen Eingeweiden gewühlt hat. Doch was tut's, was ein richtiger Pariser ist, nimmt einiges in Kauf, um für den sonntäglichen Gang zur Vesper und zu den königlichen Gärten gebührend frisiert und gepudert zu sein.

Noch unappetitlicher als die Friseurgehilfen sind freilich die Zopfmacherinnen, die sich mit Händen, Reißbürsten und Eisenkämmen an dicken Haarsträhnen zu schaffen machen. Sie sehen aus, als hätten sie in Pomade gebadet. Das Leinenzeug, in dem sie stecken, ist gelblich, und die Röcke sind nicht minder speckig als die Hände; fast könnte man glauben, sie lebten in ewiger Fehde mit der Wäscherin, so daß sich noch nicht einmal die mit Puder panierten Weißfische von Gesellen um ihre Gunst bemühen wollen.

Am Sonntagmorgen wird der Andrang der Leute, die sich ihr Haar verkleistern lassen wollen, jeweils derart heftig, daß der Meister nach Verstärkung Ausschau halten muß. Nur noch mühsam kämpfen sich zu solchen Stunden die Rasiermesser ihre Bahn durch das Heer der Bartstoppeln, und in jeder dieser Buden schneien an die 60 Pfund des feinsten Stärkemehles auf die Scheitel der rundum wohnenden Handwerker hernieder und wirbeln wolkenweise auf die Straße hinaus. Und die Quaste verwandelt die Gesichter ihrer Opfer in weiße Masken. Die Tracht des Friseurs aber wiegt an jenem Tage dreimal mehr als sonst; klopft sie aus, und ich wette, daß sie sechs Pfund Puder hergeben wird, und weitere sechs Unzen dieses Staubs hat ihr Besitzer eingeatmet, um so eher, als er gerne schwätzt.

Sonntagabend um vier jedoch zieht sich unser Friseurmeister, seines staubigen Geschäftes endlich müde, in ein Zimmer zurück, zieht sich dort nackt aus, wäscht sich von Kopf bis Fuß, trocknet sich ab, geht sodann in einen zweiten Raum, wo er in seinen sauberen schwarzen Anzug schlüpft. Dann bricht er auf, wobei er sich jetzt, da er so ordentlich daherkommt wie ein Ratsherr, natürlich hütet, noch einmal in seine Puderbude hineinzuschauen.

Wohin aber begibt er sich? Zur Oper! Er möchte Mademoiselle Guimard, deren Reiz auch er nicht widersteht, tanzen sehen. Dabei kommt er neben den zu sitzen, den er am Morgen noch frisiert hat, doch jetzt braucht er die Tuchfühlung zu seinem Nachbarn nicht mehr zu meiden und kann sich unbedenklich treiben lassen im Strome der Begeisterten, denn jetzt ist er ja kein panierter Weißfisch mehr, jetzt ist er nur noch Kunstexperte.

Wieder zu Hause, entledigt er sich mit Bedacht des Sonntagsstaats, schließt seinen feinen Anzug wieder ein, bringt das Spitzenhemd in Sicherheit und kehrt zurück in seinen schmuddeligen Hinterraum zum puderschweren Arbeitszeug, in dem er sich an sechs von sieben Tagen abplackt, es sei denn, ein Feiertag läge dazwischen und gestatte ihm, im Märchenschlosse Vestris' ein weiteres Mal dem Gott des Tanzes zuzujubeln.

Es scheint, daß dieses schmutzige Gewerbe den Geruch besonderer Heiligkeit für sich beansprucht, denn sobald ein Bursche sich erfrecht, es auszuüben, ohne sich zuvor die Zunftlizenz be-

schafft zu haben, schleppt man den armen Sünder nach Bicêtre, als wäre er ein Übeltäter, der nichts Besseres verdiente. Und zwar egal, ob seine Tracht von Puder imprägniert ist oder nicht; ein zahnlückiger Kamm, ein altes Rasiermesser, ein Restchen Pomade und ein Brenneisen reichen vollauf, ihn als Verbrecher abzustempeln und im Gefängnis Buße tun zu lassen!
Derart unwürdig springt man mit den Menschen und mit ihrer Freiheit um, und zwar gestützt auf falsch gedeutete Gesetze. Zur Verteidigung der hochwohllöblichen Privilegien führt man bisweilen gar den heiligen Ludwig, Begründer und Schirmherr der Zunft der Perückenmacher, ins Feld!
Jawohl, meine Herrschaften, so ist's, wer einen Fleischträger der Markthallen balbieren, wer den Haarschopf eines Wasserträgers pudern, wer einen Gelehrten frisieren, dem Bürodiener eines Staatsanwaltes Locken brennen will, muß sich erst den Gewerbebrief erkaufen...
Kaum hundert Jahre ist es her, da war die Perücke noch ein sehr rares, teures Zierstück. Eine Perücke – vernehmt es und erschaudert, o ihr Kahlen! – konnte bis zu 1000 Taler kosten. Allerdings war sie dafür auch von gewaltigem Ausmaß, so daß für jeden Kopf, der so bedeckt ward, deren mehrere geplündert werden mußten. Heute dagegen kann, wer will, sein Haupt mit einer künstlichen Mähne schon für vier Pistolen krönen, wobei sie nicht nur billig, sondern außerdem auch besser gearbeitet, besser angepaßt und kaum noch von natürlichem Haarwuchs unterscheidbar ist.
Der Schulmeister in der Pariser Region, die alten Kantoren, die öffentlichen Schreiber, die im Dienst ergrauten Pförtner nehmen es mit ihrer Haartracht freilich weniger genau. Sie kaufen ihre Perücken aufs Geratewohl am Quai des Morfonduis im großen Laden und nehmen's hin, wenn zwischen ihrer Kopfhaut und dem Schopf aus zweiter Hand zollbreite Lücken klaffen. Hauptsache, die Zöpfe dieser altgedienten Mähnen sind, ungeachtet aller Wechselfälle, die sie im Laufe der Jahre

über sich ergehen lassen mußten, noch heil. Woraus geschlossen werden darf, daß sich der Menschen Köpfe – wie immer man sie auch betrachten mag, von außen oder auch von innen – doch ziemlich ähnlich sind! Die kleinen Unterschiede da und dort sind kaum der Rede wert, und auf Distanz gesehen, verschwinden sie vollends, ob einem das nun recht ist oder nicht...

In ganz Paris gab es nur einen einzigen Menschen, einen Greis, der es wagte, der Kunst der Perückenmacher, denen sonst kein Hinterkopf so leicht entgeht, zu trotzen. Er hatte den Mut zu sagen: »Für mich sind sie Luft!« – Man sah ihn allenthalben und sogar bei Hof stets ohne künstlichen Haarschopf, und so galt er als ein großer Mann: Wäre er dagegen wohlfrisiert wie jedermann dahergekommen, wäre er niemandem aufgefallen, und es hätte kein Hahn nach ihm gekräht...

Gaunerstreiche

Da die wachsamen Hüter der Ordnung den Gaunern das Handwerk immer schwerer machen, sehen sich jene gezwungen, auch ihre Listen und Kniffe mehr und mehr zu verfeinern und neben der Kunst des Zupackens namentlich die des Sich-aus-dem-Staube-Machens zu vervollkommnen. Am liebsten würden sie natürlich mit ihren Widersachern gewisse Abkommen treffen, doch da dies nicht möglich ist, suchen sie eben ihr Heil in immer neuen Tricks.

Die Hand, die einem die goldene Tabakdose, die Uhr, den Geldbeutel aus der Tasche zieht, ist leicht und geschickt. Kein Wunder, hat sie sich doch zuvor an einer aufgehängten Kleiderpuppe geschult, und zwar so lange, bis letztere, dieweil sie ausgeplündert wurde, keinen Wank mehr tat. Die ohnehin schon schmale Hand gewann dabei an Länge, die Habgier verlieh ihr Ruhe und Sicherheit; woher aber mag der Filou, der sie derart

gründlich drillte, seine oftmals bewundernswerte redegewandte Geistesgegenwart bezogen haben?
Ein Mann, der soeben von einem Notar eine Zahlung entgegengenommen hatte, wollte in einer Mietskutsche nach Hause fahren. Unterwegs entfiel dem Kutscher der Name der Straße, zu der er seinen Fahrgast hätte bringen sollen, also stieg er, um nochmal danach zu fragen, vom Bock und öffnete die Tür zum Fonds. Dabei entdeckte er, daß unsern Mann inzwischen der Schlag getroffen hatte. Auf des Kutschers Schreckensrufe hin lief viel Volks zusammen. Da drängte sich ein Spitzbube, der gerade vorbeiging, durch Gewühl, fing jämmerlich an zu schreien: »Wehe mir, das ist ja mein Vater!«, stieg mit allen Zeichen heftigsten Schmerzes weinend und schluchzend in die Kutsche und warf sich voller Verzweiflung über den Toten. Und nachdem sich die Leute, ob solcher Sohnesliebe tief gerührt, wieder verlaufen hatten, ließ der Gauner die Karosse samt den Geldsäcken weiterrollen, bis vor irgendeine Tür, wo er zu halten befahl, um, wie er dem Kutscher erklärte, seine Schwester vom traurigen Ereignis zu benachrichtigen. Er stieg aus, schloß den Schlag... und ließ den Toten restlos ausgeraubt zurück. Daß der Kutscher nach langem Warten in dem Hause vergebens nach dem jungen Mann und dessen Schwester Ausschau hielt, versteht sich wohl von selber. Weder er noch sie, noch der Tote waren dort bekannt.
Es gab eine Zeit, da man auf Wunsch des Erzbischofs Jagd auf Geistliche, vor allem aber auf Abbés, machte, die den Mädchen nachsetzten. Abbés erkennt man an ihrem violetten oder braunen Kleid; manchmal tragen sie auch einen kurzen Mantel und eine kleine Halskrause, und nach den Mädchen hielten sie vor allem abends auf den Promenaden Ausschau. Nun kam ein Spitzbube auf die Idee, die Promenaden, als Polizeioffizier verkleidet, zu durchstreifen und sich an die Fersen all jener Abbés zu heften, die im Begriffe standen, sich mit Mädchen einzulassen. Kam dann das Opfer wieder aus dem Haus, ging er ihm

stracks entgegen, hielt ihm mit brüsker Gebärde den Elfenbeinstock, das Dienstemblem des Polizeibeamten, vor die Nase und sprach: »Ihr wißt selber am besten, was Ihr soeben getan habt, Herr Abbé. Ich verhafte Euch im Namen des Königs.« Worauf er den zitternden Kirchenmann die nächste Droschke besteigen hieß und mit ihm losfuhr. Und wenn der Gefangene sich dann so weit gefaßt hatte, daß er zu fragen wagte, wohin denn die Fahrt ginge, antwortete der falsche Polizeigewaltige: »Nach Château l'Évêque!«
»Nach Château l'Évêque... O mein Gott!«
Herzerweichende Bitten, Angst um die Reputation, Angebote... Bis sich der gestrenge Herr Obergendarm schließlich erweichen ließ – um den Preis sämtlichen Geldes, das sein Opfer bei sich trug.
Unser Gauner betrieb dies einträgliche Gewerbe so lange, bis der Magistrat, der davon Wind bekommen hatte, einen Lockköder in Gestalt eines als Abbé verkleideten wirklichen Polizisten in die Tuileriengärten entsandte. Der falsche Büttel ging auch wirklich in die Falle, und als er im Namen des Königs seinen Stock vorwies, zog der falsche Abbé den seinigen aus der Tasche. Mit den Worten: »Dieser, mein Herr, ist der richtige, folgt mir...« Worauf man zu sehen bekam, was noch nie dagewesen – nämlich, wie ein Mann im kurzen Mantel einen andern in blauer Uniform verhaftete und – diesmal wirklich – nach Château l'Évêque abführte...
Im Juni des Jahres 1754 zog sich ein Bankrotteur, der im Durcheinander seiner verfahrenen Geschäfte nicht mehr zurechtkam, folgendermaßen aus der Affäre: Er ließ sich heimlich eine Leiche von seiner Statur und Haarfarbe besorgen und sie in sein Landhaus schaffen, wo er sie sorgfältig in eben jene Kleider steckte, in denen man ihn selber noch am Tage vor seinem Verschwinden gesehen hatte. Anschließend schoß er dem Toten, damit er unkenntlich werde, eine Pistolenkugel ins Gesicht, verkleidete sich und ergriff die Flucht. Während man sein tragisches Ende

beklagte, befand er sich bereits in England. So verstand es der Gauner, seine Gläubiger mit einer Leiche und einem Pistolenschuß, der niemandem weh tat, zu bezahlen.
Es laufen in Paris weit mehr Spitzbuben als eigentliche Diebe herum. In London ist das Gegenteil der Fall. Der Engländer verabscheut es, in anderer Leute Taschen zu wühlen, er verachtet derlei Kniffe, er bevorzugt die Gewalt, bricht lieber Türen auf. Hier dagegen spielt beim Stehlen eine List eine weit größere Rolle als die Gewalt; Tag und Nacht sind Langfinger am Werk, und wehe dem, der nicht auf der Hut ist, der nicht alles einschließt. Keine Pforte, die ungestraft offenbliebe, keine, durch die sich nicht auf leisen Sohlen einer von der Zunft der Langfinger einschliche und unbemerkt alles einsteckte. Zumal man ja nicht einmal am hellichten Tage vor Dieben sicher ist!

Beichtväter

Nicht am Mangel an Beichtigern liegt es, wenn sich der Brauch, beichten zu gehen, nach und nach verliert, ja, in den oberen Schichten sogar schon gänzlich ausgestorben ist. Wie seit eh und je sitzen sie, den weißen Umhang über den Schultern, in ihren an die Kirchensäulen gelehnten Beichtstühlen; Ihr braucht also nur einzutreten und niederzuknien. Der Priester nimmt die Sünden durch ein kleines, vergittertes Fenster zur Kenntnis. Und jeder Beichtstuhl hat seine Nummer, auf daß Ihr Eure Konfession dort zu Ende bringt, wo Ihr sie begonnen habt, und nicht aus Versehen Absolution erhofft von einem anderen Priester, der Euch mit den Worten »Nescio vos« – Ich kenne Euch nicht – abspeisen könnte.
In zwei Gruppen, links und rechts neben dem Gehäuse, warten die Sünder, bis sie drankommen. Es geht der Reihe nach, doch manchmal, wenn sich einer vordrängeln will, gibt es auch

Streit. Und gegen jene, die den Beichtstuhl allzu lange für sich beanspruchen, fängt man vernehmlich an zu murren. Wenn Mutter und Tochter zusammen beichten gehen, machen sie es freilich alle beide so kurz als möglich, schon um sich gegenseitig keine Nahrung zu Gedankenspielen unliebsamer Art zu geben.

Die Beichtväter, die sich größeren Zulaufs erfreuen, bilden sich darauf nicht wenig ein, und wenn sie zwischendurch einmal einen Blick aus ihrem hölzernen Verschlag werfen, ruht ihr Auge wohlgefällig auf der mehr oder minder zerknirschten Herde der mit Gebetbuch oder Rosenkranz gewappneten Pönitenten. Zusammengesetzt ist diese für gewöhnlich aus einigen teils frömmlerischen, teils aufrichtigen Bürgersfrauen, verschiedenen Greisen, die an ihr nahes Ende denken, sowie aus zahlreichen Dienstmägden, die – gingen sie nicht zur Beichte – von ihrer Herrschaft als Diebinnen verdächtigt würden. Außerdem führt man mit nicht gelindem Zwange Schulkinder klassenweise her. Dem Beichtiger genügt dann jeweils schon die Konfession eines einzigen, um über die Sünden der ganzen Bande Bescheid zu wissen.

Gewisse Beichtväter genießen sichtlich ihr geheimnisumwittertes Amt. Es verleiht ihnen die Macht, Gutes oder Böses zu tun, und sie nutzen diese je nach Beschaffenheit ihres Charakters. Einige widmen sich ganz der Säuberung von Lastträger-, Kutscher- und Savoyardengewissen, und ohne zu erschrecken, öffnen sie ihr Ohr den ungehobelten Bekenntnissen grober, gewichtiger Sünde, während zwei Schritte weiter ihr Hörnerv von zarten, sorgsam verschleierten Andeutungen kaum gestreift, geschweige denn verletzt würde. Oder soll man glauben, daß eine Baronin, wenn sie erst einmal zu Füßen des Geistlichen kniet, auf dieselbe Art beichtet wie eine Heringshändlerin? Selbst wenn die Absolution die gleiche bleibt, dürfte wenigstens der Ton des Confiteors ein anderer sein...

Doch gehört die Beichte einer Dame von Rang im Leben eines

Gemeindepfarrers zu den seltenen Glücksfällen, ganz abgesehen davon, daß er mit deren raffinierten und süßen Fehltritten auch kaum etwas anzufangen wüßte. Wirklich zu Hause ist er einzig im Bereich der Allerweltsvergehen, die von jedermann begangen werden, wenn auch meist nur aus Gewohnheit und nicht mal mit besonderer Lust.

Bisweilen hat man es während zwölf oder gar fünfzehn Jahren verabsäumt, den Beichtstuhl aufzusuchen, und nun verliebt man sich und möchte heiraten. Man hat es eilig, zum Altar zu kommen, seiner Heißgeliebten die Hand zu bieten und ins Brautbett zu schlüpfen, doch ohne Beichtschein keine Trauung, keine ehelichen Freuden! Der Honigmond muß aufgeschoben werden, der Liebhaber wird unruhig. Lachend fragt ihn sein Schätzchen: »Habt Ihr denn schon gebeichtet? Mich kostet's nichts, doch wie steht's bei Euch?« – Was nun? Alles wartet schon, die Mitgift, das Fest, der Brautstrauß und die Braut, doch nichts von alldem wird der Bräutigam abkriegen, wenn er zuvor nicht seine Beichte ablegt. Was bleibt ihm da anderes übrig, als zur erstbesten Kirche zu stürzen, aus den Augenwinkeln verzweifelt nach einem Priester und einem freien Beichtstuhl zu spähen, sich verstohlen und arg verlegen in ihn hineinzudrücken und – Wunder aller Art vollbringt die Liebe – mit gefalteten Händen das Confiteor herzusagen. Er hat alles vergessen, er weiß nur noch, daß er verliebt ist und es eilig hat, sonst nichts. Vergebens sucht er in seinem Kopfe voller Madrigale nach den Geständnisformeln. Nicht eine von ihnen ist ihm geblieben. Kaum anders ergeht es ihm mit dem Credo und dem Pater – dabei ist er ein Mann von Geist. Doch der mit allen Wassern gewaschene Beichtiger kennt sich aus mit derlei Leuten. Er durchschaut sie und behandelt sie im allgemeinen anständig, ist es zufrieden, daß sie sich wenigstens vorübergehend der Kirche wieder unterwerfen und – wiewohl alles andere als freiwillig – bereit sind, sich vor ihrer Macht zu beugen. So gibt er denn gnädigst den Beichtzettel her, ohne den, wie man wohl weiß,

der Weg zu den zarten Banden, von denen mancher sich Glückseligkeit erhofft, verschlossen bliebe. Der Priester gibt ihn her und überlegt dabei, daß diesem Zettel bald schon eine Messe und dieser eine Taufe folgen wird und die Kirche somit gar nicht schlecht fährt bei dem Handel.
Als einmal ein Beichtiger einem Ehekandidaten auf diese Weise zum Beichtzettel verholfen hatte, glaubte das Beichtkind noch ein übriges tun zu müssen und sprach zum Geistlichen: »Ich weiß nicht, Hochwürden, ob mir wirklich vergeben ist. Sie haben vergessen, mir eine Buße aufzuerlegen.« Der Beichtvater, ein Mann mit Mutterwitz, antwortete: »Mein Sohn, sagten Sie mir nicht, daß Sie beabsichtigen, sich zu verheiraten...?«

Staatsfeind – Suche im Theater

Angelangt an den Pforten des Musentempels, fällt Euch als erstes die große Zahl der mit geschultertem Gewehr auf Posten stehenden Wachen auf. Aufmarschiert ist eine ganze Kompanie.
Denn bevor nicht die Grenadiere mit ihren hohen Fellmützen ins Reich der Spiele und der Heiterkeit eingezogen sind, dürfen sich Crispin und Harlekin nicht auf den Planken der Bühne blicken lassen. Vorbereitet aber werden die Soldaten auf ihre Mission als martialische Eskorte der Werke Racines oder jener des Herrn Piis-Barré auf dem Exerzierplatz, wo sie bis zur vierten Stunde des Nachmittags Gefechtsdrill übten, als ginge es abends gegen den Erbfeind in Person. Manchmal kann man sie sogar dabei ertappen, wie sie ihre Gewehre scharf mit Kugeln laden. Auch eine Art, sich auf Komödien, wie etwa den ›Bourgeois Gentilhomme‹, vorzubereiten. Freilich keine allzu heitere...
Ist das Stück gut besucht, muß man beim Anstehen nach Karten

allerhand Rippenstöße mit in Kauf nehmen, und während sich das Parterrepublikum noch vor der Kasse schlägt, genießen die Komödianten vom Balkon aus das Hinundhergeschiebe ihrer im Gedränge eingekeilten Ernährer.
Drinnen im Saal wiederum werdet Ihr, verehrter Zuschauer, dann vom Füsilier in Reihen eingeteilt wie Zwiebeln; er kommandiert Euch zu den Plätzen, scheucht den Dickwanst neben Euch noch einmal hoch, schikaniert ihn, teilt jeder Bank eine ganz bestimmte Anzahl von Gesäßen zu, leider jedoch ohne richtiges Augenmaß, weswegen alsbald einige unruhige Gemüter laut schreien, sie wären am Ersticken, doch vergebens, barsch raunzt er sie an, sie möchten endlich stille sein. Jawohl, man ist gezwungen, sich den guten Molière im Schatten von Grenadiersschnäuzen zu Gemüte zu führen! Und wehe, Ihr lacht oder schluchzt dabei zu stark – der Grenadier, der niemals lacht, der niemals weint, behält Euch und die Stärke Eurer Emotionen genauestens im Auge...
Ein wenig höflicher, schlecht frisierter, ausgemergelter Major, der weit mehr von den Komödianten hält – er kennt sie! – als vom Parterrevolk, das jeden Abend wechselt, gerät ernstlich in Harnisch, wenn man seine Freunde auspfeift. Welch letzteres infolgedessen nicht ganz ungefährlich ist, braucht er doch nur einen Finger krumm zu machen, und schon wird der Mann von Geschmack, der es wagte, sein Mißfallen an der schlechten Qualität der Darbietung öffentlich zu bekunden, zwischen zwei Hexametern von Corneille glatt verhaftet.
Wirklich, es scheint, als wäre der Major ein großer Kenner der Literatur, wenn immer nur Gemurmel aus den Rängen steigt, ist er mit Vehemenz zur Stelle. Wobei die kriegerischen Kunstbewacher mit den Kartuschen in der Tasche natürlich stets die Meinung ihres Vorgesetzten teilen. Der also hat darüber zu befinden, ob und inwieweit der Pfeifer, obschon er immerhin Eintritt bezahlte, des mangelnden Respekts vor Künstlern und Autor bezichtigt werden müsse, worauf der arme Sünder allen-

falls, sobald erst Grad und Schwere des Verbrechens der Komödienbeleidigung feststehn, ins Gefängnis kommt. Wo der Kommissar (auch dafür ist bereits gesorgt) das Verdikt des weisen Majors blindlings übernimmt.
Und dennoch fängt man an, die periodischen Revolten im Theatersaal so nach und nach mit etwas mehr Gelassenheit zu tragen, Beifall und Unmut des Parketts weniger zu behindern und ihm auf diese Weise ein klein bißchen mehr von dem zu geben, was es sich ersehnt, kostbare Freiheit! Noch besser und politisch klüger freilich wäre es, man gäbe ihm das Recht zur Gänze, dem oder jenem Künstler oder Autor offen sein Gefühl zu zeigen. Es wäre zu unser aller Nutzen.
Oh, Herr Major, der Ihr mir unlängst, als ich friedlich im Parkett meinen Platz einnehmen wollte, zwei gekreuzte Gewehrläufe vor die Brust halten ließet, gestattet, bitte, dem Parkett und auch den Rängen in meinen und in anderer Autoren Stükken zu pfeifen, wo gepfiffen werden muß. Deswegen werdet Ihr des Staates Feinde nicht um ein Quentchen weniger siegreich schlagen, vorausgesetzt natürlich, Ihr erwischt welche.

Hausnegerlein

Es ist bereits ein Weilchen her, seit das Schoßäffchen, in das die Dame von Welt eine Zeitlang derart vernarrt war, daß sie es selbst bei ihrer Toilette um sich wissen wollte, ins Vorzimmer verstoßen wurde. Auf seinem Vorzugsplatze neben dem Lieblings-Abbé, dem hoffnungsvollen Magistraten oder dem jungen Offizier haben sich seither abgelöst: der Wellensittich, die Windhündin, der Spaniel und die Angorakatze. Doch passé sind nun auch diese Schnuckiputzis, und zwar, seitdem sich die Frauen von Lebensart um kleine Neger reißen. Kein Zweifel, unsere Schönen haben sich an den Anblick dieser fern ihrer

Heimat als Sklaven geborenen und für die Sklaverei im Dienste der Schönheit für tauglich befundenen Schwarzen aus Afrika recht gut gewöhnt! Nicht einmal für den kleinsten Augenblick trennt sich die zärtliche Herrin von ihrem Leibnegerchen. Je dunkler es von der Sonne gebrannt wurde, desto schöner dünkt es sie. Es klettert seiner Holden auf die Knie, es preßt ihr sein wolliges Köpfchen an die Brust und seine Lippen an einen Rosenmund, seine ebenholzfarbenen Arme unschlingen einen blütenweißen Hals, und sie läßt es voller Wonne gewähren, denn ein kleiner Neger mit weißen Zähnen, vollen Lippen und samtweicher Haut ist halt besser im Liebkosen als etwa ein Spaniel oder eine Angorakatze... Doch während das Kind auf den Knien seiner Herrin lebt, während es um seines fremdartigen Aussehens, um seiner flachen Nase willen mit Leidenschaft verwöhnt wird, wogegen seine Ungezogenheiten leichthin von derselben zarten Hand bestraft werden, die es gleich darauf nur um so inniger drückt und herzt – während all dem stöhnt sein Vater unter den klatschenden Peitschenhieben eines gnadenlosen Antreibers. Und aus seinen, dieses geschundenen Vaters Händen kam der Zucker, den das Negerkind soeben aus der Tasse seiner lachenden Gebieterin zu schlürfen bekam.

Modistinnen

Durchs Fenster ihres Ateliers seht Ihr sie an ihrem Arbeitsplatze sitzen, eine dicht neben der anderen. Sie, die Gebieterinnen über Quasten und Flitterkram und all den übrigen galanten Tand, den die Mode hätschelt und gebiert. Den Blick, den Ihr ihnen im Vorübergehen zuwerft, geben sie Euch frei und ungeniert zurück.

In allen Straßen stößt man auf ihre Buden voller Schleierchen, Federn, Blumen aus Seide, Bänder, Damenhüte; und nicht

einmal die engste Nachbarschaft zu Büchsenmachern, Helmschmieden und Degenhändlern vermag sie abzuschrecken.
Obschon sie ihr Nadelwerk wie mit Ketten am Tisch festhält, lassen sich diese Mädchen mit den flinken Augen dennoch nichts von dem entgehen, was draußen los ist. Kein Passant, den sie nicht sofort erspähten. Ihr gemeinsamer, stets heiß umstrittener Lieblingsplatz ist denn auch der direkt zur Gasse hin, der zwinkernden Huldigungen wegen, die man dort von den scharenweis vorübergehenden Männern einzuheimsen pflegt. Die Näherin genießt die vielen Blicke, die man ihr zuwirft, und sie träumt, sie kämen allesamt von in echter Liebe Entbrannten, und je bunter es draußen zugeht, desto munterer wird sie drinnen, desto mehr Spaß findet sie daran. Die Lust, zu sehen und gesehen zu werden, das ist's, was ihr den Zwang, die Arbeit still im Sitzen zu verrichten, überhaupt erträglich macht; schade nur, daß der Vorzugsplatz nicht stets und allenthalben der jeweils Hübschesten der Truppe vorbehalten bleibt...
In diesen Budiken entdeckt man die niedlichsten Geschöpfe Seite an Seite mit wüsten Vetteln, und unwillkürlich denkt man dann an den Serail, wo den einen die Rolle der Lieblingsfrauen zukommt, den anderen die der Wächterinnen.
Mit ihren Körbchen voller Zierat wohnen manche dieser Mädchen tagtäglich der Toilette irgendwelcher großer Damen bei. Es sind Rivalinnen, die sie, verzehrt von heimlichem Neid, da schmücken sollen, hochfahrene Geschlechtsgenossinnen, die den Sklavendienst an ihrer Schönheit demütigend mit barem Geld entlohnen. Manchmal freilich kommt es vor, daß der hohen Kundin ausgeklügelte Reize vor der strahlenden, nicht auf teure Roben angewiesenen frischen Anmut der Modistin verblassen, und dann kann es durchaus geschehen, daß der Geliebte der Hochwohlgeborenen von allzu strenger Treue plötzlich nichts mehr hält; er schielt dann – via Spiegelecke – nur noch nach den rosigen Lippen und den zarten Wangen jener, die weder Türhüter noch Ahnen vorzuweisen hat.

Mehr als einer dieser Kleinen ist in einem solchen Augenblick der Ausbruch aus dem Laden, der große Sprung geradewegs ins Polster einer Equipage, schon gelungen. Einen Monat später taucht sie dann wieder auf in ihrer alten Bude, diesmal, wohlgemerkt, um einzukaufen; und um hoch erhobenen Hauptes und in vollen Zügen auszukosten, wie ihre einstige Herrin und die lieben Freundinnen von früher vor Neid fast platzen. Ihren Triumph genießt sie bis zur Neige. Sie hat's geschafft, hat sich von den Ketten ihrer Fron befreit und schmeckt jetzt alle Freuden ihrer Jugend. Sie schläft nicht länger mehr im sechsten Stock in einem schlechten Bett ohne Gardinen und ist auch nicht mehr auf den folgenlosen Schmachtblick eines mageren Gerichtskanzlisten angewiesen... Und ihr jäher Aufstieg hat zur Folge, daß einmal mehr die anderen Näherinnen nachdenklich bald ihr tristes Bett und bald sich selbst im Spiegel prüfen und hoffen, daß auch sie das Schicksal eines Tages erlösen werde von der Sklaverei der Nadel.

Von den Schönen angelockt, betritt die Bude gelegentlich auch ein Abbé, ein Militär oder gar ein junger Senator. Um den Schein zu wahren, kaufen sie etwas, verschwenden aber auf die Ware keinen Blick; ihre Aufmerksamkeit gilt einzig der Verkäuferin. Der junge Senator kommt so zu seidenen Unterröcken, der pfiffige Abbé zu feinen Spitzen und hält dabei dem Ladenmädchen, das sie lächelnd ausmißt, noch die Elle. Mannsbilder aller Lebensalter kommen so ganz unversehens in den Besitz der tollsten Dinge...

Einige Modeläden legen Wert auf größte Sittenstrenge, als wäre Konkurrenz damit zu schlagen. Dort hält man die Mädchen hinter Schloß und Riegel, verdammt die, deren Hand die provokanten Prunktoiletten der berühmten Kurtisane schafft, zur Keuschheit! Nur gekleidet werden soll die hohe Dame, ihr nachzueifern ist verpönt; verboten auch, von dem verführerischen Tand, mit welchem man die Mädchen vom Ballett behängt, etwas zum eigenen Gebrauch wegzulegen. Nicht einmal sehen darf man sie, für die man unermüdlich fleißig ist. Stellt Euch Köche vor, die niemals ihre Soßen kosten: Genau dies ist die Lage dieser Näherinnen, die, vom erbarmungslosen Blick des Tugendwächters allzu streng behütet, die Attribute üppiger Sinnlichkeit erschaffen!

Mode zu schöpfen ist, beinahe vergaß ich es zu sagen, nebst allem anderen auch noch eine Kunst. Eine vielbegehrte, triumphale Kunst, die in unserem Jahrhundert wie nie zuvor zu Ruhm und Ehren kam. Selbst der König hat sich ihrer Macht gebeugt, der ganze Hof erweist ihr seine Reverenz, und oftmals findet die Modistin im scharf bewachten Schloß selbst da noch Zutritt, wo sonst auch höchster Adel vor der Türe bleibt. Zumindest dann, wenn es um wichtige Staatsaffären geht, wie etwa um ein neues Prachtkleid, um die Frisur der Königin, das wechselvolle Spiel eines geglückten Faltenwurfes oder um andere die Natur bereichernde und Ihro Majestät verschönernde Kunstfertigkeiten...

Wenn der König aber mit seinem Hofgefolge in die Hauptstadt kommt, wenn die Pflastersteine unter den Hufen der edlen Renner seiner hochgemuten Garde Funken sprühen, wenn dann die halbe Stadt am Fenster steht und nur noch in das Innere der goldenen Staatskarosse späht, dann schenkt die Königin dem Hause ihrer Leibmodistin einen kurzen Blick und zeichnet diese aus mit einem kleinen Lächeln.

Deren von Mißgunst zerfressene Konkurrenz indessen knirscht darob vornehmlich mit den Zähnen und versucht mit spitzen Zungen, den Erfolg der Auserwählten zu zerfetzen, ähnlich wie das Journalisten tun, wenn ein Autor nach ihrer Meinung gar zu sehr gefeiert wird. Doch in Modefragen hat und behält die Königin das letzte Wort, ihr Geschmack ist Gesetz, und ihr Gesetz ist – wie man zugeben muß – stets voller Grazie.

Längst hat die Mode ganz Frankreich und dazu die Nachbarvölker in ihre luftigen Gespinste voller Raffinesse eingewickelt. Was immer sie ausheckt, wird von den Frauen unseres Erdteils,

ja sogar von vielen in Amerika und Asien unbesehen übernommen und wie rasend nachgeahmt.
Doch all diese Roben und Garnituren, diese Bänder und Schleier, diese Mützchen und Federn, diese Spitzen und Hüte sind gleichzeitig auch schuld daran, daß heutzutage einige 150 000 ledige Mädchen keinen Mann mehr finden. Denn wo ist der Ehegatte, dem beim Anblick von Modistinnen nicht angst und bange würde, den nicht schon beim bloßen Gedanken an sie das kalte Grausen packte! Und wo der eingefleischte Junggeselle, der angesichts so mancher Kinkerlitzchen, Frisuren und Flitterdinge, die von den Frauen vergöttert werden, nicht in sich ginge, zu rechnen begänne und am Ende dann beschlösse, doch lieber unbeweibt zu bleiben!
Die Mädchen werden dem entgegenhalten, daß ihnen schöne Rüschen lieber sind als Ehemänner. Sei's drum!

Von den Ehemännern

Es scheint, als hätten sich die Ehemänner endgültig den Vers von Noue zum Wahlspruch auserkoren:

›Klagen hört man nur den Laffen,
Und auch Krach schlägt nur, wer dumm,
Darum rat ich dem Gehörnten:
Zieh von dannen und bleib stumm...‹

Die Schande schlägt auf den zurück, der nach ihr Ausschau hält. Indes: solange diese Dinge mit Diskretion betrieben werden (und heute legt man Wert darauf, daß alles im geziemenden Rahmen bleibe!), braucht sich der Mann mit ihnen nicht zu quälen. Ist die Affäre aber erst einmal publik, dann allerdings kann es geschehen, daß er mit einiger Härte reagiert. Doch selbst in diesem Falle wird der Gatte seine häuslichen Querelen kaum vor die Gerichte bringen. Weit eher wird er seiner Frau verkünden: »Ihr seid frei, Madame! Zu Eurem Fehltritte möchte ich mich nicht äußern; ich biete Euch eine feste Rente, auszahlbar, wo immer Ihr Euch hinverfügen wollt – genießt, jedoch verschwindet aus meinen Augen! Das einzige, worum ich Euch dabei freilich bitten muß, ist, daß Ihr die Hauptstadt für ein Weilchen meiden möchtet, wenigstens bis gewisse Klatschereien verstummt sind, was jedoch in unserem frivolen Land, wo eine pikante Geschichte die andere jagt, kaum allzu lange dauern dürfte...«

Das Ganze läuft auf eine ehrenhafte Kapitulation hinaus. Natürlich wird nun die Frau als erstes mit allem Nachdruck den Verzicht auf die Hauptstadt in die Waagschale werfen und ob der Zumutung, aufs Land zu ziehen, in ein großes Wehgeschrei ausbrechen. Durch nichts und niemand ist sie davon abzuhalten, nicht einmal durch ihre Busenfreundin, die sie damit zu trösten sucht, daß doch heutzutage schon in fast allen Städten Pariser Lebensart zu finden sei. Genauso lange lamentiert sie, bis ihr der Mann es schließlich schon zu danken weiß, daß sie überhaupt zu gehen gewillt ist, und dieser Dankbarkeit auch angemessenen Ausdruck gibt, indem er ihr die vorgesehene Jahresrente aufstockt.

Die Ehemänner von Paris sind alles andere als die absoluten Herren im Haus, und fremd ist ihren Frauen unterwürfiger Gehorsam. Zwischen ihnen herrscht eine Atmosphäre der Gleichberechtigung: Keinerlei gebieterische Töne; jeder lebt, geht seinen Vergnügungen nach, sucht sich seinen Umgang, so wie er es für richtig hält. Seiner Frau nachzuspionieren, sie einzuengen, gilt als häßlich und wird ganz allgemein verurteilt; und wie immer die Verhältnisse im Einzelfall auch liegen mögen, nie vergißt man jenes Mindestmaß an Rücksicht, daß man sich gegenseitig schuldig ist. Seht, wie sie zueinander sind: Ihr Verhalten zeugt von Eintracht und von gegenseitigem Verständnis und ihr Gespräch von Freundschaft. Ihre intimen Streitigkeiten nämlich packen sie niemals vor Fremden aus; täten sie es, wäre der Skandal perfekt...

Das, was sie am engsten miteinander verbindet, ist ihre gemeinsame Wirtschaft, deren Pflege sie beide mit gleichem Eifer obliegen. Denn der Brauch will nun mal, daß die Frauen in Paris weit mehr zu sagen haben als irgendwo sonst. Kein Geschäft wird besiegelt ohne sie, nichts von Belang kann entschieden werden, ehe es nicht auch ihren Beifall gefunden hat.

Manche Paare, die sich in jungen Jahren auseinandergelebt haben, finden erst am Ende ihres Lebensweges wieder zueinander. Sie vergeben sich alles, was sie einstmals trennte, und ebnen sich so den Weg zu einer erquickenden Altersfreundschaft. Das heißt, den Weg zum – wenn auch reichlich späten – Genuß jenes häuslichen Glückes, das durch nichts anderes auf der Welt ersetzbar ist. Und andere wieder gibt's, die hätten sich bestimmt ihr ganzes Leben lang geliebt, wenn sie nur nicht einst vor dem Altar hätten schwören müssen, es zu tun...

Den ahnungslosen Fremden aber sollte man endlich klarmachen, daß all die früher so beliebt gewesenen Geschichten vom betrogenen Ehemann mittlerweile längst überall aus der Mode gekommen sind und daß man auch auf der Frauen Seitensprünge höchstens noch in hübsch gereimten Versen anspielt. In dieser Form läßt sich darüber freilich selbst vor einem reinen Damenkränzchen sprechen. Niemals aber rede man von ehelichem Mißgeschick prosaisch nüchtern; salonfähig wird solches wirklich erst, wenn es die Poesie verklärt.

Es kam schon vor, daß sich jemand lauthals mit einem Abenteuer brüstete, das er selber gehabt hatte, ohne in seinem Leichtsinn zu ahnen, daß derjenige, den die Schose betraf, mit am Tische saß. Um einer Wiederholung derartiger Peinlichkeiten ein für allemal den Riegel vorzuschieben, kam man schließlich stillschweigend überein, in Gesellschaft künftighin von jeglicher Witzelei über gehörnte oder auch nur besonders gutmütige Ehemänner strikt abzusehen. Eine Regel, die, wie man zugeben muß, sehr weise ist.

Schoßhündchen

Wenn es um sie geht, kennt die Narretei der Frauen keine Grenzen. Für die Möpse, denen sie zu Diensten stehen wie Gouvernanten, tun sie alles und noch einiges dazu. Wagt es, einem dieser kleinen Biester auf die Pfote zu treten, und schon seid Ihr in den Augen seiner Herrin erledigt; selbst wenn sie's noch so gut verbirgt, nie wird sie Euch verzeihen, daß Ihr ihrem Abgott weh getan habt.

Das Beste vom Besten wird an ihn verschwendet; selbst fettes Hühnerfleisch ist nicht zu gut für ihn, dieweil man für den Kranken unterm Dach nicht einmal etwas Brühe übrig hat. Und dann diese unsagbaren Dummriane, die sich nicht entblöden, ganz öffentlich mit ihrem Köter unterm Arm auf Straßen und auf Promenaden Damen zu hofieren! Solche Figuren gibt's nur in Paris, und der Anblick, den sie bieten, ist derart albern und eines Mannes so vollkommen unwürdig, daß man der Versuchung, ihnen ins Gesicht zu lachen, nur schwer zu widerstehen vermag. Sehe ich eine dieser Schönen ihren Mund entweihen, indem sie ihren, um das Elend voll zu machen, oftmals häßlichen und abscheulichen Hund mit Küssen bedeckt, einen Hund, der, selbst wenn er schön wäre, derlei Liebkosung nicht verdiente, kurz, sehe ich, wie eine schöne Frau sich solcher Art vergißt, verliert sie in meinen Augen viel von ihrem Reiz, sind mir ihre Zärtlichkeit und Anmut weniger wert. Und vollends zerstört sie ihren Zauber, wenn sie, am Tode ihres Spaniels verzweifelnd, erwartet, daß man mit ihr weine und ihr still das große Unglück tragen helfe, bis daß die Zeit die schreckliche Wunde heile.

Der Schuhmacher

Er tritt ein, kniet vor einer schönen Dame nieder, säuselt: »Nein, welch ein entzückendes Füßchen, Frau Marquise!«, nimmt den von seinem Vorgänger gefertigten Schuh zur Hand und schreit: »Aber um Gottes willen, wo haben Sie denn das her! Etwa aus Paris? Was verstehen diese Leute schon! Ihr Fuß, Madame, ist doch besonders graziös am Knöchelansatz, aber kommt denn das in diesem Gotentreter so zur Geltung, wie es sich gehörte? Wie belieben Sie zu meinen? Der Staub? Aber ich bitte Sie! Gehen Frau Marquise denn zu Fuß? Und sollte es doch einmal geschehen, dann treten Sie doch sicher nur ganz leicht, nur mit dem Ballen auf... So, das Maß ist genommen, mit der Ausführung werde ich meinen ersten Gesellen betrauen, er ist flink und hochbegabt; was aus seiner Hand kommt, sitzt mit Sicherheit; Madame, ich empfehle mich und bin wie stets zu Ihren Diensten!«
Schuhmacher seiner Art tragen schwarze Anzüge, wohlgepuderte Perücken, seidene Westen und Mienen wie Gerichtsschreiber. Seinen Innungsbrüdern dagegen klebt Pech an den Händen, ihre Perücken sind schäbig, ihre Hemden grob und schmutzig, doch schließlich arbeiten sie ja auch nur für gewöhnliche Sterbliche. Weit davon entfernt, schöne Marquisen zu beschuhen, schustern sie in der Tat nur ›Gotentreter‹ zusammen.
Für dasselbe Paar Schuhe, das mich heute, im Jahre 1788, sechs Livres und zehn Sous kostet, bezahlte ich 1758 noch drei Livres und fünfzehn Sous. Zwar ist der Schuh von heute eleganter, dafür jedoch aus schlechterem Leder.
In den Tagen meiner Jugend gingen wir, ob Medizinstudenten, angehende Chirurgen oder Juristen, ob Notargehilfen, junge Offiziere oder unentdeckte Dichter, da gingen wir alle noch für zwanzig Sous ins Theater (und Theaterbesuche mußten sein, schon der Bildung wegen!); heute indes kostet der Eintritt vierzig Sous. Wohin man blickt, ist alles inzwischen um das Dop-

pelte teurer geworden. Man muß diese Entwicklung im Auge behalten, denn von den Preisen hängt so vieles ab im Leben; an ihnen liegt es, wenn sich bestimmte Schichten heute nur noch mühsam über Wasser halten; eine wirklich weise Regierung sollte sich diesem Umstand nicht verschließen, sondern ihn, sorgsam erwägend, mit in Rechnung ziehen.
Es gibt eine fromme Bruderschaft, die in Eintracht unter einem Dache haust und im Vereine Schuhe herstellt. Wie die alten Apostel leben diese Brüder von ihrer Hände Arbeit; dieweil sie das Leder klopfen, singen sie Psalmen, was durchaus nicht miteinander unvereinbar ist: Weshalb sollte man denn sein Gebet nicht bei der Arbeit verrichten, zumal doch erst der Klerus die Arbeit vom Gebet getrennt hat? Auf jeden Fall aber stehen diese Brüder vom Schusterorden den Jüngern Jesu weit näher als all diese müßig in ihren Palästen herumlungernden Mönche. Die Bruderschaft der Schuster steht im Rufe, gute Ware herzustellen. Wirkliche Christen sind eben notwendigerweise auch ehrliche Menschen. Die Brüder beklagten sich bei mir über die neue Ledersteuer, die sie als zu hoch und auch als schädlich für das Gewerbe ansehen. Doch ihre Einwände klangen recht resigniert, was beweist, wie ergeben sie sich trotz alledem in den Willen des Herrschers schicken.
Neunzig von hundert Personen bezahlen ihre Schusterrechnung nicht in bar. Den armen Schuhmachern bleibt daher, so sie nicht um ihre Arbeit kommen wollen, keine andere Wahl, als auf Kredit zu liefern.

Flickschuster

Ihr fragt, weshalb der Flickschuster, wie vor mir schon La Fontaine festgestellt hat, mit sich und der Welt unzufriedener ist als etwa der Schuhmacher? Nun, weil er weniger hochmütig ist als jener und stets mehr zu tun hat, als er schaffen kann: man läuft ihm nach, indes sich der Schuhmacher seine Arbeit selber suchen muß. Als glücklicher Ausbesserer menschlicher Fußbekleidung lebt er unter freiem Himmel, braucht wenig Raum, was ein Merkmal wahrer Weisheit ist; er singt, dieweil er werkt, und werkt, dieweil er singt, und hat das Recht, seine Frau zu prügeln, wenn sie frech wird; ein Privileg, das nicht einmal der Grandseigneur für sich in Anspruch nehmen kann.

Da sitzt er an der Ecke einer Kreuzung, schaut den Vorbeigehenden nach, ist der erste Zeuge all dessen, was sich in der Öffentlichkeit abspielt, stets bereit, bei Schlägereien richtend einzugreifen; nichts entgeht ihm, nichts hindert ihn daran, seinen Senf zu allem, was sich rund um ihn herum tut, beizusteuern; als heiterer Philosoph, der er nun einmal ist, hält er Gericht über die ewig miteinander hadernden Fuhrknechte, Droschkenkutscher und Lastträger, fällt Urteile und Freisprüche, erhebt die Stimme, hält Volksreden und findet Gehör.

Heinrich IV. ließ sich seine Stiefel flicken und war dennoch ein großer König. Und keine sechzig Jahre ist es her, da ließen sich auch die angesehensten Bürger der Stadt noch ihre Schuhe besohlen. Die Innung der Flickschuster war damals entsprechend zahlreich, doch da nichts von Dauer ist auf dieser Welt, nichts dem Zahn der Zeit entgeht, ist das Gewerbe inzwischen auf den Hund gekommen, und außerdem hütet sich der Flickschuster heutzutage wohl, seiner Arbeit allzu gründlich zu obwalten oder gar den Schuhen, die durch seine Hände gehen, neuwertiges Aussehen zu verleihen; täte er es, schadete er sich selbst.

Fremd ist dem Flickschuster, der unter den Augen seines ganzen Quartiers lebt, jener Hang zu heuchlerischer Unaufrichtigkeit, den man in den Krämerbuden antrifft. Unbekümmert packt er die Dienstmagd bei der Hand, küßt sie, daß es knallt, und tätschelt ihr dabei verliebt den Hintern. Und in den Destillen der Schweinetreiber fühlt er sich genauso wohl wie in den Boulevardkneipen, weiß genau Bescheid über Art, Qualität und

Preis der ausgeschenkten Weine und verbringt dort, Wasser und Wassertrinker gleichermaßen verabscheuend, den Sonntag mit den kleinen Handwerksmeistern aus den Hinterhöfen.
Stets blieb er mangels Geld den öffentlichen Häusern fern, doch wenn ihm Dirnen Arbeit bringen, nimmt er ihnen gern in seiner Bude Maß. Zur großen Verlegenheit seiner Tochter, die dann kaum aufzublicken, geschweige denn, es jenen Mädchen nachzutun wagt. Sie ist, gleich ihrer Mutter, tugendsam geblieben, schon weil auch sie unter dem respektheischenden, weil allzeit recht schlagkräftigen Regiment des Knieriemens steht...
Der glückliche Flickschuster hält seine ehelichen Strafgerichte auf öffentlichem Platze ab, unter den Augen der braven Bürger, die schmerzlich bedauern, daß es ihnen nicht auch gegeben ist, sich mit Brachialgewalt Gehorsam zu erzwingen, wo Gehorsam hingehört. Desungeachtet ist unser Mann ein friedlicher Bürger. An der Regierung hat er lediglich auszusetzen, daß das Leder immer teurer und obendrein schlechter wird. Dazu ist er im allgemeinen treu, sowohl gegenüber seinem Lieblingsgetränk wie auch gegenüber seiner Frau. Wo er sich einmal niedergelassen hat, da bleibt er: hat er den Tag mit Schnaps begonnen, wird er ihn auch mit Schnaps beenden, und wenn es ihm nach Wein oder auch Bier zumute ist, dann bleibt's bei Wein und Bier. So kommt es, daß die Flickschuster dem Steuerpächter weit mehr zu verdienen geben als dieser den Flickschustern.
Ihre Ehen schließen sie noch nach altem Pariser Bürgerbrauche, das heißt, an ihrem Hochzeitstage verprassen sie die Früchte der Arbeit eines ganzen Jahres, wovon einzig der Steuerpächter einen Nutzen hat. – Aber was will man! Seit Menschengedenken hat der Flickschuster nun einmal einen guten Durst, und die höchste seiner Wonnen ist und bleibt die Kneipe.
Er durchschaut die Leute. Jetzt zum Beispiel faßt er jenen feinen Herrn, der da gerade so geckenhaft vorbeistolziert, ins Auge. Doch sieh mal einer an, seine Schuhe sind frisch besohlt, also konnte er sich keine neuen leisten, und auch seinen eleganten

Anzug trägt er nur, weil ihn der Schneider auf Kredit geliefert hat. Dem Flickschuster entgeht nichts dergleichen; mehr noch, er weiß die tugendhaften, sparsamen Mädchen seines Vierteils von den anderen zu unterscheiden, und zwar daran, daß sie ihr Schuhwerk zu ihm in Pflege geben, während sich die andern, die sich ihr Geld auf sündige Weise verdienen, zu vornehm sind, ausgebesserte Schuhe zu tragen. Er ist es auch, der den Absätzen der Dienstmägde die Flecken aufsetzt, und an ihren Schuhen erkennt er, wer gerade und wer schief geht. Selten fällt er auf, solange er da ist, doch kaum bleibt er weg, wird er vermißt, er, der zur Kreuzung gehört wie die Kreuzung zur Stadt, und wenn er stirbt, bleibt eine Lücke, und die Mägde halten ihm die Leichenrede...

Wenn man den Flickschuster auch geringachtet, hat er doch viel Gemeinsames mit den Gesetzgebern unserer Tage. Was tun denn jene? Pausenlos damit beschäftigt, den Turmbau der Paragraphen am Einstürzen zu hindern, bepflastern sie von früh bis spät Altes mit Neuem und betreiben so auch nichts anderes als ewige Flickschusterei. Genausowenig wie das, was aus den Händen des Flickschusters kommt, von ewiger Dauer sein kann, sind es die neuen Paragraphen, und so, wie sich der geflickte Schuh verzieht und den Fuß wund scheuert, der ihn anhat, entsprießen dem ergänzten Rechtsartikel alsbald die kuriosesten Ungeheuerlichkeiten und heillosesten Widersprüche. Wahrlich, die Gesetzgeber unserer Tage stehen den Flickschustern in nichts nach!

Im übrigen aber muß ich zu Ehren des Flickschusters einräumen, daß er von einer seltenen und leider allen anderen Ständen gänzlich fremden Bescheidenheit ist. Hausend wie Diogenes, verachtet er pompöse Titel. Niemals liest man über seiner Budentüre ›Flickengeschäft‹, ›Flickschuster des Königs... der Königin... oder des Hochwohlgeborenen Prinzen Soundso...‹ und noch weniger ›Flickenlieferant des Hofes‹. Von solcherlei Eitelkeiten hält sich unser Mann fern, schon um seines

lieben Friedens willen, und er tut gut daran, zumal in einem Land, in dem die Windrichtung so häufig wechselt.
Damit er seine Kunst ausüben kann, bedarf er eines ruhigen, seßhaften Lebens, mehr braucht er nicht. Auch sieht man ihn niemals nach der Art der Schuhmacher und der übrigen Handwerksmeister anderer Leute Arbeitskräfte mieten, Gesellen in großer Zahl anstellen und auf ihre Kosten Wucherprofite einstreichen. Er genügt sich selbst, zählt nur auf sich allein, und wenn er vielleicht doch einen geheimen Wunsch hegt, dann ist es der, Küster der Kirche seines Sprengels zu werden. Talar und Stöckchen sind für ihn das Nonplusultra seines Ehrgeizes, woraus man ersieht, daß auch er nicht taub ist, wenn die Glocken klingen. Und da ihm eine natürliche Begabung für Musik eignet, kann man ihn am Vorabend oder am Tag großer Feste sein Talent entfalten und zum allgemeinen Ergötzen des ganzen Quartiers den Kirchenglocken die herrlichsten Weisen entlokken sehen...
Von einem einzigen Flickschuster nur ist bekannt, daß er zu Reichtum kam. Das war, als Kardinal Rohan in der Bastille eingekerkert war und die Neugierigen sehen wollten, wie man den Gefangenen zur Mittagszeit auf der Zinne spazierenführte. Da nun die enge Bodenluke jenes Flickschusters freien Blick auf die Schreckensfestung bot, vermietete er sie an die Gaffer und strich so an die 1000 Taler ein. Wo das Glück hinfällt...

Im Zivilgerichtsgebäude

Es gibt nichts Traurigeres auf der Welt als dieses Haus: Man sieht darin, wohin man blickt, nichts als bekümmerte Gesichter, Waisen, Witwen, unzufriedene Frauen, erniedrigte Ehegatten, Gläubiger, die es auf die Habe oder gar auf die Person ihrer Schuldner abgesehen haben; dazu in allen Ecken Staatsanwälte,

Schreiber, Rechtsbeauftragte, die sich in der Advokatensprache unterhalten; Federkiele, Tinten, streitsüchtige Visagen; hier ein Familienkrach: der Ehemann zutiefst beleidigt, die Angetraute malträtiert, der Vater voller Grimm; dort Klagen und Bittschriften, Trennung von Tisch und Bett, Versammlung der Verwandtschaft, Geschrei und Zwangsversteigerung; nebenan Vormundschaft und Mündigkeitserklärung und schließlich Eigentumsversiegelungen. Welch einen Eisenschädel muß er haben, der Leutnant für ziviles Recht im Pariser Châtelet, wenn er dem Ekel und der Langeweile von Affären dieser Sorte standhält! Er setzt im Namen des Gesetzes die Krallen der Gerichtsvollzieher in Bewegung. Habt Ihr jemals auf der Jagd eine hungrige Meute nach ihrem Beuteanteil gieren sehen? Die Hunde sind schon auf dem Sprung, weichen zurück, drängen wieder vorwärts; doch die Tür des Schuldners darf einzig auf ein Wort des Leutnants aufgebrochen werden, seine Zunge ist der Schlüssel, der in alle Schlösser paßt. Man plädiert vor ihm von früh bis spät, und bis in die Nacht hinein muß er Plädoyers über sich ergehen lassen; immer und ewig steht er zwischen zwei verfeindeten Parteien, den ganzen Tag vernimmt sein Ohr nichts anderes als Stimmen. Von der einen Seite solche, die ihr Geld fordern, von der andern solche, die nicht zahlen wollen. Und er kann nicht anders, als den, der andern allzu leichtfertig ein paar Pfund von dem begehrten Metall versprochen hat und nun nicht einmal eine Unze davon bieten kann, ins Gefängnis zu stecken.

Früher war, wenn es galt, einen Schuldner dingfest zu machen, ein Häscher mit von der Partie. Er ergriff Euch mitten auf der Straße. Da man aber das Recht hatte, sich zur Wehr zu setzen, kam es zum Kampf, der von beiden Seiten grausam und verbissen ausgetragen wurde. Ein weises, kürzlich erst erlassenes Gesetz hat diesen Unfug abgestellt und Beamte eingesetzt, die sich darauf beschränken, Euch den Haftbefehl vorzuweisen. Sie geben sich dabei diskret und würdig, und weil sie ihre Sache ohne jeden Skandal erledigen, widersetzt man sich ihnen auch nicht mehr: die ganze Angelegenheit geht ohne großen Lärm vonstatten. Ich selber habe erlebt, wie einer dieser Beamten einem Schuldner den Haftbefehl mit ausgesuchter Höflichkeit bei Tisch vorlegte; der Mann beendete in Ruhe seine Mahlzeit, dann, als die Nachspeise serviert wurde, erhob er sich und ging, so als hätte er gerade etwas Dringliches zu erledigen.

Der Profoß von Paris, der in allen Urteilen erwähnt wird, ist ein Richter, der nie auf einem Richterstuhle saß, noch genauer gesagt, ist ein Phantom. Er existiert nur noch dem Namen nach und wird in Wahrheit durch die drei Leutnants verkörpert.

Der Leutnant für ziviles Recht schickt die Menschen um privater Schulden willen ins Gefängnis; für kriminelle Delikte sind die andern Flügel des Châtelet sowie die Conciergerie zuständig und natürlich auch das Zuchthaus, das den Schwerverbrechern vorbehalten bleibt.

Alles eingezogene Geld wird an die Kommissare für beschlagnahmte Vermögenswerte abgeführt, und diese lassen es so schnell nicht wieder aus den Klauen; unbeugsam halten sie zwischen den Gläubigern und den Gepfändeten die Mitte.

Nachdem die Pfandleihe eröffnet wurde, sank, so hat man festgestellt, die Zahl der Pfändungen, der Vollstreckungsbefehle und der amtlichen Zwangsversteigerungen von Mobiliar: Im Handelsgericht und im Châtelet sieht man nicht mehr ganz so viele zu Protest gegangene Wechsel wie ehedem. Die Pfandleihe wird also mit jedem neuen Tage nützlicher; schon ist der Gesamtbetrag der von ihr ausgegebenen Darlehen auf achtzehn Millionen angestiegen, und auch die Baulichkeiten dieser Einrichtung ragen bereits übermäßig in die Höhe, zumal sie das Privileg genießen, je nach Bedarf weiter emporzuwachsen.

Nachdem Jean-le-Camus während mehr als vierzig Jahren im Pariser Châtelet seines Amtes als Leutnant für ziviles Recht gewaltet hatte, war er im guten Glauben, genau zu wissen, wie man ein Testament aufsetzt. Jean-le-Camus täuschte sich: das seine wurde wegen etlicher Nichtigkeiten und auf Beschluß des Parlaments annulliert. Und so frage ich denn nun: Wer soll sich da noch in dem Labyrinth des Rechtes und der Bräuche von Paris auskennen, wenn nicht einmal ein Jean-le-Camus mit ihnen klarkam?

Die acht Klassen

Die Einwohnerschaft von Paris ist aufgeteilt in acht scharf voneinander abgegrenzte Klassen: die zahlenmäßig schwächste davon ist die der Prinzen und der großen Herren, dann folgen die Talarträger, die Finanzleute, die Krämer oder Kaufleute, die Künstler, die Handwerker, die Lohnarbeiter, die Lakaien, und den Schluß macht das Gesindel.

Der Stand der Talarträger wiederum hat drei verschiedene Stämme: das Gericht, die Kirche und die Medizin. Das Gericht bevölkert eine wimmelnde Kohorte von Individuen, die allesamt von gefährlichstem Heißhunger befallen zu sein scheinen. Die Kirche hätschelt dafür Heerscharen weißbekragter Seminaristlein, die sich gleich schwarzen Wolken in der Nähe der Theologieschulen zusammenballen. Aber auch der Ärztestand hat seine eigenen Zweige: da gibt es Scharlatane jeder Art, die, mit dem Schröpfkopf oder einer Medizin zur Hand, von einer Tür zur andern eilen, um jedermann, sei er leidend, sei er kerngesund, bald nach hypokratischer, bald nach galenischer, bald nach paracelsischer Art zu kurieren.

Der Stand der Finanzleute reicht vom Generalpächter des Steuerwesens bis zum kleinen Winkelwucherer. Das Rückgrat dieser üblen, unersättlichen Hydra aber bilden die Spekulanten – Krokodile einer neuen Sorte. Verächtlich sind sie, und verachten wird sie eines Tages jedermann, denn ihre Gier wird ständig unerträglicher.

Vom selbstbewußten Stolz der Kaufherren, wie man ihm noch in der Provinz begegnen kann, ist in Paris wenig übriggeblieben. Da die großen Herren niemals bar bezahlen, sind die Händler dauernd gezwungen, sich vor ihren besten Kunden oder deren Dienerschaft zu erniedrigen. Es mag befremden, daß diejenigen, die nicht bezahlen, bestürmt werden, noch mehr zu kaufen, doch da sich der Lieferant die Schuld verzinsen läßt und seinerseits nur auf Kredit lebt, gleicht sich das wieder aus. Wenn allerdings gar kein Geld hereinkommt, ist er übel dran. Das Risiko, das diese Kaufleute eingehen, indem sie Ware liefern, die sie ihrerseits auf Pump bezogen haben, macht sie mißtrauisch, ängstlich und niederträchtig. Wem sich aber diese Charakterzüge einmal eingeprägt haben, der wird sie nie mehr los; sie bestimmen fortan sein ganzes Tun, seine Art aufzutreten, ja, sogar seinen Geschmack. Vergebens sucht er darüber hinwegzutäuschen; sein ebenso aufgeblasenes wie unbeholfenes Gehaben verrät ihn immer.

Obschon weniger reich, haben da die Künstler den Kaufleuten einiges voraus. Sie geben sich unabhängig, was ihnen Anmut und Ungezwungenheit verleiht. Da die Künstler vorab ihren Geist arbeiten lassen, legen sie bei ihrem Tun mehr Geschmack an den Tag. Wobei allerdings das Gewerbe der Maler, Architekten und Bildhauer keineswegs nur mit Kunst zu tun hat, im Gegensatz etwa zu dem der ihnen in dieser Beziehung überlegenen Komponisten.

Bürgerliche Ignoranz stellt den Künstler und den Schriftsteller oft auf dieselbe Stufe, obschon sie ein weiter Abstand trennt. Der Schriftsteller ist dem Künstler überlegen. Wenn man Corneille und Molière die Arme abgeschnitten hätte, wären sie dennoch Corneille und Molière geblieben, denn die Literaten sind eine Klasse für sich – nobilitas literata.

Am glücklichsten von allen dürften die Handwerker sein. Auf ihren Fleiß und ihre Geschicklichkeit bauend, sind sie zufrieden mit ihrem Geschick, was ebenso weise wie unendlich selten ist.

Ohne besonderen Ehrgeiz und auch ohne Eitelkeit verdienen sie sich, was sie zum Leben und zu ihrem Vergnügen benötigen, und sind dabei, weil auf alle Stände gleichermaßen angewiesen, ehrlich und nett zu jedermann. Anders als das liederliche und manchmal allzu freie Leben der Künstler, verläuft dasjenige der Handwerker in geordeten Bahnen, und man wäre versucht zu sagen, daß sie eben deshalb ihre Tage in Ruhe und Seelenfrieden verbringen, weil sie sich nicht den Raffinessen des Luxus verschrieben, sondern nützlicheren Dingen zugewandt haben. Niemals wird, sagen wir ein Emaillen-Maler, so rechtschaffen wirken wie etwa ein Tischler.
Betrachten wir schließlich noch philosophischen Blickes all die Müßiggänger und Nichtsnutze, die sich in manchen Klassen herumtreiben, die vielen noblen Männlein und Weiblein, die ihren Adel bis auf Adam und Eva zurückführen; dann die Herrschaften im zweiten Rang, die ihren Titel von den Heldentaten irgendeines längst verblichenen Vorfahren herleiten; des weiteren die unzähligen Kanzlisten, Gerichtsdiener, Gerichtsvollzieher und Schreiber, die vielen tausend Renomierlakaien, die als Bedienstete lediglich die Steuerlast erhöhen... Ja, und wenn wir außerdem noch all die Leute ins Auge fassen, deren läppisches Tagewerk dem Lande nichts als Unglück bringt, all die Kerle, die mit Patronentaschen behängt, weiter nichts als Hasen und Karnickel hüten, all die Zinsleinpicker, die kaum eine andere Beschäftigung kennen als die des Vor-sich-hin-Dösens, dazu die Kutscher, die Postillone, die Stallburschen, und wenn wir all dem noch die gewaltigen Scharen der Mönche, der Domherren, der Kaplane und der übrigen Schuldenmacher beifügen, dann erkennen wir mit Schrecken, wie wenige Menschen doch eigentlich etwas wirklich Nützliches tun, sich um die Schaffung echter Werte bemühen. Und doch sind es einzig die Arbeitsleute, die dem Staat zu Reichtum verhelfen; ohne sie würde alles darniederliegen, zerfallen, absterben.

Verstümmelte Heilige

An nicht wenigen kirchlichen Portalen prangen gotische Figuren, doch sind diese zur Zeit derart verrußt und verlottert, daß man sie eigentlich weit mehr für die Abbilder Verworfener halten müßte denn als solche von Auserwählten des Paradieses, denen bestimmt ist, den Glorienschein zu tragen.

Es fehlt diesen alten Heiligen hier eine Nase, dort ein Ohr oder gar ein Arm. Die Engel und Cherubim haben ihre Flügel verloren, der Erzengel des Jüngsten Gerichts bläst zwar noch aus vollen Backen, jedoch ohne Trompete. Wahrhaft schrecklich schauen sie also drein, diese vom Zahn der Zeit benagten Antlitze des Himmels. Und man unterstreicht diese Trübsal noch, indem man die verräucherten Statuen mit frischen Blumen schmückt! Der Kontrast beleidigt das Auge. Die Üppigkeit frischer Rosen verleiht den asketischen Heiligen Teufelsfratzen. Als unverzeihlich schlecht entpuppt sich da der Frommen Geschmack; sie verhöhnen die Standbilder, die zu ehren sie trachten...

Was insbesondere die Fassaden von Notre-Dame anbetrifft, sind sie, alles in allem, derart bizarr, daß an ihnen ein jeder genau das an Theologie, Kabbalistik und Alchimie finden kann, was er gerade braucht. Ein Eingeweihter versicherte mir einst, daß in dem grotesken steinernen Pandämonium, das sie bevölkert, der Stein der Weisen verborgen liege. Nur wisse man eben nicht, wo genau in jenem ungeheuern Irrgarten voller Rätsel er sich befinde...

Von den Dachtraufen

Wäre ich so langatmig wie die Zusammenfassungen des Herrn Garat im ›Mercure de France‹, brächte ich keines meiner Kapitel je zu Ende. Da ich aber nicht den Ehrgeiz habe, es ihm an

Länge gleichzutun, meine ich, daß wir jetzt kurz und bündig zu den Dachtraufen übergehen sollten.

Das Wasser, das vom Himmel fällt, verteilt sich ganz von selber; die Dachtraufen indes sammeln es wieder ein, lassen es zu Sturzbächen zusammenlaufen und in dichtbelebte Straßen hinunterplätschern, wo es Kutschböcke überschwemmt, taftene Sonnenstores herunterreißt, Fußgänger bis auf die Haut durchnäßt und das Pflaster unterspült.

Wenn sich die Ströme aus den Traufen wenigstens in die Hinterhöfe ergössen! Aber nein, sie rieseln, pladdern, tosen wie die Sintflut auf das Publikum hernieder; der Sturzbach wird zum Katarakt, und oftmals kreuzen sich die Katarakte beider Straßenseiten. Dabei schwemmt das Wasser erst noch allerhand Ziegelscherben und Mörtelbrocken von den Dächern, und was oben in der Rinne kaum eine Unze wog, vervielfacht sein Gewicht im Fallen. Schützt eure Schädel, Leute, trifft's euch, seid ihr so gut wie trepaniert!

Fast wäre man versucht zu glauben, daß es jemand darauf angelegt habe, Paris ein ganz besonderes Wasserspiel zu bieten; 20 000 Sturzbäche aus je fünfzig Fuß Höhe, ist das etwa nichts? Nur plätschern sie eben leider nicht nur harmlos daher, sondern führen nebst dem schon Erwähnten noch den gesamten übrigen Dreck der Dächer mit sich.

Unter dem Ansturm der Gewitterfluten verbiegen sich diese bleiernen Wasserspeier oder brechen gar ab und stürzen herunter; die aus Holz dagegen sind meist morsch vor Altersschwäche und lassen ihr Naß zu Pfützen zusammenlaufen. Da rette sich, wer kann! Aber wohin? Wie man es auch anstellt, wird man von den so unklug konzentrierten Regenmassen halb erschlagen, und fährt man, widerhallt das Wageninnere derart vom Getöse dieser Wasserfälle, daß man den Blick besorgt zur Decke wendet.

Warum, um Himmelswillen, versieht man denn die Hausmauern nicht mit Rohren, durch die das Wasser gefahrlos abfließen

könnte? Manch einer dieser Katarakte läßt seinen Segen in derart üppigem Strahl herniederprasseln, daß man ihm beim besten Willen nicht entgehen kann. Er durchnäßt Kutscher, Pferde und Lakaien gleichermaßen und bildet schließlich in der Straßenmitte einen regelrechten Fluß. Wohlgeborgen unter den Vordächern, weidet sich das Volk am Anblick der Lakaien, die jedesmal, wenn wieder einer dieser windgepeitschten Wassersäulen droht, den Kopf einziehen und die es doch erwischt, und oft gerade dann, wenn sie schon glauben, durch zu sein. Das Publikum quittiert ihr Pech mit schallendem Gelächter, und die Lakaien tun dann so, als lachten sie mit. Was bleibt ihnen anderes übrig? So, wie sie in diesem Augenblicke sind, nämlich naß wie Suppenklöße, stünde ihnen ihre sonstige steife Arroganz wahrhaftig nicht sehr gut.
Nach dem Gewitter aber sind die Pflasterfliesen unterspült und ohne Mörtel und glatt wie Scherenschleifersteine und bleiben es, bis die Straßenarbeiter kommen und den Schaden beheben.
Aber auch in trockenem Zustand sind diese Dachtraufen kaum weniger gefährlich, als wenn sie Wasser spucken. Die Bewohner der Mansarden und Dachböden mißbrauchen sie in ihrer Bequemlichkeit als Aborte, in die sie ihren ganzen Unrat schütten. Wer denkt, wenn der Himmel blau und das Wetter freundlich ist, schon an Dachtraufen! Nun, ohne jede Vorwarnung und bei schönstem Sonnenschein kriegt Ihr jählings einen Guß ab, und sein übler Duft verrät nur allzu deutlich, womit Ihr da berieselt worden seid. Zum Kommissar zu gehen und Klage zu erheben ist sinnlos; die trübe Brühe ist ja aus der Traufe. Käme sie aus dem Fenster, so erklärt man Euch, wär's natürlich etwas anderes; gebüßt wird nur, wer etwas aus dem Fenster wirft.
Zu alledem spielen diese vorspringenden Rohre auch im Liebesleben eifersüchtiger Kater eine nicht geringe Rolle. Auf solch allzu engem Schlachtfeld verliert indes der Kämpfer leicht sein

Gleichgewicht, und mit gespreizten Krallen saust dann das Vieh auf Euern Kopf hernieder. Glücklich, wer zu den Kapuzenträgern zählt!

Mädchen ohne Heiratschancen

Es gibt davon so viele in Paris, daß in fast jedem Haus auf eine Ehefrau vier unbemannte Jungfrauen kommen. Für die Oberschicht und auch die unteren Klassen ist das Ledigsein nicht weiter schlimm; sie wissen, wie man sich in diesem Falle schadlos hält, doch die Bürgerstöchter sterben fast am Zölibat, und manchen setzt es derart zu, daß sie sich wünschten, nie das Licht der Welt erblickt zu haben. Schuld daran ist das schreckliche Gemisch aus Einbildung, Dummheit und Ehrgeiz, das die bürgerlichen Kreise beherrscht und das bewirkt, daß die Erbin eines Papierwarenladens nicht minder schwer unter die Haube zu bringen ist als eine Königstochter. Bildet sich doch die Frau Ladenbesitzerin allen Ernstes ein, das ganze Universum habe nur ihr Töchterchen im Auge, und sie ist der festen Überzeugung, daß über dessen eventuelle Mesalliance samt Seitensprüngen noch die Historiker der fernsten Zukunft brüten werden. Nur im Volk wird also weiter frisch drauflos geheiratet, denn noch ist dieses frei von jenen strengen Kastenschranken, die der Tochter des Staatsanwaltes die Ehe mit dem Notar verbieten und die zwischen einem Handlungsgehilfen und einem Gerichtsschreiber unüberwindliche Abgründe aufreißen. Ich befürchte freilich, daß die Kluft zwischen dem Goldschmied und dem Schlosser, zwischen dem Öl- und Fetthändler und dem Kerzenmacher bis in alle Ewigkeit erhalten bleiben wird. Doch auf diesen Mißstand stößt man überall in Frankreich, und die Provinzen sind genausowenig frei davon wie die Hauptstadt; allenthalben trennt ein dummer Standesdünkel gerade diejenigen, die sich am nächsten stehen sollten. Eines der großen neuen Übel unserer Tage ist, ohnmächtig zusehen zu müssen, wie so viele Mädchen dazu verdammt sind, ledig zu bleiben, denn abzuhelfen ist dem kaum, da unsere Gesetzgebung nicht Schritt gehalten hat mit all den Wechseln, die unsere Sitten verändert und die Vermögen umgeschichtet haben. Wenn ich es recht erwäge, überkommt mich fast die Lust auf ein neues Buch zu dieser Frage. Sein Titel müßte lauten: ›Ledige Mädchen‹, und sein Inhalt wäre reichlich kurios, denn es würde von den Widersprüchen zwischen den Gesetzen und den Bräuchen handeln, würde sie in aller Klarheit sichtbar machen, wie auch das Unheil, das dem Glück daraus erwächst.

Auf den Malediven-Inseln verheiraten die Väter ihre Töchter sehr früh, weil es, wie man dort sagt, Sünde sei, sie dem Hunger nach dem Manne preiszugeben.

Betrachtet Euch dies Bildnis einer Jungfrau; fast nackt liegt sie in ihrem kahlen Zimmer auf dem ärmlichen Lager, in der Hand einen Brief. Wird sie den, der ihr darin so mancherlei verheißt, der sie verführen will, empfangen? Noch kämpft sie, doch wie lange noch? Sie bedürfte einer Stütze, eines Haltes, eines tugendsamen, starken und begabten Mannes. Greuze hat die Unentschlossenheit in diesem Kupferstich genau erfaßt, doch mit ihr auch den Ausgang solchen Schwankens; der Maler kennt ihn, und er macht kein Hehl daraus, daß im Widerstreite zwischen Armut und Verlockung der Verführer siegen wird.

Bräuchte die Frau keine Mitgift in die Ehe zu bringen, stiege die Zahl der Hochzeitsfeiern ganz erheblich an. Statt ihres Geldes legte dann die Frau all ihren angeborenen Liebreiz auf die Waage, ihre Sanftmut, ihre Tugend, ihre Ehrlichkeit, die Zartheit ihrer Seele, die nie erlahmende Sorge um den Haushalt, und da dies alles noch zuwenig wöge, auch ihre Kinder, die sie selber säugen würde. Wer fühlte sich da nicht zur Ehe hingezogen! Doch noch immer dreht sich alles um die Mitgift,

La maigre
La Graſse.
L'Ardente
La Superbe
La Fringante

welche die Frauen herrschsüchtig macht, Weiberherrschaft indes verweichlicht, entnervt die Seelen, das Talent und den Charakter.

Einquartierung bei Steuerschuldnern

Wer wenig hat, der kann von wenig leben; wehe aber dem, der gar nichts hat! Er ist, egal in welchem Land und unter welcher Regierung, der geborene Sklave. Sein einziger Besitz sind seine Arme, deren Kraft er – sei es an den Staat, sei's an Private – zu bescheidenem Preis vermieten muß, und wenn ich hier behaupte, daß es in Paris 200 000 Menschen gibt, deren Habe jeweils keine fünfzig Taler wert ist, übertreibe ich mitnichten; und dennoch geht das Leben in der Hauptstadt weiter!

Wer seine Kopfsteuer nicht bezahlt, dem schickt der Steuerpächter eine Garnison auf den Hals. Ein Mann in blauer Uniform kommt in die Wohnung, setzt sich an den Kamin, sofern einer da ist, nistet sich beim unfreiwilligen Schuldner ein, führt dabei allerhand Drohreden und spioniert den ganzen Tag herum, ob nicht doch gelegentlich ein Taler eingeht, den man mit Beschlag belegen könnte. Und das auf Kosten des Unglücklichen, der seinem Peiniger für all dies Ungemach noch ein – wohlgemerkt – nicht unerhebliches Taggeld entrichten muß. Oftmals begnügt sich der Blaue allerdings damit, an seiner Statt nur sein Gewehr einzuquartieren und hierauf wieder zu verschwinden, vermutlich, um anderswo weitere Gewehre unterzubringen und sich auf diese Weise mehrere Taggelder auf einmal zu verschaffen. Doch da diese Art von Gaunerei allerhand einbringt, ist stark anzunehmen, daß unser Blauer mit seinen Herren Vorgesetzten unter einer Decke steckt und diesen einiges von seiner Beute abläßt.

Ich kannte einen Arbeiter, den man den Mann mit den vier

Händen nannte, obschon der Ärmste doch nur deren zwei besaß. Dafür hatte er vier Kinder. Er wohnte in einem sechsten Stockwerk, wo er sich mit seiner Familie in einem zum Alkoven umgebauten Kamin eingerichtet hatte. Als ich eines Tages bei ihm eintrat – seine Tür war nur mit einer einfachen Klinke verschlossen, und in seinem Zimmer gab es weiter nichts als kahle Wände und einen Schraubstock –, kroch der Mann halb krank vor Schreck aus seinem Kamin hervor und sagte: »Ein Glück, daß Ihr es seid, ich dachte schon, es wäre die Kopfsteuergarnison!«

Der Leute, die solch bittere Not leiden, sind derart viele, daß man etlichen von ihnen die Kopfsteuer wohl oder übel Jahr für Jahr erlassen muß. Damit man nicht sagen kann, sie seien völlig mittellos, bezahlt mitunter freilich auch das Stadtsäckel für sie.

Das Pariser Wasser und die Spekulanten

Nicht am Nil, diesem befruchtenden, seine Ufer üppig segnenden Strome, liegt Paris, sondern an der Seine, und unsere Chemiker verbürgen sich für deren Sauberkeit. Vor ein paar Jahren war denn auch die Rede davon, ihre Wasser mittels Rohrleitungen in sämtliche Häuser zu führen; man konstruierte eine Feuerpumpe, doch schon bevor sie anlief, hatte sich der Börsenwucher des Projekts bemächtigt. Schleunigst wurde eine Gesellschaft gegründet, und gleich sorgten die Bankiers, die Wechselagenten und die Makler dafür, daß deren Aktien wie durch Zauberei an Wert gewannen. Es war, als fabrizierte diese Feuerpumpe bares Geld. Ein gewisser Chrysologue-Figaro machte sich zum Sprecher der Gesellschaft, womit über deren Gemeinsinn und Vaterlandsliebe eigentlich schon so gut wie alles gesagt ist. Selbst vernünftige Leute kamen anfangs nicht dahinter, wie sich ein Vorhaben, das doch auf weiter nichts als die Verteilung von Wasser abzielte, zu einem derart guten Geschäft auswachsen, ja, etliche Millionen Gewinn abwerfen konnte. Die Spekulanten waren freilich schneller von Begriff, sie schmierten den ahnungslosen Leuten Honig um das Maul, man verhieß jedermann immensen und phantastischen Profit, und je toller man den Schwindel trieb, desto verlockender wurde er. Schon sprach man davon, die Wasserträger allesamt zum Regiment zu schicken, auch kam das Gerücht auf, die öffentlichen Brunnen würden abgeschafft und längs der Seine Zäune errichtet, damit in Zukunft jeder für sein Wasser werde zahlen müssen; nichts war zu absurd, als daß es die Spekulanten in ihrem Rausch der Raffgier nicht wenigstens erwogen und Chrysologue-Figaro veranlaßt hätten, es zu Papier zu bringen.

Derzeit ist die Gesellschaft Tag für Tag dabei, das Pariser Pflaster zugrunde zu richten: sobald irgendwo ein Rohr bricht, wird die Straße auf einer Länge von fünfzig Klaftern aufgerissen, und gerade die verkehrsreichsten Straßen sind dauernd gesperrt; es ist, als wollte man die ganze Stadt der Pflästerung berauben oder als würde sie bombardiert; vor allen Türen sieht man Löcher voller Schlamm; mit einem Wort: die Wasseraktionäre fügen den Straßenbelägen und dem öffentlichen Verkehr den allergrößten Schaden zu.

Wenn immer die Bankiers, Börsenwucherer und Spekulanten ein Projekt in ihre Hände nehmen, ist das Allerschlimmste zu befürchten; bald sieht man es dann in den Klauen einer wüsten Bande von Spielern enden, von Gaunern, die das Publikum erst durch geschickte Drehs betrügen, bis sie schließlich durchschaut sind und der allgemeinen Verachtung anheimfallen. Genauso ging es auch in diesem Falle, und soviel Wasser die Feuerpumpe immer sprudeln lassen mag, den Skandal der Wasserwerksgesellschaft schwemmt sie nicht mehr weg; zu spät kommt die Reue der Geldgeber über die Leichtgläubigkeit, mit der sie kühnen Scharlatanen aufgesessen sind. Außerdem sind Feuerpumpen gefährlich, da sie unversehens explodieren können.

Die dabei entstehenden Verwüstungen sind durchaus vergleichbar mit denen, die ein in die Luft fliegendes Pulvermagazin anrichtet. Dazu kommt, daß das ewige Aufreißen des Pflasters die Straßen verdirbt, sie verschlammen dabei und werden unpassierbar. Zwar verstehen es die Gondelfahrer von Venedig, ihre Barken mit großem Geschick so zu lenken, daß es selbst bei voller Fahrt im dichtesten Gewimmel kaum zu Zusammenstößen kommt; mit den Droschken von Paris indes verhält sich's anders: seitdem die Wasserwerksgesellschaft ganze Straßenzüge aufreißt, häufen sich die Unglücksfälle. So ist denn das, was uns als eine Tat der reinen Vaterlandsliebe gepriesen wurde, zur Wegelagerei entartet. So kommt es, wenn man die Feder einem Chrysologue-Figaro anvertraut!

Die unstillbare Leidenschaft der Pariser, um Geld und mit dem Geld zu spekulieren, hat dazu geführt, daß man den eigentlichen Sinn und Zweck von allem, was man unternimmt, im Gelde sieht. Jedermann zielt nur noch darauf ab, aus der Unwissenheit seines Nächsten Nutzen zu ziehen. So groß ist diese allgemeine Habgier, daß sie wohl ausreicht, eine ganze Generation von Weisen zu verderben, und dies um so eher, als sich die Regierung, indem sie Lotterien betreibt und Leibrenten verkauft, selbst zum Vorbild aller Habgier macht. Ist es da verwunderlich, wenn sich die Raffsucht mit allen zügellosen Leidenschaften sonstiger Art vereint, wenn man, statt zu handeln, spekuliert, wenn man das Geldgeschäft mit produktiver Tätigkeit verwechselt? Der Hauptquell allen Elends ist doch heutzutage dieser üble Handel mit dem Geld. Er korrumpiert sowohl den, der es bietet, wie auch den, der es kauft, weil er sie beide lehrt, wie man ohne eigenes Dazutun, ohne jede Arbeit und einzig durch Beharrlichkeit im Spekulieren zu Vermögen kommen kann!

Falsche Haare

Schaut Euch diese schöne Frau an; beachtet das kunstvolle Gebäude ihrer Frisur, ihr langes, fließendes Haar, bewundert dessen Farbe, Glanz und Eleganz... und laßt Euch gesagt sein: es ist nicht ihr eigenes! Sie hat es sich von den Toten entliehen; was sie für Euch so anziehend macht, gehörte Menschen, die womöglich an irgendeiner schrecklichen Infektion gestorben sind, an einer Krankheit, deren Namen allein schon der Schönen Zartgefühl verletzte, wagte man es, ihn in ihrer Gegenwart auszusprechen. Dennoch ist sie stolz auf ihre fremden Haare, obschon sie dabei Gefahr läuft, sich den schädlichen Kräften, die noch in ihnen stecken mögen, preiszugeben. Man denke dabei nur an die Hals- und Armbänder aus geflochtenem Haar, wie sie unlängst noch getragen wurden! Weil man die Erfahrung machen mußte, daß sie allerhand Ausschläge bewirkten, ist man von ihnen wieder gänzlich abgekommen. Doch die Frauen nehmen lieber lästigen Juckreiz in Kauf, als daß sie auf ihre Frisur verzichten würden. Um allzu starkes Jucken etwas zu beruhigen, bedienen sie sich eines Kratzstäbchens. Dieses aber bewirkt wiederum, daß ihnen das Blut mit Macht zu Kopfe steigt und ihre Augen rötet; doch was tut's! Wer die Schönheit vergöttert, muß auch die Leiden tragen, die sie mit sich bringt.
Abgesehen von den falschen Haaren, gehören zu dieser Art Frisur ein enormer, mit Seegras gestopfter falscher Dutt und ein ganzer Wald von sieben bis acht Zoll langen Nadeln, deren scharfe Spitzen auf die Kopfhaut zielen. Dazu kommen Puder und wohlriechende Pomaden in rauhen Mengen, welch letztere indes bald ranzig zu werden pflegen und dann die Nerven reizen. Auch wird die Haut des Kopfes auf diese Weise am Transpirieren gehindert, was angesichts der Bedeutung dieses Körperteiles höchst gefährlich und bedenklich ist.
Fiele unserer Schönen unversehens etwas auf das hübsche Haupt, müßte sie riskieren, von all den stählernen Spießen, mit

denen es gespickt ist, durchbohrt und durchsiebt zu werden. Legt sich die Dame schlafen, umschnürt sie ihre falschen Haare samt allen darin steckenden Nadeln, Pomaden und künstlichen Farbstoffen mit einem dreifach gewickelten Band, worauf sich der solchermaßen straff verpackte und aufs Dreifache seines ursprünglichen Volumens angeschwollene Kopf auf dem Kissen vollends entzündet. Augenschmerzen, Läusebefall und Entzündungen des Haarbodens sind die unvermeidlichen Folgen dieses maßlosen Hanges zur ausgefallenen Frisur. Nicht einmal im Bett gibt man sie preis, und der falsche Dutt, dieses eigentliche Fundament des kunstvollen Gebäudes, wird oftmals erst dann gewechselt, wenn sein Stoffbezug – ja, ich wage es, dies auszusprechen – vom widerlichen Schmutz, der sich unter diesem brillanten Diadem aus Haaren angesammelt hat, zerfressen ist!

Die meisten Frauen nehmen sich nie die Zeit, ihren Kopf gelegentlich von all dem überflüssigen Krame zu befreien; zu sehr sind die beansprucht von der Jagd nach Lustbarkeiten, zu sehr sind ihre Tage ausgefüllt mit Tafelfreuden, Spiel und Tanz. Zum Schlafen kommt man nie vor zwei Uhr oder drei Uhr in der Früh, und am nächsten Morgen geht dasselbe Leben weiter.

Man untergräbt seine Gesundheit, verkürzt sich das Leben, man verliert die paar Haare, die man noch hatte, man wird von Wallungen, von Zahnschmerzen, Ohrenbeschwerden und Gesichtsrosen heimgesucht, wogegen das Landmädchen, die Bäuerin, die ihren Kopf rein und sauber hält, die nur weißes, gut gespültes Linnen kennt und eine Pomade ohne Wohlgerüche und nur ein einfaches Puder benutzt, von diesen vielen Übeln verschont bleibt, ihre Haare bis ins hohe Alter behält und sie, vom Lauf der Zeiten zwar gebleicht, doch bewundernswerter denn je, noch ihren Urenkeln zeigen kann.

Im übrigen hat die Kunst der Perückenmacher einen nicht mehr zu überbietenden Grad der Perfektion erreicht; ihre Perücken und künstlichen Haartürme ahmen heutzutage die Natur so trefflich nach, daß man sie, gleichgültig, aus welcher Distanz man sie betrachtet, von echtem Haar beim besten Willen nicht mehr unterscheiden kann.

Von der roten Schminke

Diese aufgetakelten Fregatten, die schon über siebzig Lenze zählen und sich noch immer rot bemalen, die ungeachtet ihres Alters stets nach Trubel und Vergnügen gieren, gibt es einzig in Paris. Mögen sie noch so steinalt sein, mag ein Jahrhundert ihr Gesicht gezeichnet haben, ist dieses erst mit einiger Kunst zurechtgemacht, wäre man beinah geneigt, an Seelenwanderung zu glauben. Behaupten doch die feinen Leute, daß man erst mit siebzig in die reiferen Jahre kommt; mit dreiundsechzig gibt man sich noch jugendlich.

Die schauderhaften Liebchen der Fleischersknechte hocken sich, wenn sie ihr Lippenrot ausbessern, auf den ersten besten Eckstein und benutzen dabei Farben, die an Blut erinnern. Dagegen legt das leichte Mädchen aus dem Palais-Royal nur ein sanftes Rosa auf. Die Wahl des richtigen Rouge wird oft zur eigentlichen Staatsaffäre. Die Schauspieler benutzen eines, das nur bei Lampenschein zur Geltung kommt; von nahem betrachtet, sieht es scheußlich aus, fast maskenhaft. Doch das Auge ist daran gewöhnt, und selbst die scheue Agnes spielt nicht ohne Lippenrouge.

Die Damen vom Hof, die im großen Spiel aufs Ganze gehen, geben für dasselbe kleine Töpfchen Schminke, das die Frau von Rang schon für sechs und die Kurtisane für zwölf Francs bekommt, einen goldenen Louis; die einzigen, die nicht darum zu feilschen brauchen, sind die Bürgerinnen, die sich außerdem auch so dezent zu schminken wissen, daß man es kaum wahrnimmt.

Gibt es zwischen einer Herrin und einer Kammerzofe Streit, dann geht's fast immer um das richtige Rouge. Darüber zanken sich die beiden jeden Tag von neuem und sogar mit größerem Nachdruck noch, als wenn es um Frisuren geht, was schon einiges heißen will! Dabei kann es passieren, daß der Schminktopf jäh in Brüche geht, zum Beispiel, weil ein Blick in den Toilettenspiegel etlichen Verdruß bereitet hat. Vergebens hofft man, auf dem Grunde jenes kleinen Topfes den Schmelz der zarten Jugend noch einmal zu finden; Zaubermittel hat er nicht zu bieten. Doch wahrhaft bezaubernd wirken Frauen ohnehin nur dann, wenn sie der Mann verliebten Blickes betrachtet.

Das Café in der Rue des Boucheries

So ihr, meine hochverehrten Leser, das Theater liebt, solltet ihr es tunlichst unterlassen, euern Blick auf das zu werfen, was sich, bevor der Vorhang aufgeht, auf der Bühne abspielt. Ich warne euch davor! Man gerät in eine Art von Höhle, durch deren Düsternis, Gespenstern gleich, in wildem Chaos allerhand Gestalten irren, dicke, dünne, große, kleine, und alle sind sie derart aufgeregt und hektisch, daß man nur mit größter Mühe mitkriegt, wen oder was man da vor Augen hat. Fest steht vorerst nur, daß hier, recht buntgescheckt, Mimen beiderlei Geschlechts und jeden Alters durcheinander wimmeln. Der eine, erst zur Hälfte angezogen, schlüpft voller Hast in Prunkgewänder; sein Fuß steckt noch im abgetragenen Straßentreter, doch gleich wird der dem dickbesohlten Heldenschuhwerk weichen; ein anderer versucht in Flackerlichte eines hinter der Kulisse angebrachten Kerzenstumpfes, sich die Sätze seiner Rolle nochmals einzuprägen, grimmig grimassiert er vor sich hin, doch sein Gedächtnis rebelliert, wehrt sich gegen Worte, deren Sinn ihm unverständlich bleibt. Drüben werden vor den Resten

eines Spiegels hurtig und nicht ohne Lärm gewisse Schritte und besondere Gesten eingeübt; immer wieder schnellt ein Leib hoch, geht zu Boden, fängt sich behende auf und springt von neuem. Daneben thront auf einem arg verschlissenen Sessel die Königin von Karthago. Doch ihr Gefolge läßt zu wünschen übrig, nur ein kleiner und obendrein erst halb geschwärzter Negersklave steht bei ihr und schaut sie an und grinst. Augustus schminkt sich noch, gerät dabei zu nahe an den stinkenden Docht der Lampe und sengt seinen Kranz aus falschem Lorbeer an. Orosman dagegen rüstet seinen Gürtel mit dem Stahle, der die schöne, tugendsame Zaïre durchbohren wird, und erzählt ihr Witze oder liefert schnell noch eine Parodie der Schreckenstat. Gleich wird man in Corneilles oder Racines göttlicher Sprache miteinander reden, doch bis es soweit ist, bleibt man per du, verulkt sich gegenseitig und reißt Zoten.
Indes, was ist dies alles gegen das, was sich jedes Jahr vor Pfingsten in einem kleinen Café abspielt, gelegen an der Rue des Boucheries zu Paris! Stellt euch alle Schauspieldirektoren der Provinz auf einem Haufen vor, herbeigeeilt zu einer Art von öffentlichem Markte, auf dem sie alles finden, was sie brauchen, um ihre Ensembles zu erneuern, denn nicht nur sie sind nach Paris gepilgert, sondern ebenso auch die, welche voller Majestät das Tannenholz der Bühnen strapazieren. Sie kamen scharenweise und von allen Seiten, um sich zu verkaufen, um engagiert zu werden. Zu haben sind: die Kaiserin voller Edelmut; die Geliebte, die sich auf gespreizte Ziererei versteht; der ehrwürdige Alte, der sich vor allem deshalb in der richtigen Charge wähnt, weil seine Stirne kahl und seine Stimme heiser ist und ihm die Hände zittern; der unverschämte Diener, dem die Rolle, die er spielt, schon im Gesicht geschrieben steht; der ergebene Vertraute, der meist genauso schlecht wie unnütz für das Stück ist; der jugendliche Liebhaber, der, obzwar schon reichlich angejahrt, noch immer glaubt, das Feuer und die Anmut seiner Jugend zu besitzen. Das Gemisch ist also ziemlich kunterbunt;

man kennt sich und erkennt sich wieder, und ein jeder Mime sucht den andern auszustechen, ein jeder schneidet auf mit seinen Bettgeschichten und fühlt sich allen andern überlegen. Das große Wort führt hier die Mittelmäßigkeit; sie bläht sich mächtig auf und brüstet sich, spreizt sich mit dem Dünkel und der Dummheit eines Pfaus im Hühnerhof, erzählt der Schar der Gänschen, die sich um sie drängen, von Beifallsstürmen, eingeheimst in irgendeinem gottverlassenen Nest am Rand des Königreichs, wo man kaum ein Wort Französisch spricht. Die Kaiserin geht für hundertvierzig Livres im Monat weg, und der Vertraute stöhnt, daß er nur fünfundsechzig wert ist und dazu noch den Souffleur wird machen müssen. Kurzum, vereint ist da in hellen Haufen jenes Volk, das sich berufen fühlt, auf den Bühnen unseres Landes Sprache und Theaterstücke, Anstand und Geschmack zu malträtieren, und das dafür noch tosenden Beifall ernten will.
Das Jubelgeschrei der Freunde, die sich wiedersehen und sich mit einer Leidenschaft umarmen, die genauso künstlich ist wie jene, die sie auf der Bühne vorzutäuschen suchen, der hingegen durchaus echte Groll und heimliche Neid, mit dem sich alte Feinde hier belauern, die Schönlinge, die sich wunder was auf ihren wohlgebauten Leib einbilden und denen dürre, alte Komödiantenweiber schöne Augen machen, die halb unterdrückten Flüche, mit denen man die Direktoren und das Publikum verwünscht, erstere, weil sie so geizig sind, letztere, weil es zu wenig geizt mit Pfiffen – all das zusammen gibt ein Schauspiel ganz besonderer Art, viel frischer, amüsanter und erbaulicher als alles, was dies Völkchen sonst zum besten gibt.
Den einen hat ein Fuhrwerk aus dem Norden hergebracht, mit der nächsten Post wird er nach Süden fahren. Den andern, der geradewegs aus Marseille kommt, verschlägt's nach Strasbourg. Wie es der Zufall will, geraten sie bald da-, bald dorthin; sie unterschreiben den Vertrag, um ihn zwei Stunden später, sei es aus Laune, sei es unter Zwang, zu brechen; abwechselnd wird

geschimpft, geschmeichelt und gegiftet, man feilscht, man unterbietet sich, man läßt sich wie die Hühner auf dem Markt verschachern.

Das Café überbordet schier von diesen edlen Instrumenten der Theaterkunst. Sie drängen sich in dichten Trauben, und wer drinnen keinen Platz mehr findet, der wartet draußen vor der Tür im Rinnstein. Einer von ihnen trägt noch immer Teile des Kostüms, in dem er unlängst auftrat, nur paßt die oft geflickte Hose nicht so recht zu seiner reichgeschmückten Galaweste, und auch sein Schuhwerk ist zerrissen. Und mitten im Gewühl die Direktoren, eifrig bemüht, sich gegenseitig die Mimen abzuhandeln; es geht auf dieser einzigartigen Börse in der Tat genauso seltsam zu wie auf Geflügel-, Rinder- oder Schweinemärkten. Die Direktoren streichen denen, die sie billig haben möchten, um den Bart und versprechen ihnen, um sie weichzukriegen, reichlich Vorschuß. Ist dann aber endlich alles abgemacht, stellt sich heraus, daß da noch jemand mit in Kauf genommen werden muß, nämlich die zum Angeheuerten gehörige Geliebte. Als Schauspielerin taugt die Dame zwar recht wenig, doch wehe dem Direktor, der es wagen sollte, von Trennung zu reden; sie würde ihm mit ihren Krallen das Gesicht zerkratzen.

Da sind sie also, diese Komödianten, die mit ihren fünfzehn oder zwanzig Rollen im Kopf der felsenfesten Überzeugung sind, daß sie in Sachen Kunst nichts mehr zu lernen hätten, und wenn man sie darüber reden hört, könnte man wirklich beinah glauben, daß sie ungeheuer viel davon verstünden. Zurück bleibt, wenn die wichtigsten Provinzensembles komplettiert sind, nur der Abschaum, und dieser Abschaum, meine lieben Freunde, wird nun zu den Wanderbühnen gehen, vom Schicksal dazu auserkoren, das Volk zu unterhalten. Noch ist jedoch der Markt in vollem Gange, und in dem Gewoge gibt es kein Gefühl, das nicht seinen Ausdruck fände in den Gesichtern dieses Volks der Komödianten, das alle Städte von Europa kennt und gerade deshalb auch mit allen Lastern, die nur denkbar sind, geschlagen ist. Da sind sie nun gewählt, gewogen und gehandelt worden, all die Männer und Frauen, die uns auf den Brettern der Provinztheater das Abbild unserer Leidenschaften bieten werden und deren Beruf es ist, in uns, indem sie uns des Mitleids süße Tränen entlocken oder uns zum Lachen bringen, die Sehnsucht nach der Tugend wachzurufen. Verirrt sich aber, sei es aus Neugier, sei's durch Zufall, einer der großen hauptstädtischen Mimen in den Haufen, hat er für diese Leute bestenfalls ein kaltes, geringschätziges Lächeln übrig; kein Bischof könnte einen kleinen Dorfkaplan derart herablassend behandeln wie er seine Kollegen. Was jedoch die Sängerinnen anbetrifft, so ist zu sagen, daß sie ihrer Rarheit wegen immer hochmütiger werden; sie sind schon beinah unerschwinglich. Die Koloratursängerin übertrifft in dieser Hinsicht Melpomene und Thalia bei weitem. Meist ist sie auch jünger, besser gekleidet und trotz der großen Zahl ihrer Anbeter in ihren Sitten strenger.

Für alle Unbequemlichkeiten, wie auch für sämtliche Erniedrigungen, die der Schauspielerberuf mit sich bringt, halten sich die Komödianten durch einen freien, lockeren Lebenswandel schadlos. Das ist es, was sie gegen Pfiffe unempfindlich macht; für die Despotie des Publikums wissen sie sich allemal durch freche Zügellosigkeit zu rächen.

So also ist's um dieses Volk bestellt, das das Wort von Dichtern, die der Stolz der Nation sind, zum Erklingen bringt, das dazu berufen ist, die Schöpfung des Genies auf der Bühne zu vollenden und ihr zu ihrem Ruhme zu verhelfen. Ausschwärmend aus dem Café an der Rue des Boucheries, wird es sich in Kürze wieder übers ganze Land verteilen und bald in dieser, bald in jener Stadt unsterbliche Meisterwerke inszenieren, Werke, die es als sein Eigentum betrachtet, denn sie sind sein täglich Brot. Doch ist es denen, die sie ihm gespendet haben, wenig dankbar für die Gabe; in ihrer Habgier pflegen die Ensembledirektoren die neuen Stücke grausam und geschmacklos zu verstümmeln und zu kürzen. Am liebsten sind ihnen zudem jene Stücke, die sie nichts kosten; von ihnen haben sie die höchste Meinung. Umgekehrt verliert in ihren Augen auch das beste Drama seine Qualität, sobald sein Autor eine Kleinigkeit, und sei sie noch so winzig, daran mitverdienen möchte.

Insubordination

Seit mehreren Jahren schon geht sie im Volke um, am stärksten jedoch ist sie unter den Handwerkern spürbar. Die Lehrlinge und die Gesellen geben sich freier als früher; sie lassen es ihren Meistern gegenüber am Respekt fehlen, mißachten mehr und mehr die alten Bräuche und gründen sogar Vereine, was gesetzwidrig ist. Weshalb hält ein Schiff unter vollen Segeln seinen Kurs? Doch nur, weil sich ein jedes Mitglied der Besatzung dem Gehorsam unterzieht, weil ein jeder tut, was man ihm befiehlt. Nicht anders als das Schiff bedarf auch das Gewerbe vieler Hände und damit einer Ordnung, ähnlich jener, die an Bord herrscht, und daher sollte man den Arbeitern, ohne deshalb gleich die persönliche Freiheit des einzelnen anzutasten, all die Flausen, derer sie sich neuerdings erdreisten, doch schleunigst wieder austreiben.

Wenn ich früher eine Druckerei betrat, lüfteten die Gesellen den Hut. Heute starren sie einen nur noch grinsend an, und kaum dreht man ihnen den Rücken, hört man auch schon, wie sie über einen reden und herziehen, und zwar auf eine Art und Weise, als wäre man ihresgleichen.

Alle Buchdrucker werden Euch bestätigen, daß ihnen die Arbeiter heutzutage auf der Nase herumtanzen und sich gegenseitig zum Ungehorsam anstiften; sie haben die Druckereien in regelrechte Tabakskollegien umgewandelt und setzen die

Liefertermine selbst nach Lust und Laune fest, wenn es um Werke geht, die aus einem bestimmten Anlaß geschrieben wurden und daher zu einem festen Zeitpunkt fertig sein sollten.
In allen Gewerben hört man die Meister darüber klagen, wie sie von ihren Gesellen schmählich im Stich gelassen würden und daß sich diese zusammenschlössen, um dem, der sie bezahlt, ihr eigenes Gesetz aufzuzwingen, wobei sie weder vor unverschämten Reden noch vor beleidigenden Briefen zurückschrecken, ganz als könnten sie sich einfach alles ungestraft erlauben. Falsch verstandene neue Ideen haben das solide Fundament, auf das Gewerbe und Handel – sollen sie gedeihen – nun einmal angewiesen sind, schwer erschüttert und dazu geführt, daß Nachlässigkeit und Schlamperei einreißen; in ihrem Drang, die Woche rasch hinter sich zu bringen, haben die Gesellen nur noch eins im Sinn: mit ihrer Arbeit möglichst schnell fertig zu sein.
Zu Neujahr lassen sämtliche Friseurgehilfen ihre Meister einfach sitzen und wechseln die Stellung. Genau dasselbe geschieht in etlichen anderen Zünften; hat der Geselle sein Neujahrsgeschenk erst in der Tasche, sieht man ihn sobald nicht wieder; wo und bei wem er Arbeit nimmt, ist ihm egal. Vom Meister hält er ohnehin nicht viel, für ihn zählt einzig und allein der Lohn.
Man hat den Bürgerstand gedemütigt, ihn Schritt für Schritt seiner Privilegien beraubt; ausgerechnet mit dem Bürgerstande, der doch soviel Leben in die Kapitale bringt, springt man um wie mit dem letzten Dreck, und die Folge davon ist, daß nun die unteren Schichten alles überschwemmen, daß sie anfangen, in allen nur denkbaren Berufen herumzumurksen und dabei für den Schund, den sie bieten, nicht minder hohe Preise fordern. Überhaupt ist auf die Arbeitskräfte kein Verlaß, überall schludert, überall pfuscht man. Dazu machen die Gesellen immer öfter blau, und die Lehrlinge sind schon gar nicht mehr zu zügeln. Und dann diese Friseurgehilfen, die den Schöngeist markieren, dieweil sie ihre Kundschaft bedienen! Irgendwo haben sie

de

durch Zufall ein paar Worte aufgeschnappt, und die geben sie nun ohne Sinn und Verstand wieder von sich, wobei sie auch noch aufs gefährlichste den Lehrlingen den Kopf verdrehen. Selbst die fühlen sich ja, kaum daß sie ihre erste Perücke aufhaben, schon als kleine Bourgeois und rebellieren heimlich gegen ihre Meister, sitzen über sie zu Gericht und gehen mit ihnen wie mit Feinden um!
Dieser Geist der Unbotmäßigkeit hat mittlerweile derart Fuß gefaßt im Volke, daß man – und dies ist meine Voraussage – schon in Bälde das Schlimmste zu befürchten haben wird.

NACHWORT

Der Fußgänger von Paris

Versuch über die Unsterblichkeit des Louis Sébastien Mercier

›Die Gegenwart geht
mit der Zukunft schwanger.‹
Leibniz

Wohl wurde Louis Sébastien Mercier im Jahre 1795 ins Institut de France, die reorganisierte Académie française, berufen und damit sozusagen von Amts wegen immortalisiert (denn die Mitglieder jenes Olymps erlauchter Geister pflegte man als die ›Unsterblichen‹ zu apostrophieren), doch wie lange währt Unsterblichkeit?

Fest steht: als Mercier 1814 starb, war er schon halb vergessen. Der letzte karge Auswahlband, zusammengestellt aus Bruchstücken seines zwölfbändigen Hauptwerkes, erschien 1853. Aber nicht nur die Verleger, auch die Fachgelehrten wußten nach 1800 nicht mehr viel mit Mercier anzufangen. Die Zahl der wissenschaftlichen Arbeiten, in denen sein Name vorkommt, ist gering, und die Aufsätze und Bücher, die sich speziell mit ihm befassen, machen nicht einmal das Dutzend voll. Allerdings fällt auf, daß sie in der Mehrzahl neueren Datums sind: alle bis auf drei erschienen zwischen der Jahrhundertwende und 1968. Ganz so vergessen, wie es den Anschein hat, ist Mercier demnach doch nicht. In schöner Regelmäßigkeit stolpert immer mal wieder einer über ihn, gerät in seinen Bann und beginnt zu graben. Wonach? Merciers 50 Dramen scheiden aus. Sie sind wohl schon zu lange nicht mehr spielbar. Und seine Dramaturgie, die einst so heiß umstrittenen Schriften zum Theater? Nun, wir werden sehen.

Was gibt es noch? Den utopischen Roman ›Das Jahr 2440‹ und das ›Bonnet de Nuit‹, eine Auswahl philosophischer Essays. Beide unter dem Stichwort ›Spätaufklärung‹ abgelegt, beide

längst erloschen und verstaubt, und dies zu Recht; andere formulierten die darin enthaltenen Hauptgedanken nicht nur brillanter, sondern auch präziser.
Bleiben noch die 1049 Kapitel des ›Tableau de Paris‹. Sie sind es, die immer wieder Romanisten dazu verführen, sich mit Mercier zu befassen. Doch werden sie ihm dabei auch gerecht? Selten genug. Was wahrscheinlich daran liegt, daß gerade die wichtigsten Mercier-Forscher bisher meist aus dem wohlgeordneten Reich der sogenannten großen Prosaliteratur in Merciers seltsame Skizzengalerie gekommen sind, den aufgeräumten Kopf voller Schubladen, für jede traditionelle, anerkannte Gattung eine: hier der Roman, dort die Stapel der Memoiren, für den Essay ein besonderes Fach und noch eines für die Erzählung ... Das ›Tableau‹ aber wollte partout in keines dieser hübschen Kästchen passen. Dies mag auch erklären, weshalb so mancher, der es an sich ganz gut mit Mercier meinte, dessen tausend und mehr Pariser Kapitel schlicht als Kuriosität abstempelte und sich damit begnügte, noch dies und das über deren Anmut, Reiz und Einmaligkeit hinzuzufügen.
Mercier einmalig? Also ein unwiederholbarer literaturgeschichtlicher Zwischenfall, eine Art literargenetische Mutation ohne weitere Folgen von Belang? Welch ein monströses Mißverständnis! Wenngleich ein erklärliches. Denn fast alle, die sich bisher um Mercier bemühten, haben ihn mit der Elle gemessen, die ihnen zu Gebote stand, mit der eines bildungsbürgerlichen, also elitären Literaturverständnisses! Das mußte natürlich schiefgehen, konnte nur mit Merciers Verbannung ins Abseits der ›Einmaligkeit‹ enden. Dorthin aber geriet er in Wahrheit vor allem deshalb, weil er es als erster gewagt hatte, die unmittelbare soziale Realität einer verrotteten Klassengesellschaft umfassend, also in ihrem kruden Alltag und mitsamt allen Nöten und Leiden der Erniedrigten, zum Gegenstand der Literatur zu erheben. Nicht weniger als 2400 eng bedruckte Seiten füllte er prall mit handgreiflichen, weitgehend unverklärten und alles

andere als ›verdichteten‹ sozialen Wirklichkeiten, mit förmlich hör- und riechbaren Fakten aus einem Hier und Heute, das so manchem seiner Zeitgenossen – und nicht nur diesen! – zu laut in den Ohren dröhnte und gar zu scharf in die Nase stach. Aber was fast noch schlimmer ist: er tat es – horribile dictu! – mit einer sehr konkreten operativen Absicht; er schilderte die Wirklichkeit nicht um ihrer selbst willen, sondern um sie zu verändern! Mit einem Wort, Mercier war der Begründer eines neuen Genres: der voll und ganz dem Authentischen, Nachprüfbaren verpflichteten sozialkritischen literarischen *Reportage*! Und nicht nur das. Zugleich war er der erste, der diese scharfe Waffe bewußt parteilich handhabte, sie systematisch und erfolgreich dazu einsetzte, eine überholte Gesellschaftsordnung sturmreif zu schießen und so zu ihrem Sturze beizutragen.
Nun haben aber Leute, bei denen die ›eigentliche‹ Literatur mit der Fiktion anfängt und mit dem esoterisch ›Erhabenen‹ und ›Ewigen‹ aufhört, begreiflicherweise mit der Reportage nicht viel im Sinn. Deren konsequente, robust-sinnliche Wirklichkeitsbezogenheit ist für sie zu starker Tobak. Von solch derbem Stoffe lassen sie lieber ihre Finger, indem sie ihn, wie gesagt, als ›Kuriosität‹ abtun. Daß sie damit nicht nur Mercier selber einen denkbar schlechten Dienst erweisen, sondern zugleich auch eine ganze literarische Gattung unter den Teppich kehren, nehmen sie, soweit es ihnen überhaupt bewußt wird, in Kauf. Beweis: nur in einer einzigen von sieben oder acht in diesem Jahrhundert erschienenen größeren Mercier-Studien spielt der Begriff ›Reportage‹ eine Rolle, und auch da nur verklausuliert und beiläufig, als hafte ihm etwas Anrüchiges, Unseriöses an. Dabei zählte Mercier – eben weil die 1049 Kapitel seines ›Tableau‹ größtenteils ausgewachsene literarische Reportagen sind – immerhin zu den meistgelesenen Autoren seiner Epoche!
Nein, ›einmalig‹ ist Mercier wahrhaftig nicht! Dazu sind ihm auf dem Weg, den er als erster beschritten hat, inzwischen zu viele andere gefolgt. So sein direkter geistiger Erbe, der 1772 in

Paris geborene Paul Louis Courier, so Heinrich Heine, Arthur Hollitscher, Lincoln Steffens, John Reed, Larissa Reisner, Egon Erwin Kisch, Michail Kolzow und Agnes Smedley, um nur einige wenige zu nennen!

Wie aber wird man zum Begründer eines literarischen Genres, dazu eines derart explosiven? Welcher persönlichen Eigenschaften, welchen sozialen und familiären Hintergrundes bedarf es dazu? Und vor allem: wie muß die Epoche beschaffen sein, in der einem solches gelingt?

Louis Sébastien Mercier kommt am 6. Juni 1740 in Paris zur Welt. Seine Eltern sind der aus Metz stammende Waffenmacher Jean-Louis Mercier und Elisabeth-Andrée Lebas, die Tochter eines Maurermeisters. Er entstammt also der Schicht, die er selber später in seinen Schriften als ›le peuple‹, das Volk, bezeichnen und die während der Französischen Revolution als der ›dritte Stand‹ Geschichte machen wird. Noch hat sich indes dieses relativ wohlhabende städtische ›Bürgervolk‹ nicht als Klasse organisiert, noch hat es kein eigenes bourgeoises Bewußtsein entwickelt und sich auch noch nicht scharf und deutlich von der großen Masse des übrigen, des eigentlichen Volkes abgegrenzt, von den Besitzlosen: den Gesellen, den Lohnarbeitern, den Heeren der niederen Verwaltungsangestellten und Handlungsgehilfen, den Marktleuten und Lumpenproletariern. Wie sollte es denn auch, solange sämtliche Schichten und Gruppierungen des dritten Standes gleichermaßen unter totaler politischer Rechtlosigkeit zu leiden haben, ein und derselben absolutistischen Willkür ausgeliefert sind? Diese Willkür erzwingt vorerst noch einen gewissen Zusammenhalt, der die Gegensätze verwischt, einen Teilkonsens, der in manchen Bereichen des Lebens über alle herkömmlichen ständischen, aber auch über die sich bereits neu herausbildenden ökonomischen Barrieren hinwegreicht. Vor allem jedoch erzeugt die feudale Selbstherrlichkeit der Oberschicht ein alle Unterdrückten umfassendes Solidaritätsgefühl, dessen großes kollektives Fernziel

die Beteiligung dieses noch undifferenzierten ›Volkes‹ an den Geschäften der Regierung und des Staates, kurz, die politische Emanzipation ist.
Wie und wovon lebt es um 1740? In der Hauptsache noch vom Handwerk. Wohl hat die Industrialisierung schon begonnen, ist indes noch nicht sehr weit gediehen. Im Norden sind die ersten großen Bergwerks- und Verhüttungszentren gerade erst im Entstehen begriffen, und im Süden, in Lyon, fangen die Seidenweber an, sich zu organisieren. Sie werden durch härteste Ausbeutung und tiefstes Elend 1744 zur offenen Rebellion getrieben. Die daraus resultierenden blutigen Zusammenstöße werden als der erste proletarische Aufstand in die Geschichte der Klassenkämpfe eingehen. Es ist anzunehmen, daß in Merciers Kindheit oft von ihm die Rede war.
Merciers Eltern leben in bescheidenem Wohlstand. Der erhalten gebliebene Heiratskontrakt des Waffenmachers Jean-Louis Mercier bezeugt es. Unter dem Datum des 24. August 1739 werden sämtliche Habseligkeiten der eben gegründeten Familie aufgeführt: eine mäßige Summe baren Geldes, Möbel, Waren. Auch Merciers Mutter ist nicht mittellos: von ihrem Vater hat sie mehrere Häuser sowie verschiedene Guthaben geerbt. Und was die liebe Verwandtschaft anbetrifft, so setzt sich diese in der Hauptsache aus kleinen Kaufleuten, Beamten, Geistlichen, Goldschmieden, Advokaten und Bauunternehmern zusammen.
Merciers Mutter stirbt am 30. Juli 1743, nach der Geburt ihres zweiten Sohnes, Charles-Andrée, der sich als geschickter Grafiker und Bilderhändler einen Namen machen wird. Das Inventar, welches man damals aufnimmt, bestätigt noch einmal, daß die Merciers zwar gewiß nicht reich, aber auch nicht arm sind; da ist von mehreren guten Kleidern, von Spitzen und Schmuckstücken, vom Haushaltsilber und von Leuchtern die Rede. Andererseits wohnt man sehr beengt. Das am Quai de l'École, mitten in einem volkstümlichen Quartier gelegene

Häuschen der Familie ist winzig; alles spielt sich in zwei Zimmern ab.

In den Tagen, da der kleine Louis Sébastien mit anderen Handwerker- und Arbeiterkindern auf dem Quai de l'École spielt, gärt es im dritten Stand bereits erheblich. Wer immer ihm angehört, ob vermögend oder nicht, stöhnt unter der Last der Steuern, der Zölle und der Teuerung. Es steht schlecht um Staat und Wirtschaft, das ist überall zu spüren, und weshalb es schlecht steht, ahnt man bereits, selbst wenn die Bücher, welche die Wurzeln des Übels bloßlegen und das große Unbehagen in politische Bahnen lenken werden, zum größten Teil noch ungeschrieben sind.
In Merciers Kindheit zählt Frankreich rund 25 Millionen Einwohner. Sie werden beherrscht und ökonomisch ausgepreßt von etwa 270 000 Adligen und klerikalen Privilegierten, zu denen sich etliche gerade in den Adel aufgestiegene großbürgerliche Geldleute gesellen. Der Boden Frankreichs steht zu einem Fünftel im Besitz der Krone, zu einem weiteren Fünftel gehört er den Feudalherren, abermals zwanzig Prozent von ihm haben sich die großbürgerlich-kapitalistischen Neureichen angeeignet, und noch einmal zehn Prozent unterstehen dem Klerus, sind Eigentum der Bistümer und der viertausend Klöster, in denen an die 60 000 Mönche und Nonnen ein weitgehend unproduktives Leben führen. Mit anderen Worten: Etwas mehr als ein Prozent der Bevölkerung verfügt über fast drei Viertel allen Ackerlandes und finanziert aus dessen Erträgen einen Großteil ihres höchst aufwendigen Lebensstils. Dazu kommt, daß diese Rieseneinkünfte praktisch steuerfrei sind, was bedeutet, daß die Bauern und der städtische dritte Stand also nicht nur die Oberschicht, sondern dazu noch den gesamten ungeheuer aufgeblähten und dementsprechend schwerfälligen, verschwenderischen Staats- und Verwaltungsapparat zu finanzieren haben!

Doch noch schwerer als diese ungeheure Last wiegt wohl ein anderes Ärgernis: die Oberschicht läßt sich von den produktiven Teilen des Volkes fast ohne jede Gegenleistung aushalten. Ihre ursprünglichen gesellschaftlichen Obliegenheiten, etwa die politische und wirtschaftliche Verwaltung von Provinzen und Lehen, die hohe Gerichtsbarkeit, die Wahrung der öffentlichen Sicherheit etc., hat sie im Zeichen der absolutistischen Zentralisierung der Staatsmacht Zug um Zug an die königliche Regierungsbürokratie abgeben müssen, so daß ihr schließlich – ungefähr ab Mitte des 17. Jahrhunderts – nur noch eine Funktion verbleibt: das Kassieren. Dies freilich besorgt sie nach wie vor mit äußerster Gründlichkeit, wenn auch meist aus sicherer Distanz. In ihrer Mehrzahl sitzen nämlich die adligen und klerikalen Feudalherren längst nicht mehr auf ihren Gütern, sondern überlassen deren Verwaltung irgendwelchen Beamten und verbringen ihre Tage unbeschwert in Versailles, was entscheidend dazu beiträgt, daß sie von den Bauern und vom dritten Stand schon verhältnismäßig früh als das erkannt werden, was sie wirklich sind: als absolut nutzlos gewordene Parasiten! Der Marquis von Mirabeau, der Großvater des turbulenten und berühmten Mirabeau der Französischen Revolution, notiert bereits zu Beginn des 18. Jahrhunderts in seiner ›Abhandlung über die Bevölkerung‹ voller Bitternis und Grimm: ›Der einstige ländliche Adel verbrachte viel Zeit beim Weinglas, schlief auf alten Fauteuils oder elenden Betten, bestieg vor Tagesanbruch das Pferd, um sich auf die Jagd zu begeben, kam um Sankt Hubert zusammen, um sich erst nach Sankt Martin zu trennen. Dieser Adel führte freilich ein heiteres, abgehärtetes Leben, verursachte dem Staate wenig Kosten und brachte ihm dadurch, daß er zu Hause wohnte und sich mit seinem Dünger abgab, mehr ein, als wir ihm heute mit unserem Geschmack, unserer Wissenschaft, unserer Kolik und unserer Migräne einbringen... Man weiß, daß die Bauern die Manie hatten, ihren Herren fortwährend Geschenke zu machen. Ich habe diese

Gewohnheit überall aufhören sehen, und zwar geschah dies mit vollem Recht. Die Herren sind den Leuten zu nichts mehr nütz, und es ist ganz begreiflich, daß sie von ihnen vergessen werden, wie sie selbst ihre Leute vergessen haben ... Da jedermann den Herrn fern weiß, plündert ihn jedermann, und damit geschieht ihm recht!‹
Zurück in der Provinz bleiben lediglich die Krautjunker, deren Einkünfte dem aufwendigen Lebensstil von Versailles nicht gewachsen sind.

Vater Mercier scheint mit seinen Söhnen ziemlich viel im Sinn zu haben. Er schickt sie – mag es noch soviel kosten – in die besten, seinem Stande überhaupt zugänglichen Schulen, unter anderem ins Collège des Quatre Nations. Außerdem läßt er ihnen beizeiten gesellschaftlichen Schliff beibringen. Louis Sébastien jedenfalls muß bereits mit zehn Jahren die erste Menuettlektion über sich ergehen lassen. Sie wird, wenn man dem späteren Verfasser des ›Tableau‹ trauen darf, zum folgenschwer-heiteren Prägungserlebnis. Schuld daran ist das grotesk gespreizte Gehabe des Tanzmeisters, eines gewissen Monsieur Cupis: ›Als er kam, um mir die erste Menuettlektion zu erteilen, war er sechzig, ich war zehn, und ich war ebensogroß wie er. Er zog aus seiner Tasche eine winzige Geige, reichte mir den Arm, ließ mich einen Kratzfuß machen, doch statt mir das Tanzen beizubringen, lehrte er mich das Lachen: Es war mir einfach unmöglich, die Schlitzäuglein dieses Herrn Cupis, seine Perükke, seine Weste, die ihm bis zu den Knien reichte, seinen Anzug aus besticktem Samt zu sehen, seine burlesken Versuche, aus mir einen Tänzer zu machen, hinzunehmen, ohne dabei vor Lachen eine geschwollene Milz zu bekommen. Sosehr er sich abmühte, nie schaffte er, daß ich mich nach den schrillen Tönen seines Instruments bewegte; stets kämpfte ich mit der Versuchung, ihm über den Kopf zu hüpfen. Abends schilderte ich Herrn Cupis meinen Kameraden von Kopf bis Fuß; ohne ihn wäre ich niemals Schriftsteller geworden: Er war es, der den Keim, aus dem später das ,Tableau de Paris' erwuchs, in mir zum Leben erweckte. Ich mußte seine groteske Physiognomie, seine kurzen Arme, seinen spitzen Schädel einfach schildern, und von jener Zeit an begann mir das Beschreiben Spaß zu machen.‹

Genauso exakt schildert Mercier auch seinen ersten Präzeptor, den Vater Toquet, der ihm das Schreiben und ein bißchen Latein beibringt. Dieser und die weiteren Lehrer bleiben ihm freilich in nicht eben guter Erinnerung. Nach der Revolution von 1789 als die autoritären Unterrichtsmethoden neuen, mehr nach Rousseau ausgerichteten Prinzipien weichen müssen, schreibt er: ›Wir waren nie so glücklich wie die Heutigen... zusammengequetscht in engen, dunklen Zimmern ohne Luft, durften wir nicht einmal richtig tief Atem holen, geschweige denn, uns bewegen oder die Augen von unserem Schulbuch heben; und wenn die Stimme unseres ABC-Doktors erklang, zitterten wir an allen unsern kleinen Gliedern. Über unsern Köpfen schwebte die Peitsche. Die einzigen Laute, die wir von uns gaben, waren Schmerzensschreie... Wer eines jener Internate gesehen hat, hat alle anderen gesehen. Überall lernten die Kinder als erstes die Langeweile...‹

In besagten Internaten wurden die Schüler vom neunten Lebensjahr bis zur Universitätsreife behalten. Wo immer Mercier auf seine Schulzeit eingeht, reagiert er deutliche und zweifellos berechtigte Haßgefühle ab. Es hagelt in diesen dumpfen Schulstuben Körperstrafen. Man stopft die Schüler mit Griechisch, Latein und Klassik voll, mehr wird nicht geboten. Die Folgen dieses allzu einseitigen Lehrprogramms lassen sich denn auch deutlich an Merciers Frühschriften ablesen. Sie wirken gestelzt, sind hoffnungslos mit klassizistischem Bildungsballast überladen und völlig weltfremd, also absolut ungenießbar. Wieviel Mühe es Mercier kosten wird, derlei Verbildungen wieder loszuwerden, deutet er später selber an, wenn er sagt: ›,Die Deka-

den‹ des Titus Livius verstopften mein Gehirn während der ganzen Schulzeit derart gründlich, daß ich in der Folge viel Zeit benötigte, wieder Bürger meines eigenen Landes zu werden... Ich brannte darauf, einen Tragödienzyklus über den Lebensweg Cäsars zu schreiben, und erst seit einigen Jahren hat mich – ich weiß nicht welcher guter Geist – wieder zum Franzosen und zum Bewohner von Paris werden lassen.‹
Glücklicherweise verschlingen die Schüler des Collège des Quatre Nations allerdings nicht nur Livius und Cäsar, sondern mit weit größerer Gier noch ganz andere Bücher! Bücher, die auf ihre Epoche wirken wie Dynamit.

Da gibt es einen Montesquieu. Er ist 51 Jahre alt, als Mercier zur Welt kommt, und sein erstes Hauptwerk, die ›Persischen Briefe‹, eine bissige Satire auf die herrschende Staats- und Gesellschaftsordnung, ist zwar bereits seit neunzehn Jahren auf dem Markt, aber trotzdem nach wie vor in aller Munde. Fast noch größeres Aufsehen erregt er indes mit seinem 1748 erscheinenden ›Geist der Gesetze‹, einem eigentlichen Lehrbuch der politischen Philosophie, das insofern weit über die ›Persischen Briefe‹ hinausgeht, als in ihm nicht mehr nur von Mißständen die Rede ist, sondern auch von konkreten Möglichkeiten, diese abzustellen.
Weiter macht da ein gewisser François-Marie Arouet, besser bekannt unter dem Pseudonym Voltaire, von sich reden. Im Jahre 1740 gerade vierundvierzig geworden, ist er mitten in seinen besten, fruchtbarsten Jahren und wird bereits als die ›Sonne der Aufklärung‹ bejubelt.
Ein anderer Großer der Epoche, Denis Diderot, der im übrigen wie Mercier dem Handwerkerstande entstammte, feiert im Jahre 1740 zwar erst seinen 27. Geburtstag, steht aber dennoch bereits im Begriff, sich als Verfasser von Romanen, Theaterstücken und philosophischen Schriften einen Namen zu machen. Seinen großen Durchbruch wird er allerdings erst nach

1750 erzielen, indem er zusammen mit d'Alembert das Riesenunternehmen der ›Enzyklopädie‹ in Angriff nimmt. Geplant ist eine lückenlose Zusammenfassung sämtlicher neuer Erkenntnisse der Naturwissenschaften und der Philosophie. Sie wird weit über Frankreich hinaus Aufsehen erregen und entscheidend dazu beitragen, die Grundideen der Aufklärung in Hunderttausenden von Köpfen fest zu verankern. Diderot – diesen Namen wird Mercier in seiner Jugend immer wieder hören, und schließlich wird ihm auch das Werk des Mannes, der ihn trägt, vertraut werden und ihn ein Leben lang begleiten.
Und Jean-Jacques Rousseau? Im Jahre 1740 weiß dieser selber noch nicht genau, wer er ist, wer er einmal sein wird. Noch steckt er in ›Les Charmettes‹, dem savoyardischen Landhaus der Madame de Warens, ist unglücklich verliebt und ringt mit sich selber. Bald jedoch wird er nach Paris aufbrechen und ein paar Jahre später genau die Bücher schreiben, für die Merciers Generation empfänglich wie für wenig anderes ist, Bücher, auf die sie sich mit unbeschreiblichem Heißhunger stürzen, von denen sie sich aufs tiefste beeindrucken, fast schicksalhaft prägen lassen wird. Als Mercier seinen 15. Geburtstag feiert, veröffentlicht Rousseau sein ›Naturrecht‹ und sieben Jahre später den ›Gesellschaftsvertrag‹. Aber dies wird erst der Anfang sein.
Und schließlich gibt es da noch einen gewissen Morelly. Über seine Person weiß man wenig, doch scheint festzustehen, daß eines der merkwürdigsten Bücher der Epoche, der ›Code de la Nature‹ (1755), aus seiner Feder stammt. Es handelt sich abermals um einen Gesellschaftsentwurf, allerdings um einen für jene Zeit recht ungewöhnlichen. In ihm wird nämlich nicht nur die Aufhebung sämtlicher Privilegien, sondern der Klassenunterschiede selber gefordert! Eine Utopie also. Mehr noch: eine kommunistische Utopie! Mercier hat wahrscheinlich erst den ›Code‹ und später auch dessen Verfasser kennengelernt, letzteren auf seinen Reportergängen durch Paris – im Gefängnis!

Ihren Niederschlag wird die kurze Begegnung im Band III des ›Tableau‹ finden, wenn auch nur in einem verschlüsselten Nebensatz, in welchem der gar zu verrufene Name Morelly nicht vorkommt...

Soviel über die geistigen Nährväter des jungen Louis Sébastien. Sie werden nicht nur sein Bewußtsein formen, sie werden ihn derart vereinnahmen, daß er in der Propagierung ihrer Ideen eines Tages seinen Beruf erkennen, daß er bald schon alles daransetzen wird, das neue Weltbild, das sie schufen – es ist das der herrschenden Klasse von morgen –, auf seine Weise und mit den besonderen, ihm zu Gebote stehenden Kunstmitteln umzusetzen, es im wahrsten Sinne des Worte zu popularisieren, zur ›öffentlichen Meinung‹ zu machen.

Mit siebzehn begegnet Mercier im Théâtre-Français zum ersten Mal der Schauspielkunst. Der Eindruck ist nachhaltig. Er wird theatersüchtig. Und nach jeder Vorstellung begibt er sich zusammen mit seinen Kommilitonen ins heute noch existierende Café Procope, wo Diderot und andere Größen der Jahrhundertmitte verkehren. Dort diskutiert man das Gesehene. Im ›Tableau‹ beschreibt er später das Lokal als ›jenes berühmte Café, in dem sich jeden Abend die geistreichen Müßiggänger versammelten, die nichts anderes zu tun hatten, als sich über Künstler und Künste zu unterhalten. Dort behandelte man Fragen der Literatur mit demselben Interesse und derselben Leidenschaft, welche Bankiers auf der Börse in ihre Verhandlungen zu legen pflegten... Dort verteidigte jeder seine Sache in voller Freiheit und mit allen Rechten seiner Beredtsamkeit... Man sprach über alles ohne Hast, wohl aber mit großer Zungenfertigkeit; jeder lieferte ein Muster seines Witzes... Doch die kühle Vernunft blieb ausgeschlossen von diesem Ort, wo die Gefühle herrschten. Die Zeit war zu kostbar, als daß sie mit wirklicher Auseinandersetzung hätte vertan werden können. Man sprang von einem Thema zum anderen, man berührte die

Oberfläche der Dinge, und manchmal genügte das, sie zu erfassen.‹

Voltaire war ›der Gott des Cafés‹, für Mercier freilich nur mit Vorbehalten.

Der Mensch lebt jedoch nicht vom Geist allein, vor allem dann nicht, wenn er dem dritten Stande angehört. Gegen Ende der fünfziger Jahre erhebt sich immer dringlicher die Frage, wie der Sohn des Waffenhändlers vom Quai de l'École sein eigenes Geld verdienen wird. Auf überraschende Weise löst sich das Problem von selbst, und zwar an dem Tage, da ein königliches Dekret die Jesuiten außer Landes treibt. Plötzlich fehlt es überall an Erziehern. Allein in Paris sind von einer Stunde zur anderen mehr als hundert Collèges ihrer Lehrer beraubt. In aller Eile rekrutiert man arbeitslose Schöngeister; die Gemeinden reißen sich um sie. Auch Mercier wird von dem Strudel erfaßt und im Februar 1763 unversehens nach Bordeaux ins Collège de la Madeleine verschlagen, obschon er noch mitten im Studium steckt, also keinerlei Diplom vorzuweisen hat. Doch was tut's, die Anforderungen sind nicht allzu hoch. Sein Schulmeisterdasein läßt ihm sogar genügend freie Zeit, nebenher eine literarische Lokalzeitung, die ›Iris de Guyenne‹, mit Beiträgen zu beliefern, Gedichte zu schreiben und – vor allem – zu lesen.

1764 erscheint Rousseaus ›Nouvelle Héloïse‹. Seine erste Begegnung mit dem Roman beschreibt Mercier viele Jahre danach in ›Bonnet de Nuit‹:

›Plötzlich werde ich aufmerksam, es packt mich, es wird mir heiß, ich fange Feuer… Es ist, als befände ich mich selber in dem Wäldchen von Clarens; ich sehe und höre die handelnden Personen, ich lese den Band auf einem Sitz, und als ich vernehme, daß es nur einer von sechsen ist, macht mein Herz vor Freude einen Sprung; von dieser herrlichen Lektüre kann ich gar nicht genug kriegen.‹

Seine Begeisterung teilt er mit vielen anderen: ›Ich erinnere mich, daß die Buchhändler der von allen Seiten auf sie einstürmenden Nachfrage nicht genügen konnten. Die, deren Mittel zu bescheiden waren, als daß sie den Preis des Werkes hätten bezahlen können, mieteten es sich für soundsoviel pro Tag oder pro Stunde. Einige besonders gierige Buchhändler verlangten allein als Leihgebühr für diese Novität zwölf Sous und billigten dem Leser nur 60 Minuten pro Band ...‹ Dies war allerdings ein phantastischer Preis. Verdiente damals doch selbst ein ausgelernter tüchtiger Handwerksgeselle nur um 40 Sous pro Tag, während sich die Durchschnittslöhne um 20 bis 25 Sous bewegten.

Besonders die ›Nouvelle Héloïse‹, aber auch Rousseaus andere Werke wirkten auf den Vierundzwanzigjährigen, wirkten auf alle lesenden Vertreter seiner Generation wie ein ungeheurer Paukenschlag. Warum? Merciers eigene Antwort: ›Ich wage zu behaupten, daß ich ohne Rousseaus Schriften unglücklich gewesen wäre. Sie heilten mich derart gründlich von gewissen falschen Ambitionen, daß ich fortan nichts anderes mehr auf Erden sein wollte als ein Mensch.‹

Mensch sein, daß hieß nach Rousseau, von Natur aus gut sein, hieß, mit aller Kraft um die Befreiung dieses eigentlichen, doch unterdrückten und verstümmelten Wesenskerns des Menschen zu kämpfen. Und wenn der Mensch vorerst noch keineswegs gut war, dann lag dies vor allem an ›der Tyrannei, der schrecklichen Tyrannei, die (die Menschen) böse und unglücklich gemacht hat‹.

Wessen Tyrannei er meint, läßt Rousseau nicht im dunkeln: ›Sind nicht alle Vorteile der Gesellschaft für die Mächtigen und Reichen vorhanden? Nehmen dieselben nicht alle lukrativen Stellen ein? Und handelt die öffentliche Gewalt nicht gänzlich zu ihren Gunsten? Ein angesehener Mann darf seine Gläubiger bestehlen und andere Schurkereien begehen, ohne bestraft zu werden. Die Stockstreiche, die er austeilt, die Morde, deren er sich schuldig macht, sind Dinge, die man vertuscht und nach sechs Monaten vergißt. Bestiehlt man aber denselben Mann, so

wird sofort die ganze Polizei in Bewegung gesetzt, und wehe den Unschuldigen, die er verdächtigt!... Wird vor seiner Türe gelärmt, so braucht er nur ein Wort zu sagen, und es wird still. Belästigt ihn die Menge, so gibt er bloß einen Wink, und die Sache ist erledigt... All diese Zuvorkommenheiten kosten ihn keinen Pfennig; sie sind ein Recht des reichen Mannes. Wie anders das Bild des Armen! Je mehr die Menschheit ihm schuldet, desto mehr verweigert ihm die Gesellschaft...‹
Das ist kühnster, härtester Klartext! Und den Zwanzigjährigen der Jahrhundertmitte, die ihn verschlingen, kann dabei nur eins in den Sinn kommen: der Hof von Versailles! Dort stehen dem Mächtigsten der Mächtigen, dem Reichsten der Reichen in der Tat ganze Heere von ›zuvorkommenden‹ Bediensteten zur Verfügung. Die für ›die Stockstreiche‹ zuständige königliche Leibwache umfaßt 9050 Mann und kostet fast 8 Millionen Livres im Jahr. Der Fuhrpark von insgesamt 217 Wagen wird von weiteren 1458 Mann betreut; allein deren Uniformen kosten jährlich 540 000 Francs. Die Stallungen unterstehen 38 Stallmeistern, die für insgesamt 4000 Pferde verantwortlich sind. Weiter gehören zum Hofstaat: 75 Kapläne, Beichtväter, Prediger und Küster, die medizinische Abteilung des Königs zählt 48 Ärzte, Chirurgen, Apotheker, Augen-, Gelenk- und Hühneraugenoperateure sowie Chemiker und Alchimisten; die weltlichen Musikkapellen beschäftigen 128 Sänger, Tänzer, Musiker, Aufseher und Leiter; in der Hauptküche wirken 383 Küchenbeamte, deren oberster jährlich 84 000 Livres Gehalt bezieht; dazu kommen 103 Aufwärter; für die königliche Tafel werden pro Jahr 2 178 000 Livres verschwendet, die Ausgaben für die beiden anderen Hofküchen, aus welchen die mittleren und die unteren Chargen verpflegt werden, nicht mit eingerechnet. In den Gemächern des Königs schaltet und waltet ferner ein Großkämmerer, dem ungefähr 100 Personen gehorchen, Barbiere inbegriffen; ihm zur Seite steht der Großmeister der Garderobe, der ein Heer von Schneidern, Weißnähern und Wäscherinnen

befehligt. Ihm unterstehen auch die beiden vollamtlichen königlichen Nachtstuhlprüfer, die jeden Morgen, mit Samtgewändern bekleidet, den Degen an der Seite, ihres Amtes walten und dafür jährlich 20 000 Livres kassieren. Etwas bescheidener dotiert ist das Amt der Wächterin am Bett der Königin – es bringt nur 12 000 Francs im Jahre ein. Alles in allem verschlingt der königliche Haushalt weit über 60 Millionen, das heißt, fast ein Viertel aller Staatseinnahmen, und jeder auch nur einigermaßen informierte Franzose weiß dies oder ahnt es wenigstens!

Doch zurück zur ›Nouvelle Héloïse‹, die keineswegs nur in Mercier den Wunsch erweckt, ›fortan nichts anderes mehr auf Erden‹ zu sein ›als ein Mensch‹. Selbst die Oberschicht wird vorübergehend von diesem äußerst emotionalen, zum großen Teil in ländlichen Idyllen spielenden Liebesroman zu Tränen gerührt, wenn auch aus gänzlich anderen Gründen als der dritte Stand.

Was die Herrschenden an diesem Buche packt, ist der Umstand, daß es eine exakte Antithese zu ihrem eigenen, alles in allem doch ziemlich öden Alltag bietet, weil hier die Vision eines zwar verlorenen, aber vielleicht doch noch einmal wiederzugewinnenden Paradieses beschworen wird! Aber leben denn die Herrschenden nicht schon in einem Paradies?

Ihr Dasein ist – längst befreit von jeglicher gesellschaftlichen Verantwortung – ein einziges lebenslanges Fest, beherrscht von oberflächlicher Geistreichelei, raffiniertestem Geschmack, überbordender Sinnlichkeit, ausgesuchter Eleganz und Galanterie. Der ›Dienst‹ bei Hofe besteht vor allem darin, der Königsfamilie und den Prinzen die Zeit so angenehm wie möglich zu vertreiben. Und da man als Schmarotzer nicht nur frei von jeglicher Verpflichtung, sondern auch aller ernstlichen materiellen Sorgen enthoben ist, kann man sich sogar den Luxus einer relativen Gleichberechtigung der Geschlechter gestatten. Zum Beispiel ist es zur Norm geworden, daß Ehepaare ein Le-

ben lang getrennte Wege gehen; so wie sich der Mann Mätressen hält, widmet sich die Frau ihren Liebhabern; das einzige, worauf beide zu achten haben, ist, daß die außerehelichen Partner ›standesgemäß‹ bleiben. Ansonsten lebt man in getrennten Haushalten und führt nach Möglichkeit getrennte Kasse, was natürlich eine Grundvoraussetzung dieser Art von ›Emanzipation‹ ist.
Mitten in deren kalten, um nichtige ›Höflichkeiten‹ rotierenden Leerlauf platzt nun mit seinen heißen Leidenschaften, seinem Modell einer echten, großen Liebe, seiner Glorifizierung des Landlebens, des Einfachen, des Natürlichen, des ›Unschuldigen‹ und ›Wahren‹ Rousseaus Roman. Begreiflich, wenn er auf die sich tödlich langweilende Hofgesellschaft wie eine starke Droge wirkt, wenn man sich in Versailles alsbald eines neuen Spiels befleißigt, des Nostalgiespiels vom Schäfer und der Schäferin, und wenn es plötzlich wieder Mode wird, Gefühle zu haben, zu schwärmen, heftige Gemütsbewegungen zu produzieren. Nur – es bleibt beim Spiel. Zumindest in Versailles. Anderswo wird aus der Mode freilich revolutionärer Ernst. Ihren Lesern im dritten Stand hilft die ›Nouvelle Héloïse‹, sich selber zu finden; von ihnen wird sie genau als das verstanden, was sie wirklich ist: ein flammender Appell, die aufgestauten Emotionen nicht länger hinter gekünstelter ›Höflichkeit‹ zu verbergen, sich vom unterkühlten, zynischen Gehabe der ›großen Welt‹ zu lösen, endlich den Mut zu haben, seinen wirklichen Gefühlen freien Lauf zu lassen, sei es in der Liebe oder wo auch immer! Der Aufruf trifft auf einen dritten Stand, in welchem der Stau der Emotionen – und nicht nur der in Sachen Liebe – bereits einen bedrohlichen Pegelstand erreicht hat!

Höfische Schäferspiele, Idyllisierung des ›einfachen‹ Landlebens ... welch ein blutiger Hohn! Schon 1689 schreibt La Bruyère: ›Es gibt eine Art menschenscheuer Tiere, Männchen und Weibchen, schwarz, fahl und sonnenverbrannt; sie finden sich auf dem Lande und sind an den Boden gekettet, den sie mit unbesiegbarer Ausdauer aufwühlen und umgraben. Sie haben etwas wie eine artikulierte Stimme und zeigen, wenn sie auf die Füße zu stehen kommen, ein menschliches Gesicht. In der Tat, es sind Menschen, die sich des Nachts in Löcher zurückziehen, wo sie von Schwarzbrot, Wasser und Wurzeln leben. Sie ersparen den übrigen Menschen die Mühe des Säens, Ackerns und Erntens und sollten wohl an dem Brot, das sie gesäet, nie Mangel leiden.‹

Dennoch ist der Mangel an eben diesem Brot entsetzlich. Allein im Jahre 1715 sterben in Frankreich rund 6 Millionen Menschen Hungers. Und periodisch kommt es zu neuen Hungersnöten.

1740 berichtet Massillon, Bischof von Clermont-Ferrand, dem Kardinal Fleury, einem Minister Ludwigs XV.: ›Unser Landvolk lebt in furchtbarem Elend; es fehlt an Decken und Möbeln; die meisten entbehren das halbe Jahr hindurch sogar das Gersten- und Haferbrot, das ihre einzige Nahrung bildet, weil sie es sich absparen müssen, um die Steuern zu bezahlen. Das geht so weit, daß die Neger auf unsern Inseln dagegen noch unendlich glücklich sind, denn wenn sie arbeiten, so werden sie und ihre Familien wenigstens auch genährt und gekleidet. Unsere überfleißigen Bauern können bei aller Anstrengung und Ausdauer nicht die Steuern zahlen und zu gleicher Zeit das trockene Brot verdienen.‹

In den folgenden Jahrzehnten jagen sich die Alarmmeldungen in immer kürzeren Abständen. Es sind tatsächlich die mit drakonischer Härte eingetriebenen Steuern, welche die Dörfer in immer tieferes Elend, in immer größeren Hunger hineintreiben. Die Folge: Die Tagelöhner flüchten in hellen Scharen vom Land in die Städte. Infolgedessen nimmt dort, namentlich aber in Paris, das Bettlerelend zu, was zu weiteren Aufläufen, Zusammenrottungen und lokalen Revolten führt, die meist in der Plünderung der Getreidespeicher gipfeln.

In Bordeaux hält es Mercier nur zwei Jahre aus; 1765 zieht es ihn wieder nach Paris zurück. In der Reisetasche des Fünfundzwanzigjährigen stecken mehrere dicke Manuskripte, die ziemlich mißratenen Früchte seiner ersten literarischen Versuche. Da ist eine Laudatio auf König Karl V. und noch eine auf Heinrich IV., beide auf Grund von Preisausschreiben der Académie française entstanden, beide abgelehnt, was weiter nicht erstaunlich ist, hat doch der Verfasser die Wettbewerbsbedingungen sträflich mißachtet; statt glorifizierende Lebensbilder von den Herrschern zu entwerfen, modelliert er ideale Landesväter, die auf jeglichen Mißbrauch der Macht verzichten und dadurch zwangsläufig in schreienden Gegensatz zum korrupten Absolutismus des regierenden Ludwig XV. geraten. Diesem wird der ›gute König Heinrich‹ sogar auf ziemlich penetrante Weise als Vorbild anempfohlen: ›Ach, daß doch sein Nachfolger nicht fürchten möge, ebenso gütig wir er zu sein! Daß er ihn doch zum Vorbild nähme! Dies würde ihm zum Glück gereichen, denn dann vollendete er das von jenem begonnene und während mehr als anderthalb Jahrhunderten unterbrochene Werk...« Enttäuscht über seine Mißerfolge, schmiedet der ehrgeizige junge Mann 1765 Pläne für eine Rußlandreise. Man verweigert ihm indes den Paß. Also bleibt er in Paris und verdient sich sein Brot eine Zeitlang damit, daß er einem Geistlichen die Sonntagspredigt schreibt, das Stück zu 15 Louis.

Im Jahr darauf beteiligt er sich an einem weiteren Preisausschreiben zum Thema: ›Vom Unglück des Krieges und den Vorteilen des Friedens‹. Wieder erntet er keine Lorbeeren, denn allzu deutlich betont er in seinem Text, daß Kriege nicht auf Naturgesetze, sondern einzig und allein auf Auswüchse entfesselter Herrscherlaunen zurückzuführen seien.

Aber noch im selben Jahre wendet sich das Blatt. Sein erstes größeres Werk erscheint: die ›Geschichte von Izerben, dem arabischen Poeten‹. Sie handelt von den mit hintergründiger Ironie erzählten Abenteuern eines armen, sich nach Ruhm sehnenden

Dichters und seinen Zusammenstößen mit den banalen Realitäten des Alltags. Das Buch ist eine ins Exotische verfremdete Satire auf die Miseren und Lächerlichkeiten des zeitgenössischen Literaturbetriebes; sein Titelheld trägt unverkennbar sowohl gewisse Züge Voltaires wie Rousseaus, wobei freilich der Verfasser der ›Nouvelle Héloïse‹ zu seinem großen Vergnügen – er reagiert auf ›Izerben‹ – entschieden besser wegkommt.

Wie tief Merciers geistige Abhängigkeit von Rousseau noch immer ist, dokumentiert auch seine nächste, 1767 gedruckte Publikation ›Der Wilde‹. Dieser wächst nahezu allein im Busche auf und läßt sich in allem, was er tut, einzig von seinem Herzen leiten, das, um Gut und Böse voneinander zu unterscheiden, um gerecht und großzügig zu sein, weder Schulen noch Bücher benötigt; es ›waltet‹ einzig die Natur, und ›alles, was sie macht, ist gut‹. Trotz seines ziemlich platten, epigonenhaften Inhalts verursacht das Buch eine kleine Sensation, wenngleich vor allem deshalb, weil ihm das Glück widerfährt, vom Zensor verboten zu werden. Auch in Deutschland wird man von ihm Notiz nehmen; 1798 erscheint es auszugsweise bei Hoffmann zu Hamburg.

Schon etwas interessanter sind – jedenfalls in biographischer Hinsicht – Merciers nächste Prosawerke, die ›Träume eines Philosophen‹ (1768), und die ›Moralischen Geschichten‹ (1769), denn in ihnen verzichtet der Autor endlich auf allzu kühne und abstrakte geistige Höhenflüge und wendet sich konkreten Problemen der Gesellschaft zu. Bezeichnenderweise findet er dabei erstmals eine gewisse Distanz zu Rousseau; der geistige Abnabelungsprozeß, der ihn Schritt für Schritt zu seinen eigenen Themen und vor allem zu seinem eigenen Stile führen wird, kommt in Gang. Später wird Mercier auf diesen Vorgang zurückkommen: ›Mit achtzehn, im Vollbesitz meiner Kräfte, meiner Gesundheit und meines Mutes, fand ich viel Geschmack am System von Jean-Jacques Rousseau; in Gedanken erging ich mich in einem Wald, allein auf mich und meine Kräfte angewiesen, ohne Herrn und ohne Sklaven, meine Bedürfnisse selber deckend. Eicheln, Wurzeln und Kräuter schienen mir die richtige Nahrung zu sein... Als ich indes – mit 27 Jahren – anfing, mit den Krankheiten vertraut zu werden, mit den Menschen und mehr noch mit den Büchern... als ich begriffen hatte, was entbehren und genießen heißt und meine Vorstellungskraft durch die Künste gezähmt, bereichert und aufgerundet war, fand ich Jean-Jacques' System nicht mehr ganz so verführerisch; ich entdeckte, daß es bequemer ist, vom Brot zu leben und ein bißchen Geld zu haben, als einem Stück Wild über hundert Meilen hinweg nachzujagen; ich bin dem Mann, der mir die Kleidung macht, dankbar, und auch dem, der mich aufs Land hinausfährt, und nicht minder dem Koch, der mir ein bißchen über den ersten Appetit hinaus zu essen gibt, und dem Autor, der ein Theaterstück schreibt, das mich rührt, dem Architekten, der das bequeme Haus gebaut hat, in dem ich im Winter ein gutes Feuer finde, und den angenehmen Leuten, die mir tausend neue Dinge beibrachten...‹

Rousseaus Schlachtruf ›Zurück zur Natur‹ wird hier die nicht minder programmatische Parole ›Zurück zur Zivilisation!‹ entgegengesetzt – Zivilisation verstanden als Gesellschaft, mitsamt ihren Aufgaben –, und an sie sollte sich Mercier fortan halten, was allerdings seiner starken persönlichen Bindung an seinen Hauptmentor insgesamt keinen Abbruch tut. Immer wieder wird der Autor des ›Tableau de Paris‹ auf ihn zurückkommen und im Jahre 1788 zusammen mit dem Abbé Brizard sogar die erste Gesamtausgabe der Werke des Naturphilosophen besorgen, der Mercier 1791 zwei weitere Bände folgen läßt, in welchen Rousseau als der Wegbereiter und Vorläufer der Französischen Revolution gefeiert wird.

Spätestens ab dreißig, sagt man, seien Charakter und Persönlichkeit eines Menschen vom Gesicht ablesbar. Wie Mercier mit dreißig aussah, wissen wir zwar nicht – das einzige uns bekannte Bild von ihm entstand 1787 –, wohl aber kennen wir sein geistiges Profil. Bis 1770 hat er mehr als ein Dutzend Schriften publiziert. Ausnahmslos Gesellenstücke. Nicht eines von ihnen wird ihn überleben, denn ihre literarische Qualität läßt zu wünschen übrig, und ihre Inhalte sind dogmatisch. Und doch sprechen sie für ihren Autor. Kommen sie doch ausnahmslos – das spürt man deutlich – aus heißem Herzen. Lauheit, faule Kompromisse sind diesem jungen Manne fremd. Léon Béclard, der Forscher, der sich am gründlichsten mit ihm befaßt hat, schreibt 1903 sehr treffend: ›Das Übel fühlen, es nicht nur kennen, es fühlen mit dem Herzen, von ihm bis ins Innere erschüttert werden und es mit nie erlahmendem Eifer und grenzenlosem Vertrauen bekämpfen... Diese Fähigkeit bringt Mercier mit. Zugleich fehlen ihm die Kaltblütigkeit und jene Art von Umsicht, die erste Zeichen von Verhärtung sind. Die Vorstellung des Guten und des Glücks erregt ihn bis zum Schwindel; die des Bösen und des Leides empört ihn bis zur Verkrampfung. Er ist voller Mitleid und Erbarmen, und er gefällt sich darin, denn auf diese Weise spürt man sein eigenes gutes Herz... Zu seiner Fähigkeit, sich Gefühlen voll hinzugeben, kommt sein unerschöpflicher Mut, die Sturmglocke zu läuten, die im Elend und in der Ignoranz dahindämmernden Massen aufzuwecken, sie auf die künftigen Triumphe der Vernunft und der universalen Glückseligkeit vorzubereiten.‹

Die ›universale Glückseligkeit‹, fußend auf der Vernunft... Mit dreißig widmet ihr Mercier sein erstes wirklich wichtiges Werk, den utopischen Roman ›Das Jahr 2440‹. Literarische Zukunftsträume dieser Art stehen neunzehn Jahre vor dem Bastille-Sturm sehr hoch im Kurs. Politiker wie Mirabeau, Minister, Kleriker und natürlich Berufsliteraten sorgen für eine wahre Schwemme von futurulogischen Spekulationen. Fast immer wird in ihnen die Welt nach den Prinzipien der Vernunft regiert, fast ausnahmslos sind sie geprägt von der Philosophie des mechanischen Materialismus und der naiven Illusion, die aufkommenden Naturwissenschaften würden demnächst mit

Sicherheit den Universalschlüssel zur Lösung sämtlicher Menschheitsprobleme liefern. Dementsprechend abstrakt und blutleer sind die in den neuen Welten herumgeisternden menschlichen Phantome: mit nur ganz wenigen, dafür um so edleren Eigenschaften ausgestattet, dazu meist frei von jeder Klassenzugehörigkeit, leben sie ganz der Weisheit und der Sensibilität. Merciers Griff in die Zukunft ist allerdings den meisten Konkurrenzprodukten dieser Sorte nicht nur an Phantasie, sondern auch an literarischer Qualität weit überlegen. Ihm voran setzt er – und das ist gewiß kein Zufall – ein Wort von Leibniz, den er sehr bewundert: ›Die Gegenwart geht mit der Zukunft schwanger.‹

In der Tat beginnt das Buch mit einem Streitgespräch zwischen dem Erzähler und einem alten Engländer über die fürchterlichen Plagen, mit denen doch die Großstädte von 1770 sowie die feudalabsolutistischen Gesellschaften überhaupt geschlagen seien. Danach fällt der Berichterstatter in einen tiefen, volle 670 Jahre währenden Schlaf, aus dem er mit schweren Gliedern und faltigem Gesicht wieder erwacht. Und zwar eben im Paris des Jahres 2440. Die ersten Eindrücke: der Großstadtverkehr ist ordentlich geworden, er geht, anders als anno dazumal, ohne jede Aufregung vonstatten; in Karossen fährt nur, wer alt ist; es gibt keine privilegierten Wagenbesitzer mehr, und die Pferde werden für Nützlicheres verwendet. Auch baulich hat sich die Stadt sehr verändert; der einst arg vernachlässigte Louvre ist endlich vollendet und bildet – zusammen mit dem Tuilerien-Schloß – einen großartigen Festplatz. Die Bastille – und hier wird die Utopie prophetisch – ist geschleift, der Tuileriengarten dem Publikum geöffnet. Auch im Theater hat sich mancherlei verbessert: die Säle sind jetzt bequemer, jeder kann, im Gegensatz zu früher, einen Sitzplatz finden; vor allem aber spielt man keine Tragödien mehr, sondern nur noch Dramen; das Theater ist endlich zur ›moralischen Anstalt‹ geworden. Ferner sind die Armeen abgeschafft; es gibt nur noch Hüter der Ordnung, und sogar die Prostitution ist überwunden. Freilich muten die in diesem Mercierschen Traumparadies herrschenden Sitten und Gebräuche reichlich puritanisch an. Die Geistreichelei der spätfeudalen und der frühbourgeoisen Franzosen ist einem gleichmäßigen Bierernst gewichen; nichts wird so verabscheut wie der leichtfertige Zynismus des 18. Jahrhunderts. Andererseits ehrt man im neuen Paris die Alten sehr, und außerdem sind die Kleider vernünftig, einfach und komfortabel. Zu kaufen gibt es sie obendrein nur noch gegen bar; um Leute mit übertriebenem Geltungsbedürfnis vor dem Ruin zu bewahren, hat man das Schuldenmachen streng verboten. Um so mehr pflegt man die Gastfreundschaft; sie ist derart selbstverständlich geworden, daß man weder Restaurants noch Kneipiers braucht. Zusammen mit letzteren sind übrigens auch die Lebensmittel- und Weinfälscher ausgestorben. Wer heiraten will, bedarf im Jahre 2440 keiner Mitgift mehr; allein die Zuneigung entscheidet, und wenn man sich nicht mehr mag, läßt man sich ganz legal und ohne Schwierigkeiten scheiden, was indes moralisch etwas anrüchig ist.

Daß Mercier gerade den Ehe- und Scheidungsbräuchen des Jahres 2440 einigermaßen zwiespältig gegenübersteht, kommt freilich nicht von ungefähr. In seiner Haltung zu ihnen widerspiegelt sich die Moral des gesamten aufstrebenden städtischen Kleinbürgertums von 1770, das zwar gewiß fasziniert ist von der bereits an anderer Stelle geschilderten Leichtigkeit, mit der die feudale und großbourgeoise Oberschicht ihre Partnerschaftsprobleme meistert, gleichzeitig spürt dieses Kleinbürgertum aber auch schon deutlich, daß das höfische Modell seinen eigenen Bedürfnissen auf keinen Fall entspricht. Gewiß fühlen sich die reicheren Kaufleute und mit ihnen Teile des handwerklichen Mittelstandes immer wieder versucht, dem blendenden Versailler Vorbild nachzueifern, doch sobald sie Anstalten treffen, es wirklich zu tun, geraten sie regelmäßig in unlösbare Konflikte. Man stößt im ›Tableau‹ an mehr als einer Stelle auf

sie, wobei sich Mercier bezeichnenderweise weder zur eindeutigen Verdammung noch zur klaren Verteidigung einer größeren ehelichen Freizügigkeit durchzuringen vermag. Wohl sieht er im Zusammenbruch der alten, patriarchalischen Ehe ein wichtiges Element des Fortschritts, doch hindert sie ihn keineswegs, immer wieder aufs härteste mit jenen Bürgers- und Kleinbürgerfrauen abzurechnen, deren höchster Ehrgeiz es ist, genauso flott und ungebunden wie ihre feudalen Geschlechtsgenossinnen drauflos zu leben. Empört hält ihnen Mercier vor, daß sie im Gegensatz zu ihren Vorbildern, den Hofdamen, ja keineswegs frei von sozialer Verantwortung seien. Entzögen sie sich dieser jedoch, drohe der Familie, für deren materielles Wohl sie mit zu sorgen hätten, die Katastrophe!
In seinem eigenen Leben umschifft Mercier diese heiklen Probleme durch einen Kompromiß: statt eine Ehe einzugehen, nimmt er 1768 eine sogenannte Gouvernante, Louise Machard, zu sich ins Haus, läßt sich von ihr den Haushalt besorgen und drei Töchter gebären und behält sich im übrigen alle Rechte des Junggesellen vor. Erst Anfang 1814, drei Monate vor seinem Tode, heiratet er Louise, wobei erbrechtliche Gründe mit im Spiele gewesen sein mögen.
Aber noch sind wir ja im Jahre 2440, in dem die Ehen zwar nicht mehr im Himmel geschlossen werden, was allerdings nicht heißen soll, daß Mercier in seiner Utopie schon ohne die Religion auskäme. Es gibt sie noch, nur werden die Jugendlichen statt in den Katechismus ›in die beiden Unendlichkeiten‹ eingeweiht: Man bewundert Gott in seinen Werken, die man durch Fernrohr und Mikroskop betrachtet. Als Priester dieser neuen Religion der Vernunft walten – wie könnte es anders sein – die Naturwissenschaftler, voran die Physiker und die Astronomen. Mit ihrer Hilfe nimmt Mercier sogar die Weltraumfahrt vorweg. Freilich vollzieht sich diese vorerst nur auf dem Wege der Seelenwanderung; das unsterbliche bessere Ich eines jeden auf Erden Abgeschiedenen zieht bis in alle Ewigkeit von Stern zu

Stern und wird dabei von Station zu Station vollkommener. Dabei sind die Menschen des Jahres 2440 schon zu Lebzeiten erstaunlich gut und zeichnen sich vor allem durch eine bemerkenswert hohe Arbeitsmoral aus. Ein schlagendes Beispiel: Der vom Staat bezahlte (!) Arzt hat die Angst vor dem Treppensteigen verloren; er besucht selbst Kranke, die in den Mansarden wohnen! Diese Mühe braucht er aber nur noch selten auf sich zu nehmen, längst haben Impfstoffe die meisten Krankheiten besiegt, sie helfen selbst gegen Wasserköpfe.
Seltsam ist nur, daß es in diesem Zukunftsparadies überhaupt noch Mansardenbewohner – lies Arme – geben soll! Aber weshalb denn nicht, schließlich gibt es darin ja auch noch den Privatbesitz von Produktionsmitteln, die jetzt jedoch von berufener Hand verwaltet werden, nämlich von der des tugendsamen Bourgeois. Tugendsam, weil er es seinen Dienern ausdrücklich gestattet, sich beim Essen ans Ende der Tafel zu setzen und aus den klugen Tischgesprächen der Herrschaft Nutzen und Erbauung zu schöpfen.
Wohl ist Mercier vom Scheitel bis zur Sohle revolutionär, doch die Revolution, von der er träumt, ist die bürgerliche! Oder sollte sie doch weiterreichen? Verblüffend, aber wahr: in Merciers Utopie haben die Kolonialvölker ihre Befreiungskriege hinter sich, sie sind unabhängig; längst hat England Indien verloren, und in Paris steht ein Riesenmonument, gewidmet dem ›glorreichen Neger‹. Das türkische Imperium ist ebenfalls dahin, und auch die königliche Schweizergarde, dieses brutale Söldnercorps der Monarchie von 1770, gibt es nicht mehr...
›Das Jahr 2440‹ wird – natürlich anonym – vom Amsterdamer Verleger van Harrevelt herausgebracht. Vom ersten Tage an erregt es gewaltiges Aufsehen, ja Skandal; der französische Botschafter in Den Haag bekommt sofort den strikten Befehl, die Identität des Verfassers herauszufinden und seiner, wenn möglich, habhaft zu werden, was sich als unmöglich erweist, da dieser, dieweil man in den Niederlanden nach ihm fahndet, frei

und friedlich in Paris an seinem nächsten Buche schreibt. Bald tauchen auch die ersten Raubdrucke auf; die Nachfrage nach dem Werk ist so groß, daß van Harrevelt allein sie nicht mehr zu decken vermag. Eine zweite, von Mercier stark erweiterte, nach wie vor anonyme Ausgabe von ›Das Jahr 2440‹ erscheint 1786, die dritte im Jahre Sieben der Revolution (1799), sie endlich trägt den Namen des Verfassers.

Als Mann der Aufklärung sieht Mercier die Aufgabe der Literatur darin, das Wesen der großen gesellschaftlichen Konflikte und Widersprüche sichtbar zu machen und die Öffentlichkeit so ihre historische Rolle erkennen zu lassen, kurz, sie zu lehren, Partei zu ergreifen und zu handeln. Mit dem geschriebenen Wort allein kann dieses Ziel nicht erreicht werden; schon deshalb nicht, weil im 18. Jahrhundert die Zahl der des Lesens Kundigen klein und die der Analphabeten groß ist. Wenn das Wort als Vehikel der Aufklärung massenwirksam werden soll, muß es indes aber auch die erreichen, die keinen Zugang zu Büchern haben. Als Mittlerin bietet sich die Bühne an. Und nicht nur, weil durch sie die Analphabeten erreichbar werden; in Merciers und anderer Aufklärer Augen hat sie außerdem den immensen Vorzug, die Phantasie und die Gefühlswelt des Publikums direkt anzusprechen. Das überkommene klassische, in erster Linie auf gehobene Unterhaltung abzielende Theater erscheint ihnen zu diesem Zwecke freilich wenig tauglich. Wohl vermittelt es dem Zuschauer starke Emotionen, doch erbaulich im Sinne einer ›moralischen Anstalt‹ ist es nicht, und noch weniger eignet es sich, wie Mercier in seinem ›Jahr 2440‹ fordert, als ›Schule der Tugenden und der Pflichten des Bürgers‹.
Um das zu werden, muß die Bühne erst der herrschenden Feudalklasse entrissen und mit neuen Inhalten und Formen belebt, kurz, vom dritten Stand erobert werden. Worum es dabei geht, umreißt der Literaturkritiker, Gründer des ›Année littéraire‹

und Gegner Voltaires, Fréron (1719 – 1776): ›Weshalb sollten uns ausschließlich nur Schicksalsschläge, welche die Könige und die Heroen treffen, bewegen dürfen? Wenn man uns vom Unglück erzählt, das unseresgleichen zugestoßen ist, lassen wir uns davon mitunter zu Tränen rühren. Weshalb sollte uns nicht auch solches Unglück auf der Bühne gezeigt werden? Die Handelnden sind in diesem Fall gewöhnliche Sterbliche, so wie die Mehrzahl ihrer Zuschauer. Sie zeigen Leidenschaften, Tugenden und Laster, die uns in keiner Weise fremd sind, Gefühle, die jedermann angehen ... Im allgemeinen haben die Bilder, die uns die Tragödie vor Augen führt, nicht das geringste zu tun mit dem, was uns im Alltag berührt ...‹

Das ist die eindeutige Sprache der aufsteigenden, ihrer selbst zusehends bewußter werdenden Bourgeoisie, die ihr eigenes, die eigenen Probleme reflektierendes und daher ›neues‹ Theater fordert, die sich entschieden abwendet von der exklusiven, ja elitären Thematik der klassischen Tragödie!

Doch geht es dabei wirklich ›nur‹ um Kunst? In Wahrheit steht weit mehr auf dem Spiele, denn in den siebziger und achtziger Jahren des 18. Jahrhunderts ist das Theater so ziemlich der einzige Ort, wo revolutionäre Ideen – geschickt genug verschlüsselt und in Handlung übersetzt – einem Massenpublikum direkt vermittelt werden können, wo die unmittelbare Kommunikation zwischen dem gesellschaftlich engagierten Autor und seinem Publikum möglich scheint. Den gefüllten Zuschauerraum zur politischen Massenversammlung umzufunktionieren, darum geht es letztendlich! Die Massen außerhalb des Theaters durch das gesprochene Wort zu erreichen ist so gut wie unmöglich; jede Zusammenrottung setzt sofort den Polizeiapparat in Bewegung. Die Polizei ist, wie aus mehr als einer Stelle des ›Tableau‹ entnommen werden kann, zwar auch im Theater selber präsent, doch hält sie sich dort im allgemeinen zurück; ihre Flinten lädt sie nur, wenn sich Kunst und Politik allzu wild vermengen und dem begeisterten oder dem empörten Publikum das

Temperament durchzugehen droht, wie bei so mancher Aufführung des ›Tollen Tags‹ von Beaumarchais.
So wird die Bühne mehr und mehr zum Hauptschlachtfeld der Ideologien, zu einem öffentlichen Forum, auf dem die Arroganz des Absolutismus und soziale Ungerechtigkeiten entlarvt und mit der Forderung nach mehr Toleranz, mehr Menschlichkeit und Bürgersinn konfrontiert werden. Resultat: Halb Paris wird theaterverrückt, und bald sind es auch die Provinzler; der dritte Stand erobert sich das Parkett im Sturm und drängt den Adel in die Logen ab.

Sein erstes Stück, ›Jenneval‹, veröffentlicht Mercier im Jahre 1769. Die Fabel borgt er sich vom englischen Dramtiker Lillo: Eine schuftige Kurtisane stiftet ihren bürgerlichen Liebhaber zu einem Mord an und bringt ihn dadurch aufs Schafott. Bei Mercier freilich kommt der Henker nicht zum Zug, da geht am Ende alles glimpflich ab, und dies aus folgendem, von Mercier selbst genanntem Grund: ›Begierig, ein nützliches Drama zu liefern, ging es mir darum, die schlimmen Folgen einer lasterhaften Bindung aufzuzeigen, ... zu warnen vor jenen ebenso charmanten wie verächtlichen Frauen, deren Beruf es ist zu verführen; einer ungestümen und unvorsichtigen Jugend darzutun, daß das Verbrechen oftmals nicht weit von der Hemmungslosigkeit nistet ...‹
Trotz seiner, wie man aus diesem Zitat entnehmen kann, hohen Anreicherung mit Moral kommt ›Jenneval‹ beim bürgerlichen Publikum sehr gut an, besonders draußen in der Provinz. Offensichtlich weiß man es zu schätzen, daß da einmal nicht die Leidenschaften irgendeiner unerreichbaren Fürstlichkeit im Mittelpunkt stehen, sondern die Konflikte, in welche die von Fréron geforderten gewöhnlichen Sterblichen verstrickt sind! Da treten endlich Bürger auf, die vertrauten Berufen nachgehen, deren gesellschaftliche Position konkret umrissen ist und die in einem Milieu agieren, das man kennt! Daß die einzelnen

Rollen eindimensional angelegt und obendrein maßlos überzeichnet sind, stört einzig die Kritiker vom Fach. Gewiß, der Schurke ist nur schurkisch; die liebende, aber vorerst verschmähte Jungfrau nur der zarte und schließlich rettende Engel; der prinzipientreue Vater nur gut, ernst, fleißig und charakterfest, doch was tut's, gerade deshalb steht er einem nahe, kann man sich selber mühelos in ihm erkennen!

Auch in Merciers weiteren Dramen – bis zum Jahre 1797 wird er es auf über fünfzig bringen – treten fast ausnahmslos Helden bürgerlicher Herkunft auf. Meist sind es Notare, Handwerker, kleine Händler, Soldaten, aber auch Bankiers, Unternehmer und Großkaufleute, oder um mit Jacques d'Hondt (›Verborgene Quellen des Hegelschen Denkens‹, Akademie-Verlag 1972) zu reden: ›die Kräfte, die Geschichte machen‹, bzw. sie demnächst, spätestens ab 1789 machen werden! Und ›sie reden von Geschäften, Wechseln, Kontoren, Frachten, Schulden. Ihre Erinnyen sind der Konkurs, die Außenstände, die Seeräuber. Ihre Poesie besingt die Wohltätigkeit der Reichen, die sagenhaften Schätze Indiens, das Wagnis des Meeres…‹ (d'Hondt)

Obschon aus Gründen, auf die wir noch zurückkommen werden, vorerst nur in der Provinz aufgeführt, finden Merciers Stücke bald auch außerhalb Frankreichs ihr Publikum. In Deutschland werden sie ab 1772 gespielt. Seinen größten Erfolg erzielt er mit dem ›Karren des Essighändlers‹, dessen Übersetzung (1775) kein anderer als Goethe veranlaßt. Mercier revanchiert sich auf artigste Weise – indem er Goethes ›Werther‹ unter dem Titel ›Romainval oder der tugendsame Poet‹ dramatisiert.

Aber nicht nur Goethe, auch Hegel weiß Merciers neues Theater zu schätzen – und zu nutzen. Zu diesem Punkte noch einmal d'Hondt: ›Gewiß bezeugt die Lektüre der Werke Merciers und Hegels viele Ideen, die der deutsche Philosoph und französische Literat gemein haben, so viele, daß man ohne weiteres auf die

Existenz einer geistigen Verwandtschaft zwischen ihnen schließen kann.‹ Ihre Grundlage findet diese Verwandtschaft in Merciers Stück ›Montesquieu in Marseille‹ (1784), das im Jahre 1789 vom Direktor des Mannheimer Theaters und Protektor des jungen Schiller, Wolfgang Heribert Freiherr von Dalberg, zur deutschsprachigen Uraufführung gebracht wird und darauf seinen Niederschlag in einer der Schriften des deutschen Philosophen findet. Hierzu d'Hondt: ›‚Montesquieu in Marseille' verkörpert einen Gewissenskonflikt in drei Hauptpersonen: einem reichen Großkaufmann, einem ruinierten Großkaufmann und dem Philosophen des Staates der Großkaufleute. Sie handeln und denken in jener ‚Welt der Bedürfnisse', jener ‚bürgerlichen Gesellschaft', deren dramatisch-erregtes Bild Hegel dann so oft malt...‹

Daß Merciers über 50 Stücke heute nicht mehr spielbar sind, jedenfalls nach übereinstimmender Meinung der heutigen Bühnenregisseure, sagten wir schon an anderer Stelle. Dennoch kommt man nicht um sie herum, weil sie in Europas Theatergeschichte als eine Art Fanal eingegangen sind, und zwar als bewußt angestrebte Antithese zur monumentalen, gekünstelten, überhöhten, zum Teil auch verlogenen klassischen französischen Tragödie des 17. Jahrhunderts. Statt überdimensionaler historischer Persönlichkeiten, die in geschraubten Wendungen dialogisieren, bringt Mercier tatsächlich als einer der ersten fast ausschließlich ›Volk‹, verstanden im Sinne des vorrevolutionären dritten Standes, auf die Bühne. Natürlich läßt sich mit diesem Personalwechsel allein Opas Theater noch nicht aufheben. Zumal Merciers ›Volk‹ genauso geschraubt und unnatürlich dialogisiert wie vordem die Cäsaren, Alexanderfiguren und Cids, nur eben über andere Themen und auf andere Weise: zwar hadern sie jetzt nicht mehr mit Schicksalen und Göttern, dafür treten sie als wandelnde Moralkatechismen auf und geben unermüdlich Lebensmaximen von sich – die der aufsteigenden herrschenden Klasse der Zukunft. So verstaubt ihre Rhetorik

heute anmuten mag – damals enthielt sie die Alternative zum Bestehenden und war von revolutionärer Durchschlagskraft.
Daß es hier in der Tat von Anfang an um ein Stück Klassenkampf geht, ausgetragen auf der Ebene der Kunst, läßt sich übrigens mühelos aus den Polemiken entnehmen, die diese neue Schauspielkunst in Paris und anderswo auslöst. Sofort wird sie von den Parteigängern des etablierten Theaters aufs schärfste attackiert, wobei der Hauptvorwurf bezeichnenderweise dahin geht, daß Merciers Helden – welch ein Skandal! – sage und schreibe lauter ›kleine Leute‹ seien, ja, geschmackloserweise sogar eigentlich Insassen von Hospitälern, und dazu gänzlich unheldisch. Mercier repliziert mit grimmigem Genuß. 1773 erscheint sein Manifest ›Le Nouvel Essay sur l'Art Dramatique‹, in welchem er – auf Ideen Diderots aufbauend – die zur Verteidigung seiner Position erforderliche Theorie entwickelt. Doch erst rechnet er mit seinen Widersachern ab: ›Die Kritiker, die Kommentatoren, die Journalisten, die Schreiber von Dissertationen, dieser ganze scholastische Haufen, der nur durch den Mund der Toten zu reden weiß und sie dabei die unverschämtesten Sottisen sagen läßt – all diese Leute, diese Freunde der Gräber und der Dunkelheit, die am längst Vollbrachten festhalten und gegen das, was heute geschieht und was morgen geschehen wird, einen zähen Krieg führen, haben die Optik der Eule, die sich beim geringsten Lichtstrahl schmerzlich verengt; sie erzählen euch das, was man weiß, sie schreien Blasphemie, sobald man sich über sie lustig macht, sie kommen euch mit Zitaten ausländischer Autoritäten, ohne die sie nicht viel zu sagen hätten. Man könnte über diese Abergläubischen lachen, wären sie nicht schon immer die Geißel der Künste und die eigentlichen Mörder des Genies gewesen...‹
Im weiteren kreidet er den ›Scholastikern‹ deren Abhängigkeit von der antiken Dramaturgie an. Hätten sie sich mehr auf ihre eigenen Erfahrungen und auf die Natur konzentriert, statt die Texte der alten Griechen zu durchwühlen, ›... wären sie auf

sich selber gestoßen und auf die Dinge in ihrer näheren Umgebung... hätten sie Menschen auf die Bühne gebracht, die denen glichen, die sie täglich vor Augen haben... Statt dessen lieferten sie uns Geschichten, mit denen wir nichts anfangen können, und holten bei Aristoteles Rat, wie ein französisches Theaterstück aufzubauen sei... Es kam ihnen niemals in den Sinn, daß das Theater die eigentliche Schule des Lebens sein müsse, ein nützliches Vergnügen, geeignet für alle Gelegenheiten... Wie schwach und begrenzt ihre Kunst ist, wird deutlich, wenn man sie der Vielfalt der Charaktere, der Kraft, der Leidenschaften und der Masse der einzelnen Persönlichkeiten gegenüberstellt, die wirklich darzustellen wären.‹

Nach Mercier begann das Übel im 17. Jahrhundert. Dessen Autoren seien schuld, daß das französische Theater seinen eigenen Boden nicht gefunden habe. Es sei ›ein schöner, aus Griechenland hierher verpflanzter und in unserem Klima degenerierter Baum‹ geblieben. Die Klassiker hätten weiter nichts geleistet, als den griechischen Stil bis in die technischen Details zu kopieren, und ihre Stücke, in denen viel geredet und wenig gehandelt werde, in ihren Bibliotheken statt mit Hilfe des Buches des Lebens verfaßt. ›... Welch merkwürdige Geschmacksverirrung, ein antikes Theater zu denaturieren, statt ein neues, bezogen auf die Nation, zu der es spricht, aufzubauen!‹

Weiter läuft Mercier Sturm gegen die rhythmisierte, in strenge Versmaße gegossene Sprache des klassischen Theaters. Längst ist sie ihm ein Ärgernis. Schon im Juli 1770 äußert er sich dazu in einem an seinen Freund Antoine-Léonard Thomas gerichteten Brief: ›Ist es unverschämt, mein Herr, die Zugehörigkeit der gereimten Sprache zum dramatischen Genre in Zweifel zu ziehen? Im Theater der Nation soll man die Sprache der Nation hören und nicht eine gekünstelte Sprache, die zu formulieren vielleicht viel Mühe kostet, auf das Volk jedoch wenig Einfluß hat.‹

Die Wirkung des Pamphletes ist beträchtlich. Nach und nach

machen sich ganze Schulen französischer Kulturhistoriker und nicht zuletzt Madame de Staël Merciers Generalabrechnung mit dem Drama des 17. Jahrhunderts zu eigen. Aber auch in Deutschland findet die Schrift sehr schnell ein starkes Echo. Sie wird – wieder auf Veranlassung Goethes – von H. L. Wagner übersetzt und mit einem von Goethe verfaßten Anhang in Leipzig unter dem Titel ›Neuer Versuch über die Schauspielkunst‹ herausgegeben (1776). Ihr Einfluß auf den deutschen ›Sturm und Drang‹ ist nachweisbar. Sie schlägt sich sowohl in den ›Anmerkungen über das Theater‹ (1774) von Lenz nieder, der sie im Original gelesen haben muß, als auch in Sulzers ›Allgemeiner Theorie der schönen Künste‹ (1792 – 1799), und vor allem natürlich in Goethes Besprechung ›Das Theater der Nation‹. Überhaupt wurde Mercier gegen Ende des 18. Jahrhunderts von den Deutschen recht fleißig gelesen. In einem 1903 in der ›Zeitschrift für französische Sprache und Literatur‹ erschienenen Artikel über Merciers Beziehungen zu Deutschland schreibt O. Zollinger: ›Er hat jenseits des Rheines ein Ansehen genossen wie neben Rousseau und Voltaire kein französischer Schriftsteller der zweiten Hälfte des 18. Jahrhunderts.‹ Und nach W. Pusey (›L. S. Mercier in Germany‹ Columbia University Press, 1939) sollen allein zwischen 1770 und 1800 mehr als 75 deutschsprachige Ausgaben seiner Werke erschienen sein!
Umgekehrt gehört Mercier zu den wenigen Franzosen des 18. Jahrhunderts, welche die deutschsprachige Literatur mit lebhaftem Interesse verfolgen. Er ist nicht nur mit den Werken von Geßner, Weiße, Wieland, Klopstock, Haller, Schiller und andern bestens vertraut; er steht darüber hinaus in Verbindung mit Kotzebue und zollt als einer der ersten Franzosen Kant seine rückhaltlose Bewunderung.

Seinem Verfasser bringt der ›Neue Versuch über die Schauspielkunst‹ indes wenig Freude. Wieder fallen Reaktionäre aller Schattierungen über den ›Tempelschänder‹ her, wobei sie, was

Mercier besonders schmerzlich trifft, diesmal sogar Zuzug aus der Comédie-Française erhalten. Gerade hat diese ein erstes Stück von ihm zur Aufführung angenommen, was nach den Spielregeln dieser Bühne bedeutet, daß dem Autor nun das Recht zusteht, ein weiteres einzureichen. Aber daraus wird nichts. Die Komödianten des ersten Theaters von Frankreich sind im Essay gar zu schlecht weggekommen und dürsten nach Rache. Ihr Mütchen zu kühlen fällt ihnen um so leichter, als sie im Pariser Theaterleben eine Monopolstellung einnehmen. Alle Stückeschreiber, die in der Hauptstadt aufgeführt werden wollen, sind gezwungen, die Theaterleute untertänigst zu hofieren, denn diese stehen im Genusse königlicher Privilegien und sind straff organisiert, wogegen der Schriftsteller seine Rechte allein und ohne Protektion vertreten muß. Außerdem verfügen die Schauspieler über einen reichen Fundus an Klassikern, deren Aufführung sie keinen Pfennig Tantiemen kostet. Für die lebenden Dramatiker ein Grund mehr, sehr behutsam aufzutreten und sich mit lächerlichen Honorarbeträgen abspeisen zu lassen, vorausgesetzt, es ist überhaupt von Geld die Rede. Manchmal kommt es nämlich auch vor, daß Autoren die Aufführung ihres Stückes selber finanzieren müssen.
Mercier nimmt den von der Comédie über ihn verhängten Boykott nicht einfach hin. Als ein unbeugsamer Streiter gegen jede Art von Unrecht strengt er gegen die Theaterleute einen Prozeß an. Diese antworten mit einem Hausverbot. Mercier verliert den Prozeß und verfaßt darauf ein böses Pamphlet, das ihm eine Vorladung zum Chef der Pariser Polizei einbringt. Doch selbst jetzt gibt er keine Ruhe. Da wird die Comédie tückisch und erwirkt einen ›Lettre de Cachet‹ gegen den ›Querulanten‹, was sie buchstäblich nur ein Lächeln kostet, denn der Vorsitzende der Kammer ist der Geliebte der Madame Vestris, einer Diva der Comédie. Glücklicherweise bekommt Mercier noch beizeiten Wind von dem Anschlag; man läßt ihn wissen, daß er an dem und dem Morgen früh um vier zu Hause verhaftet wer-

den soll. Sofort taucht er unter und entgeht so der Bastille. Nicht zu entrinnen vermag er dagegen einer scharfen Rüge, die der königliche Rat einige Tage später gegen ihn und seine ›schrecklichen Erklärungen‹ ausspricht. Der Rüge auf dem Fuß folgt die Beschlagnahme der Schmähschrift.
Aber damit ist die Affäre nicht ausgestanden. Wutschnaubend versucht Mercier, den König für seine Sache zu gewinnen. Zugleich beginnt er mit besessenem Eifer Juristerei zu büffeln und läßt nicht eher locker, bis er sich in Reims ein Advokatendiplom erworben hat. Vergebene Liebesmüh! Gegen die Allmacht der Comédie ist selbst damit nichts auszurichten... Trotzdem bleibt seine Dickschädligkeit nicht völlig unfruchtbar. Sie führt zur Gründung einer Interessengemeinschaft der Dramatiker, die der Comédie-Française 1781 nach langwierigen Verhandlungen einige Konzessionen abringt und darüber hinaus erstmals den Ruf nach einem gesetzlichen Schutz geistigen Eigentums sowie der Autorenrechte erhebt. Erfüllt werden diese Forderungen freilich erst zehn Jahre später – durch die bürgerliche Revolution.
Vom Kompromiß von 1781 bleibt Mercier, der doch den Stein ins Rollen gebracht hat, ausgeschlossen. Unerbittlich beharren die Schauspieler auf dem über ihn verhängten Bann. Für Mercier mag dies zwar bitter sein, für die Literatur ist es ein großer Glücksfall, denn die ökonomischen Folgen seiner Fehde mit den Theaterleuten zwingen ihn, sich nach neuen, von der Bühne unabhängigen Verdienstmöglichkeiten umzusehen.

Im Mai 1775 übernimmt Mercier das ›Journal des Dames‹, ein ziemlich belangloses Salonblättchen mit prekärer Existenzgrundlage und geringer Auflage. Er leitet es bis 1778, danach sind seine Ressourcen erschöpft. Sein Nachfolger wird es vollends zugrunde richten.
Mercier benutzt die Zeitschrift hauptsächlich als ein Instrument zur weiteren Propagierung seiner literarischen und dramaturgi-

schen Theoreme. Vor allem für Shakespeare, um den damals in Frankreichs Theaterwelt wilde Kämpfe toben, bricht er eine Lanze. Aber auch für den Buchdrucker und Romanschreiber Restif de la Bretonne, wozu es freilich einiger Courage bedarf, da der Autor des ›Paysan perverti‹ seiner von derber Erotik strotzenden Texte wegen in jenen Tagen recht verrufen und verfemt ist. Vor allem aber experimentiert Mercier im ›Journal des Dames‹ mit einer neuen literarischen Form. Fast in jeder Nummer berichtet er präzise und auf höchst vergnügliche Weise über Dinge, die ihm beim Flanieren über den Boulevards und in den Gassen von Paris aufgefallen und in den Sinn gekommen sind. Im Juni 1781 erscheinen diese Momentaufnahmen aus dem Pariser Alltag, ergänzt durch etliche Dutzend weitere Kapitel, ermals in einer zweibändigen Buchausgabe. Ihr Titel: ›Tableau de Paris‹. Und das stolze Motto, das ihr der Verfasser mit auf den Weg gibt: ›Nec nuda, nec ornata placet alma veritas.‹ (Geschminkt oder ungeschminkt, die Wahrheit gefällt nie.)

Das Werk erscheint genau zum rechten Zeitpunkt, nämlich in einem Augenblick, da es der Obrigkeit überhaupt nicht in den Kram paßt. Das Jahr 1781 steht für das Ancien régime unter einem schlechten Stern. Schon spürt es, wie ihm der Boden unter den Füßen wankt. Um so verzweifelter klammert es sich an seine Privilegien. 1781 entläßt Ludwig XVI. seinen Finanzminister, den protestantischen Genfer Bankier Necker, weil dessen auf die Sanierung des völlig zerrütteten Staatshaushaltes abzielendes Sparprogramm bei Hof auf härtesten Widerstand gestoßen ist.

1781 erwirken die adligen Grundbesitzer ein königliches Dekret, das ihnen große Teile des dörflichen Gemeindelandes zuspricht. Die Erbitterung der Bauern nähert sich daraufhin dem Siedepunkt. 1781 erläßt der König ferner ein Gesetz, demzufolge nur noch Offizier werden darf, wer wenigstens vier adlige Vorfahren nachweisen kann. Dies wiederum bringt die Neuadligen des dritten Standes in Rage. Nicht zuletzt ereignet sich im Jahre 1781 einer der größten literarischen Skandale der Epoche. Sein Opfer ist der Abbé de Raynal, Verfasser des Werkes ›Die philosophische Geschichte des Handels der Europäer mit den beiden Indien‹. Das Buch zählt zu den führenden Bestsellern seiner Zeit. Zwei 1772 und 1774 anonym erscheinende Auflagen sind sofort vergriffen. Wohl pfeifen es in ganz Paris die Spatzen von den Dächern, wer der Autor dieses kühnen, aggressiv-kritischen Opus' ist. Solange er den Schein der Anonymität wahrt, wird er von den Behörden in Ruhe gelassen. Dann jedoch spielt ihm seine Eitelkeit einen verhängnisvollen Streich: Die dritte Auflage der ›Handelsgeschichte‹ erscheint nicht nur unter dem vollen Namen Raynals, sondern auch mit seinem Porträt. Wohl rechnet er damit, daß ihm diese Dreistigkeit drei Monate Bastille einbringen werde, das käme ihm nicht ungelegen, denn in seinem brennenden Ehrgeiz giert er geradezu nach der Märtyrerkrone – vorausgesetzt, sie sei nicht gar zu dornig; was dann aber wirklich auf ihn zukommt, ist katastrophal: Raynal verliert sein ganzes Vermögen, seine Renten und Pensionen und kann sich Verhaftung und Prozeß nur durch eilige Flucht entziehen.

Mercier dagegen läßt sein ›Tableau‹, dessen Analysen und Kritiken an den bestehenden Verhältnissen weit schärfer sind als alles, was Raynal zu bieten hat, anonym erscheinen. Und auch sein Verleger, S. Fauche, sieht sich vor. Obschon im schweizerischen Neuchâtel wohnhaft, gibt er im Impressum Amsterdam als Druckort an. Die Polizei indes läßt sich durch dieses Täuschungsmanöver nicht irreführen; als Fauches Schwiegersohn in Paris auftaucht, wird er sofort verhaftet und streng verhört. Man fordert von ihm die Preisgabe des Autorennamens. Erfolglos. Man droht ihm mit einem Verfahren. Da stellt sich Mercier dem Chef der Pariser Polizei, Lenoir, zieht ein noch druckfeuchtes Exemplar des ›Tableau‹ aus der Tasche und erklärt: ›Mein Herr, ich habe vernommen, daß Sie den Verfasser dieses

Werkes suchen: hier präsentieren sich Ihnen Buch und Autor zugleich.‹ – Darauf wird der Schwiegersohn des Neuchâteler Druckers freigelassen, dafür drohen Mercier nun Ungelegenheiten, die diesem um so gefährlicher werden können, als das Buch, obschon verboten und also nur unter dem Ladentisch zu haben, sofort zu einem enormen Verkaufserfolg geworden ist. Mercier legt, im Gegensatz zu Reynal, keinen Wert auf den Nimbus des Verfolgten. Zudem steckt er mitten in der Arbeit. Das ›Tableau‹ . . . ! Er möchte es fortsetzen, hat große Pläne, die jetzt, da er weiß, wie gut die neue Form beim Publikum ankommt, verwirklicht werden sollen. Im Juli 1781 packt er seine Tage- und Notizbücher zusammen, schließt seine Wohnung in der Rue des Noyers ab und begibt sich zusammen mit dem Schwiegersohn seines Verlegers nach Neuchâtel, um dort in aller Ruhe am Begonnenen weiterzuschreiben. Schon 1782 erscheint die zweite, auf vier Bände erweiterte Auflage des ›Pariser Bilderbogens‹, wenn auch nicht mehr bei Fauche, mit dem er sich inzwischen – vermutlich der Finanzen wegen – überworfen hat. Sein neuer Verleger bietet ihm für die Bände I – IV immerhin ein Honorar von 8400 Livres, was Mercier um so mehr zu schätzen weiß, als er zu den wenigen Literaten seiner Zeit zählt, die sich ihr Brot mit der Feder verdienen. In diesem Umstand dürften übrigens nicht nur die Wurzeln von Merciers beinahe schon graphomaner Produktivität liegen; er erklärt auch, weshalb so manches seiner Werke – weil unter allzu großem Zeitdruck entstanden – in stilistischer Hinsicht zu wünschen übrigläßt.

Merciers Exil in der Schweiz währt – von wenigen kurzen Abstechern nach Paris unterbrochen – volle vier Jahre. In deren Verlauf bringt er das ›Tableau‹ auf insgesamt acht Bände. (Die restlichen vier entstehen erst 1787/88.) Weitere vier Bände füllt er mit ›Porträts der Könige von Frankreich‹ (1783) und abermals vier Bände mit Essays, die 1784/85 unter dem Titel ›Mon Bonnet de Nuit‹ erscheinen.

Aus letzteren kann geschlossen werden, daß ihn die halb wilde, halb idyllische Jura-Landschaft, in die es ihn verschlagen hat, stark beeindruckt. Das, was er über sie zu Papier bringt, verblüfft namentlich durch die darin unüberhörbar mitschwingenden Klänge einer schwärmerischen Frühromantik. Ansonsten jedoch fühlt er sich am sonnigen Ufer des Neuenburger Sees nicht allzu wohl. Zwar ist er hier in Sicherheit und frei von jedem politischen Druck, die Polizei läßt ihn in Ruhe, doch für ein Temperament wie seines ist das schon fast zuviel des Guten; er ist nun mal kein Mann der friedlichen Idylle. Wohl und glücklich fühlt er sich einzig in der Großstadt. Brissot de Warville bezeugt es in seinen Memoiren: ›In Neuchâtel besuchte ich Mercier... Aber obschon er dort ein angenehmes Leben genoß, schienen ihm die Theater und die kleinen Soupers von Paris, mit denen er die Hälfte seines Lebens zugebracht hatte, zu fehlen. Der Einsamkeit gewann er wenig Geschmack ab... Ihm sagte es mehr zu, das Leben der Menschen in den Städten zu beobachten.‹

Auch kommt er mit den Schweizern nicht recht zu Rande. Ihnen wirft er Mangel an poetischer Empfindsamkeit vor sowie Blindheit für die Schönheit der Natur, in der sie leben. Er hat gehofft, bei ihnen endlich jenes von Rousseau so verlockend geschilderte rustikale Patriarchentum im Original zu finden, doch statt dessen begegnet er mißtrauischen, scharf rechnenden, stets listig auf ihren Vorteil bedachten, stocknüchternen Weinbauern, die seinem vorgeprägten Idealbild vom naiven, von Natur guten, allen harmlosen Genüssen zugetanen Landmann partout nicht ähnlich sehen wollen. Eine weitere Enttäuschung bereitet ihm das eidgenössische Staatswesen. In Paris hatte er sich darunter eine urige Republik der Gleichen vorgestellt; aus der Nähe betrachtet, entpuppt es sich als eine ausgeprägte Klassengesellschaft, nicht weniger hierarchisch als das Ancien régime Frankreichs. Immerhin versucht Mercier das Beste aus seinem Schweizaufenthalt zu machen. Er reist häufig durch das Land, besucht in Zürich Lavater, begeistert sich an dessen Theorien über die Physiognomik und läßt sich in Lausanne auf das Schmeichelhafteste vom Prinzen Heinrich von Preußen empfangen, dem Bruder König Friedrichs. Beide sind eifrige ›Tableau‹-Leser. Bei der Gelegenheit lernt Mercier ein junges Mädchen kennen, eine gewisse Germaine Necker, Tochter des bekannten Genfer Bankiers, die schon wenige Jahre später als Madame de Staël zu internationalem Ruhm kommen sollte.

Aber auch in Neuchâtel selber führt Mercier keineswegs ein Eremitendasein. Dort wird er sogar Mitglied eines Schützenvereins, an dessen Wettschießen er sich eifrig, und wie es scheint, nicht ganz ohne Erfolg beteiligt. Im übrigen jedoch widmet er seine Neuchâteler Tage bis zuletzt hauptsächlich dem ›Tableau‹. Dabei kommt ihm zugute, daß er schon in Paris angefangen hat, sich jeden Abend vor dem zu Bette gehen all das aufzuschreiben, was ihm tagsüber besonders aufgefallen, was ihm zugestoßen ist, was er beobachtet und was er dabei gedacht hat. Diese eilig hingeworfenen, system- und regellosen Notizen sind sein Hauptfundus. Aus ihnen schöpft er die ersten acht Bände des Riesenwerkes, und nach derselben Methode dürften einige Jahre später auch die übrigen, abschließenden Teile des monumentalen Gemäldes entstanden sein.

Was aber ist nun eigentlich ein ›Tableau‹? Und vor allem, was verstanden Mercier und seine Zeitgenossen unter einem solchen?

Im Jahre 1694 definiert die Académie française das ›Tableau‹ als die ›... naturgetreue und lebhafte Darstellung einer Sache, sei es mit Hilfe des gesprochenen Wortes, sei es mit der Feder.‹

›Naturgetreu und lebhaft...‹, halten wir das fest, auch wenn damit die Merkmale des ›Tableau‹, um das es hier geht, noch lange nicht ausgelotet sind. Schon etwas näher kommt der Sache der neueste uns vorliegende Beitrag zur Mercier-Forschung, eine 1968 von Renate Chédin in München als Dissertation vorgelegte ›Kritische Betrachtung‹ des ›Tableau de Paris‹. In ihr wird zunächst nachgewiesen, daß Mercier mit seinem Bilderbogen etwas grundsätzlich Neues, vor ihm noch nie Dagewesenes geschaffen hat! ›Unser Autor besitzt ein neues schriftstellerisches Selbstbewußtsein; ihm ist nicht nur eine wache Beobachtungsgabe zu eigen, die bisher unbeachtete Gegenstände für die Literatur entdeckt; er bemüht sich auch um eine entsprechende, neuartige Aussage. In bisher unbekannter Weise nimmt er sich in feinen Linien und derben Strichen ein ungeheures Thema zum Vorwurf und unternimmt den Versuch, aus vielseitigen Einflüssen eine neue Form innerhalb der Prosa zu gewinnen...‹

Diese ›neue Form‹ findet – immer nach Renate Chédin – auch ihren eigenen sprachlichen Ausdruck: ›Nach den Worten Merciers zu urteilen, verfolgt der talentierte Schriftsteller eine Idee, schildert umfassende Zusammenhänge und läßt sich nicht von Details, wie zum Beispiel einer Verfeinerung des Wortschatzes, ablenken. Mercier sucht eine neue Form der Aussage, die anspruchslos den Satz umschließt und alle Worte der gesprochenen Sprache verwendet. Der Schriftsteller bemüht sich auch in der Form seines Ausdrucks um die Wiedergabe der realen Umwelt. Dieser Wiedergabe ist zugleich ein nützliches, belehrendes Ziel gesetzt; eine Konzeption, die auf die Sprache ausgedehnt wird.‹

Anders gesagt: das grundsätzlich Neue im ›Tableau‹ wird hier zum einen in Merciers Hinwendung zu bisher von der Literatur verschmähten Stoffen, zum andern in einer dadurch unumgänglich gewordenen ›neuartigen Aussage‹ bzw. ›neuen Form‹ bzw. ›neuen Sprache‹ gesehen. Letztere zeichnet sich dadurch aus, daß sie ›alle Worte der gesprochenen Sprache verwendet‹, also volkstümlich ist. Aber nicht nur eine ›neue Form‹ samt neuem Inhalt entdeckt Renate Chédin im ›Tableau‹, neuartig erscheint ihr auch das, was der Autor mit seinen Texten anstrebt: ›Derartige Berichte über Geschehnisse des Pariser All-

tagslebens, in denen der Autor sich um Genauigkeit und Farbigkeit bemüht, ... sind nicht von einem Erzähler im üblichen literarischen Sinn geschrieben worden. Der Autor Mercier erweist sich hier vielmehr als ein Berichterstatter, der ein waches Bewußtsein für das Zeitgeschehen besitzt, der mit Leichtigkeit und Freude schreibt. Er legt Wert darauf, seinen Leser vielseitig zu unterrichten, ihn zu unterhalten und unter Umständen auch zu beeinflussen. Das ,Tableau de Paris' ist ein Werk, das geschrieben wurde, um gelesen zu werden; erst mit der Reaktion des Lesers erfüllt die Darstellung ihren Sinn. Wir stoßen erneut auf den Einfluß der Aufklärung; zugleich lassen sich darin die Wurzeln journalistischen Denkens erkennen.‹
Und schließlich: ›Mercier findet eine ihm eigene Art der Darstellung, die ihn durchaus als Vorläufer der modernen Reportage erscheinen lassen kann, wenn er sich bemüht, die Physiognomie des Augenblicks einzufangen. Er versucht, die Vielfalt der Merkwürdigkeiten, der Menschenmenge in einem Überblick zu umfassen: der Ausdruck ,Coup d'Œil' bezeichnet diese Haltung.‹
Lassen wir dahingestellt, ob Mercier selber bewußt eine neue Form anstrebt. Wichtiger ist, daß er sie findet, und zwar, weil er schreibt, um etwas zu bewirken, um in gesellschaftliche Prozesse einzugreifen, Gegebenes zu verändern. Daß dies sein explizites Ziel sei, betont er an mehr als einer Stelle seines Bilderbogens, und im Vorwort zu dessen zwölften Band liest man gar: ›Ich habe mehrere Mißbräuche aufgedeckt; sie öffentlich zu brandmarken bedeutet, ihre Abschaffung vorzubereiten.‹ Die Zeit ist reif dazu.
Erinnern wir uns daran, daß die beiden ersten Bände des ›Tableau‹ im Jahre 1781, also einem Augenblick erschienen sind, da sich die sozialen Gegensätze und Spannungen wieder einmal unerträglich zuspitzten! Diese Spannungen sind es, die den Theatermann, Romancier und Essayisten dazu veranlaßt haben, sich überhaupt nach einem neuen literarischen Instrument

umzusehen, das allen bereits bekannten Literaturgattungen an operativer politischer Massenwirksamkeit entschieden überlegen ist. Was er braucht, ist ein Instrument, mit dessen Hilfe sich ein von schweren Krisen geschütteltes, immer rascher von einem Szenenwechsel zum andern taumelnden ›Hier und Heute‹ publizistisch bewältigen läßt, das ferner dazu taugt, hinter den mannigfaltigen, oftmals irreführenden Erscheinungsformen dieser Krisen, deren tatsächliches Wesen sichtbar zu machen, das zugleich aber höchst mobil bleibt, denn überall brechen neue gesellschaftliche Widersprüche auf, künden sich weitere Konflikte an; kurz, was Mercier braucht und sich auch schafft, ist eine Art geistiger Nahkampfwaffe, die, wie Renate Chédin richtig feststellt, der heutigen literarischen Reportage fast zum Verwechseln ähnlich sieht.
Mercier teilt sein ›Tableau‹ in einzelne, meist ziemlich kurze ›Chapitres‹, in Kapitel auf, von denen ein jedes seinen Gegenstand hat. Manchmal werden mehrere verwandte Themen hintereinander behandelt, doch in der Regel bestimmt der Zufall die Reihenfolge. Welcher Zufall? In seinem Exil am Neuenburger See empfängt Mercier fast täglich Post aus Paris, Briefe und Zeitungen, die ihn über den Gang der Dinge in der Hauptstadt auf dem laufenden halten. Begierig verschlingt er alles, was kommt, regt sich über manches schrecklich auf und ... eilt dann zum Stapel seiner Tagebücher, um aus ihnen das hervorzukramen, was zu dem soeben Erfahrenen paßt, was es in größere Zusammenhänge stellt. Denn immer wieder geht es Mercier darum, aus scheinbar alltäglich Banalem das Typische herauszuschälen, es in einen gesellschaftlichen Gesamtprozeß einzuordnen. Und indem er dies tut, folgt er – ohne sich den Kopf darüber zu zerbrechen – abermals einem grundlegenden Gesetz der literarischen Reportage! Und auch deren dritter Grundforderung unterwirft er sich: den Rohstoff zu seinem ›Chapitres‹ schöpft er aus der sozialen Realität selbst. Stets sind seine Ortsangaben nachprüfbar. Desgleichen stimmen die von ihm ge-

nannten Daten. Und alles, was er schildert, ist authentisch, hat er mit eigenen Augen gesehen, erlebt. Dasselbe gilt für die Menschen, die er beschreibt und oft genug mit Namen nennt; es gibt sie wirklich, sie leben! Nicht selten hat er mit ihnen gesprochen, keiner von ihnen ist fiktiv. Doch all diese Wirklichkeiten sind ihm – wir wiederholen es – nur Rohstoff, nicht Selbstzweck. Er kopiert sie nicht, er gestaltet sie, formt diesen Ton so lange, bis das hervortritt, worum es ihm vor allem geht: die von ihm so oft beschworene ›Wahrheit‹. Genauer gesagt, seine, Merciers Wahrheit, der er von seinem, wie wir heute sagen würden, Klassenstandpunkt aus nachgeht und deren oberstes Kriterium für ihn die Philosophie der Aufklärung ist. Von ihren Positionen aus operiert, analysiert, kritisiert er, zieht er seine Schlüsse, erhebt er seine Forderungen. Sie sucht er in der Wirklichkeit des Alltags, wissend, daß nur sie das Maß der Wahrheit sein kann und daß diese nur zu propagieren ist, wenn sie im Gewand der nachprüfbaren Wirklichkeit auftritt!

Bleibt noch eine letzte Frage: Wie kommt es, daß gerade Louis Sébastien Mercier die neue literarische Gattung aus der Taufe hebt? Sie gültig zu beantworten ist – mangels biographischer Details – schwierig. Von der Summe der subjektiven Faktoren, die mit einer weiteren Summe objektiver Vorgaben zusammentreffen müssen, damit ein Mensch eine bestimmte Leistung vollbringe, kennen wir in diesem Fall nur zwei. Die eine findet sich in einem Ausspruch, den Mercier sehr oft getan haben soll und der da lautet: ›Ich lebe aus Neugier.‹

Wem käme hier nicht sofort Egon Erwin Kisch in den Sinn, der in seinem ›Jahrmarkt der Sensationen‹ gestand, daß er an keiner Tür vorbeigehen konnte, ohne sich zu fragen, wer wohl dahinter wohne, und an keinem Aushängeschild, ohne es gelesen zu haben! Zweifellos ist brennende, nie erlöschende Neugier eine der Grundvoraussetzungen des Reporterberufes. Dabei trifft es sich ausgezeichnet, daß Neugier in Merciers Epoche allgemein hoch im Kurs stand und zu den positiven Charakterzügen gezählt wird, ist doch die ganze Aufklärung von der ›Gier‹ nach Neuem geprägt, nämlich vom unersättlichen Hunger nach neuem Wissen, nach der Erkenntnis dessen, ›was die Welt im Innersten zusammenhält‹.

Das andere subjektive Element, das sicherlich sehr dazu beigetragen hat, Mercier zur Reportage zu bringen, liegt in der Tatsache, daß er sein Paris, in dem er aufgewachsen ist und wo er fast sein ganzes Leben verbringt, mit Leib und Seele liebt, und zwar in einer Zeit, da dieses sich anschickt – in unserem heutigen Sinne –, moderne Großstadt zu werden. Das geht nicht ohne gigantische Konvulsionen und Widersprüche ab. Für den, der über ausreichende Mittel und ein gewisses Maß an Bildung verfügt, wird das Dasein in der Metropole bald zur höchsten Form der menschlichen Existenz überhaupt, wogegen es den Massen, denen es am Lebensnotwendigsten gebricht, mehr und mehr zur Hölle wird. Zu einer Hölle, in der bislang verschleiert gebliebene Klassengegensätze brutal aufbrechen, Individuen, Ideologen und kulturelle Strömungen immer unmittelbarer und härter aufeinanderprallen, bis sich die einzelnen Konfrontationen schließlich zu einer einzigen blutigen Klassenschlacht verschmelzen.

Die ihrer selbst bewußt werdende große Stadt... Die sich in ihr formierenden Bataillone der beiden Klassenheere... Welch ein Thema! Es ist neu, es ist von grandioser Universalität, und es wird Zukunft haben. Indem Mercier es sich als erster zu eigen macht, prägt er eine Fülle neuer Sprachbilder. Renate Chédin weist nach, daß es mehr als vierzig sind. Bald ist Paris für Mercier eine ›Milchkuh‹, die der König melkt, bald ein ›Bienenkorb‹, dann ›die Zusammenfassung des Universums‹ oder ›ein ungeheurer Käfig‹, und manchmal auch das ›Herz des Königreiches‹. Einen Großteil dieser Metaphern werden spätere Dichter der großen Stadt, etwa Victor Hugo oder Honoré de Balzac, übernehmen.

Vermutlich Mitte 1785, möglicherweise aber erst 1786, kehrt Mercier aus seinem Exil nach Paris zurück. Vor der Polizei braucht er sich fürs erste nicht mehr zu fürchten. Das ›Tableau‹ hat ihn zu berühmt gemacht, als daß sie ihm noch etwas anhaben könnte: Die Bücher verkaufen sich blendend, das Publikum reißt sich um sie, jedermann spricht von ihnen und – obschon sie noch immer anonym erscheinen – von ihrem Autor. Der ist bald so bekannt, daß ihn auch Briefe erreichen, die lediglich ›an den Verfasser des Tableau‹ adressiert sind.
Weniger begeistert reagiert die etablierte Pariser Literaturkritik. Sie versucht, den ›Bilderbogen‹, von einigen bissigen Anspielungen und Glossen abgesehen, totzuschweigen. Um so eifriger geht sie auf die Flut der unzähligen Nachahmungen und Plagiate ein, die der Originalfassung ab 1783 folgen. Da meldet sich zum Beispiel ein ›Solitaire du Pied des Alpes‹, ein ›Eremit vom Alpenfuße‹ mit einem Raubdruck zu Wort, der das Original inhaltlich zwar weitgehend kopiert, zugleich jedoch politisch entschärft und mit dümmlichen Randbemerkungen versieht. Andere folgen ihm; bald ist der Büchermarkt überschwemmt mit ›Tableaux‹. Da indes das Publikum zu unterscheiden weiß und Mercier auf diese Art nicht mehr aus dem Geschäft zu drängen ist, müssen die Rezensenten schließlich doch auf ihn eingehen. Sie tun es auf sehr verschiedene Weise. Am einfachsten macht es sich ein Journalist des konservativen ›Rivarol‹, der das ›Tableau‹ mit der Bemerkung abtut, es sei ›in der Gosse ausgedacht und an der Straßenecke niedergeschrieben‹. Ein anderer gesteht immerhin, wenn auch unter vernehmlichem Zähneknirschen, ein: ›Man kann nicht leugnen, daß das Werk einen gewissen Erfolg hat, vor allem in der Provinz und im Ausland, allerdings verdankt es ihn vor allem seinem Titel.‹ Säuerlich reagiert auch der ›Mercure‹, in welchem Meister, der Mercier nie sehr gewogen war, zu Protokoll gibt: ›So unrühmlich Herr Mercier als Dramatiker bekannt war, so gut hat er sich seither durch sein ‚Tableau de Paris' herausgemacht.‹

Die Behauptung, der ›Bilderbogen‹ löse im Ausland ein besonders großes Echo aus, stimmt übrigens. Vor allem in Deutschland stößt er auf allergrößtes Interesse. Schon 1783/84 erscheint bei Walch zu Leipzig eine erste deutschsprachige Ausgabe in acht Bänden. Die komplette zwölfbändige Edition besorgt in den Jahren 1789/90 der ebenfalls in Leipzig ansässige Verleger Reichard. Sodann inspiriert das Werk den Kieler Professor C. F. Cramer zu seinem Werke ›Menschliches Leben‹, in dessen Vorwort er sich sogar ausdrücklich zum Mercierschen Vorbild bekennt. Wenig später reist Cramer nach Paris, um Mercier zu besuchen. Aus der Begegnung erwächst eine langjährige Freundschaft.

Der Riesenerfolg des ›Tableau‹ bringt Mercier doppelten Nutzen. Von nun an nimmt man ihn nämlich auch als Bühnenautor ernst. Selbst in Paris beginnt man seine Dramen zu kaufen, und es wird Mode, sie in geschlossenen Zirkeln vorzulesen oder sie – da die Comédie-Française ihren Boykott noch immer aufrechterhält – auf privaten Liebhaberbühnen zu inszenieren. Auch die wandernden Komödiantentruppen spielen Mercier fleißiger denn je, was diesem eigentlich nur recht sein müßte, da sie vor genau dem Publikum auftreten, das er sich schon immer gewünscht hat: vor dem Volk! Und doch ist er ihnen gram. Zum einen, weil er dabei wieder einmal um seine Autorenrechte betrogen wird, zum anderen, weil das künstlerische Niveau dieser Truppen in der Regel viel zu wünschen übrigläßt. Lieber wäre ihm, die Comédie-Française kapitulierte endlich. Dies wird sie jedoch erst im Herbst 1787 tun, und zwar vermutlich unter dem Eindruck der damals auf französisch erschienenen ›Hamburger Dramaturgie‹ Lessings (Deutsche Erstausgabe 1768), die, wie Merciers ›Nouvel Essay‹ von 1773, mit Nachdruck für das bürgerliche Schauspiel eintritt, wobei zu sagen ist, daß Lessing 1768 Mercier noch nicht gekannt und Mercier 1773 noch nichts von Lessing gewußt hat.

Mercier ist ein Revolutionär. Doch was für ein Gesicht hat seine Revolution? Und vor allem: sieht er sie kommen, die herannahenden großen Ereignisse, die heroischen Julitage von 1789, den Ballhaus-Schwur, den Tuilerien-Sturm und den Sturz des Königs? Ist er auf den jähen Zusammenbruch der alten Ordnung und die blutige Geburt des Neuen vorbereitet? Er ist es nicht. Genausowenig wie die anderen bürgerlichen Revolutionäre seiner Generation! Was ihnen vorschwebt, ist die Abschaffung der historisch überholten Feudalrechte, ist eine Reform an Haupt und Gliedern der Gesellschaft. Nicht zerschlagen will die neue Klasse den absolutistischen Staatsapparat, sie will ihn vielmehr übernehmen, ihren eigenen Bedürfnissen anpassen! Nicht der Klassencharakter dieser Unterdrückungsmaschinerie stört sie, sondern der Umstand, daß diese nicht der eigenen Klasse dient. Ähnlich ist die Haltung der Bourgeoisie gegenüber dem König. Gegen die Institution der Monarchie an sich hat sie vorerst überhaupt nichts einzuwenden, denn noch hofft sie, den Thron für ihre Zwecke nutzbar machen zu können, sich mit ihm zu verbünden. Hinter diesem Gedanken geistert die Erinnerung an das Bündnis, das König Heinrich IV. mit dem Bürgertum einging, als er seinen zentralistischen Machtanspruch gegen den Feudaladel durchsetzte. Das Gesellschaftsmodell, von dem die bürgerlichen Revolutionäre um 1780 träumen, liefert England. Dort war die absolute Macht des Königs gebrochen und mit ihr die des Adels; die Großbürger haben sich als tüchtige Juniorpartner der feudalen Oberschicht etabliert, sind an allen Staatsgeschäften voll beteiligt und sitzen bereits so fest im Sattel, daß sie sich ganz ihrem eigentlichen Daseinszwecke widmen können: der Bereicherung. Begreiflich also, wenn Frankreichs Bourgeois fasziniert nach England starren, wenn sie anfangen, englische Romane zu verschlingen, wenn es in den Salons von Paris mehr und mehr zur Mode wird, für den dynamischen, weltoffenen britischen ›Liberalismus‹ zu schwärmen, kurz, wenn London nach und nach zum Maß aller

Dinge aufsteigt. Auch Mercier kann und will sich diesem Banne nicht entziehen. Immer häufiger vergleicht er besonders ärgerliche Pariser Mißstände mit den anscheinend mustergültigen Londoner Verhältnissen, und schließlich unternimmt er sogar den Versuch, seinem Pariser Bilderbogen eine Parallelserie von London-Reportagen gegenüberzustellen. Das Werk gedeiht bis zum 67. Kapitel; bleibt jedoch ungedruckt.

Es gibt aber noch einen weiteren, sehr triftigen Grund für Frankreichs dritten Stand, sich gerade England zum Vorbild zu nehmen. Dort herrschen – anders als im eigenen Land, wo sich die Hungerrevolten häufen und man nachts selbst in der Hauptstadt seines Lebens nicht mehr sicher ist – ›Law and Order‹! Spätestens ab Mitte der achtziger Jahre bekommt es der Pariser Bourgeois in der Tat mit der Angst zu tun, Angst vor seinem wichtigsten politischen Verbündeten, dem ›Pöbel‹. Auch Mercier wird von ihr gepackt. Im Band zwölf des ›Tableau‹ artikuliert er sie in einem besonderen Kapitel, dem er die ominöse Überschrift ›Insubordination‹ gibt. Darin beklagt er sich bitter über die zusehends im Volke um sich greifende ›Disziplinlosigkeit‹ sowie über die schwindende Autorität der traditionellen Handwerksmeister, und zwar in einem Ton, als ginge darob die Welt unter. Falls es so weitergehe, meint er, werde man das Schlimmste befürchten müssen. Damit umreißt er seine eigene Klassenposition. Genauso hart und deutlich, wie er sich schon seit frühester Jugend gegen die feudale Oberschicht abgegrenzt hat, geht er nun auch gegenüber dem Proletariat auf Distanz, und zwar bezeichnenderweise in dem Augenblick, da sich in diesem erstmals die Ahnung regt, eine eigenständige Klasse zu sein. Das ›Volk‹, also die Handwerksgesellen, Arbeiter, Lastenträger, Fischweiber etc., genießt nur so lange Merciers uneingeschränkte Sympathie, als es sich willfährig und ohne jede Spur eines eigenen Klassenbewußtseins von den bürgerlichen Revolutionären gängeln läßt.

Merciers Furcht vor ›Insubordination‹ wird übrigens von den

Kreisen, in denen er selber nach 1785 verkehrt, voll und ganz geteilt, denn zu Hause ist er, trotz all seiner Expeditionen in die soziale Wirklichkeit, im gehobenen, gebildeten Mittelstand; seine eigentliche Welt ist und bleibt die ›Republik der Literaten‹, der schöngeistige Salon.
Besonders häufig sieht man ihn in dem der Comtesse Fanny de Beauharnais (1737–1813), der Tochter des General-Steuerpächters der Champagne, Mouchard. Von bürgerlicher Herkunft, heiratet Fanny als Fünfzehnjährige den um 35 Jahre älteren adligen Korvettenkapitän Claude de Beauharnais, von dem sie sich aber schon mit fünfundzwanzig im guten wieder trennt. Von da an führt sie das emanzipierte Leben einer schreibenden Grande Dame. An Voraussetzungen hierzu fehlt es ihr nicht, bereits mit zehn Jahren hat sie ihr erstes Gedicht verfaßt, das allerdings von der Nonne, welche mit ihrer Erziehung betraut ist, sofort ›voller Schrecken und Abscheu‹ verbrannt wird. Ebensowenig wie an Geist mangelt es ihr an Geld; beides weiß sie so einzusetzen, daß ihr geräumiges Palais bald zu einem Mittelpunkt der Pariser Literaturgesellschaft wird; dreimal im Monat lesen dort alle möglichen Berühmtheiten sowie Talente, die erst noch entdeckt sein wollen, aus ihren neuesten Werken. Auch sie selber ist sehr produktiv, sie veröffentlicht Romane, Gedichte und Erzählungen und korrespondiert mit Voltaire und dem König von Preußen. Ab 1787 wird bei der Comtesse allerdings nicht mehr nur über Literatur diskutiert. Mehr und mehr rückt ein neues Thema in den Vordergrund: die Politik. Unter dem Druck der sich zusehends verschärfenden Staatskrise beginnt man über Reformen zu debattieren, und zwar mit solcher Leidenschaft und Ausdauer, daß einer der eifrigsten Stammgäste des Beauharnaischen ›Blauen Salons‹, Cubières, später von diesem als ›dem Ei der Nationalversammlung‹ sprechen wird.
Zu den eifrigsten Debattierern zählt natürlich Mercier, und besonders gern brilliert er immer dann, wenn neben ihm eine gewisse vollbusige junge Schönheit sitzt und hingerissen seinen

Worten lauscht: Olympia de Gouges! Die beiden sind sich, wenn man den Memoiren Fleurys, eines Schauspielers der Comédie-Française, trauen darf, von Herzen zugetan. Sie beiden brauchen einander. Was Mercier zu der eigenartigen jungen Frau hinzieht, läßt sich leicht erraten: deren unverbildete, mit hoher Intelligenz und freilich auch mit brennendem Ehrgeiz gepaarte Natürlichkeit; was sie, die Zweiunddreißigjährige, an dem um fünfzehn Jahre älteren, berühmten Manne reizt, ist unter anderem dessen gesellschaftspolitische Engagiertheit, dessen Lebensleistung. Gehört er doch zu denen, die es verstanden haben, aus eigenen Kräften, ohne angeborenen Rang, ohne Geld und ohne Protektion zu einem großen Namen zu kommen! Dies ebenfalls zu schaffen ist Olympias höchster Traum, denn auch sie stammt von ganz unten. Zur Welt gekommen ist sie als eine schlichte Marie, in Montauban, im Hause eines Fleischers, wenn auch nicht als dessen Tochter. Man munkelt, ihre Mutter habe es mit einem Marquis getrieben, mit dem ebenfalls aus Montauban stammenden Dichter und späteren Akademiemitglied Le Franc de Pompignan. Olympia deutet zuweilen aber auch an, daß ihr Vater in Wahrheit noch viel prominenter gewesen sei: kein anderer als Ludwig XV. habe sie gezeugt... Doch ob Le Franc oder Ludwig, für ihre Kindheit kommt der Fleischer auf, dann wird sie – allzu früh – an einen Kneipenwirt namens Aubry verkuppelt. Bereits mit sechzehn Witwe, brennt sie nach Paris durch ›et s'y livra à des aventures galantes‹, wie es in ihrer Kurzbiographie lakonisch heißt. Was wohl besagen soll, daß die junge Frau gelegentlich das Angenehme mit dem Nützlichen verbindet, zumal sie ja Großes im Sinne hat: sie möchte Schauspielerin werden, möchte schreiben, ihrem Namen Klang verleihen! Einen ersten Schritt in diese Richtung tut sie, indem sie sich nicht länger Marie nennt, sondern Olympia, und sich außerdem ein ›de‹ zulegt. Mit der Schauspielerei reüssiert sie ziemlich bald, mit ihren Texten weniger schnell. Zum Teil liegt es daran, daß sie als Autodidaktin von Grammatik und Orthographie nur eine verschwommene Ahnung hat, zum Teil steht ihr das überbordende Temperament im Wege. Da begegnet ihr Mercier. Von nun an werden ihre wildbewegten Sturm-und-Drang-Dramen wenigstens teilweise spielbar und ihre emotionsgeladenen Briefromane lesbar, und bald verstehen sich die beiden so gut, daß Fleury später sagt, Olympia sei nach und nach ›eine Art jüngerer Bruder von Mercier‹ geworden. Bruder? Nun, das dürfte sich wohl mehr auf Olympias politische, von Mercier stark mitgeprägte Entwicklung beziehen. Denn ab 1788 stürzt auch sie sich mit Leib und Seele in den Strudel der Tageskämpfe und macht namentlich durch eine an die Königin gerichtete Denkschrift über ›die Rechte der Frau‹ von sich reden. Darin stellt sie als eine der ersten Französinnen überhaupt die Forderung nach voller Gleichberechtigung ihres Geschlechtes!

Zwar mögen die ungezählten Bücher, Denkschriften und Pamphlete der achtziger Jahre sowie die endlosen hitzigen Debatten in Blauen und anderen Pariser Salons Wesentliches zum Heranreifen der Revolution beigetragen haben, doch damit, daß diese eines Tages wirklich ausbrechen, daß das Volk der Flut der schönen Worte Taten folgen lassen würde, haben all diese fleißigen Schreiber und Redner wirklich nicht gerechnet. Der Bastille-Sturm vom 14. Juli 1789 trifft sie völlig überraschend. Auch Mercier. Bis zuletzt hat auch er an die friedliche Evolution der Monarchie geglaubt. Zwar schreibt er noch 1788, er hoffe, daß nach dem alten Gefängnis in Vincennes bald auch die Bastille in Trümmer fallen werde, doch daß dies so bald und dazu noch als Auftakt zu einem allgemeinen Aufstand geschehen werde, bleibt ihm unvorstellbar. Wie die meisten Literaten übersieht er die sich häufenden Sturmzeichen. Genauer, er mißdeutet sie, zum einen, weil er viel zu tief in seinen reformistischen Wunschvorstellungen steckt, zum anderen, weil auch er schon an jenem Grundübel krankt, das sich im nächsten Jahrhundert und darüber hinaus immer wieder als die eigentliche

Erbkrankheit der bürgerlich-radikalen Intelligenz erwiesen hat: an der Unfähigkeit, sein revolutionäres Denken mit seinem praktischen Handeln in Einklang zu bringen, beides zur konkreten gesellschaftsverändernden Tat zu verschmelzen. Die Marats und erst recht die Robespierres bleiben Mercier und seinesgleichen zutiefst fremd, obschon jene doch nur den Weg zu Ende gehen, den diese gewiesen haben.

Dennoch begrüßt Mercier den Ausbruch der Revolution mit Begeisterung und schließt sich zunächst den Jakobinern an, deren politische Ziele er als Leiter der Zeitschrift ›Annales Patriotiques‹ alsbald eifrig unterstützt. Ganz geheuer sind ihm seine neuen Bundesgenossen freilich nie, und je radikaler diese werden, desto deutlicher rückt Mercier von ihnen ab, bis er 1792 ganz mit ihnen bricht. Im gleichen Jahr wird er in den Konvent gewählt, wo er sich den betont bürgerlich-gemäßigten Girondisten anschließt. Gleichzeitig wechselt er die Redaktion. Seine Artikel erscheinen fortan in der alles andere als radikalen ›Cronique du mois‹. Und als die Abgeordneten des Konvents über das Schicksal des Königs entscheiden sollen, stimmt Mercier zusammen mit dem Großteil seiner Fraktion gegen dessen Hinrichtung. Er begründet sein Votum mit dem nicht eben überzeugenden Argument, daß Ludwig ›zwar den Tod verdient‹ habe, jedoch in den Händen der Nation eine ›Geisel‹ sei. Weiter meint er: ›als solche stützt (der König) unsere junge Republik und verschafft ihr die Zeit zu erstarken... Ich stimme dafür, daß man Ludwig zu lebenslänglichem Kerker verurteilt!‹

Im Jahre 1793 wird die Kluft zwischen dem radikalen Flügel der Revolution und den ›gemäßigten‹ Girondisten immer größer und bald unüberbrückbar; letztere greifen schließlich zu den Waffen, es kommt zum Bürgerkrieg, der mit der Niederlage der Gironde und der Hinrichtung ihrer wichtigsten Führer endet. Am 3. Oktober 1793 wird Mercier festgenommen, zusammen mit 72 weiteren Mitgliedern des Konvents. Die nächsten dreizehn Monate verbringt er – stets von der Guillotine bedroht – im

Gefängnis. Erst nach dem Sturz Robespierres, also nach dem 9. Thermidor, kommt er mit Hunderten von überlebenden ›Gemäßigten‹ wieder frei. Eine von ihnen ist die Comtesse de Beauharnais, die, als wäre nichts geschehen, in ihren Palast und zu ihrem ›Blauen Salon‹ zurückkehrt. Doch muß sie sich nach neuen Gästen umsehen; von der alten Runde leben nicht mehr viele. Mercier zum Beispiel kommt jetzt ohne Olympia de Gouges.

Was ist aus ihr geworden? Hat wenigstens sie, die jüngere, Wort und Tat miteinander zu versöhnen vermocht? Nun, ihr Traum, in die Geschichte einzugehen, hat sich erfüllt, wenn auch nicht so, wie sie es sich erhoffte. Nach 1789 packt sie eine Art von Frenesie. Pausenlos verfaßt sie Broschüren und Streitschriften, bombardiert führende Politiker mit Briefen, Eingaben und Memoranden, kämpft unermüdlich weiter für die Gleichberechtigung der Frau, arbeitet für die Verfassung von 1791 eine ›Deklaration der Rechte der Frau und Bürgerin‹ aus und will sich verzweifelt in die Seine stürzen, als die Konstituante das Dokument – angeblich aus formalen Gründen – zurückweist. Doch dann, 1792, als sich die Klassenkämpfe in Frankreich ihrem ersten über das Schicksal der Revolution entscheidenden Höhepunkt nähern, versagt auch sie. Genau wie Mercier, nur mit größerem Ungestüm, schlägt sie sich auf die Seite derer, die den König retten wollen, der ja, nach ihrer eigenen Legende, ihr Halbbruder wäre. Sie bietet sich sogar als dessen offizielle Verteidigerin an, und als dies abgelehnt wird, läßt sie ihr Plädoyer unter dem Titel ›Olympe de Gouge, offiziöse Verteidigerin des Louis Capet‹ drucken. Doch damit nicht genug; 1793 greift sie die Revolution in einer weiteren Schmähschrift derart heftig an, daß sie verhaftet und zum Tode verurteilt wird. Im Herbst desselben Jahres endet sie auf der Guillotine.

Mercier ist ein ruhigeres, wenngleich ebenfalls einigermaßen bizarres Ende beschieden. Nach der Gründung des Direktoriums sieht man ihn unter jenen Mitgliedern des Konvents, die im ›Rat der Fünfhundert‹ einen Sitz haben. Doch lange hält er es dort nicht aus. Er scheint des Politikerdaseins müde zu sein. Vielleicht sehnt er sich auch nach etwas Ruhe und Sicherheit, nach einem Posten, der ihm nicht viel Arbeit bereitet und doch so viel einbringt, daß er wieder seiner eigentlichen Neigung, der Schriftstellerei, nachgehen kann. Dieser Posten wird ihm angeboten: Napoleon ernennt ihn zum ›Kontrolleur der Nationalen Lotterie‹.

Ausgerechnet ihn! Ob der Minister, welcher die Ernennungsurkunde unterschreibt, das ›Tableau‹ gelesen hat, ist nicht bekannt. Man entsinnt sich in Paris noch recht gut eines gewissen Kapitels aus ebendiesem Werke. Es trägt den Titel: ›Königliche Lotterie‹, und sein Text ist eine einzige Anklage, gerichtet gegen die Einrichtung, von der Mercier fortan leben wird: ›Ein weiterer Quell großer Übel, und dazu noch ein ganz neuer! Eine Plage, die uns nicht weniger als zweimal im Monat heimsucht. Eine wahre Pest ist sie, diese aus Italien eingeschleppte Lotterie! Im alten Rom war sie verboten, und zwar bei Strafe der Verbannung. Um so unerfindlicher ist ihre heutige Verbreitung; wie kommt es denn nur, daß man ihr nachgerade in fast allen großen Städten Europas begegnen muß? Gab es nicht schon ohne sie genügend Ärgernisse in Paris?

Die Gewinne, welche dieses Spiel abwirft, sind – die Unternehmer wissen das genau – ernorm und unfehlbar; auch wissen sie, daß die Zahl der Verlierer die der Gewinner stets bei weitem übersteigt, daß also schon deshalb fast alles zwangsläufig zu ihren Gunsten laufen muß, weil das Risiko des Setzenden viel größer ist als seine Chance zu gewinnen. Und dennoch läßt man ein ganzes Volk, das ohnehin schon nichts zu beißen hat, zweimal im Monat dieses unsinnige und räuberischste aller Spiele spielen!

Die verhängisvollen Folgen solch grausamen Treibens sind gar nicht zu ermessen. Die Illusion verleitet die Menschen, das

Geld, mit dem sie dringliche Verpflichtungen zu decken hätten, in die zwölfhundert Spielbüros zu tragen. Verführt von der gefährlichen Verlockung, betrügen und bestehlen die Lakaien ihre Herren. Aus lauter Liebe hoffen Eltern, ihre Habe zu verdoppeln – und verlieren sie zur Gänze. Schreiber und Kassierer setzen fremdes Gut aufs Spiel und gehen dann verzweifelt in den Tod. Auch hat die Lotterie bereits mehrere Geschäftsleute in den Ruin getrieben. Eine Art Trunkenheit steht im Begriffe, sich aller Armen zu bemächtigen und sie des letzten kargen Lebensunterhaltes zu berauben. Das ist allgemein bekannt, man weiß Bescheid über all diese fast schon alltäglich gewordenen Tragödien und Katastrophen, man ist sich der Gefahr dieses üblen Lotteriegeschäfts absolut bewußt, und auch das Gefühl spricht mit aller Leidenschaft dagegen; und doch läßt man dies Treiben zu, duldet die damit verbundenen finsteren Machenschaften; die Gier nach Geld ist so groß, daß man ihrer selbst die Sorge um die guten Sitten und die Wahrung des Familienfriedens opfert.
Wie sind, so frage ich, diese ekelhaften Raubzüge, die der Staat gegen seine Bürger und der Bürger gegen seinen Bruder führt, mit der Würde des Vaterlandes zu vereinbaren? Wie kommt die Gesellschaft dazu, ihren Kindern auf derart arge Weise mitzuspielen, ihnen Fallen zu stellen, sie in ein Ungemach zu stürzen, dessen sie sich nicht erwehren können? Mit welchem Recht setzt man all diese verheerenden Glücksräder immer wieder in Bewegung?‹
Auch Mercier selber dürften diese fulminanten Zeilen noch in Erinnerung gewesen sein. Trotzdem nimmt er die Offerte an. Vielleicht, weil die Lotterie nun nicht mehr eine ›königliche‹, sondern eine ›bürgerliche‹ ist?
Davon abgesehen, bleibt er jedoch der alte Feuerkopf und bürgerliche Demokrat. Von Napoleon anfänglich hellauf begeistert, wird er, in dem Augenblick, da dieser zur Kaiserkrone greift, dessen unversöhnlicher Feind. Mercier bringt sogar den Mut

auf, eine hohe Auszeichnung, die ihm der Kaiser verleihen will, mit groben Worten abzulehnen, was ihm beträchtlichen Ärger einbringt. Der Polizeichef von Paris läßt ihn – wieder einmal – vorladen, spricht von Majestätsbeleidigung, droht mit sofortiger Festnahme und Einkerkerung in Bicêtre. Mercier bleibt standhaft und... ungeschoren.

Seine letzten Lebensjahre verbringt er wie gewohnt am Schreibtisch. Doch sein Spätwerk, sechs Bände über ›Paris während der Revolution‹ sowie einige geschichtliche und sprachwissenschaftliche Studien, findet nicht mehr den gewohnten Widerhall, und auch seine anderen Bücher geraten langsam in Vergessenheit. Sie haben – und dies ist eigentlich das Beste, was einem engagierten Reporter und Sozialkritiker überhaupt widerfahren kann – ihre Aktualität verloren. Die Mißstände, die er als erster so energisch aufgedeckt und angeprangert hat, sind zum guten Teil behoben.

Mercier stirbt am 25. April 1814. Seine von ihm selbst verfaßte Grabinschrift: ›Menschen aller Länder, beneidet mein Geschick: Zur Welt gekommen als ein Untertan, liegt mein Grab in einer Republik!‹

Mongez, einer der Präsidenten des Instituts de France, der seinem Akademiekollegen die Trauerrede hält, verabschiedet diesen als ›einen Schriftsteller des 18. Jahrhunderts‹. Mercier selber wäre mit dieser Formulierung kaum einverstanden gewesen. Seine Zeitrechnung lautete anders. Im Vorwort zum ›Tableau‹ liest man:

›Ich wage allerdings zu glauben, daß man in hundert Jahren auf mein Bild von Paris zurückkommen wird, und zwar nicht wegen seiner malerischen Qualitäten, sondern vielmehr deshalb, weil dermaleinst eine neue Zeit das Bedürfnis verspürt, das, was ich einst sah, und mag es noch so befremdlich gewesen sein, mit dem zu vergleichen, was dann zu sehen sein wird, um so aus unseren Torheiten und Hoffnungen zu lernen.‹

Jean Villain

23 *Longchamp:* damals ein kleines Dorf außerhalb der Stadtgrenzen, heute ein bekannter Rennplatz.

26 *Juvenal:* römischer Satirendichter, den im 17. Jh. Boileau mit seinen fünfzehn Satiren nachzuahmen trachtete.

37 *Minot:* alte Gewichtseinheit in Frankreich, gebräuchlich im allgemeinen für trockene Substanzen, entsprach in Paris 39,03 Litern.

39 *Rousseau:* Der Philosoph berichtet von dieser Episode in seinen ›Rêveries d'un promeneur solitaire‹.

Phaëthon: griech., der Strahlende; Sohn des Sonnengottes, dem beim Versuch, den Sonnenwagen einmal selber zu kutschieren, die Pferde durchgingen, worauf Zeus ihn mit einem Blitz erschlug.

47 *Omnia mecum porto:* lat., Meine ganze Habe trage ich bei mir; Ausspruch des Bias (6. Jh. v. u. Z.), eines der Sieben Weisen Griechenlands, als die Bewohner seiner Heimatstadt Priene während der Belagerung mit allen ihren Schätzen flohen.

Kopfsteuer: Die Kopfsteuer, ursprünglich nur der jeweiligen feudalen Herrschaft zu zahlen, wurde erst unter Ludwig XIV. zur allgemeinen Steuer erhoben. Außer dem Klerus war die gesamte Bevölkerung (eingeteilt in 22 Steuergruppen) der Kopfsteuer unterworfen.

58 *Préville, Pierre-Louis (1721–1799):* berühmter Pariser Schauspieler.

59 *›Gazette de France‹:* Von Théophraste Renaudot und unter dem Patronat von Richelieu 1631 gegründet, war sie zugleich die erste und die allzeit regierungsfrömmste Zeitung Frankreichs. Bis zu ihrer letzten, 1914 erschienenen Nummer vertrat sie die Sache der Royalisten.

60 *Maupéou, René-Nicolas de (1714–1792):* Kanzler Ludwigs XV. Unter seiner Amtszeit wurden das Parlament und der

Königliche Rat aufgelöst. Nach Maupéous Sturz mußte König Ludwig XVI. 1774 die Parlamente wieder einberufen.

Der Herrscher kann zwar verkünden, daß dieses oder jenes Stück Papier tausend Francs wert sei: Anspielung auf die Assignaten-Inflation.

66 *Hôtel-Dieu:* ältestes Pariser Hospital, erstmals erwähnt im Jahre 829.

71 *Winslow, Jacques-Bénigue (1669–1760):* dänischer Arzt und Anatomieprofessor in Paris.

72 *Ferrein, Antoine (1693–1769):* französischer Arzt und einer der berühmten Anatomen seines Jahrhunderts.

Clamart: alter Pariser Friedhof. Im Jahre 1833 aufgehoben, diente er in der Folge ausgerechnet als Baugrund für das neue Anatomische Institut.

Salpêtrière: Pariser Hospiz für alte Frauen sowie Irrenhaus, gegründet 1656.

73 *Hic labor, hoc opus:* lat., Das ist die Arbeit, das ist das Werk.

73 *Pâris, François de (1690–1727):* jansenistischer Diakon, seiner radikalen Ansichten und wohltätigen Haltung wegen vom Volke zeitweise als Heiliger verehrt, bestattet auf dem Cimetière de Saint-Médard.

74 *Vaugirard:* im 18. Jh. Dorf am südlichen Rand von Paris, beliebtes sonntägliches Ausflugsziel der Pariser.

79 *Piron, Alexis (1689–1773):* französischer Dichter und Dramatiker, Verfasser zahlreicher Satiren, Spottverse und Lieder erotischen Inhalts.

80 *Choisy:* Ort am Südrand von Paris, wo sich Ludwigs XV. Lieblingsresidenz befand.

94 *Mesmer, Franz (1734–1815):* deutscher Arzt und Begründer der Theorie vom tierischen Magnetismus, auch Mesmerismus genannt.

98 *Vaucanson, Jacques de (1709–1782):* französischer Mechani-

ker, berühmt durch seine kunstvollen Automaten. Am bekanntesten war sein Flötenspieler.

99 *Poinsinet, Alexandre (1735–1769):* französischer Dramatiker und Poet, Verfasser der satirischen Komödie ›Le cercle ou la soirée à la mode‹, in der in eindrucksvoller Weise die Banalität der courtoisen Gesellschaft des 18. Jh. aufs Korn genommen wird.

102 *Crébillon der Jüngere, Claude (1707–1777):* französischer Romancier, Verfasser verschiedener Sittenromane, war mit Mercier eng befreundet.

107 *Montesquieu, Charles de Secondat (1689–1755):* Seine ›Persischen Briefe‹ trugen durch ihre scharfe Kritik an den Zuständen im absolutistischen Frankreich wesentlich zur publizistischen Vorbereitung der Französischen Revolution bei.

Boileau-Despréaux, Nicolas (1636–1711): berühmter Poet und Satiriker, Freund von Molière, Corneille, Racine und La Fontaine.

111 *Blanche von Kastilien (1188–1252):* Gemahlin Ludwigs VIII, war zweimal Regentin des Königreichs.

115 *Grève-Platz:* bis 1789 die Stätte der öffentlichen Hinrichtungen, 1806 in Place de l'Hôtel umbenannt.

122 *Mademoiselle Clairon, eigentlich Claire-Josèphe Hippolyte de la Tude (1723–1803):* berühmte Tragödin und Verfasserin aufschlußreicher Memoiren.

Tancrède: Titelfigur einer Tragödie von Voltaire.

Fort l'Évêque: Pariser Stadtgefängnis.

125 *Athalie:* Tragödie von Racine.

126 *Polyeucte:* Titelheld einer Tragödie von Corneille.

127 *Jeannot:* populäre französische Spaßmacherfigur des 18. Jahrhunderts.

Dezessart, Charles (1729–1811): Arzt aus Bragelogne, Verfasser einer Schrift über die Leibeserziehung der Kinder, die in Rousseaus Roman ›Emile‹ eine große Rolle spielt.

128 *Marais:* eines der ältesten Quartiere im Herzen von Paris.

Île de Saint-Louis: vornehmes, altes Wohnviertel auf der neben Notre-Dame gelegenen Seine-Insel.

Saint-Germain: zu Merciers Zeiten Wohnviertel wohlhabender Edelleute.

Saint-Honoré: damals Wohngegend der neureichen Großbourgeoisie.

141 *Necker, Jacques (1732–1804):* Bankier, Finanzmann und 1777 sowie 1778 Generalbevollmächtigter des königlichen Staatshaushaltes; seine Reformen vermochten den finanziellen Ruin des Königreiches nicht aufzuhalten.

148 *Laïs:* berühmte griechische Hetäre (5000 v. u. Z.).

151 *Doppelfuhre:* zwei an einem Tragriemen hängende Eimer zu je 30 Liter.

155 *›Der Kreis‹:* Gemeint ist die satirische Komödie ›La Cercle‹ (aufgeführt 1755) von Charles Palissot de Montenoy (1730–1814).

158 *Gesetz der 24 Stunden:* hier die von den klassischen und nachklassischen französischen Tragödiendichtern übernommene Regel des Aristoteles (›Poetik‹, Kap. 5), wonach in der Tragödie die Handlung die Dauer eines Tages nicht überschreiten dürfe.

Tibull: altrömischer Elegiendichter.

Pucelle: Gemeint ist das heroische Gedicht ›La Pucelle‹ von Voltaire.

176 *Fontenelle, Bernard de (1657–1757):* bedeutender französischer Aufklärer.

Le Sueur, Eustache (1617–1655): berühmter Pariser Maler.

180 *Châtelet:* Gefängnis im Zentrum von Paris.

Damiens, Robert François: 1757 in Paris gefoltert und gevierteilt, weil er Ludwig XV. mit einem Messer angefallen hatte.

182 *Cartouche, eigentlich Louis-Dominique Bourguignon (1693–1721):*

berühmter und populärer Hauptmann einer Räuberbande, wurde auf dem Grève-Platz gefoltert und hingerichtet.

Revaillac, François (1578–1610): Mörder Heinrichs IV.

Desrues (1744–1777): Giftmörder, der auf Grund seiner bis zur Hinrichtung vorgetäuschten Frömmigkeit berühmt im Volke wurde.

Verfasser der ›Naturphilosophie‹: vermutlich Morelly, Autor des ›Code de la Nature‹ (vgl. Nachwort).

183 *Lally, Thomas de (1702–1766):* Generalgouverneur der französischen Besitzungen in Indien, von den Engländern vernichtend geschlagen und zur Kapitulation gezwungen, in Paris des Verrats angeklagt und hingerichtet.

188 *Saint-Foix, Germain François Poullain de (1698–1776):* Pariser Dramatiker und Essayist, Verfasser der ›Essais historiques sur Paris‹ (1754–1757).

Bussy-Leclerc, eigentlich Jean Leclerc: eines der Häupter der Liga des Herzogs von Guise.

189 *d'Argenson, Marc-René de Voyer, Marquis (1652–1721):* Polizeichef von Paris, später Siegelbewahrer.

190 *Linguet, Simon-Nicolas-Henri (1736–1794):* Advokat und Publizist, 1794 in Paris enthauptet.

194 *Chamousset, Claude Piarron de (1717–1773):* Pariser Philanthrop, der unter anderem auch die ersten Entwürfe zu einer Krankenversicherung entwickelte.

200 *›Mercure de France‹:* nach der ›Gazette de France‹ (vgl. Anm. zu S. 59) die älteste französische Zeitung. Herausgegeben erstmals unter dem Namen ›Mercure galant‹ im Jahre 1672. Berichtete als Wochenzeitschrift über alle Neuigkeiten bei Hofe.

203 *Milon von Kroton:* berühmter Ringkämpfer im antiken Griechenland, war zwischen 532 und 512 v. u. Z. sechsmaliger Sieger in Olympia, sein Name wurde sprichwörtlich für gewaltige Körperkraft.

208 *Lilien:* Wappenblume der Bourbonen.

220 *Jourdain:* Hauptgestalt in Molières Komödie ›Der Bürger als Edelmann‹.

225 *Allobroger:* gallischer Volksstamm im Gebiet des späteren Savoyen. Ihr Name tauchte zur Zeit der Revolution für die Bewohner dieser Provinz wieder auf.

227 *Bayerntrank:* ein mit Zuckersirup gesüßter Tee-Absud.

232 *Bäcker von Gonesse:* Städtchen nördlich von Paris im Val d'Oise, im heutigen Arrondissement Montmorency.

234 *Sybariten:* Gemeint sind die Bewohner der antiken italienischen Stadt Sybaris, die durch ihr übertriebenes Wohlleben bekannt waren. Die Stadt wurde um 510 v. u. Z. zerstört.

235 *Courtille, Porcherons, Nouvelle France:* im 18. Jh. beliebte sonntägliche Ausflugsorte um Paris, volkstümlich durch ihre vielen Schenken und Tanzlokale.

240 *Faubourg Saint-Antoine:* volkreiche, vor allem von Handwerkern bewohnte Vorstadt.

245 *Abbé d'Expilly, Jean-Joseph (1719–1793):* französischer Schriftsteller, Reisender und Geograph.

Gros Caillou: Wohnviertel am Ufer der Seine.

Vauban, Sébastien de (1633–1707): Marschall von Frankreich, Generalkommissar der Befestigungen.

Buffon, Georges-Louis Leclerc, Comte de (1707–1788): Naturwissenschaftler und Autor der ›Histoire naturelle‹.

246 *Befestigungssystem:* Pariser Befestigungen gab es zu Merciers Zeiten noch nicht, wurden erst unter Louis-Philippe angelegt.

250 *Galiote:* kleiner flachkieliger, besonders für den Verkehr auf Flüssen und Kanälen geeigneter Segler.

Monsieur und Madame: So wurden in Frankreich der älteste Bruder des Königs und dessen Gemahlin genannt.

Moore: Gemeint ist hier sicherlich der englische Dichter und Dramatiker Edward Moore (1712–1757), bekannt durch seine Tragödie ›The Gamester‹ (1753).

251 *Rabelais, François (1494–1553):* großer französischer Humanist, Schriftsteller und Arzt, Verfasser des grandiosen Romanwerkes ›Gargantua und Pantagruel‹.

258 *Boerhaave, Hermann (1668–1738):* niederländischer Arzt, dessen Heilkunst Weltruf genoß. Veröffentlichte mehrere medizinische Werke.

265 *Edikt Heinrichs II.:* Nach diesem Edikt Heinrichs II. (1547–1559) hatten alle unverheirateten Mädchen bei Todesstrafe ihre Schwangerschaft anzugeben.

270 *La Harpe, François de (1739–1803):* ein schon zu seinen Lebzeiten von vielen als langweilig empfundener Poet, Verfasser eines Lehrbuches für das Schreiben von Gedichten, Mitglied der Académie française, Literaturkritiker beim ›Mercure de France‹. Sein Name bedeutet ›Harfe‹.

283 *Lenoir, Pierre (1732–1807):* Kriminal-Polizeileutnant von Paris, gilt als der Schöpfer der Pfandleihen.

292 *Habeascorpusakte:* das englische Staatsgrundgesetz von 1679 zum Schutz der persönlichen Freiheit.

295 *Schlacht bei Fontenoy:* entscheidende Schlacht im Österreichischen Erbfolgekrieg (11. Mai 1745), in der der französische Marschall Moritz von Sachsen für Frankreich die habsburgischen Niederlande eroberte. Ludwig XV. schaute der Schlacht zu.

303 *Turgot, Anne-Robert-Jacques, Baron de l'Aulne (1727–1781):* Finanzminister unter Ludwig XVI. Schlug zahlreiche Reformen wie z. B. die Aufhebung der Binnenzölle vor, scheiterte jedoch an der Starrheit der Bürokratie und der Einsichtslosigkeit.

311 *Margots Reize:* Gemeint ist hier zweifellos Marguerite de Valois (1553–1615), genannt ›Königin Margot‹, die Gemahlin Heinrichs IV.; berühmt wegen ihrer Schönheit und Gelehrsamkeit, berüchtigt wegen ihres Lebenswandels.

318 *Tahuglanken:* Natürlich gab es sie nie, wohl aber herrschten

im 18. Jh. am Hofe zu Versailles genau die Sitten, die Mercier hier so bissig persifliert.

322 *Guimard, Marie-Madeleine (1743–1816):* seit 1762 Tänzerin an der Pariser Oper.

Vestris, Auguste (1760–1842): Sohn des aus Italien stammenden ›Tanzgottes‹ Gaëtan Vestris (1729–1808), war seit 1780 Solotänzer an der Pariser Oper.

332 *Crispin:* ursprünglich der Name des Dieners in einer italienischen Komödie, später komödiantischer Prototyp des zwar amüsanten, aber unverschämten, stets auf das eigene Wohl bedachten Dieners.

Piis-Barré, Pierre Antoine Augustin, Chevalier de (1755–1832): Pariser Chansonnier und Verfasser von derben Schwänken.

351 *Rohan, Edouard, Prince de (1734–1803):* war in die berühmtberüchtigte ›Halsbandaffäre‹ verstrickt.

353 *die drei Leutnants (von Paris):* der für die öffentliche Ordnung zuständige Polizeileutnant, der Leutnant für Kriminalaffären und der Leutnant für ziviles Recht.

Conciergerie: ursprünglich ein Teil des mittelalterlichen königlichen Schlosses, später Gefängnis.

358 *Garat, Dominique Joseph (1749–1833):* Politiker und Publizist, Abgeordneter der Generalstände 1789, Nachfolger von Danton im Justizministerium (1792), Innenminister (1793).

362 *Greuze, Jean-Baptiste (1725–1805):* Maler, bekannt für seine meist etwas süßlichen Familienszenen.

371 *Agnes:* Figur aus Molières ›Schule der Frauen‹.

373 *Königin von Karthago:* Gemeint ist Dido, deren Geschichte eine Vielzahl von Dramatikern und Opernlibrettisten der Klassik zu ihren Stücken angeregt hat.

Augustus: Figur aus Corneilles ›Cinna‹ (1640).

Orosman, Zaïre: die Hauptfiguren aus Voltaires Tragödie ›Zaïre‹ (1732).

Reiseliteratur

Florenz. Lesarten einer Stadt
Herausgegeben von Andreas Beyer. Mit zahlreichen Illustrationen. it 633

Johann Wolfgang Goethe. Tagebuch der ersten Schweizer Reise 1775
Mit den Zeichnungen des Autors und einem vollständigen Faksimile der Handschrift. Herausgegeben und erläutert von Hans-Georg Drewitz. it 300
– Goethes Letzte Schweizer Reise
Dargestellt von Barbara Schnyder-Seidel. Mit zeitgenössischen Illustrationen. it 375
– Italienische Reise
Mit vierzig Zeichnungen des Autors. Herausgegeben und mit einem Nachwort von Christoph Michel. it 175
– Tagebuch der italienischen Reise 1786
Notizen und Briefe aus Italien. Mit Skizzen und Zeichnungen des Autors. Herausgegeben und erläutert von Christoph Michel. it 176

Heinrich Heine. Reisebilder
Mit einem Nachwort von Joseph A. Kruse und zeitgenössischen Illustrationen. it 444

Istanbul
Herausgegeben von Esther Gallwitz. Mit Illustrationen von Thomas Allan. it 530

Samuel Johnson. Reisen nach den westlichen Inseln bei Schottland
Herausgegeben von Volker Wolf und Bernd Zabel. Mit zahlreichen Abbildungen. it 663

Erhart Kästner. Die Stundentrommel vom Heiligen Berg Athos. it 56
– Griechische Inseln 1944. Mit einem Nachwort von Heinrich Gremmels. it 118
– Kreta
Aufzeichnungen aus dem Jahre 1943. it 117
– Ölberge, Weinberge. Ein Griechenlandbuch
Mit Federzeichnungen von Helmut Kaulbach. it 55

Kairo. Die Mutter aller Städte
Herausgegeben von Ursula Beyer. it 696

Reiseliteratur

Carl von Linné. Lappländische Reise
Aus dem Schwedischen von H. C. Artmann. Mit Zeichnungen des Autors. it 102

London. Eine europäische Metropole in Bildern und Texten
Herausgegeben von Norbert Kohl. it 322

Louis Sébastien Mercier. Mein Bild von Paris
Aus dem Französischen und herausgegeben von Jean Villain. Mit zeitgenössischen Kupferstichen. it 374

Günter Metken. Reisen als schöne Kunst betrachtet
Essays von Günter Metken. Mit Photographien von Sigrid Metken. it 639

Moskau. Von der Siedlung im Wald zur Kapitale einer Weltmacht
Von Heddy Pross-Weerth. it 467

Fred Oberhauser/Gabriele Oberhauser. Literarischer Führer durch Deutschland
Ein Insel-Reiselexikon für die Bundesrepublik Deutschland und Berlin. it 527

Paris. Deutsche Republikaner reisen
Herausgegeben von Karsten Witte. it 389

Marcel Proust/Eugène Atget. Ein Bild von Paris
Mit zahlreichen Fotografien. it 669

Der Rhein
Herausgegeben von Helmut J. Schneider. it 624

Venedig
Herausgegeben von Doris Maurer und Arnold E. Maurer. Mit zahlreichen Abbildungen. it 626

Essen und Trinken

Alt-Kräuterbüchlein
Nach dem »New-Kreuterbüchlein« des Leonhart Fuchs. Herausgegeben von Alexander von Bernus. Mit einem Nachwort von Elmar Mittler. it 456

Appetitlexikon
Ein alphabetisches Nachschlagebuch über Speisen und Getränke von Rudolf Habs und L. Rosner. it 651

Jean Anthélme Brillat-Savarin. Physiologie des Geschmacks
Ausgewählt, übersetzt und eingeleitet von Emil Ludwig. Mit Holzschnitten der Ausgabe von 1864. it 423

Vom Essen und Trinken
Zusammengestellt und herausgegeben von Karin Kiwus und Hennig Grunwald. Mit alten Illustrationen. it 293

Jakob Flach. Minestra
Kulinarische Streifzüge. Mit Illustrationen von Peter Rüfenacht. it 552

Manuel Gasser. Spaziergang durch Italiens Küchen
Mit Illustrationen von Manfred Seelow. it 391
– Die Küche meiner Tante Melanie
Französische Hausmannskost von Anno dazumal. Mit Illustrationen von Boris von Borodine. it 192
– Kräutergarten
Mit Holzschnitten aus dem »New-Kreuterbuch« von Leonhart Fuchs 1543. Koloriert von Erna de Vries. it 377
– Manuel Gassers Köchel-Verzeichnis
Kulinarische Erinnerungen und Erfahrungen mit vielen seltenen Rezepten. Mit Illustrationen von Heinz Edelmann. Vierfarbendruck. it 96

Karl Friedrich von Rumohr. Geist der Kochkunst
Vorwort von Wolfgang Koeppen. it 326

Urgroßmutters Kochbuch
Aus dem Kochbuch der Frau Rath Schlosser. Herausgeber A. von Bernus. Nachwort E. Mittler. Mit alten Illustrationen. it 457

Essays. Betrachtende Prosa

Honoré de Balzac. Über die Liebe
Sein Weltbild aus seinen Werken. Zusammengestellt und mit einem Essay herausgegeben von Stefan Zweig. it 715

Franz Blei. Das große Bestiarium der Literatur
Mit farbigen Karikaturen von Rudolf Großmann, Olaf Gulbransson und Th. Th. Heine. it 660

Seigneur de Brantôme. Das Leben der galanten Damen
Mit zeitgenössischen Portraits. Zwei Bände. it 586

Christop Columbus. Das Bordbuch
Mit einem Nachwort von Fraucke Gewecke und zeitgenössischen Abbildungen. it 476

Hernán Cortés. Die Eroberung Mexikos
Drei Berichte an den Kaiser Karl V. Herausgegeben von Claus Litterscheid. Übersetzungen von Mario Spiro und C. W. Kloppe. Mit 112 Federlithographien von Max Slevogt. it 393

Europa. Analysen und Visionen der Romantiker
Herausgegeben und eingeleitet von Paul Michael Lützeler. Mit zeitgenössischen Portraits. it 638

Paul Anselm Feuerbach. Merkwürdige Verbrechen
Herausgegeben von Rainer Schrage. Mit zeitgenössischen Illustrationen. it 512

Idyllen der Deutschen. Texte und Illustrationen
Herausgegeben von Helmut J. Schneider. it 551

Adolph Freiherr von Knigge. Über den Umgang mit Menschen
Herausgegeben von Gert Ueding. Mit Illustrationen von Chodowiecki. it 273

Bartholomé de Las Casas. Kurzgefaßter Bericht von der Verwüstung der Westindischen Länder
Herausgegeben von Hans Magnus Enzensberger. it 553

Carl von Linné. Lappländische Reise
Aus dem Schwedischen von H. C. Artmann. Mit Zeichnungen des Autors. it 102

Essays. Betrachtende Prosa

Michel de Montaigne. Essais
Herausgegeben und mit einem Nachwort versehen von Ralph-Rainer Wuthenow. Revidierte Fassung der Übertragung von Johann Joachim Bode. it 220

Das Buch vom Tee. Von Kakuzo Okakura. it 412

Blaise Pascal. Größe und Elend des Menschen
Aus den ›Pensées‹. Auswahl, Übersetzung und Nachwort von Wilhelm Weischedel. it 441

Arthur Schopenhauer. ›Kopfverderber‹
Über die Universitätsphilosophie und ihre Professoren. Herausgegeben von Otto A. Böhmer. Mit zeitgenössischen Illustrationen. it 661

Madame de Staël. Über Deutschland
Herausgegeben und mit einem Nachwort versehen von Monika Bosse. Mit zahlreichen Abbildungen und einem Namesindex. it 623

Leo N. Tolstoj. Rede gegen den Krieg
Politische Flugschriften. Herausgegeben von Peter Urban. it 703

Wie ein Mann ein fromm Weib soll machen
Mittelalterliche Lehren über Ehe und Haushalt. Herausgegeben, ins Neuhochdeutsche übertragen und mit einem Nachwort versehen von Michael Dallapiazza. it 745

insel taschenbücher
Alphabetisches Verzeichnis